Collana
"Diritto internazionale e Società contemporanee"
*diretta da* MARIA STEFANIA CATALETA
(LUMSA, Roma e LADIE, Université Côte d'Azur)

GEORGES LABRECQUE

# LE FRONTIERE MARITTIME IN AFRICA

L'Harmattan Italia
via Degli Artisti 15
10124 Torino

L'Harmattan
5-7 rue de l'École Polytechnique
75005 Paris

*Traduzione dal francese di* ELISA PELIZZARI

harmattan.italia@gmail.com

www.editions-harmattan.fr


ISBN (Italia): 978-88-7892-497-0
ISBN (France): 978-2-336-51682-0

# INDICE

*Sigle principali (in lingua originale: francese o inglese)*

AAfrDI, Annuaire africain de droit international
ACDI, Annuaire canadien de droit international
ADM, Annuaire du droit de la mer
ADMO, Annuaire de droit maritime et océanique
AFDI Annuaire français de droit international
AfrJIL, African Journal of International and Comparative Law
AJIL, American Journal of International Law
BSB, Boundary and Security Bulletin
CIJ, Cour internationale de Justice
CLCS, Commission on the Limits of the Continental Shelf
CLPC, Commission des limites du plateau continental
CNUDM, Convention des Nations Unies sur le droit de la mer
CPA, Cour permanente d'arbitrage
CPJI, Cour permanente de Justice internationale
CUP, Cambridge University Press
CWRJIL, Case Western Reserve Journal of International Law
CYIL, Canadian Yearbook of International Law
EJIL, The European Journal of International Law
GJ, Geographical Journal
GJICL, Georgia Journal of International and Comparative Law
GYIL, German Yearbook of International Law
HYBIL, Hague Yearbook of International Law
HILJ, Harvard International Law Journal
IBRU, International Boundary Research Unit
IBS, International Boundary Study
ICLQ, International and Comparative Law Quarterly
IFRI, Institut français des relations internationales
IJFMR, International Journal for Multidisciplinary Research
IJMCL, International Journal of Marine and Coastal Law
ILM, International Legal Materials
ILR, International Law Reports

JDI, Journal de droit international

LGDI, Librairie générale de droit et de jurisprudence

LS, Limits in the Seas

LJIL, Leiden Journal of International Law

MDJILT, Maryland Journal of International Law & Trade

MSMZMD, Maritime Space: Maritime Zones and Maritime Delimitation

MP, Marine Policy

MPEPIL, Max Planck Institute for Comparative Public Law and International Law

NILR, Netherlands International Law Review

ODIL, Ocean Development and International Law

OGLTR, Oil and Gas Law and Tax Review

ONU, Organisation des Nations Unies

OUA, Organisation de l'Unité africaine

OUP, Oxford University Press

PG, Political Geography

PUF, Presses universitaires de France

RADIC, Revue africaine de droit international et comparé

RCADI, Recueil des cours de l'Académie de droit international

RGDIP, Revue générale de droit international public

RQDI, Revue québécoise de droit international

RSA, Recueil des sentences arbitrales

RTNU, Recueil des traités des Nations Unies

SDN, Société des Nations

UA, Union africaine

UNTS, United Nations Treaty Series

USDS, United States Department of State

*N.B. Per facilità di lettura, alcune sigle, all'interno del testo, sono riportate nella versione italiana (es.: CIJ à CIG, Corte Internazionale di Giustizia).*

*F. 1. Le frontiere marittime in Africa* (fonte: Labrecque, G., 2005, *Les différends territoriaux en Afrique,* p. 9)

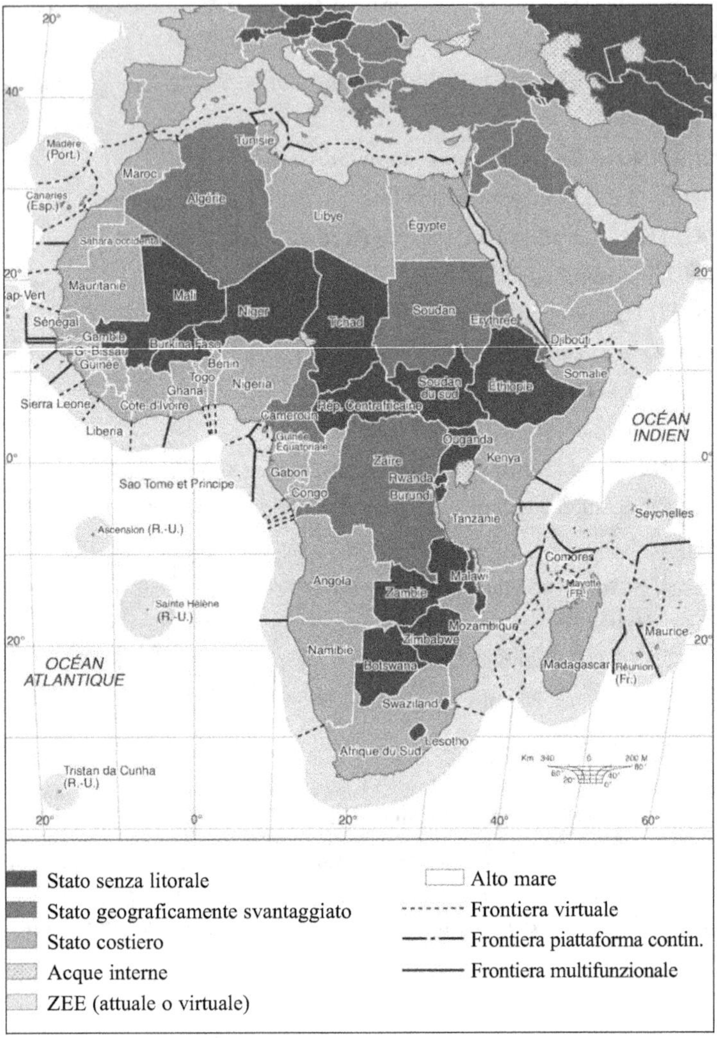

# INTRODUZIONE GENERALE*

L'Africa si caratterizza per coste poco frastagliate bagnate, nell'oceano Atlantico e nell'oceano Indiano, da vasti spazi marittimi dove troviamo piattaforme continentali allargate che sono o saranno eventualmente delimitate. Le altre due aree marittime, sul Mediterraneo e sul mar Rosso, corrispondono a luoghi di passaggio chiusi da stretti strategici (figura 1).

Le risorse ittiche e petrolifere del continente sono importanti e tanto più preziose in quanto l'economia è fragile e sta lottando contro molte difficoltà legate allo sfruttamento del mare: migrazione clandestina, pesca illegale, cambiamenti climatici, innalzamento del livello del mare, inquinamento, detenzione e sequestro di navi straniere, pirateria, terrorismo.

Ben 37 dei 54 stati africani possiedono coste e alcuni sono persino degli arcipelaghi, ai quali si aggiungono le isole sotto sovranità europea.

I paesi senza sbocchi al mare, geograficamente svantaggiati, sono in qualche misura essi stessi interessati agli spazi marittimi nella misura in cui la CNUDM, Convenzione delle Nazioni Unite sul Diritto del Mare, riconosce loro sia un diritto di transito verso e dal mare, lungo i territori degli stati che li circondano, sia un diritto alle risorse biologiche nelle ZEE, Zone Economiche Esclusive, dei paesi costieri della regione o sotto-regione.

Le ZEE (sino a 200 miglia nautiche dalla costa), i 12 mari territoriali, le 24 zone contigue e le oltre 350 piattaforme continentali sono delimitati (o ancora da delimitare) tra gli stati che hanno delle coste adiacenti o opposte. Nella maggior parte dei casi, le coste sono adiacenti e le frontiere marittime si trovano a valle dei confini terrestri o fluviali. Ovvio, quando sono oggetto di dispute, le frontiere marine risultano di difficilissima definizione.

## Frontiere terrestri ereditate ma poi riaffermate

La storia politica dell'Africa coincide in parte con quella dei suoi confini, innanzitutto terrestri, tracciati da cancellerie europee senza una reale conoscenza del territorio, cioè da rappresentanti di potenze coloniali (Gran Bretagna, Francia, Spagna, Portogallo, Germania, Italia, impero ottomano) durante la conferenza di Berlino del 1885, conclusasi con un atto destinato a "regolamentare, in uno spirito di buona intesa reciproca, le condizioni più favorevoli allo sviluppo del commercio e della civiltà in alcune regioni dell'Africa, assicurando ai popoli i vantaggi della libera navigazione (...); col desiderio, per altro, di prevenire malintesi o contestazioni suscettibili di sollevare in futuro appropriazioni sulle coste africane, e con l'attenzione, al contempo, per l'accrescimento del benessere morale e materiale dei popoli indigeni" (Preambolo).

Tale strumento enuncia due condizioni su cui una potenza si fonda e acquisisce sovranità territoriale. Primo, essa deve assicurare "l'esistenza di un'autorità sufficiente per il rispetto dei diritti acquisiti e, più peculiarmente, della libertà di commercio e transito" (art. 35). Secondo, la presa di possesso di un territorio sulle coste del continente africano va notificata alle altre potenze, affinché abbiano l'opportunità di far valere, se necessario, le loro rimostranze rispettive (art. 34) (1).

Tra l'adozione dell'atto di Berlino e l'inizio della prima guerra mondiale, le potenze europee concludono numerosi accordi di natura territoriale e frontaliera, quali: la convenzione Francia / Portogallo sulla delimitazione dei rispettivi possedimenti in Africa occidentale (1886), il trattato Francia / Gran Bretagna sulle frontiere dei loro possedimenti a est del fiume Niger (1898), la convenzione Spagna / Francia sui confini costieri delle aree sahariane e del golfo di Guinea (1900), l'accordo Germania / Francia sulle frontiere tra Congo francese e Camerun (1908), il trattato di Fez fra il Marocco e la Francia per l'organizzazione del protettorato francese sull'impero cherifiano (1912), l'accordo frontaliero Germania

/ Gran Bretagna concernente la Nigeria e il Camerun, da Yola al mare (1913).

All'indomani della prima guerra mondiale, viene adottato il tratto di Versailles (28 giugno 1919), che comprende, nella parte iniziale, il patto della Società delle Nazioni. Questo "riguarda i principi da applicare alle colonie e ai territori che, seguito al conflitto, hanno smesso di essere sotto la sovranità degli stati che li governavano in precedenza e che sono abitati da popolazioni non ancora capaci di governarsi da sole, nelle condizioni particolarmente difficili del mondo moderno. Il benessere e lo sviluppo di tali popoli costituiscono una missione sacra di civilizzazione e conviene, dunque, incorporare nel presente Patto delle garanzie per il compimento di detta missione". Il testo afferma inoltre che il miglior modo per realizzare il principio indicato è di "affidare la tutela di questi popoli alle nazione sviluppate che, grazie alle loro risorse, alla loro esperienza o al loro posizionamento geografico sono in grado di assumersene la responsabilità e acconsentono a farlo" (art. 22, par. 1 e 2).

Dopo la seconda guerra mondiale, la Carta delle Nazioni Unite, adottata il 6 giugno 1945, afferma che "i membri dell'Organizzazione si astengono, nelle relazioni internazionali, dal ricorrere alla minaccia o all'impiego della forza, sia contro l'integrità territoriale o l'indipendenza politica di uno stato, sia in qualsiasi altra maniera incompatibile con gli scopi delle Nazioni Unite" (art. 2, par. 4).

Il 6 febbraio 1946, viene creata la Corte Internazionale di Giustizia (Cour Internationale de Justice, CIJ), la quale decide, con un parere consultivo del 1950, che l'Unione Sudafricana (il Sudafrica di oggi) "continui a essere sottoposta agli obblighi internazionali" enunciati dal patto del 1919 e che, perciò, non ha competenza, da sola, di determinare e modificare lo statuto internazionale del Territorio del Sud-Ovest africano (Namibia attuale), in quanto tale competenza "appartiene a un'Unione Sudafricana che agisce col consenso delle Nazioni Unite" (2).

Nel 1955 e nel 1956 seguono due altri pareri consultivi sul medesimo tema e poi un terzo nel 1971, in cui la CIG dichiara illegale la presenza permanente del Sudafrica in Namibia, il quale dunque "ha l'obbligo di cessare immediatamente la sua amministrazione (...) e di smettere di occupare detto territorio". Gli stati membri delle Nazioni Unite "hanno l'obbligo di riconoscere l'illegalità" di tale presenza (3).

Anni più tardi, nel 1975, la CIG emette un altro parere consultivo in merito al Sahara occidentale, sostenendo che, al momento della colonizzazione, tale territorio "era abitato da popolazioni che, per quanto nomadi, erano socialmente e politicamente organizzate in tribù sotto l'egida di capi competenti per rappresentarle". La Spagna "non ha agito come uno stato che stabilisse la sua sovranità su una *terra nullius*" (4).

Oltre ai tribunali e sempre in merito alle frontiere, le Nazioni Unite hanno condotto importanti iniziative negli anni 1960, quando vari paesi africani ottengono la loro indipendenza politica. Ci si è allora chiesti se i nuovi stati dovessero conservare, avendo acquisito la sovranità territoriale, le frontiere ereditate dalle potenze coloniali.

Va ricordato qui come uno degli obiettivi della Carta dell'Organizzazione dell'Unita Africana (Addis Abeba, 25 maggio 1963) sia il "rispetto della sovranità e dell'integralità territoriale di ogni stato e il suo diritto inalienabile a un'esistenza indipendente" (art. 3, par. 3). Detto principio sarà riaffermato l'anno successivo con una risoluzione concernente i litigi tra stati africani in merito ai confini, adottata durante la conferenza dei capi di stato e di governo tenuta al Cairo dal 17 al 21 luglio 1964. "Considerando che i problemi frontalieri sono un fattore grave e permanente di disaccordo, nella consapevolezza dell'esistenza di azioni extra-africane volte a dividere gli stati africani, considerando inoltre che le frontiere degli stati africani, il giorno della loro indipendenza, formano una realtà tangibile (...), riconoscendo l'imperiosa necessità di regolare, con mezzi pacifici e in un ambito puramente africano, le contese tra stati africani, [la conferenza] dichiara solennemente che tutti gli stati membri sono tenuti a rispettare le frontiere esistenti al momento della loro accessione all'indipendenza" (Preambolo e par. 2). La risoluzione, che mira principalmente a impedire i conflitti territoriali e di confine, evoca un serio litigio scoppiato l'anno precedente tra Marocco e Algeria.

Il principio d'intangibilità delle frontiere –chiamato dai giuristi l'*uti possidetis juris* – è stato applicato dai tribunali nel caso "Burkina Faso / Mali", deciso nel 1986 dalla CIG, che ha affermato come l'obiettivo evidente del principio "sia di evitare che l'indipendenza e la stabilità dei nuovi stati vengano messe in pericolo da lotte fratricide nate dal contestare i confini in seguito al ritiro della potenza che le amministrava". Inoltre lo *statu quo* territoriale "appare spesso come una soluzione saggia, volta a preservare quanto acquisito dai popoli che hanno lottato per l'indipendenza e a evitare la rottura di un equilibrio passibile di far perdere al continente africano il beneficio dei tanti sacrifici" fatti (5).

L'*uti possidetis* non solo è riconosciuto dai tribunali ma lo è pure dal diritto convenzionale, in particolare dalla convenzione di Vienna del 1969, relativa al diritto dei trattati, che prevede come: "un cambiamento fondamentale di circostanze non possa essere invocato quale motivo per porre fine a un trattato o per ritirarsene, se si tratta di un trattato riguardante una frontiera" (art. 62, par. 2, al. a).

Bisogna notare – spiega uno specialista dei confini terrestri (6) – che il criterio è stato in generale rispettato dai paesi africani, con rare eccezioni (l'indipendenza dell'Eritrea, secondo la vecchia linea coloniale italo-abissina e l'indipendenza del Sudan del Sud); ma ciò non significa che gli stati africani non abbiano avuto conflitti di frontiera. Aggiunge poi Michel Foucher che, per il solo periodo compreso tra la fine degli anni 1950 e gli anni 1990, la metà degli stati è rimasta implicata in litigi di frontiera (7), mentre meno di un quarto di tali confini sono perfettamente marcati sul terreno (tale assenza di demarcazione contribuisce, ovvio, a esacerbare i conflitti).

Il principio del rispetto dell'intangibilità delle frontiere è reiterato nell'atto costituivo dell'Unione Africana adottato a Lomé l'11 luglio 2000. Nel Preambolo si legge: "Consapevole del fatto che il flagello dei conflitti in Africa costituisce un grave ostacolo allo sviluppo socio-economico del continente e della necessità di promuovere la pace, la sicurezza e la stabilità quali condizioni preliminari alla messa in opera della nostra agenda nel settore dello sviluppo e dell'integrazione", l'Unione "funzionerà in conformità ai principi seguenti: *(a)* uguaglianza sovrana e interdipendenza degli stati membri dell'Unione; *(b)* rispetto delle frontiere esistenti al momento dell'accesso all'indipendenza" (art. 4).

Segnaliamo qui altri documenti importanti dell'Organizzazione dell'Unità Africana e dell'Unione Africana: la Risoluzione sulla pace e la sicurezza in Africa attraverso il regolamento negoziato dei conflitti frontalieri adottata ad Addis Abeba il 21-26 luglio 1986; il trattato che istituisce la Comunità Economica Africana adottato ad Abuja il 3 giugno 1991; le Dichiarazioni sul programma di frontiera dell'Unione Africana del 7 giugno 2007, del 25 marzo 2010 e del 17 maggio 2012; la Convenzione dell'Unione Africana sulla cooperazione transfrontaliera (Convenzione di Niamey) adottata a Malabo il 27 giugno 2014 e di cui uno degli obiettivi è sia "facilitare la delimitazione, la demarcazione e la riaffermazione delle frontiere inter-stato" (art. 2, par. 3), sia "facilitare il regolamento pacifico delle dispute frontaliere" (art. 2, par. 4); infine, la Carta africana sulla sicurezza marittima e lo sviluppo dell'Africa adottata a Lomé il 15 ottobre 2016.

Torniamo brevemente al 1963 (Carta dell'OUA) e al 1964 (risoluzione del Cairo), che segnano tappe importanti nella storia dei confini in Africa. È nel corso di tale periodo che si assiste a un gran movimento di decolonizzazione, cominciando da quella dei paesi francofoni, promosso nel quadro delle attività diplomatiche delle Nazioni Unite, con risoluzioni di portata generale quale la 1514 (XV) del 14 dicembre 1960, dedicata alla Dichiarazione sulla concessione dell'indipendenza ai paesi e ai popoli colonizzati oppure risoluzioni di portata specifica quale la 1608 (XV) del 21 aprile 1961 concernente il futuro del territorio del Camerun, ancora amministrato dal Regno Unito.

## A valle delle frontiere terrestri, le frontiere marittime

L'importanza attribuita all'integrità territoriale e al rispetto delle frontiere non riguarda solo i confini terrestri, eppure la CNUDM (Convenzione delle Nazioni Unite sul Diritto del Mare) è adottata solo nel 1982, per entrare in vigore nel 1994. Comunque, già nel 1960, la Francia rispetto al Senegal e il Portogallo rispetto alla Guinea portoghese (oggi Guinea-Bissau) concludono, scambiandosi delle note, un accordo di delimitazione marittima al di là del cosiddetto mare territoriale, il primo del genere in Africa e il sesto al mondo. L'accordo sarà ripreso nella causa "Guinea-Bissau / Senegal" da un tribunale d'arbitraggio il quale decide nel 1989 – non senza un forte dissenso – che il principio dell'*uti possidentis* si applica pure alle frontiere marittime. Poi, nel 1991, la CIG rigetta una domanda di nullità della sentenza. Nel 1993, i due stati negoziano un accordo sullo sfruttamento congiunto delle risorse biologiche e minerali del mare.

I tribunali svolgono, in effetti, un ruolo cruciale in materia di delimitazione marittima e si stima che, sulle 24 frontiere attualmente fissate nel mondo per via giurisdizionale e oltre il limite delle 12 miglia nautiche (8), i paesi africani ne enumerano 9 (CIG, casi "Libia / Tunisia", 1982; "Libia / Malta", 1985; "Camerun c. Nigeria", 2002; "Somalia c. Kenya", 2021. Tribunali d'arbitrato, caso sopra menzionato "Guinea-Bissau / Senegal"; "Guinea / Guinea-Bissau", 1985; "Eritrea / Yemen", 1999. TIDM o Tribunale Internazionale del Diritto del Mare, "Ghana / Costa d'Avorio", 2017; "Mauritius / Maldive", 2023. Per arrivare poi al caso "Gabon / Guinea equatoriale" sottomesso per compresso delle parti alla CIG nel 2016, ancora irrisolto nel dicembre 2023).

Il diritto internazionale relativo alla delimitazione marittima è assai largamente giurisprudenziale, nella misura in cui il diritto convenzionale – principalmente la CNUDM – dice ben poco sulla delimitazione in quanto tale, poiché il solo metodo che vi è previsto è quello dell'equidistanza e poiché essa riguarda solo il mare territoriale in mancanza "di titoli storici o altre circostanze speciali" (9). Così, i tribunali, al pari degli stati, hanno elaborato altri metodi nell'applicazione della norma fondamentale per giungere a una delimitazione equa, tenuto conto delle circostanze pertinenti.

**La terra domina il mare**

La formula "la terra domina il mare", spesso utilizzata dai tribunali internazionali e dai difensori, significa che è grazie alla sua sovranità su un territorio terrestre che uno stato costiero può appellarsi ai diritti riconosciuti dalla CNUDM ed esercitare la propria giurisdizione su diverse zone marittime. In uno dei primi casi sottoposti alla CIG, "Regno Unito c. Norvegia", con una sentenza del 1951, i giudici hanno affermato che "è la terra a conferire allo stato rivierasco un diritto sulle acque che ne bagnano le coste" (10).

Nei casi del 1969 riguardanti il mare del Nord, prima dell'adozione della Convenzione delle Nazioni Unite sul Diritto del Mare (1982), la CIG riprende la nozione secondo cui il mare è territorializzato e afferma che "il diritto dello stato rivierasco sulla piattaforma continentale ha come fondamento la sovranità che esso esercita sul territorio di cui tale piattaforma è il prolungamento naturale sul mare (...). Da tale nozione di connessione deriva l'idea (...) che i diritti dello stato rivierasco esistano *ipso facto* e *ab initio*" (11).

La CNUDM contiene disposizioni molto chiare che mostrano il legame tra i due spazi, per esempio in ambito di mare territoriale: "*1)* la sovranità dello stato costiero si estende, al di là del suo territorio e delle sue acque interne e, nel caso di uno stato arcipelago, delle acque dell'arcipelago, sino a una zona di mare adiacente designata col nome di mare territoriale; *2)* tale sovranità si estende allo spazio aereo al di sopra del mar territoriale, al fondale di tale mare e al suo sottosuolo" (art. 2).

Il legame terra-mare è ancor più evidente nella seguente disposizione: "La piattaforma continentale di uno stato costiero comprende i fondali marini e il loro sottosuolo, al di là del mare territoriale, per tutta l'estensione del prolungamento naturale del territorio terrestre di tale stato, sino al bordo esterno del margine continentale o sino a 200 miglia nautiche dalle linee di base a partire da cui si misura la larghezza del mare territoriale, quando il bordo esterno del margine continentale si trova a una distanza inferiore" (art. 76, par. 1). Ovvio, numerosi stati africani lambiti dagli oceani Atlantico e Indiano sono direttamente interessati da questa disposizione che riconosce loro diritti su una piattaforma continentale ampliata. Tali nuovi diritti sono stati confermati da 3 recenti decisioni prese da tribunali internazionali: "Mauritius / Maldive", "Ghana / Costa d'Avorio" e "Somalia c. Kenya".

**Prima della delimitazione,**
**l'esercizio della sovranità territoriale**

La delimitazione deve essere presa in considerazione quando due stati costieri, che hanno coste adiacenti o opposte, si ritrovano con zone marittime che si sovrappongono a seguito di atti unilaterali espletati in virtù della loro sovranità territoriale, compreso su isole, come nel caso "Gabon / Guinea equatoriale" sottoposto alla CIG il 5 marzo 2021. Quando le coste sono adiacenti, una frontiera terrestre contestata complica la delimitazione marittima, come è successo con "Camerun c. Nigeria", quando si è richiesto alla CIG, nel quadro di un'unica istanza, di stabilire la sovranità territoriale sulla penisola di Bakassi e di delimitare la frontiera lacustre del lago Chad, oltre alle frontiere terrestri e marittime. Capita pure che i giudici procedano in due tappe, come nell'arbitrato

"Eritrea / Yemen", quando il tribunale ha dapprima deciso in merito alla sovranità territoriale (sentenza del 9 ottobre 1998) sulle isole disputate dalle parti, in situazione di coste opposte (tale sovranità ha avuto un effetto diretto sulla frontiera tracciata in seguito, sentenza del 7 dicembre 1999).

## Suddivisione del presente volume

Questo saggio sul diritto internazionale della delimitazione marittima s'interessa – a partire dal cap. 1 – della sovranità territoriale, definibile come l'esercizio esclusivo, su un territorio dato, della totalità dei poteri statali (legislativo, esecutivo e giudiziario). Tale sovranità è preliminare alla delimitazione e si acquisisce in vari modi distinti (scoperta, occupazione, prescrizione, cessione, aggiudicazione, continuità geografica e autodeterminazione). Bisogna però distinguere tra questa sovranità e le competenze territoriali limitate, spesso invocate nella storia coloniale dell'Africa (zona d'influenza, protettorato, mandato, tutela, *condominium*, cessione di basi strategiche, territorio internazionale e servitù).

Le zone marittime sottomesse alla delimitazione (acque interne, acque degli arcipelaghi, mare territoriale, zona continua, zona economica esclusiva e piattaforma continentale) vanno distinte, poiché le regole giuridiche applicabili alla loro delimitazione (convenzioni, usi, principi generali di diritto, decisioni dei tribunali e dottrina) non sono necessariamente identiche. Infine, nell'applicazione della norma fondamentale sulla delimitazione marittima, si constata che i tribunali, al pari della pratica degli stati, hanno elaborato altri metodi oltre all'equidistanza stretta o mediana (equidistanza modificata, perpendicolare alla direzione generale delle coste, linea geometrica o astronomica, linea del *thatweg*, etc.), tenuto conto delle circostanze pertinenti (specialmente geografiche, ma persino, sebbene in minor misura, economiche, geomorfologiche, della navigazione, ambientali, storiche, geopolitiche e relative alla condotta delle parti).

Il volume prosegue con capitoli dedicati all'applicazione del diritto nella delimitazione delle frontiere marittime nel mar Mediterraneo (cap. 2), nell'oceano Atlantico (cap. 3), nell'oceano Indiano (cap. 4) e nel mar Rosso (cap. 5). Ciascuno spazio marittimo differisce non solo per la geografia ma anche per altre caratteristiche, come la proporzione dei confini marittimi delimitati, l'antichità di tali confini, la modalità di risoluzione (accordi bilaterali o per via giurisdizionale), la distinzione tra frontiere inter-regionali e intra-regionali, le proporzioni tra coste adiacenti / opposte e frontiere un-funzionali / multi-funzionali, l'estensione dei diritti alla piattaforma continentale al di qua o al di là delle 200 miglia nautiche, i confini uniti o meno a una zona di esplorazione e sfruttamento.

Le frontiere delimitate da un mare semi-chiuso come il Mediterraneo (cap. 2) non riguardano, in 3 casi su 5, la sola piattaforma continentale. Piuttosto antiche, alcune sono inter-regionali (Tunisia / Italia, 1971) e non mirano sempre in maniere esclusiva alla piattaforma continentale al di qua delle 200 miglia nautiche. Sino ad ora, la Tunisia e la Libia, nel Mediterraneo centrale, sono state le più implicate in materia di delimitazione, sia tra coste opposte, sia tra coste adiacenti (la Tunisia con l'Italia, la Libia con l'Algeria, la Libia con la Tunisia, Malta con la Turchia). L'Egitto, invece, ha dovuto delimitare i suoi confini con Cipro e la Grecia. Le frontiere sono state definite tramiti accordi bilaterali, eccetto quella tra Libia e Tunisia o quella tra Libia e Malta (fissate dalla CIG).

È nell'oceano Atlantico (cap. 3) che si trova il maggior numero di confini, tanto virtuali quanto delimitati (questi ultimi si trovano principalmente al largo delle coste dell'Africa occidentale, nel golfo di Guinea). Gran parte delle frontiere riguarda coste adiacenti, che divengono opposte laddove sono presenti arcipelaghi o isole, come a Capo Verde, São Tomé e Príncipe, Canarie e Madeira. Molti stati costieri sono bagnati da ampi spazi marittimi e le loro frontiere marittime sono (o saranno) prolungate al di là delle 200 miglia nautiche appena la Commissione sui limiti della piattaforma continentale è in misura di formulare le sue raccomandazioni per rispondere alle molteplici domande ricevute, individuali o congiunte. Il Senegal ha delimitato i suoi confini marittimi con 3 stati (Guinea-Bissau, Gambia e Capo Verde); la Guinea equatoriale lo ha fatto con São Tomé e Príncipe, Nigeria e Gabon; São Tomé e Príncipe ha fissato le frontiere con la Guinea equatoriale e il Gabon; Capo Verde ha concluso accordi con il Senegal e la Mauritania; la Nigeria con la Guinea equatoriale e il Camerun; la Mauritania con il Marocco e Capo Verde; il Gambia con il Senegal. Alcuni stati, invece, hanno delimitato uno solo dei loro confini: il Marocco con la Mauritania; la Guinea con la Guinea-Bissau; il Ghana con la Costa d'Avorio; l'Angola con la Namibia.

Nell'oceano Indiano (cap. 4), tenuto conto degli arcipelaghi e delle isole nel sud-ovest (compreso quelle sotto sovranità territoriale straniera, la Francia in particolare), sono le coste opposte a predominare e perciò si predilige una linea di equidistanza stretta. Tra le numerose piattaforme continentali allargate, due sono state oggetto di delimitazioni importanti stabilite per via giurisdizionale: quella "Somalia c. Kenya" e quella "Mauritius / Maldive". I confini marittimi delimitati di recente riguardano le Seychelles, che hanno concluso accordi con la Francia, la Tanzania, Mauritius e le Comore. La Francia è stata molto attiva e ha firmato trattati con le Seychelles, Mauritius e il Madagascar. La Tanzania, a parte l'accordo col Kenya, ha delimitato le frontiere col Mozambico e le Seychelles. Mauritius, oltre alle Maldive, ha stretto intese con la Francia e le Seychelles. Il Mozambico ha concluso un accordo con la Tanzania e le Comore. Il Madagascar, infine, ha come unica frontiera delimitata quella con la Francia.

Il mar Rosso (cap. 5) è, al pari del Mediterraneo, un mare semi-chiuso e bloccato da due passaggi strategici: il canale di Suez e il Bab-el-Mandeb. Bagna pochi stati e possiede dunque poche frontiere marittime. Sono due i confini inter-regionali delimitati: il primo stabilito grazie a due sentenze arbitrali che hanno indicato – per l'Eritrea e lo Yemen – la sovranità territoriale su formazioni insulari disputate da entrambi e, quindi, la linea mediana appropriata tra le rispettive coste; il secondo fissato attraverso un accordo stilato tra l'Egitto e l'Arabia Saudita. Da menzionare, a margine, un accordo concluso tra il Sudan e l'Arabia Saudita sull'instaurazione di una zona di sfruttamento congiunta.

# 1. IL DIRITTO INTERNAZIONALE SULLA DELIMITAZIONE MARITTIMA

In una delle prime cause di delimitazione marittima sottoposte alla Corte Internazionale di Giustizia (CIG) – si veda al proposito la sentenza “Canada / Stati Uniti”, 1984 – la norma fondamentale in materia, applicata in seguito anche per altri casi, era così enunciata: “Nessuna delimitazione marittima tra stati le cui coste sono adiacenti o sono una difronte all’altra può essere effettuata unilateralmente da uno degli stati. Tale delimitazione deve essere ricercata e realizzata attraverso un accordo che segue a un negoziato condotto in buona fede e con l’intenzione reale di sfociare su un risultato positivo. Qualora, nondimeno, un tale accordo non sia realizzabile, la delimitazione deve essere effettuata ricorrendo a una istanza terza dotata della competenza necessaria a tal fine. Tanto nel primo caso come nel secondo, la delimitazione va realizzata attraverso l’applicazione di criteri equi e col ricorso a metodi pratici atti ad assicurare, tenuto conto della configurazione geografica della regione e delle altre circostanze pertinenti sull’argomento, un risultato equo” (12).

Ci ispiriamo a questo enunciato per attribuire una sezione a ogni elemento che costituisce l’espressione della norma fondamentale: le fonti del diritto applicabile alla delimitazione (sez. 1.3), le circostanze pertinenti alla delimitazione (sez. 1.4) e i metodi equi della delimitazione (sez. 1.5). Ma – prima di tutto – bisogna ricordare le modalità giuridiche dell’acquisizione territoriale (sez. 1.1) che fondano l’esercizio, per lo stato costiero, della sua sovranità o delle sue giurisdizioni esclusive su talune zone marittime, sottomesse al processo di delimitazione nella misura in cui si trovano in situazione di accavallamento, seguito all’esercizio della territorialità da parte degli stati costieri vicini (sez. 1.2).

Più specificamente, la sovranità territoriale (sez. 1.1) può (o ha potuto) essere acquisita a partire da modalità diverse, che conviene distinguere: decisione pontificale, matrimonio, successione *ab intestat* o testamentaria, scoperta, occupazione, prescrizione, cessione, aggiudicazione, conquista, accrescimento naturale, continuità, contiguità, autodeterminazione e, infine, *uti possidetis*. D'altra parte, alcune competenze limitate, che non conferiscono una sovranità territoriale, sono state invocate per giustificare vari diritto d'uso su un dato territorio: zona d'influenza, zona d'interesse speciale, protettorato, mandato, tutela, condominio, cessione in locazione, cessione di basi strategiche, territorio internazionale e servitù.

Le zone marittime sotto giurisdizione nazionale (sez. 1.2) vanno distinte poiché gli ambiti connessi a ciascuna variano e le regole di delimitazione non sono sempre le stesse: acque interne, acque di arcipelaghi, mare territoriale, zona contigua, zona economica esclusiva e piattaforma continentale; invece, l'alto mare e la zona internazionale dei fondali marini non sono sottoposti alla giurisdizione dello stato costiero.

Dopo aver evocato i mezzi pacifici per regolamentare le dispute, previsti dalla Carta delle Nazioni Unite, oltre alle fonti del diritto internazionale come vengono menzionate dallo statuto della Corte Internazionale di Giustizia (sez. 1.3), distingueremo le fonti riguardanti direttamente la delimitazione marittima in: convenzioni internazionali principali (la Convenzione per il diritto del mare, in particolare), usi, principi generali del diritto, giurisprudenza e dottrina.

Poiché il solo modo per delimitare previsto da tale Convenzione – l'equidistanza – può essere rimpiazzato quando ci si trova in "circostanze speciali", conviene distinguere tra queste (sez. 1.4), osservando come vengono prese in conto dalla giurisprudenza, dalla dottrina e dalla pratica degli stati, pur dovendo tener presente che i fattori di ordine geografico predominano sugli altri tipi: geomorfologia, geologia, navigazione, biogeografia, ambiente, storia, economia, geopolitica, geostrategia e, infine, comportamento delle parti.

Oltre all'equidistanza, i tribunali internazionali, come gli stati nei loro accordi bilaterali, hanno elaborato metodi di delimitazione o combinazioni di metodi (sez. 1.5) per ottenere risultati equi, avendo presente la diversità delle situazioni geografiche peculiari: equidistanza stretta o semplificata, equidistanza modificata, perpendicolare alla direzione generale delle coste, linea astronomica, linea geometrica, prolungamento della frontiera terrestre o di quella del mare territoriale, linea del *thalweg* o del principale canale navigabile. Oltre o al posto del tracciato di una linea di delimitazione, si può stabilire una zona indivisa, una zona divisa, una zona in profondità, una zona di tolleranza, una zona di esclusione o una zona di protezione.

### 1.1, Un preliminare alla delimitazione: la sovranità territoriale

È difficile immaginare la conclusione di un accordo di delimitazione marittima tra Marocco e Sahara occidentale sino a che la questione della sovranità su tale territorio – occupato dal Marocco nel 1976 seguito alla decolonizzazione spagnola (13) – non sarà stata regolata (14). Lo stesso per le frontiere marittime ipotetiche tra un Sahara occidentale indipendente e le isole spagnole delle Canarie o per una frontiera Mauritania / Sahara occidentale, a meno che quest'ultimo possa avvantaggiarsi della possibilità talvolta controversa di un *ut possidetis* marittimo. Il caso della Palestina solleva questioni simili nella misura in cui la sua delimitazione con Egitto e Israele non potrà essere realizzata sino a quando non ottenga chiaramente la sua autodeterminazione esterna, sempre che un giorno ciò accada (15). Analogamente, la frontiera marittima tra due stati le cui coste sono adiacenti sarà difficilmente definibile se sussiste una disputa in merito al tracciato della loro frontiera terrestre nella vicinanza delle coste – come avviene tra Marocco e Algeria (16) o tra Egitto e Sudan (17) – e, *a fortiori*, se importanti superfici territoriali, da un lato e dall'altro della frontiera, sono oggetto di disputa tra i due stati stessi. Quando un tribunale si è pronunciato sull'illegalità di un'occupazione o di un'annessione, come capitato nel caso del parere consultivo del 25 febbraio 2019 relativo a Mauritius espresso dalla CIG (18), la delimitazione marittima del piccolo stato insulare con le Maldive ha dovuto poi essere risolta con una sentenza del 28 aprile 2023 emessa dal TIDM (Tribunale Internazionale del Diritto del Mare) (19).

Naturalmente, ogni stato cerca di esercitare la propria sovranità territoriale, persino, se possibile, su isole minuscole o semplici rocce, talvolta sprovviste d'importanza economica o strategica, ma spesso oggetto di disputa tra due o più stati, il che rende la situazione, in pratica, inestricabile. Negli esempi più semplici, quando la sovranità territoriale è rivendicata da due stati su isole ben identificate e definite – per il loro statuto giuridico e per la loro conformazione geografica –, le parti o una giurisdizione adita possono procedere attraverso un paio di tappe, regolando dapprima la problematica della sovranità e poi quella della delimitazione. Talvolta, invece, le questioni si risolvono in un'unica tappa, se una delle parti fa una concessione, cedendo all'altra le sue rivendicazioni su un'isola data.

Quando si osserva una carta recente del mondo politico, e più particolarmente degli oceani e dei mari, si resta stupiti nel constatare che, in molteplici casi, le isole in prossimità delle coste di alcuni stati sono sotto sovranità territoriale di altri paesi ben più distanti (ad esempio, l'isola francese di Mayotte, situata tra il Madagascar e il Mozambico o l'isolotto portoghese di Persil a qualche centinaia di metri dal Marocco).

L'esercizio della sovranità territoriale costituisce, in qualche modo, un preliminare all'esercizio di giurisdizioni su zone marittime, e il regolamento dei litigi relativi a tale sovranità è, in effetti, a monte del regolamento della delimitazione marittima. Eppure, capita che due parti si privino di una delimitazione per il solo motivo che un'isola, in un certo luogo, è pretesa da entrambe, per cui si sceglie di lasciare imprecisata la frontiera vicina al punto contestato.

Il TIDM, nei litigi più complessi, può venire chiamato a esaminare le questioni della sovranità territoriale e della delimitazione marittima in un dato caso e quindi gli capita di procedere in due tappe, emanando due decisioni (si veda ad es. l'*affaire* "Eritrea / Yemen") (20); ma, di solito, sentenzia in una sola tappa a meno che debba decidere dapprima sulle eccezioni preliminari del difensore e poi si dichiari competente per decidere in merito alla questione di fondo. Per altro, le due problematiche possono essere risolte in un'unica volta, come nel caso "Camerun c. Nigeria" (21), deciso dalla CIG nell'ottobre 2002 o nel caso "Gabon / Guinea equatoriale" (22), sottoposto nel marzo 2021 alla medesima istanza e ancora pendente nel dicembre 2023.

Che sia definito come "lo spazio legalmente attribuito allo stato" (24) o come "la sfera di competenza spaziale dello stato, cioè l'ambito di validità dell'ordine statale" (25), il territorio riveste per il giurista la più grande importanza poiché costituisce una delle condizioni stesse di esistenza dello stato e, dunque, del suo riconoscimento internazionale: le frontiere costituiscono, infatti, i limiti di un paese. Quando il territorio acquisito è lambito dal mare, sono pure le zone marittime sotto giurisdizione nazionale ad accrescere lo stato; al contrario, se un territorio costiero è perduto, anche il mare adiacente lo è: capitò all'Etiopia quando perse l'Eritrea nel 1993 (26).

Qualsiasi limite all'esercizio della sovranità territoriale non va meramente presunto; comunque, se una disposizione convenzionale tra le parti lo presumesse, va interpretata in maniera restrittiva. Al di fuori del limite convenzionale all'esercizio della sovranità, il diritto consuetudinario proibisce che il territorio dello stato sia utilizzato a fini illegali, come ha stabilito la CIG con la sua prima sentenza del 1949 (*affaire* "Stretto di Corfù"), decidendo che l'ormeggio di un campo di mine in acque albanesi "non era potuto certo sfuggire alla conoscenza del governo albanese"; tale conoscenza implicava degli obblighi fondati su determinati criteri, quali "elementari considerazioni di umanità (ancora più assolute in tempo di pace che in tempo di guerra) o il principio della libertà delle comunicazioni marittime e l'obbligo, per ogni stato, di non lasciar utilizzare il suo territorio per atti contrari ai diritti degli altri stati" (27).

Bisogna però che lo stato costiero detenga realmente la sovranità. Conviene allora distinguere tra i modi giuridici dell'acquisizione territoriale (sotto-sez. 1.1.1) – che conferiscono la sovranità – e tra ciò che l'eminente studioso Charles Rousseau chiama le competenze territoriali limitate, concernenti l'uso, da parte di uno stato, di un territorio per determinati fini, senza che venga esercitata una piena sovranità (sotto-sez. 1.1.2).

### 1.1.1, Le modalità giuridiche di acquisizione territoriale

A parte qualche opera dedicata esclusivamente o principalmente le forme giuridiche di acquisizione territoriale (28). La maggioranza delle pubblicazioni di diritto internazionale pubblico consacra varie pagine o persino un capitolo a questa problematica (29). In effetti, al pari della dottrina, la giurisprudenza ha avuto numerose occasioni per esaminarla. Leggendo l'una o l'altra di tali fonti del diritto internazionale (30), si osserva che certe modalità s'ispirano direttamente al diritto interno, specie privato, almeno per quanto concerne l'occupazione, la cessione, la prescrizione e l'aggiudicazione; va però rilevato che, nell'ultimo caso, esistono distinzioni fondamentali: la regola dello *stare decisis* non esiste nelle sentenze dei tribunali internazionali che non sono passibili di esecuzione forzata, sebbene una parte possa rivolgersi al consiglio di sicurezza in caso di non ottemperanza della parte avversa rispetto a una decisione (31), mentre la successione nel possesso rimane sottomessa alla sovranità statale.

Evocheremo, in primo luogo e brevemente, alcune modalità giuridiche originarie e derivate di acquisizione territoriale il cui interesse, oggigiorno, è eminentemente storico (32). Altre modalità sono invece menzionate regolarmente, a torto o a ragione, nella pratica diplomatica e davanti ai tribunali internazionali: la scoperta (sotto-sez. 1.1.1.1), l'occupazione (sotto-sez. 1.1.1.2), la prescrizione (sotto-sez. 1.1.1.3), la cessione (sotto-sez. 1.1.1.4), l'aggiudicazione (sotto-sez. 1.1.1.5), la conquista e l'annessione (sotto-sez. 1.1.1.6), la continuità e la contiguità (sotto-sez. 1.1.1.7), l'autodeterminazione (sotto-sez. 1.1.1.8), infine, l'*uti possidetis* (sotto-sez. 1.1.1.9); da notare che gli ultimi due strumenti si presentano come modalità di conservazione e non tanto di acquisizione territoriale.

### 1.1.1.1, La scoperta

Si stima oggi che la scoperta non ha mai veramente costituito, da sola, un titolo che conferisce incontestabilmente la sovranità territoriale, ma piuttosto quanto i giuristi anglosassoni chiamano "*inchoate title*", ovvero un abbozzo di titolo sufficiente a marginalizzare per un momento delle pretese concorrenti. La nozione stessa di scoperta, lo spazio a cui mira, la difficoltà della prova, le imprecisioni e gli errori nella sua descrizione geografica, la mancanza di consenso dello stato beneficiario o la sua accettazione tardiva contribuiscono a conferire un titolo imperfetto, esacerbando le rivalità.

Chi aveva la priorità della scoperta di un territorio? Il primo che l'aveva intravisto e cartografato: ne aveva fatto un resoconto di viaggio? Chi vi era sbarcato per primo o l'aveva sorvolato, esplorandolo in modo sommario: vi aveva piantato una croce quale gesto di presa di possesso simbolica, vi aveva costruito un monumento commemorativo oppure eretto una fortificazione? La scoperta ha via via ceduto il passo all'occupazione effettiva, come spiega Charles Rousseau: "Se gli stati hanno ammesso il principio dell'occupazione anziché quello della priorità della scoperta è perché l'occupazione corrisponde a qualcosa che si vede, mentre la scoperta lascia poche tracce. Qui, è il bisogno di garantire la sicurezza nelle relazioni internazionali a rappresentare il vero fondamento dell'istituzione" (33).

### 1.1.1.2, L'occupazione

Giacché le regole relative alla scoperta comportano serie difficoltà di applicazione e problemi di prova, i principali stati dell'Europa, degli Stati Uniti e dell'impero ottomano hanno firmato, il 26 febbraio 1885, il cosiddetto "Atto generale della Conferenza di Berlino", ai fini in particolare di "regolare, in spirito di buona mutua intesa, le condivisioni più favorevoli allo sviluppo del commercio e della civiltà in certe regioni dell'Africa, assicurando a tutti i popoli i vantaggi della libera navigazione" (Preambolo). Tale strumento prevede che due condizioni vadano realizzate per acquisire la sovranità territoriale: la potenza ha l'obbligo di assicurare "l'esistenza di un'autorità sufficiente a far rispettare i diritti acquisiti ed, eventualmente, la libertà di commercio e di transito" (art. 35). A tale condizione di base se ne aggiunge una di forma, secondo cui la presa di possesso di un territorio sulle coste del continente africano deve essere notificata alle altre potenze, in modo che possano far valere le loro rimostranze (art. 34).

Tali regole giuridiche si applicano a una *terra nullius*, cioè a un territorio senza padrone poiché non vi è alcuna organizzazione politico-sociale sufficiente. La CIG lo spiega in un parere consultivo emesso nel 1975 relativo al "Sahara occidentale", concernente il popolo saharaoui, il Marocco e la Mauritania, potenze occupanti del territorio dopo il ritiro delle truppe spagnole: "Nella fattispecie (...) al momento della colonizzazione, il Sahara occidentale era abitato da popolazioni che, pur nomadi, erano socialmente e politicamente organizzate in tribù e piazzate sotto l'autorità di capi competenti a rappresentarle (...), colonizzando il Sahara occidentale, la Spagna non ha agito come uno stato che stabilisce la sua sovranità su una *terra nullius*" (34).

Ovvio, l'effettività non è invocabile contro un titolo valido ma, solo in mancanza di tale titolo, un tribunale potrà decidere quale delle parti ha la prova di un possesso effettivo, fondante per la sovranità territoriale (35). La questione è stata ben studiata nel caso "Burkina Faso /Mali", quando la CIG ha avuto l'occasione di distinguere tra titolo giuridico ed effettività: "Nel caso in cui il fatto corrisponda esattamente alla legge, laddove all'*uti possidetis juris* si aggiunge l'amministrazione effettiva, l'efficacia interviene in realtà solo a confermare l'esercizio del diritto nato da un titolo giuridico. Nel caso in cui il fatto non corrisponda al diritto, ovvero il territorio oggetto della controversia sia effettivamente amministrato da uno stato diverso da quello titolare del titolo giuridico, deve prevalere il titolare del titolo. Nel caso in cui l'effettività non coesista con alcun titolo giuridico, occorre inevitabilmente tenerne conto. Vi sono infine casi in cui il titolo giuridico non è tale da rivelare chiaramente l'estensione territoriale a cui si riferisce. Le effettività possono quindi svolgere un ruolo fondamentale nell'indicare come il titolo viene interpretato nella pratica" (36).

### 1.1.1.3, La prescrizione

Questa modalità di acquisizione territoriale, ben nota nel diritto interno in materia di proprietà, ha in comune con l'occupazione che, in entrambi i casi, lo stato che vuole avvalersene deve esercitare un controllo effettivo, ma la prescrizione si distingue dall'altra modalità in quanto il suo oggetto è un territorio che non è *terra nullius*. Lo stato può allora fondare la sua pretesa provando che il suo possesso è pubblico, pacifico, ininterrotto, di lunga durata e sovrano. Naturalmente, il soggetto che si avvale di tale modalità di acquisizione dovrà fornire la prova che tutte le condizioni siano state rispettate. Eppure, nel caso "Botswana / Namibia", la CIG, con la sentenza del 1999, ha ritenuto che la Namibia "non avesse dimostrato con il necessario grado di precisione e certezza che atti dell'autorità statale – idonei a fondare altrimenti l'acquisizione di un titolo per prescrizione secondo le condizioni stabilite – sarebbero stati realizzate dai suoi predecessori o da lei stessa sull'isola" contestata dai due stati (37).

Altra distinzione tra occupazione e prescrizione (quest'ultima consiste nell'acquisizione di un territorio che già appartiene formalmente a un altro stato) concerne la condizione legata al pacifico possesso, che è qui più importante rispetto al caso dell'occupazione. La prescrizione può essere stabilita solo dal riconoscimento o dall'assenza di protesta, manifestabile in varie forme (reclami per via diplomatica, dichiarazioni davanti a organizzazioni internazionali, ricorso a un organo giudiziario, applicazione di leggi nazionali al territorio in controversia).

Il possesso deve essere ininterrotto, cioè continuo, compreso alla "data critica", quella a cui la questione di sovranità è destinata ad essere esaminata dal tribunale. Per esempio, nel caso dell'arbitrato "Egitto / Israele" (38) del 1988, la data era quella dell'entrata in vigore del mandato britannico sulla Palestina.

Un'altra difficoltà legata all'attuazione di questa modalità di acquisizione è la nozione di possesso a lungo termine, su cui il diritto internazionale convenzionale tace, a differenza del diritto interno (ad esempio, il Codice civile del Québec prevede una prescrizione di 10 anni per i beni immobili e di 3 anni per i beni mobili) (39). Per quanto riguarda la giurisprudenza internazionale, possiamo solo constatare la diversità dei casi specifici. Nel caso dell'isola di Palmas, l'arbitro Max Hubert ha affermato che l'esercizio della sovranità doveva preesistere da un tempo "abbastanza a lungo per assicurare a qualsiasi potenza (...) una ragionevole possibilità, secondo le condizioni locali, di constatare l'esistenza di una situazione contraria ai loro diritti reali o presunti" (40).

### 1.1.1.4, La cessione

La storia diplomatica degli stati presenta molti esempi di territori acquisiti mediante atti di cessione (acquisto, scambio o per servizi resi), strumenti che talvolta sono allegati ai trattati di pace, ma che possono intervenire pure su base consensuale – sinallagmatica, dicono gli avvocati civilisti. È comunque necessario che il cedente abbia prima la sovranità sul territorio ceduto, perché altrimenti si tratterebbe di una violazione della regola formulata dalla massima *non dat qui non habet* – che esiste anche nell'ordinamento interno (41). Ovvio, al pari del contratto nell'ordinamento interno, il trattato di cessione deve essere valido (come avviene per ogni altro tipo di trattato) e concluso secondo le norme fissate a Vienna dalla "Convenzione sul diritto dei trattati" (artt. 46-53). In difetto, si potrà dichiararne la nullità ovvero chiedere l'annullamento, a seconda che si tratti, nel primo caso, di nullità assoluta (per coercizione con minaccia o uso della forza), nel secondo, di nullità relativa (frode, errore sostanziale di fatto, corruzione di un rappresentante dello stato, incompetenza a concludere il trattato, eccesso di poteri).

Poiché la prova del difetto di validità incombe sulla parte che l'allega, nel caso relativo alla delimitazione marittima "Guinea-Bissau c. Senegal", la Guinea-Bissau ha tentato, senza successo, di stabilire davanti a un tribunale d'arbitrato (42) che l'accordo franco-portoghese di delimitazione marittima del 1960 non poteva esserle opposto per causa di inesistenza e di nullità. Rivendicava in particolare l'incompatibilità dell'accordo con le norme internazionali dello *jus cogens*, quali il diritto dei popoli a disporre di sé; per altro, il processo di liberazione era già in corso durante la conclusione dell'accordo del 1960 e ciò restringeva il *jus tractatus* dello stato colonizzatore. La Guinea-Bissau aggiungeva poi che l'accordo costituiva un'alienazione di territorio e che tanto il Portogallo quanto la Francia, a titolo di potenze coloniali, non disponevano più della pienezza della sovranità necessaria alla sua conclusione. La Guinea-Bissau invocava inoltre la violazione del diritto interno (costituzionale) portoghese, in quanto l'accordo del 1960 era stato fatto senza il consenso del parlamento nazionale portoghese. Nel caso "Libia / Chad" del 1994, la Libia non è riuscita a convincere la CIG che la sua mancanza di esperienza, quale giovane stato sulla scena internazionale, poteva costituire una causa d'annullamento del trattato frontaliero con la Francia risalente al 1955 (43). La cessione di territori abitati, non più praticata, solleverebbe oggi il problema del diritto dei popoli all'autodeterminazione.

#### 1.1.1.5, L'aggiudicazione

Chiamato a decidere in una questione di sovranità territoriale e/o di delimitazione marittima, il tribunale si trova spesso a confrontarsi con l'esame di una o più modalità di acquisizione territoriale, così come distinte in dottrina. Naturalmente, nulla impedisce alle parti, purché ne forniscano le prove, di proporre più di una modalità di acquisizione, compresa l'aggiudicazione di un caso che aveva opposto in precedenza le medesime parti. La decisione di un tribunale "cristallizza", per così dire, un titolo su un territorio conteso.

#### 1.1.1.6, La conquista e l'annessione

Dall'adozione della Carta delle Nazioni Unite, firmata a San Francisco il 26 giugno 1945 ed entrata in vigore il successivo 24 ottobre, la conquista (con mezzi militari), seguita o meno dall'annessione, non costituisce più una modalità giuridica di acquisizione territoriale.

Una delle disposizioni più rilevanti della Carta è certamente quella dell'articolo 2, par. 4, che prevede quanto segue: "I membri dell'Organizzazione si astengono, nelle loro relazioni internazionali, dal ricorrere alla minaccia o all'uso della forza, sia contro l'integrità territoriale o l'indipendenza politica di qualsiasi stato, sia in qualsiasi altra modalità incompatibile con gli scopi della le Nazioni Unite". Tale regola è non solo di origine consuetudinaria, ma costituisce anche una regola fondamentale. Lo *jus cogens* si definisce come "una norma imperativa del diritto internazionale generale (...) accettata e riconosciuta dalla comunità internazionale degli stati nel suo insieme, in quanto norma a cui nessuna deroga è permessa e che è modificabile soltanto da una nuova norma del diritto internazionale generale avente lo stesso carattere" (44). Ovvio, l'uso della forza è autorizzato in termini di legittima difesa in conformità alle disposizioni dell'art. 51 della Carta: "Nessuna disposizione della presente Carta potrà pregiudicare il diritto naturale all'autodifesa, individuale o collettiva, nel caso in cui un membro delle Nazioni Unite sia oggetto di un attacco armato, fino a quando il consiglio di sicurezza non avrà adottato le misure necessarie per mantenere la pace e la sicurezza internazionale. Le azioni intraprese dai membri nell'esercizio di questo diritto di legittima difesa saranno immediatamente portate all'attenzione del consiglio di sicurezza e non pregiudicheranno in alcun modo il potere e il dovere del Consiglio, ai sensi della presente Carta, di agire in ogni momento in tale modo, come ritenuto necessario per mantenere o ripristinare la pace e la sicurezza internazionale".

L'art. 2 è stato interpretato in senso ampio dalla giurisprudenza per inglobare, oltre all'integrità del territorio (terrestre), quella del mare territoriale e dello spazio aereo, compresi i "diritti sovrani" dello stato costiero sulla sua piattaforma continentale. Oltre all'art. 2, un'importante dichiarazione afferma che l'acquisizione territoriale "ottenuta con la minaccia o l'impiego della forza non sarà riconosciuta come legale" (45).

Nel caso "Camerun c. Nigeria" del 2002, il ricorrente ha affermato che il convenuto aveva tentato di modificare con la forza il confine violando il principio fondamentale del rispetto dei confini ereditato dalla colonizzazione (*uti possidetis juris*) e che aveva usato la forza per occupare militarmente pezzi di territorio camerunese (46). Nel caso "Congo c. Uganda" del 2005, la CIG ha stabilito che il convenuto, "occupando parte del territorio congolese e sostenendo attivamente (...) forze irregolari che operavano sul territorio congolese, aveva violato il principio di non uso della forza nelle relazioni internazionali e il principio di non intervento" (47).

In altri casi, in cui il richiedente invocava una violazione dell'art. 2, la CIG non si è pronunciata nel merito, perché aveva accolto le eccezioni preliminari oppure vi era stata una rinunzia in favore di un regolamento tra le parti. Ciò vale per i casi "Libia c. Regno-Unito" e "Libia c. Stati Uniti" del 2003, in cui si domandava alla CIG di dichiarare che i convenuti erano tenuti a mettere fine e a rinunciare subito a "ogni violazione della sovranità, dell'integrità territoriale e dell'indipendenza della Libia". Vale poi nel caso "Congo c. Rwanda" del 2001, quando il richiedente aveva pregato la CIG di dire che la Repubblica Democratica del Congo aveva diritto a ottenere "il risarcimento per gli atti di saccheggio, distruzione, massacro, deportazione di beni e di persone oltre ad altri misfatti imputabili al Rwanda" (49).

Le disposizioni pertinenti della Carta delle Nazioni Unite hanno ispirato la risoluzione 2625 dell'assemblea generale delle NU adottata il 4 novembre 1970, che dispone quanto segue: "Il territorio di uno stato non può essere oggetto di occupazione militare derivante da un uso della forza contrario alle disposizioni della Carta. Il territorio di uno stato non può essere acquisito da un altro stato a seguito della minaccia o dell'uso della forza. Nessuna acquisizione territoriale ottenuta con la minaccia o con l'uso della forza sarà riconosciuta come legale" (50).

Allo stesso modo, qualsiasi trattato di cessione territoriale concluso in seguito a una guerra di aggressione sarebbe nullo, essendo tale strumento nullo perché contrario alla Convenzione sul diritto dei trattati. Si legge all'art. 52: "È nullo qualsiasi trattato la cui conclusione è stata ottenuta mediante la minaccia o l'uso della forza in violazione dei principi del diritto internazionale sanciti dalla Carta delle Nazioni Unite".

### 1.1.1.7, La continuità e la contiguità

Quale porzione di spazio geografico deve essere occupata per acquisire la sovranità territoriale su un'area più ampia? Secondo il cosiddetto principio di continuità geografica, la sovranità territoriale su un territorio subentrerebbe a quella su un territorio adiacente, ad esempio quella su una regione costiera si estenderebbe fino all'entroterra. Per analogia, il principio di contiguità consentirebbe a uno stato costiero di estendere la propria sovranità sulle isole più vicine al proprio territorio.

Nel caso "Eritrea / Yemen", deciso nel 1998 per quanto concerne la prima fase (riguardante la sovranità territoriale), il tribunale d'arbitrato ha emesso riserve su detta nozione, stimando che esistesse una presunzione in base alla quale un'isola vicina a una costa apparterrebbe allo stato che detiene la sovranità sulla costa. "Thus, the authorities speak of 'entity' or 'natural unity' in terms of a presumption or a probability and moreover couple it with proximity, contiguity, continuity, and such notions, well known in international law as not in themselves creative of title, but rather a possibility or presumption for extending to the area in question an existing title already established in another, but proximate or contiguous, part of the same 'unity'." (51).

### 1.1.1.8, L'autodeterminazione

Se più autori inseriscono il diritto all'autodeterminazione nell'elenco delle modalità giuridiche di acquisizione del territorio, forse sarebbe meglio parlare, in tal caso, di conservazione o integrità del territorio piuttosto che di acquisizione. Infatti, il territorio del nuovo stato conserva i limiti che erano quelli di prima della secessione o dello smembramento, in applicazione al principio dell'*uti possidetis*, sia marittimo, sia terrestre. Se lo smembramento parziale o la secessione riducono il territorio dell'unità originaria, nulla impedisce che un nuovo stato si unisca a un altro, il che aumenta di conseguenza la loro estensione comune.

Le questioni dell'autodeterminazione e dell'*uti possidetis* hanno fatto versare fiumi d'inchiostro, poiché l'esame della prima è anteriore alla seconda. Cosa costituisce un popolo? Può il diritto dei popoli all'autodeterminazione, sancito dalla risoluzione 1514 delle Nazioni Unite nel 1960, essere invocato da un popolo che non si trova in una situazione coloniale? Mentre le opinioni degli autori variano notevolmente su queste questioni – alcuni non nascondono le proprie opinioni politiche nei dibattiti pubblici – i tribunali internazionali sono stati più coerenti nelle loro decisioni, a partire dai pareri consultivi della CIG nei casi "Africa sud-occidentale" e "Sahara occidentale".

Nel parere consultivo relativo al Sahara occidentale, la CIG ritiene che le informazioni portate alla sua attenzione "dimostrano l'esistenza, al momento della colonizzazione spagnola, di legami giuridici di fedeltà tra il sultano del Marocco e alcune tribù che vivevano nel territorio del Sahara occidentale". Tali informazioni, però, "non sanciscono l'esistenza di un legame di sovranità territoriale tra il territorio del Sahara occidentale, da un lato, il regno del Marocco o l'intera Mauritania, dall'altro", la CIG non ha quindi constatato l'esistenza di diritti giuridici collegamenti suscettibili di modificare l'applicazione della risoluzione 1514 "per quanto riguarda la decolonizzazione del Sahara occidentale e in particolare l'applicazione del principio di autodeterminazione attraverso la libera e autentica espressione della volontà delle popolazioni del territorio" (52).

Dall'esame delle diverse risoluzioni delle Nazioni Unite relative alla decolonizzazione (53), la CIG giunge alla conclusione che il diritto all'autodeterminazione – un elemento fondamentale delle questioni che le vengono rivolte – lascia tuttavia all'assemblea generale "una certa discrezionalità quanto alle forme e alle procedure secondo le quali tale diritto va attuato" (54).

Nel suo parere consultivo del 2004, relativo al Muro eretto da Israele al limite della Cisgiordania, la CIG ricorda l'adozione, il 24 ottobre 1970, della risoluzione 2625 (XXV) delle Nazioni Unite in cui si ritiene che gli stati abbiano "il dovere di astenersi dal ricorrere a qualsiasi misura coercitiva" che priverebbe i popoli del loro diritto all'autodeterminazione (...). L'articolo 1, comune ai due patti del 1966 (55), riafferma il diritto dei popoli all'autodeterminazione, imponendo agli stati in causa l'obbligo di rispettarlo. La Corte ricorda di aver essa stessa applicato il principio di autodeterminazione ai popoli non autonomi nei casi del "Sudafrica in Namibia" (56) e del "Sahara occidentale" (57).

### 1.1.1.9, L'uti possidetis

La nozione di *uti possidetis* stata, da tempo, definita dai tribunali internazionali. Nel caso "Guinea-Bissau c. Senegal", entrambe le parti hanno riconosciuto il principio dell'*uti possidetis* e, come tale, il ricorrente non ha contestato il fatto che i confini terrestri fossero delimitati da un documento stilato nel 1886 tra due potenze coloniali dell'epoca, Portogallo e Francia (58). La Guinea-Bissau ha inoltre affermato che l'*uti possidetis* non può essere applicato alla delimitazione delle zone marittime e che non vi sono casi in cui sia stata sollevata la questione della successione degli stati in materia di frontiere marittime. Il tribunale arbitrale ha ricordato, invece, i casi di confini asiatici (Malesia, Filippine e Brunei) che riportano sulle loro carte linee risalenti all'epoca coloniale e che sono tuttavia considerate come limiti marittimi. Eppure, in un clima di forte opinione dissidente, uno degli arbitri ha sostenuto che i dirigenti africani, aprendo le porte all'*uti possidetis,* hanno unicamente preso in considerazione il tema dell'intangibilità delle frontiere terrestri. "Solo il timore dei nuovi stati africani indipendenti di vedere questa situazione potenzialmente esplosiva disgregare paesi ancora fragili dopo la crisi coloniale ha spinto i leader (...) a 'ratificare' saggiamente, per così dire, una seconda volta, l'Atto generale del conferenza di Berlino (…). Non si è mai pensato ai confini marittimi, che riguardavano unicamente un orizzonte diverso, cioè l'ambiente acquatico, dove, per definizione, i problemi etnici non si pongono" (59).

Il 12 novembre 1991, un giudizio della CIG rigetta la domanda della Guinea-Bissau di far dichiarare nulla detta sentenza (60).

### 1.1.2, Le competenze territoriali limitate

Non potendo acquisire sovranità territoriale ampliando il proprio territorio o ottenendone un altro, uno stato può comunque avere determinati diritti sull'uso di questi territori e possedere su di essi quelli che sono stati chiamati diritti territoriali minori o giurisdizione territoriale limitata (secondo la formula di Charles Rousseau) (61).

Per quanto inappropriata sia l'analogia con il diritto privato interno, è stato talvolta affermato che la sovranità territoriale potrebbe essere paragonata al diritto di proprietà (*usus, fructus* e *abusus*), mentre la giurisdizione territoriale limitata assomiglia a quella dell'affittuario, dell'usufruttuario o dell'utente. Vediamo quindi di seguito quali sono questi poteri limitati: la zona d'influenza (sotto-sez. 1.1.2.1), il protettorato (sotto-sez. 1.1.2.2), il mandato (sotto-sez. 1.1.2.3), la tutela (sotto-sez. 1.1.2.4), il condominio (sotto-sez. 1.1.2.5), il trasferimento delle basi strategiche (sotto-sez. 1.1.2.6), il territorio internazionale (sotto-sez. 1.1.2.7), infine, la servitù (sotto-sez. 1.1.2.8).

#### 1.1.2.1, La zona d'influenza

La zona d'influenza è lo "spazio territoriale sul quale a uno stato è riconosciuto, ordinariamente da un trattato bilaterale, il titolo particolare di stabilirvi la propria autorità e di acquisirne sovranità; qualsiasi altro stato deve astenersi dall'impedirgli di farlo o tentare di esercitare lì un'attività concorrente" (62). Lo stato beneficiario, lungi dal detenere un titolo di sovranità territoriale sulla zona d'influenza, "possiede soltanto un titolo privilegiato, che potrà diventare più chiaro in futuro" (63). La zona d'influenza, spesso proiettata su un entroterra, a partire da un titolo di sovranità territoriale su una regione costiera, non richiede quindi l'effettività dello stato beneficiario, e il titolo privilegiato ad essa legato non è opponibile a terzi.

Alla fine del XIX secolo, le rispettive sfere d'influenza – in particolare tra potenze quali Francia e Gran Bretagna – hanno fatto oggetto di numerosi accordi, specie rispetto all'Africa. Si pensi ad esempio alla Convenzione del 14 giugno 1898 per delimitare le sfere d'influenza a ovest e a est del fiume Niger. La Gran Bretagna e la Germania avevano fatto lo stesso, secondo i termini della Convenzione del 13 novembre 1893 per delimitare il Golfo di Guinea.

#### 1.1.2.2, Il protettorato

È stato descritto come protettorato il regime giuridico solitamente concordato tra due stati: uno protettivo, che assicura la difesa, la rappresentanza e le responsabilità internazionali di quello protetto, il quale conserva tuttavia il suo presidente e tutte le sue istituzioni, ivi compreso la legislazione e il sistema giudiziario.

In generale, si trattava di un regime stabilito da accordi bilaterali, come quelli tra Francia e Tunisia (1881-1956) o tra Francia e Marocco (1912-1956). In quest'ultimo caso, il protettorato era stato istituito dal Trattato di Fez del 30 marzo 1912, che non conferiva alla Francia l'acquisizione del territorio, come stabilito dalla giurisprudenza francese e, in particolare, dalla Corte di Cassazione, nel 1949; si dichiarava infatti che il Marocco era "uno stato sovrano posto sotto il protettorato della Francia" (64). Tale protettorato non copriva l'intero territorio marocchino, poiché la Francia, in cambio del suo insediamento in Marocco, aveva dovuto precedentemente fare concessioni ad altre potenze, come la Spagna, alla quale furono attribuite zone d'influenza (Ceuta, Melilla, Ifni) tramite un accordo segreto – Convenzione del 3 ottobre 1904 –, senza contare che Tangeri era sotto amministrazione internazionale.

Infine, si noti che la giurisprudenza internazionale, ad esempio la CIG – nel caso "Camerun c. La Nigeria" del 2002 –, ha avuto modo di affermare che i trattati di protezione non comportano cessione in quanto tale e quindi non conferiscono acquisizione territoriale (65).

### 1.1.2.3, Il mandato

Il mandato, giurisdizione territoriale limitata, non ha nulla a che vedere con l'istituto del diritto privato (66). È stato creato dalla Società delle Nazioni, all'indomani della prima guerra mondiale, allo scopo di affidare a certe potenze la responsabilità di amministrare i territori degli stati sconfitti. La potenza mandataria non aveva solo diritti ma anche doveri, soprattutto quello di rispettare l'integrità del territorio sotto mandato e di astenersi da qualsiasi annessione o cessione. Il patto della Società delle Nazioni, integrato nel trattato di Versailles nel 1919, fissa le regole relative al mandato internazionale, al fine di soccorrere "i popoli non ancora capaci di dirigersi da soli nelle condizioni particolarmente difficili del mondo moderno", il cui benessere e sviluppo "costituiscono una sacra missione di civiltà" (art. 22).

La CIG ha una prima occasione di esaminare tali norme attraverso un parere consultivo, richiesto dall'assemblea generale delle Nazioni Unite e riguardante lo "statuto internazionale dell'Africa sud-occidentale" (ex territorio occupato dalla Germania; attuale Namibia). Con parere del 1950, la Corte afferma che il mandato non comporta – così come il trattato di protezione – né cessione né trasferimento di sovranità territoriale (67). Altri due pareri consultivi sono emessi dalla CIG su questioni più specifiche, relative all'amministrazione di tale territorio nel 1955 e nel 1956 (68). Sono poi emersi due contenziosi simili – "Etiopia c. Sudafrica"; "Liberia c. Sudafrica" –, ma la CIG, dopo aver respinto le eccezioni preliminari del Sudafrica, ha pure respinto nel merito la richiesta dei due ricorrenti (69).

Con parere reso nel 1971, la CIG ha dichiarato illegale la continua presenza del Sudafrica in Namibia nonostante un'espressa risoluzione del Consiglio di Sicurezza che vietava tale occupazione. Nel dispositivo, la Corte ha affermato inoltre che il Sudafrica "aveva l'obbligo di ritirare immediatamente la propria amministrazione dalla Namibia e di cessare l'occupazione del territorio"; ha infine precisato che gli stati membri delle Nazioni Unite "avevano l'obbligo di riconoscere l'illegittimità" di quella presenza (70).

### 1.1.2.4, La tutela

Istituzione simile al mandato e ispirata alle stesse considerazioni, l'amministrazione fiduciaria – alla fine della seconda guerra mondiale – viene affidata dalla Carta delle Nazioni Unite ad alcuni poteri su territori appartenuti in precedenza a stati sconfitti. Nel caso "Camerun c. Regno-Unito", sottoposto alla CIG nel 1963, la richiesta appariva analoga a quelle della Liberia e dell'Etiopia contro il Sudafrica, a parte il fatto che, nella prima fattispecie, gli obblighi, di cui si rimproverava la non-esecuzione, non provenivano da un mandato, bensì da una tutela. A differenza del caso precedente, la CIG non si è pronunciata nel merito, poiché ha accolto le eccezioni preliminari del Regno Unito; inoltre, le circostanze, dopo la presentazione della richiesta, avevano reso discutibile qualsiasi decisione. La Corte si è quindi sollevata dal dovere di spiegare le norme giuridiche relative alla tutela in questo ex territorio tedesco, in particolare quelle riguardanti le disposizioni della Carta delle Nazioni Unite che prevedevano la successione dei mandati (71).

### 1.1.2.5, Il condominium

Il *condominium* è definibile come "l'esercizio congiunto, su piano paritario, da parte di due o più stati, dell'autorità politica e giudiziaria su un determinato territorio, sottratto quindi a qualsiasi esercizio esclusivo di competenza statale". Charles Rousseau aggiunge quindi che il *condominium* "è definito proprio per l'indivisibilità territoriale che stabilisce" (72). Poiché nessuno stato può esercitare giurisdizione esclusiva su un territorio indiviso, non si può parlare di sovranità territoriale in senso stretto, così come non si può parlare, in diritto privato, di proprietà individuale sulle aree comuni di una comproprietà (73). Rimane comunque vero che il *condominium*, nella forma coloniale, aveva lo scopo di limitare l'ambizione territoriale di alcune potenze antagoniste e di congelare per un certo periodo le loro pretese.

Sarebbe possibile assimilare alcuni spazi marittimi – quali l'alto mare, la zona internazionale dei fondali marittimi (patrimonio comune dell'umanità), lo spazio extra-atmosferico o i giacimenti d'idrocarburi – a forme di *condominium*? Tale interpretazione è apparsa troppo ampia e indebita, ma Charles Rousseau ha comunque suggerito d'inserire, seppure con le debite cautele, il *condominium* nella rubrica *res communis* e, dunque, nell'elenco delle modalità di acquisizione territoriale (74). Rare oggi, alcune forme importanti e lunghe di *condominium* – come quello anglo-egiziano sul Sudan (1899-1956 – sono esistite nel passato.

### 1.1.2.6, La cessione di basi strategiche

Possiamo interrogarci su ciò che ne sarà dello statuto giuridico della base militare statunitense di Diego Garcia (territorio britannico) dopo il parere espresso il 25 febbraio 2019 dalla CIG secondo cui "il processo di decolonizzazione di Mauritius non è stato ben condotto, quando il paese ha acceduto all'indipendenza nel 1968, seguito alla separazione dall'arcipelago di Chagos". Per questo, "il Regno Unito è tenuto, nel più breve tempo possibile, a porre fine alla sua amministrazione sull'arcipelago di Chagos" (75). Il continente africano ospita (o ha ospitato) altre basi strategiche (statunitensi, francesi, cinesi, ecc.), a Gibuti, Dakar e Algeri, per non parlare di luoghi di passaggio altamente strategici quali Gibraltar e Suez (76).

Da un punto di vista giuridico, il trasferimento di basi strategiche deve essere distinto dall'occupazione in tempo di pace, ed è a maggior ragione diverso dall'occupazione in tempo di guerra, perché lo scopo di tale trasferimento è di consentire lo stazionamento di forze straniere su un'area (o una parcella territoriale) rimasta sotto la sovranità dello stato ricevente che concede allo stato beneficiario l'uso di determinate strutture logistiche, per un periodo che deve essere limitato. Non si tratta quindi di una ripartizione della giurisdizione territoriale tra stati.

### 1.1.2.7, Il territorio internazionale

Lo studioso Charles Rousseau è del parere che l'espressione "territorio internazionale" abbia due significati. Per uno di essi, lo stato continua a detenere un titolo esclusivo di sovranità, avendo – tale regime – carattere internazionale solo nella misura in cui la competenza dello stato "cessa di essere discrezionale per diventare regolamentata a livello internazionale, o addirittura limitata, per effetto di una convenzione multilaterale di cui questo stato è parte" (77) (ad es., il regime istituito per il bacino convenzionale del Congo nel 1885) (78). Per l'altra accezione, il territorio internazionalizzato è sottratto a ogni giurisdizione statale esclusiva, ma sottoposto a un regime di amministrazione diretta esercitato da un'autorità internazionale (ad es., la zona di Tangeri dal 1924 al 1956).

### 1.1.2.8, La servitù

Nel diritto privato interno (79), la servitù è definita come un "diritto reale fondato su un accordo tra due o più stati, in base al quale il territorio di uno stato è sottoposto a uso permanente da parte di un altro per uno scopo preciso" (80). La servitù costituisce "una restrizione all'indipendenza di un determinato stato" (81). È stata interpretata, dalla Corte Permanente d'Arbitrato, con sentenza del 7 settembre 1910 relativa all'"Affaire anglo-americano dei luoghi di pesca dell'Atlantico", come la concessione espressa di un diritto sovrano. La Corte ha così determinato la natura e la portata dei diritti di pesca concessi, grazie a un vecchio trattato (82), agli Stati Uniti da parte della Gran Bretagna e riguardanti le acque di Terranova. La Corte aveva, all'epoca, deciso che il trattato non aveva stabilito in modo formale una servitù internazionale, ma soltanto un obbligo (83).

È interessante rilevare che il nuovo diritto del mare, nella Convenzione del 1982, prevede espressamente che gli stati senza sbocco sul mare – numerosi in Africa – abbiano diritto di transito sul territorio che li separa dal mare, diritto di accesso al mare e diritto a quote di pesca nelle zone economiche esclusive degli stati costieri situati nella stessa regione o sotto-regione marittima (84).

### 1.2, Le zone marittime sottoposte a delimitazione

Uno stato costiero può far valere solo i diritti sovrani e le giurisdizioni esclusive espressamente riconosciute dal diritto del mare, in particolare dalla Convenzione sul diritto del mare del 1982. Lo stato che gode di sovranità territoriale (sezione 1.1) non deve esitare a ricorrere contro quanti esercitano attività illegali (pesca, inquinamento, ecc.) nelle sue aree sotto giurisdizione nazionale, in particolare nella sua zona economica esclusiva, rivolgendosi ai tribunali internazionali, in particolare al TIDM (85), a seguito dell'immobilizzazione di navi e/o dell'arresto di equipaggi,. Si vedano ad esempio nei casi: "Svizzera c. Nigeria" (86), "Argentina c. Ghana" (87), "Panama c. Guinea-Bissau" (88), "Saint Vincent e Grenadine c. Guinea-Bissau" (89), "Saint Vincent e Grenadine c. Guinea" (90), "Seychelles c. Francia" (91) e "Isole Marshall / Guinea Equatoriale" (92) (aprile 2023).

Le zone marittime che ogni stato costiero è tenuto a stabilire sotto la sua sovranità o le sue giurisdizioni esclusive possono, esse stesse, venire sottomesse a una delimitazione per via bilaterale o giurisdizionale, se l'esercizio dei diritti che vi sono riconosciuti produce aree di sovrapposizione tra due stati le cui coste sono opposte o adiacenti (93).

Prima di esaminare le modalità di delimitazione (sez. 1.5) delle zone sovrapposte, dobbiamo distinguere ciascuna zona marittima (figura 2), in primo luogo perché i diritti ad esse connessi non sono gli stessi, ma anche perché le regole di delimitazione possono differire. Pertanto, le diverse zone marittime non sono solo l'oggetto stesso della delimitazione marittima, ma sono, in un certo senso, la base stessa da delimitare, secondo la terminologia del diritto privato interno. È stato poi notato che la natura o il regime di ciascuna di tali zone è "particolarmente rilevante dal punto di vista del processo negoziale e della creazione della frontiera marittima" (94). Bisogna dunque esaminare, di volta in volta, le acque interne (sotto-sez. 1.2.1), le acque degli arcipelaghi (sotto-sez. 1.2.2), il mare territoriale (sotto-sez. 1.2.3), la zona contigua (sotto-sez. 1.2.4), la zona economica esclusiva (sotto-sez. 1.2.5) e la piattaforma continentale (sotto-sez. 1.2.6).

In gran parte dei casi, i limiti esterni delle aree sotto giurisdizione nazionale (linee di devoluzione o di territorialità) sono stabiliti unilateralmente e precedono la delimitazione del confine, che viene stabilita mediante un processo che può essere solo bilaterale o giurisdizionale (giudiziario o arbitrale). Le zone sovrapposte sono onnipresenti, ma le troviamo in particolare nei mari semichiusi (95), poiché gli stati costieri del pianeta rivendicano l'una o l'altra zona marittima sotto giurisdizione nazionale, con rare eccezioni.

Nela misura in cui i limiti esterni di ciascuna zona sono misurati e stabiliti, a partire dalla costa, è necessario, prima di esaminare le tipologie di giurisdizione a cui sono soggetti, determinare le acque interne (sotto-sez. 1.2.1) e osservare le configurazioni della costa, distinguendo le seguenti situazioni geografiche: acque che bagnano una costa frastagliata (sotto-sez. 1.2.1.1), acque che bagnano una costa delimitata da isole (sotto-sez. 1.2.1.2), baie (sotto-sez. 1.2.1.3), baie storiche (sotto-sez. 1.2.1.4), foci dei fiumi (sotto-sez. 1.2.1.5), acque deltizie (sotto-sez. 1.2.1.6), barriere coralline (sotto-sez. 1.2.1.7) e costruzioni artificiali (sotto-sez. 1.2 .1.8).

*F. 2. Le zone marittime sotto giurisdizione nazionale*
(fonte: Labrecque, G., 1993, *C.G.Q.*, vol. 37, n. 101, p. 186)

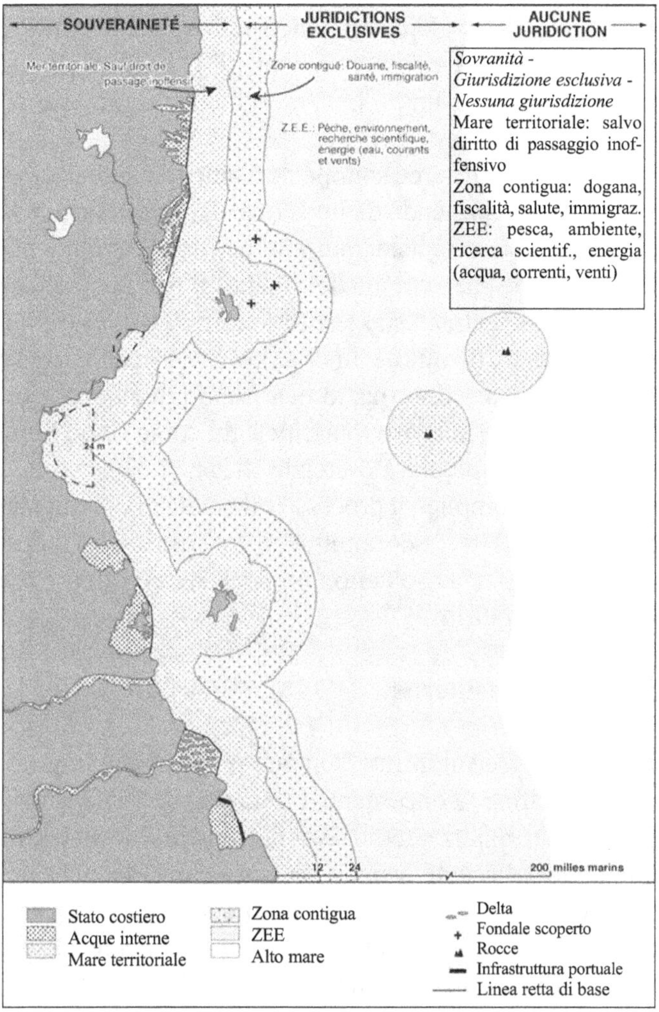


In mancanza della presenza di una di queste particolarità, deve applicarsi la regola generale secondo la quale "la linea di base normale (...) è la linea di bassa marea lungo la costa, come indicata dalle carte nautiche a grande scala, ufficialmente riconosciute dallo stato costiero" (96).

Stando così le cose in termini geografici, la regola generale – "la linea di base normale (...) è la linea di bassa marea" – diventa, in realtà, una regola eccezionale, poiché lo stato costiero tende a far valere una delle suddette particolarità, per "stabilire, a seconda delle situazioni [97], i valori di riferimento [98] in base a una o più fra le modalità previste dagli articoli precedenti" (art. 14).

I limiti esterni delle aree sottoposte a giurisdizione nazionale sono poi calcolati partendo da linee rette di base, al di qua delle quali le acque sono considerate interne (art. 8, comma 1) e, quindi, soggette alla sovranità dello stato, al pari dei laghi e dei corsi d'acqua ubicati sul suo territorio (art. 2, par. 1) (99).

Il tracciamento di queste linee consente al paese costiero (100) di guadagnare uno spazio marittimo talvolta considerevole, in particolare nel caso di arcipelaghi come Capo Verde e São Tomé e Príncipe, ma l'esercizio illegale e abusivo di tale atto unilaterale complica il processo bilaterale di delimitazione delle frontiere (101), soprattutto se le coste sono opposte anziché adiacenti, e se soltanto uno degli stati costieri intende avvalersi di detti diritti.

### 1.2.1, Le acque interne

La Convenzione sul diritto del mare prevede regole generali e regole specifiche concernenti i vari tipi di configurazione geografica, che analizzeremo. Nei casi in cui due stati condividano coste adiacenti, capita che una parte della frontiera marittima separi le acque interne al di qua delle linee rette di base. Invece, tali linee non sono necessariamente utilizzate come punti di base per le delimitazioni marittime (102).

#### 1.2.1.1, Le acque che bagnano una costa frastagliata

La costa qualificata, senza ulteriori precisazioni (103), come "profondamente rientrante e frastagliata", può essere intesa in senso assoluto o relativo. In senso assoluto, una rientranza di

4 miglia nautiche non dovrebbe essere definita come profonda se si trova sulla costa di uno stato continentale che occupa una vasta area terrestre, mentre una tale rientranza su un'isola di 8 miglia risulta certamente profonda. La costa può essere cartografata attraverso linee rette di base soltanto a determinate condizioni: vanno scelti "punti idonei", che escludano fondali emergenti, "a meno che non siano stati costruiti fari o installazioni simili, visibili in permanenza o il tracciato di tali linee di base sia stato oggetto di riconoscimento internazionale generale"; inoltre, le linee non devono essere tracciate "in modo tale che il mare territoriale di un altro stato risulti separato dall'alto mare o da una zona economica esclusiva"; infine, i tracciati non devono "deviare in modo significativo dalla direzione generale della costa e, al di qua, le distese di mare devono essere sufficientemente collegate al demanio terrestre per essere soggette al regime delle acque interne". Si può tener conto, d'altra parte, "degli interessi economici specifici della regione in questione, la cui realtà e importanza sono chiaramente attestate da un uso a lungo termine" (104). Questi interessi sono invocabili unicamente se è soddisfatta l'una o l'altra delle condizioni: rientranze o serie d'isole. Circa il periodo minimo di tempo necessario per l'applicazione di tale disposizione, è stato espresso il parere che la formula "uso prolungato" non vada calcolata in termini di secoli (105).

#### 1.2.1.2, Le acque che bagnano una costa circondata da un gruppo di isole

Delle linee rette di base possono essere tracciate a partire da una costa circondata da un gruppo di isole, analogamente alle coste rientranti e frastagliate; da notare che il gruppo di isole deve trovarsi a "prossimità immediata" dalla costa (106). Le nozioni di gruppo d'isole e di prossimità immediata non sono definite nella Convenzione sul diritto del mare, ma possono essere interpretate in senso assoluto o relativo (107).

### 1.2.1.3, La baia

La baia è giuridicamente definita (108) come "un'insenatura ben marcata, la cui penetrazione nelle terre in rapporto alla sua larghezza è tale che le acque racchiuse sono circondate dalla costa, inoltre deve costituisce qualcosa di più di una semplice curva della costa" (art. 10, par. 2). La Convenzione sul diritto del mare precisa che l'insenatura deve essere tale da poter tracciare, all'interno della baia, un semicerchio il cui diametro è costituito dalla linea immaginaria tracciata che la attraversa La baia può essere chiusa solo se la distanza tra gli estremi è al massimo di 24 miglia nautiche (109) o se, nel caso in cui le isole si trovino nell'asse della linea di chiusura, la lunghezza del diametro non supera tale distanza massima quando calcoliamo la somma delle lunghezze delle linee rette tra le isole. Quando la distanza tra i punti di bassa marea è superiore a quella massima prevista, può comunque essere tracciata una linea retta di base di 24 miglia all'interno della baia, senza tener conto dei punti d'ingresso naturali (art. 10, par. 3, 4 e 5). La Convenzione prevede che le disposizioni relative a questo tipo di configurazione geografica riguardino soltanto le baie di cui uno stato è rivierasco (art. 10, par. 1).

### 1.2.1.4, La cosiddetta baia storica

Nella Convenzione sul diritto del mare si menziona che le disposizioni relative alle baie non si applicano alle cosiddette baie "storiche" (art. 10, par. 6). La Convenzione non fornisce per altro né una definizione giuridica di queste, né un criterio geografico che permetterebbe, a certe condizioni, di chiuderle con una linea retta di base. Il concetto di baia storica s'inscrive in un'espressione ancora più ampia, quella delle acque storiche, cioè quelle di un arcipelago, di un estuario, di uno stretto, di un fiordo o di un canale. Una baia storica è così qualificabile, nonostante gli atlanti la designino diversamente (ad es. il golfo di Gabes).

Tre condizioni cumulative sono necessarie: lo stato che rivendica questo status eccezionale deve essere in grado di dimostrare che esercita una sovranità effettiva sulle acque della baia attraverso l'applicazione di leggi e regolamenti riguardanti diversi campi d'attività; questa sovranità, espressa in modo chiaro, aperto ed esclusivo, si deve mantenere in modo continuo, pacifico e prolungato; infine, detta sovranità deve essere oggetto, da parte degli stati terzi e in particolare di quelli vicini, di riconoscimento espresso o, almeno, tacito attraverso la tolleranza o l'assenza di proteste. Se il golfo di Gabes in Tunisia può essere considerato un esempio storico di baia, altri ne contestano lo status perché non vengono soddisfatte tutte le tre condizioni (si pensi alla presenza del golfo della Sirte al largo della Libia).

#### 1.2.1.5, La foce di un fiume

La linea retta di base è tracciata "attraverso la foce di un fiume tra i punti-limite della linea di bassa marea", ma tale linea può essere utilizzata solo se il fiume "sfocia nel mare senza formare un estuario" (art. 9). La presenza di un estuario, per quanto piccolo possa essere, impedirebbe forse la creazione di una linea di base diritta? Possiamo procedere per analogia con la disposizione relativa alle baie e trasferire il tracciato di una linea a monte dell'estuario?

La normativa non prescrive una lunghezza massima al percorso. La regola è dunque meno restrittiva di quella prevista per le baie, in quanto non prevede il coinvolgimento di un unico stato. Si potrebbe quindi tracciare una linea retta per chiudere un confine fluviale tra due stati.

#### 1.2.1.6, Le acque di un delta

Si possono tracciare più segmenti da punti idonei lungo la linea di bassa marea più avanzata, e a condizione che la costa sia "estremamente instabile per la presenza di un delta e di altri elementi naturali" (art. 7, par. 2). Un delta può essere descritto come "estremamente instabile", sebbene non mostri né progressione né regressione. La norma prevede inoltre che "anche in caso di successivo abbassamento della soglia di bassa marea, le linee di base rettilinee restano in vigore finché non siano state modificate dallo stato costiero" (ibidem). Si pensi ai delta del Nilo e del Niger.

### 1.2.1.7, Le barriere coralline

"Quando si tratta di parti insulari di una formazione di atolli o di isole delimitate da scogliere marginali" (art. 6), la linea di base è quella di bassa marea sulla barriera corallina, sul lato largo.

### 1.2.1.8, Le costruzioni artificiali

"Gli impianti permanenti che fanno parte integrante di un sistema portuale e che si estendono verso il largo sono considerati parte della costa" (art. 11), sebbene la loro modesta lunghezza abbia un impatto minimo sui limiti esterni delle aree sottoposte a giurisdizione nazionale. Comunque, quando si delimita un confine tra stati che hanno coste adiacenti, l'effetto può essere non trascurabile. Servendo anche da supporto per il disegno di una linea retta di base (110), queste costruzioni includono le acque interne, che possono essere importanti da un punto di vista strategico. Da notare che non sono considerate installazioni portuali permanenti quelle "ubicate al largo e le isole artificiali" (art. 11). Quest'ultima disposizione riguarda soprattutto i porti. Eppure, quando essi "vengono utilizzati in modo abituale per il carico, lo scarico e l'ancoraggio delle navi" (art. 12), rientrano nel mare territoriale, che si trovino parzialmente o interamente al di fuori del suo limite esterno.

Le isole, gli impianti e le strutture artificiali possono essere circondati da una zona di sicurezza con una larghezza massima di 500 metri. Le costruzioni artificiali non hanno però lo status di isole e quindi non hanno un proprio mare territoriale. La loro presenza non ha insomma alcuna incidenza sulla delimitazione del mare territoriale, della zona economica esclusiva e della piattaforma continentale (art. 60, par. 5 e 8).

### 1.2.2, Le acque di un arcipelago

Si definisce "stato-arcipelago" un paese "costituito interamente da uno o più arcipelaghi ed eventualmente da altre isole" (art. 46 bis); ciò proibisce, di conseguenza, a qualsiasi stato continentale, di stabilire linee di base nelle acque di un arcipelago. Si qualifica invece col termine "arcipelago" qualsiasi "gruppo di isole o parti di isole, acque contigue ed altri elementi naturali, che hanno tra loro rapporti così stretti da formare intrinsecamente un insieme geografico, economico e politico, o che sono storicamente considerati tali" (art. 46 b). L'isola (111), dal canto suo, viene giuridicamente definita come "una distesa di terra circondata da acque che rimane scoperta durante l'alta marea" e che genera, come ogni territorio terrestre, un mare territoriale, una zona contigua, una zona economica esclusiva e una piattaforma continentale, a meno che non sia costituita da "rocce non abitabili da esseri umani o non passibili di una vita economica propria"; queste ultime generano unicamente un mare territoriale (art. 121).

È dalle linee di base delle acque di un arcipelago che lo stato stabilisce i limiti esterni della sua sovranità o giurisdizione esclusiva (art. 48). Poiché tali linee generano notevoli spazi marittimi e non hanno comune misura con la superficie terrestre delle isole, possono essere tracciate solo soddisfacendo tre condizioni: la lunghezza di ciascuna delle linee – tra i punti estremi delle isole più lontane le isole e le scogliere emergenti dell'arcipelago – non deve superare 100 miglia nautiche (112); il rapporto tra la superficie delle acque e quella del suolo deve essere compreso tra 1 a 1 e 9 a 1 (art. 47, par. 1); il tracciato delle linee "non deve discostarsi in modo significativo dal contorno generale dell'arcipelago" (art. 47, par. 3).

Il tracciato è soggetto ad altre condizioni accessorie: le linee non possono essere segnate a partire da (o verso) fondali emergenti solo con la bassa marea, "a meno che non siano costruiti fari o installazioni del genere permanentemente emergenti oppure che il fondo dell'acqua alta si trovi, in tutto o in parte, ad un livello distanza, dall'isola più vicina, non superiore alla larghezza del mare territoriale"; tali linee non devono avere l'effetto di tagliare il mare territoriale di un altro stato dall'alto mare o dalla sua zona economica esclusiva; nel caso in cui "parte delle acque di uno stato-arcipelago si trovi tra due porzioni del territorio di uno stato vicino", i diritti e gli interessi tradizionali di quel paese si mantengono e vanno rispettati (art. 47, par. 4-6).

Lo stato-arcipelago esercita la sovranità sulle sue acque "qualunque sia la loro profondità o distanza dalla costa", e tale sovranità si estende, come nel caso del mare territoriale, allo spazio aereo sovrastante, nonché "al fondale e al sottosuolo (art. 49, par. 1 e 2). Tale principio presenta due eccezioni principali. A differenza del diritto di passaggio inoffensivo nel mare territoriale, le navi e gli aeromobili godono del diritto di passaggio nell'arcipelago, inteso come "il libero esercizio (...) ai soli fini del transito continuo e rapido" (art. 53, par. 3).

Tale regime, simile a quello del diritto di passaggio in transito attraverso gli stretti, deve quindi essere distinto dal diritto di passaggio inoffensivo, poiché non può essere sospeso dallo stato costiero; inoltre, i sottomarini stranieri non possono essere tenuti a navigare in superficie e a esporre la loro bandiera. Quest'ultima disposizione riguarda unicamente le zone in cui lo stato-arcipelago ha designato vie di traffico, le quali "devono seguire ti canali normalmente utilizzati per la navigazione, fermo restando che non è necessario stabilire tra un punto di entrata e un punto di uscita più vie di comodità comparabile" (art. 53, par. 4). Altrove, nelle acque dell'arcipelago, vige il diritto di passaggio inoffensivo (art. 52, par. 1).

### 1.2.3, Il mare territoriale

Rappresentando la zona marittima più vicina alla costa, il mare territoriale ha spesso un valore strategico, tradizionalmente importante. Ciascuno dei 152 stati costieri del pianeta, con la possibile eccezione della Bosnia-Erzegovina e del Montenegro, si è avvalso delle disposizioni della Convenzione sul diritto del mare adottando un mare territoriale. La stragrande maggioranza di questi paesi ha fissato i propri limiti esterni a 12 miglia nautiche, prima del 1982, in conformità alla disposizione dell'art. 3. All'inizio degli anni 2010, solo 11 stati avevano stabilito questi limiti ad una distanza diversa dalle 12 miglia, inferiore in tre casi (113), ma maggiore in otto casi (114), tutti atti unilaterali non conformi alla Convenzione. Ciò ha ovviamente complicato il processo di delimitazione.

L'ampiezza del mare territoriale aumenta quando i bassifondi emergenti sono inferiori al limite esterno delle 12 miglia, poiché è la linea di bassa marea di questi fondali che può essere utilizzata per il calcolo (115). Inoltre, per valutare se le secche sono (o meno) al di sotto del limite delle 12 miglia, non si dovrebbe tenere conto della linea di chiusura di una baia.

La sovranità dello stato costiero, riconosciuta al di là del suo territorio e delle sue acque interne, si estende non solo al mare territoriale, ma anche al fondo di questo mare e al suo sottosuolo, nonché allo spazio aereo sovrastante (art. 2, par. 1 e 2). Comunque, detta sovranità non è assoluta, poiché il paese deve cedere agli altri un "diritto di passaggio inoffensivo", il quale deve essere inoltre "continuo e rapido", il che non proibisce però l'arresto e l'ancoraggio "se costituiscono delle interruzioni ordinarie alla navigazione e avvengono seguito a un caso di forza maggiore o di difficoltà particolare" (art. 18). Il diritto di passaggio può essere subordinato a corsie di circolazione designate dallo stato e corredate da dispositivi di separazione del traffico (art. 22). Una condizione specifica è imposta sia ai sottomarini e agli altri sommergibili, "tenuti a navigare in superficie e a esporre la loro bandiera" (art. 20), sia alle navi a propulsione nucleare e a quelle che trasportano armi nucleari o "intrinsecamente pericolose, nocive". Tali sommergibili e navi devono essere forniti della documentazione prevista dagli accordi internazionali (116) per dette tipologie (art. 23). Tuttavia, lo stato costiero può sospendere temporaneamente l'esercizio del diritto di passaggio allo scopo di garantire la propria sicurezza (art. 23); una deroga del genere non è consentita negli stretti internazionali (art. 25, par. 3).

Particolari disposizioni sono previste per i paesi rivieraschi degli stretti internazionali, i quali hanno diritto, quando necessario per la sicurezza delle navi, di delimitare corsie di traffico e prescrivere dispositivi di separazione del traffico, ma non possono comunque ostacolare il transito, mai sospendibile (art. 41 e 44).

### 1.2.4, La zona contigua

Ogni stato costiero può istituire una zona adiacente al proprio mare territoriale, la cosiddetta zona contigua (117), che non può estendersi oltre 24 miglia nautiche dalle linee di base. Lo stato costiero può, in tale zona, esercitare "il controllo necessario" al fine di prevenire e reprimere le violazioni alle proprie leggi e regolamenti (in materia di dogana, fisco, sanità o immigrazione), che vengano commesse sul suo territorio o nel suo mare territoriale (art. 33, comma 1). Infine, può rimuovere i reperti archeologici e storici rinvenuti sul fondo del mare, nella zona contigua, fatti salvi i diritti dei proprietari identificabili (art. 303). Nella maggior parte dei casi, i limiti esterni sono fissati alla larghezza massima, mentre alcuni stati, in particolare Gambia e Sudan, hanno scelto una larghezza inferiore.

### 1.2.5, La zona economica esclusiva

Denominata anche "area delle 200 miglia" quando la situazione geografica lo consente, la zona economica esclusiva

(ZEE) prende il nome di zona di pesca quando lo stato costiero intende esercitare i suoi poteri esclusivi soltanto rispetto a tale attività. Lo stato costiero esercita nella propria ZEE la giurisdizione esclusiva rispetto a vari ambiti: sfruttamento delle risorse biologiche e non-biologiche, ricerca scientifica, installazione di isole artificiali, produzione di energia a partire dall'acqua, dalle correnti o dai venti, protezione dell'ambiente marino (art. 56).

Dei 152 stati costieri del pianeta, ben 127, all'inizio degli anni 2010, avevano creato una ZEE (118), mentre 15 mantenevano solo una zona di pesca. Inoltre, 11 stati le avevano proclamate entrambe (119), mentre 20 non ne hanno proclamato nessuna (120). La maggior parte delle ZEE è istituita al limite massimo di 200 miglia nautiche, ma alcune sono limitate a coordinate geografiche (121) o alla linea di confine con uno stato vicino (122). Le zone di pesca sono, nella maggior parte dei casi, stabilite a 200 miglia nautiche, oppure a distanze inferiori (123) o secondo coordinate geografiche (124).

Spetta inoltre allo stato costiero promuovere "lo sfruttamento ottimale delle risorse biologiche" e fissare "il volume ammissibile di catture", tenendo conto dei "dati scientifici più affidabili" di cui dispone, al fine di evitare che le risorse presenti "siano compromesse dal sovra-sfruttamento". A tale proposito, le informazioni scientifiche e statistiche relative alle catture "vanno diffuse e scambiate regolarmente" attraverso le competenti organizzazioni internazionali, sub-regionali, regionali o globali (art. 61 e 62, par. 1). La Convenzione sul diritto del mare prevede poi che lo stato costiero determini la sua "capacità di sfruttamento" e che, se quest'ultima è inferiore al volume totale consentito di catture, autorizzi altri paesi, in particolare quelli senza sbocco sul mare o geograficamente svantaggiati della stessa regione o sotto-regione, a sfruttare "il resto del volume ammissibile" secondo una quota adeguata.

La partecipazione di altri paesi, stabilita di comune accordo, non può essere richiesta agli stati costieri "la cui economia è molto dipendente dallo sfruttamento delle risorse biologiche della loro zona economica esclusiva", e deve essere decisa tenendo conto delle circostanze seguenti: la necessità di evitare ogni abuso dannoso per le comunità di pescatori o per l'industria della pesca dei paesi costieri; i bisogni alimentari della popolazione dei paesi beneficiari; lo sforzo già compiuto verso altri paesi. D'altronde, gli stati sviluppati senza litorale o geograficamente svantaggiati hanno diritto di partecipazione soltanto nelle zone marittime di stati sviluppati ( art. 62, 69, 70 e 71). Alcune disposizioni sono dedicate a varie categorie di risorse biologiche: specie altamente migratorie, mammiferi marini, specie anadrome e catadrome (artt. da 64 a 67), specie sedentarie. Nella sua zona economica esclusiva, lo stato costiero non ha solo diritti, ma anche obblighi, come quelli di garantire a tutti gli altri (sia senza sbocco sul mare, sia costieri) le libertà di navigazione e di sorvolo, nonché la possibilità di installare cavi sottomarini, oleodotti e gasdotti (art. 58).

### 1.2.6, La piattaforma continentale

A differenza del criterio della distanza esclusiva stabilito per i limiti esterni del mare territoriale, della zona contigua, della zona di pesca e della ZEE, i limiti della piattaforma continentale, che variano parecchio nella prassi statale (art. 77, par. 1 e 4), vengono legalmente stabiliti in base a fattori quali: la distanza, la batimetria, la geomorfologia e la sedimentologia (figura 3). Questi metodi rispondono alla diversità delle situazioni geografiche nel mondo, poiché in alcune regioni la piattaforma continentale geografica non è molto importante, mentre è assai sviluppata altrove.

Sulla propria piattaforma continentale, lo stato costiero "esercita diritti sovrani" in materia di esplorazione e sfruttamento delle risorse naturali, compresi gli organismi viventi appartenenti a specie sedentarie (art. 77, commi 1 e 4), definiti come "organismi che, nella fase in cui possono essere pescati, sono immobili sul fondo o al di sotto del fondo, ovvero incapaci di muoversi se non rimanendo costantemente a contatto con il fondo o con il basamento del fondo" (art. 68 e 77, par. 4). Tali diritti sono sia esclusivi, sia "indipendenti da un'occupazione effettiva o fittizia, nonché da qualsiasi espressa proclamazione" (art. 77, par. 2 e 3).

La piattaforma di uno stato è oggi definita come l'insieme del "fondale marino e del suo sottosuolo oltre il suo mare territoriale, sull'intera estensione naturale del territorio terrestre di detto stato fino al bordo esterno del margine continentale, ovvero sino a 200 miglia nautiche dalle linee di base dalle quali si misura la larghezza del mare territoriale, quando il bordo esterno del margine continentale si trova a distanza minore" (art. 76, par. 1) *(ipotesi 1)*. Il margine è costituito, da una parte, dai fondali che corrispondono al pianoro, al pendio e allo spalto, dall'altra, dal loro sottosuolo (art. 76, par. 3). Se il bordo esterno del margine dista più di 200 miglia nautiche, lo stato costiero ha la facoltà di scegliere, tra vari metodi di calcolo, quello che lo favorisce. Può così stabilire il bordo lungo una linea tracciata "in riferimento ai punti fissi estremi, dove lo spessore delle rocce sedimentarie" è uguale al centesimo (almeno) della distanza tra il punto considerato e i piedi del pendio" (art. 76, par. 4a) *(ipotesi 2)*. La linea può anche essere stabilita "facendo riferimento a punti situati al massimo a 60 miglia nautiche dal piede della scarpata continentale" (ibidem) *(ipotesi 3)*. In questi ultimi casi – delle varianti rispetto alla cosiddetta formula irlandese –, la Convenzione presume che il piede "coincida con la più marcata interruzione di pendenza alla base del rilevato" (art. 76, par. 4b). Inoltre, le linee tracciate negli ultimi due casi devono trovarsi a una distanza non superiore a 350 miglia nautiche *(ipotesi 4)*, oppure a 100 miglia nautiche dall'isobata di 2.500 metri *(ipotesi 5)*. Se è presente anche una dorsale sottomarina, il limite esterno non può essere stabilito a più di 350 miglia *(ipotesi 6)*, ma non ha alcun effetto la presenza di secche, siano esse sotto forma di piattaforme, soglie, creste, sponde o speroni (art. 76, par. 5 e 6). Nei casi in cui il limite esterno è superiore a 200 miglia nautiche (125), la linea non può essere costituita da linee rette superiori a 60 miglia nautiche, e il percorso di tale limite deve essere comunicato, entro 10 anni, alla Convenzione sul diritto del mare (126), alla CLPC, cioè la Commissione sui Limiti della Piattaforma Continentale (art. 76, par. 8). Tale organismo, creato ai sensi dell'allegato II, ha il potere di rivolgere raccomandazioni agli stati costieri (ibidem) relative a tali limiti; dette raccomandazioni sono "definitive e vincolanti" nella misura in cui lo stato ha fatto ricorso alla CLPC. Sebbene pochissimi paesi abbiano finora fissato con precisione questi limiti, la maggioranza ha reso, comunque, noto il metodo prediletto.

In cambio dei diritti riconosciuti riguardo all'esplorazione e allo sfruttamento della piattaforma continentale dello stato, si prevedono alcuni obblighi, in particolare quello di versare, in natura o in denaro, contributi per lo sfruttamento delle risorse non-biologiche esistenti, in un dato sito, oltre le 200 marine miglia, dal sesto anno di produzione (127). Qualunque stato in via di sviluppo che sia importatore netto di un minerale estratto dalla sua piattaforma continentale è esentato da tali contributi, ma soltanto per quel minerale (art. 87, par. 3). I contributi sono versati all'autorità competente, "che li distribuisce tra gli stati parte, secondo criteri di equa ripartizione, tenendo conto degli interessi e delle esigenze dei paesi in via di sviluppo, in particolare quelli meno sviluppati o senza sbocco sul mare" (art. 82, par. 4)

La disciplina sui limiti esterni "non pregiudica la questione della delimitazione della piattaforma continentale tra stati le cui coste sono adiacenti o contrapposte" (art. 76, par. 10) e, "nel caso in cui esista una controversia terrestre o marittima, la Commissione non esamina la richiesta presentata da uno stato parte di tale controversia e non si pronuncia su di essa" (128). Va però aggiunto che la Commissione può essere espressamente autorizzata dalle parti in litigio, nonostante tale disposizione, ad esaminare l'assunto.

Se la Commissione non è autorizzata, le parti possono scegliere tra negoziare una soluzione, ricorrere a un tribunale internazionale o non rilasciare permessi di esplorazione nell'area contesa.

*F. 3. La piattaforma continentale sotto giurisdizione nazionale*
(fonte: Couper, A.D., 1983, *Le grand atlas de la mer*)

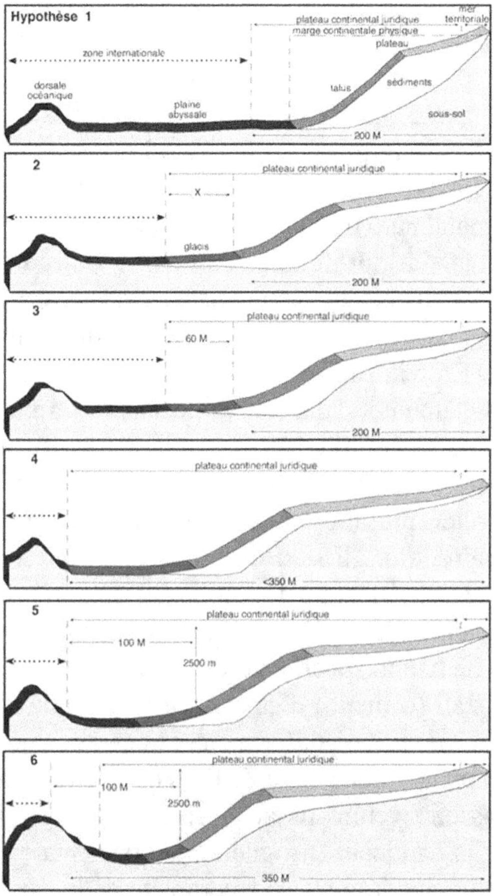


*Legenda: Ipotesi 1*
*Piattaforma continentale giuridica*
*Mare territoriale*
*Margine continentale fisico*
*Piattaforma*
*Zona internazionale*
*Dorsale oceanica*
*Piana abissale*
*Argine*
*Sedimenti*
*Sottosuolo*

Curiosamente, un numero significativo di stati costieri non ha espresso rivendicazioni sulle proprie piattaforme continentali. Infatti, solo 117 su 152 hanno espresso la loro preferenza per i limiti esterni della propria piattaforma. È vero che la giurisdizione dello stato è indipendente da qualsiasi espressa proclamazione. Tuttavia, la maggior parte dei paesi che ha espresso la propria scelta si è basata sul criterio combinato "margine continentale / 200 miglia nautiche" (si tratta di 81 casi), mentre solo 3 hanno mantenuto esclusivamente il criterio del margine continentale (129), 4 quello delle 200 miglia (130), 8 hanno fatto riferimento ad una linea di confine (131) e 2 alle coordinate geografiche (132). Ancor più significativamente, diversi paesi hanno rinunciato alle possibilità offerte dalla Convenzione sul diritto del mare del 1982 e hanno scelto di stabilire i limiti esterni secondo i criteri della Convenzione sulla piattaforma continentale del 1958: in effetti, 2 stati hanno mantenuto il criterio di sfruttamento e altri 12 il criterio combinato di "profondità 200 metri / sfruttamento" (133). Tra i 35 stati che non hanno dichiarato la propria preferenza, si segnalano quelli parti di una decisione sulla delimitazione marittima (Eritrea, Libia e Tunisia), il cui ambito è stato poi limitato, ovviamente, dalla linea tracciata dal tribunale. Troviamo anche in questo elenco gli stati che si affacciano su un mare semichiuso: la loro stessa posizione geografica li limita in termini di estensione della piattaforma. Analogamente, troviamo qui, gli stati che hanno un affaccio marittimo minimo o nullo, così come i piccoli stati insulari, gli arcipelaghi e quanti hanno dichiarato di avere una piattaforma continentale ma non ne hanno specificato i confini.

Che i limiti siano stati (o meno) dichiarati, è chiaro che le zone di sovrapposizione tra piattaforme continentali sono molto numerose, ben più di quelle delle ZEE, in quanto i limiti delle piattaforme possono venire fissati a distanze superiori rispetto alle 200 miglia nautiche. Bisognerà però pazientare a lungo prima di avere un quadro preciso e completo delle varie situazioni nel mondo. Si tratta di attendere che la CLPC porti a termine il suo gravosissimo compito alla luce delle competenze scientifiche spettanti (congiuntamente o singolarmente) alle principali parti interessate. Secondo una tabella pubblicata dalle Nazioni Unite e aggiornata al 30 ottobre 2023, sono state presentate alla Commissione 93 proposte, individuali o congiunte, di cui 34 sono già state oggetto di raccomandazioni (134). Resta il fatto che i tribunali internazionali si sono visti investiti di parecchi esempi di delimitazione oltre i confini delle piattaforme continentali; si pensi al caso "Ghana / Costa d'Avorio", deciso dal TIDM il 23 settembre 2017 (135), al caso "Somalia c. Kenya", per il quale la CIG ha pronunciato la sua sentenza il 12 ottobre 2021 (136) e al caso "Mauritius / Maldive", deciso dal TIDM il 28 aprile 2023 (137).

### 1.3, Le norme giuridiche applicabili alla delimitazione marittima

La *territorializzazione* delle zone marittime (sezione 1.2) ha spesso l'effetto di creare, tra due stati, alcune sovrapposizioni; di conseguenza, la delimitazione di queste zone (acque interne, mare territoriale, zona contigua, zona economica esclusiva, piattaforma continentale) va immaginata ed effettuata in conformità alle norme giuridiche applicabili (138).

L'enunciazione della norma fondamentale richiama implicitamente i mezzi di risoluzione pacifica delle controversie, così come sono elencati dall'articolo 33 della Carta delle Nazioni Unite. Tale enunciato evoca le fonti del diritto internazionale, così come si ritrovano nell'articolo 38 dello statuto della CIG. Nel presente volume, adottiamo l'approccio della Corte nel caso "Canada / Stati Uniti" esaminando innanzitutto la legge applicabile, in modo specifico, alla delimitazione marittima, ma non senza – in via preliminare – aver menzionato le regole generali previste agli art. 33 e 38. La Carta delle Nazioni Unite specifica, all'art. 33 quanto segue: "*1.* Le parti di qualsiasi controversia, il cui protrarsi possa minacciare il mantenimento della pace e della sicurezza internazionale, devono cercare una soluzione soprattutto mediante negoziazione, indagine, mediazione, conciliazione, arbitrato, soluzione giudiziale, ricorso a organi o ad accordi regionali o con altri mezzi pacifici di loro scelta. *2.* Il Consiglio di Sicurezza, se lo ritiene necessario, può invitare le parti a risolvere la loro controversia con tali mezzi".

La trattativa, menzionata come primo aspetto, "è alla base di tutte le relazioni internazionali" (139), come ricorda la CIG nelle sue sentenze relative ai casi "Mare del Nord" del 1969. La negoziazione si basa sulla buona fede di entrambe le parti, riconosciute uguali nell'esercizio della loro sovranità. Se, nonostante la trattativa, le parti non riescono a raggiungere un accordo, sono libere di ricorrere a un terzo (in particolare un tribunale arbitrale o un organo giudiziario) per la risoluzione della loro controversia. In termini di delimitazione marittima, la maggior parte delle frontiere nel mondo è stata stabilita mediante accordi bilaterali, costituendo così un ricco dossier (140). Ciò testimonia l'importanza attribuita dalla Carta alla negoziazione. Una parte può anche desiderare che una controversia venga risolta da un'organizzazione regionale: è stata, ad esempio, la scelta del Belize nella sua disputa di confine con il Guatemala, ma lo stesso segretario dell'Organizzazione degli Stati Americani (OSA) ha raccomandato che il caso fosse deferito alla CIG (141). Da notare che, al primo dicembre 2023, il caso era ancora pendente (142).

Lo statuto della CIG elenca, all'art. 38, le fonti del diritto internazionale: "La Corte, la cui missione è di risolvere le controversie che le vengono sottoposte conformemente al diritto internazionale, applica: - le convenzioni internazionali, generali o speciali, che stabiliscono norme espressamente riconosciute dagli stati in causa; - la consuetudine internazionale quale prova della pratica generale accettata come se fosse il diritto; - i principi generali del diritto riconosciuti dalle nazioni civili; - fatte salve le disposizioni dell'articolo 59, le decisioni giudiziarie e la dottrina degli autori più qualificati delle diverse nazioni, come mezzo ausiliario per determinare le norme del diritto". Nell'art. 38 menzionato, non si riscontra una gerarchia sistematica tra le categorie elencate, salvo che si citino la dottrina e le decisioni giudiziali come mezzi ausiliari di determinazione del diritto (143). Si può dunque ragionevolmente supporre che le altre fonti sono di maggiore importanza. Tuttavia, è chiaro che il diritto internazionale della delimitazione marittima è in gran parte giurisprudenziale, tenendo conto della generalità delle poche norme convenzionali previste in materia, e sebbene l'articolo 59 possa suggerire il contrario, poiché la "decisione della Corte è vincolante solo per le parti in controversia e nel caso che è in corso di decisione". Ciascuna fonte deve essere distinta: convenzioni internazionali (sotto-sez. 1.3.1), consuetudine (sotto-sez. 1.3.2), principi generali del diritto (sotto-sez. 1.3.3), giurisprudenza (sotto-sez. 1.3.4), dottrina (sotto-sez. 1.3.5). Va però premesso che queste fonti vengono sovente a sovrapporsi nei singoli casi. Pertanto, un confine stabilito parzialmente dalla giurisdizione è talvolta esteso o implementato mediante un successivo accordo bilaterale; ad esempio, il 10 novembre 1986, nella vicenda "Libia / Malta" (144), le parti hanno concordato di conformarsi alla sentenza della CIG.

### 1.3.1, Le principali convenzioni internazionali

Dopo i due strumenti adottati nel 1958 – Convenzione sul mare territoriale e sui mari contigui (145) e Convenzione sulla piattaforma continentale (146) –, è stata firmata, nel 1982, la Convenzione sul diritto del mare (147), entrata in vigore nel 1994. Tale strumento contiene sia norme generali (per quanto riguarda la zona economica esclusiva e la piattaforma continentale), sia norme specifiche (per quanto riguarda il mare territoriale), mentre tace per quanto riguarda la zona contigua. Le norme generali sono stabilite negli articoli 74 e 83: "La delimitazione della zona economica esclusiva [e della piattaforma continentale] tra stati le cui coste sono adiacenti o opposte sarà effettuata mediante accordo in conformità al diritto internazionale, come indicato nell'articolo 38 dello statuto della Corte Internazionale di Giustizia, al fine di raggiungere una soluzione equa".

La norma specifica, di cui all'articolo 15, applicabile alla delimitazione del mare territoriale, combina equidistanza e circostanze particolari; essa recita: "Quando le coste di due stati sono adiacenti o opposte l'una all'altra, nessuno ha il diritto, salvo diverso accordo, di estendere il proprio mare territoriale oltre la linea mediana i cui punti sono equidistanti dai punti più vicini alle linee di base da cui si estende la larghezza del mare territoriale di ciascuno dei due stati. Tale disposizione, tuttavia, non si applica nel caso in cui, a causa dell'esistenza di titoli storici o di altre circostanze, sia necessario delimitare altrimenti il mare territoriale dei due stati".

### 1.3.2, La consuetudine

La consuetudine viene definita dalla dottrina come necessariamente costituita da due elementi, senza i quali la sua esistenza non può essere affermata: la ripetizione di un uso costante sia nel tempo che nello spazio (l'elemento di fatto); la convinzione, espressa o tacita, da parte di tutti i soggetti giuridici, che tale uso risponda ad una necessità giuridica, cioè all'*opinio juris* (elemento psicologico).

La consuetudine è spesso codificata nel diritto convenzionale; ad esempio, il concetto di ZEE, contenuto nella nuova Convenzione sul diritto del mare. Il concetto potrebbe essere opposto a uno stato non parte di questo strumento giuridico, ovviamente non come regola convenzionale, ma come regola consuetudinaria. Per altro, non tutte le regole convenzionali sono anche consuetudinarie, e il metodo dell'equidistanza previsto dalla Convenzione sulla piattaforma continentale del 1958 non ha il carattere obbligatorio di una regola consuetudinaria (148), come afferma la CIG nel caso "Libia / Malta" del 1985, quando afferma che, pur non avendo dubbi sull'importanza della pratica statale in materia di delimitazione, "tale prassi non è sufficiente a provare l'esistenza di una norma che prescriva il ricorso all'equidistanza o a qualsiasi altro metodo considerato obbligatorio" (149). La dottrina giunge alle stesse conclusioni allorché un commentatore afferma, ad esempio, come gli accordi di delimitazione che prevedono l'equidistanza siano insufficienti, "malgrado le linee di forza che tracciano" (150), a erigere un regime di delimitazione consuetudinario, data la singolarità di ciascun caso, data la scelta di questo metodo per libera volontà degli Stati e per assenza di *opinio juris*, infine, dato il fatto che esso non sempre viene utilizzato nonostante la sua preminenza.

Ricordiamo inoltre che la nuova Convenzione sul diritto del mare non ha mantenuto il metodo dell'equidistanza per la delimitazione della piattaforma continentale e della ZEE. Inoltre, i tribunali internazionali ritengono che le norme di delimitazione previste dagli articoli 74 e 83 siano di origine consuetudinaria (151). Occorre allora chiedersi se sussista una consuetudine – tacito accordo di volontà – in assenza di disposizioni convenzionali o in caso di loro non applicazione.

Una consuetudine può nascere da atti unilaterali, se si ripetono nel tempo e non suscitano alcuna opposizione da parte degli stati. Altrimenti, la sola volontà di uno non può costituire fonte del diritto internazionale.

### 1.3.3, I principi generali del diritto

I principi generali del diritto, non elencati nello statuto, vengono definiti altrove come principi comuni agli ordinamenti interni dei diversi stati e sono di facile trasposizione nell'ordinamento internazionale (es.: la buona fede, i diritti acquisiti, la continuità e l'indipendenza dello stato, il risarcimento dovuto a seguito di un danno). Questi principi, una volta riconosciuti, sono parte integrante del diritto positivo e non devono essere confusi con il diritto naturale.

Per quanto concerne la delimitazione della piattaforma continentale, la nozione di estensione naturale è stata spesso sostenuta, a torto o a ragione, come principio di diritto, in particolare nelle cause del "Mare del Nord". Secondo la CIG: "Non è proprio (o non solo) perché sono vicine al suo territorio che le zone sottomarine rientrano nella giurisdizione di uno stato costiero. Certo, gli sono vicine, ma ciò non basta a conferire un titolo – così come la semplice vicinanza non costituisce di per sé un diritto all'ambito terrestre (...). In realtà, il titolo che il diritto internazionale attribuisce *ipso jure* allo stato costiero sulla sua piattaforma continentale deriva dal fatto che le zone sottomarine in questione vanno considerate come realmente parte del territorio sul quale lo stato costiero già esercita la sua autorità" (152). L'importanza attribuita a questo principio nelle cause precedenti è tuttavia attenuata nel caso "Libia / Tunisia". La Corte ha sostenuto che, se un certo ruolo, è stato attribuito (nella sentenza appena citata) al concetto di estensione naturale nella delimitazione delle aree di piattaforma, è perché la situazione geografica si prestava a ciò. Eppure, "mentre l'idea di estensione naturale del territorio terrestre definisce, in termini generali, l'oggetto fisico o il fondamento dei diritti dello stato costiero, essa non risulta necessariamente sufficiente e nemmeno appropriata, di per sé, a specificare l'esatta portata dei diritti di uno stato rispetto a quelli di uno vicino" (153). La CIG giunge persino a concludere come la nozione di prolungamento naturale non sia applicabile quale principio, il che non significa, però, negarne il valore di circostanza pertinente.

L'equità può essere definita come "l'applicazione dei principi di giustizia a una determinata fattispecie" (154). È oggetto dell'articolo 38, il quale prevede che la Corte ha il potere, "se le parti sono d'accordo, di pronunciarsi *ex aequo et bono*". L'equità è quindi un mezzo per correggere l'applicazione troppo rigorosa dello stato di diritto, per integrarne il contenuto o semplicemente per metterlo da parte (155). Poiché la Convenzione sul diritto del mare prevede che la delimitazione della ZEE e della piattaforma continentale debba "pervenire a una soluzione equa" (art. 74 e 83), dobbiamo interrogarci sul contenuto di questa espressione – e la giurisprudenza, compresa quella che precede lo strumento del 1982, è preziosa a tale riguardo. L'equità deve essere presa in considerazione solo "per come si esprime nel suo aspetto *infra legem*, cioè quella forma di equità che costituisce un metodo d'interpretazione della legge e ne è una delle qualità" (156), secondo quanto sostenuto della CIG nel 1986 in un caso di frontiera terrestre ("Burkina Faso / Mali"). Nel caso "Libia / Tunisia" del 1982, la CIG ha affermato che vanno "applicati i principi equi come parte integrante del diritto internazionale e soppesate attentamente le varie considerazioni ritenute rilevanti, in modo da ottenere un risultato equo" (157).

### 1.3.4, Le decisioni dei tribunali

L'articolo 38 dello statuto della Corte Internazionale di Giustizia menziona le decisioni giudiziarie come fonti ausiliarie: tale disposizione generale non concerne esclusivamente alla CIG, ma copre tutti gli organi giurisdizionali (tribunali arbitrali, TIDM e, probabilmente, alcuni tribunali di diritto interno) (158). Il ruolo del giudice è interpretare lo stato di diritto, dirlo, e non crearlo. Tuttavia, la legge sulla delimitazione marittima è in gran parte giurisprudenziale. Un commentatore ha recentemente affermato che la giurisprudenza in tale settore è "creatrice di leggi" e che si assiste, nell'ambito, "al compimento da parte del giudice di una funzione che va sensibilmente al di là di quella a lui di norma spettante" (159). Oltre all'art. 38, la Convenzione sul diritto del mare prevede, nella "Parte XV", vari modi di regolamentazione giuridica dei litigi e dispone (art. 287) che una scelta di procedura sia offerta rispetto a uno o all'altro dei seguenti tribunali: CIG, TIDM (costituito conformemente all'allegato VI), tribunale arbitrale (allegato VII) o tribunale arbitrale speciale (allegato VIII), per una o più delle categorie di controversie ivi specificate. È ancora necessario che sia avviata un'azione legale, con il consenso di entrambe le parti, il che evoca, una volta di più, l'importanza del negoziato come mezzo pacifico per risolvere i conflitti (160). Ciò sottolinea, poi, che il ricorso legale "non è che un succedaneo del regolamento diretto e amichevole dei conflitti, tra le parti" (161). In altre parole, la legge sulla delimitazione marittima ci spinge a negoziare un accordo, in mancanza del quale si può adire i tribunali che sapranno superare la generalità delle regole convenzionali ispirandosi non solo ai propri precedenti, ma anche alla ricca prassi degli stati, nella scelta di un metodo di delimitazione appropriato.

Le decisioni giudiziarie sono particolarmente importanti, in quanto il diritto convenzionale rimane piuttosto vago in materia. Per altro, sono relativamente poco numerose. Certo, non sono immuni da critiche e, sebbene l'evoluzione della giurisprudenza abbia dato "chiarezza e visibilità alle parti in causa", si tratta di un'opera incompiuta segnata da "una certa volatilità normativa" (162).

Si potrebbe stilare una litania di critiche, del tipo: "una giurisprudenza in gran parte imprevedibile, proveniente da giudici e arbitri che fingono di basarsi su principi di diritto ma che, per mancanza di regole sostanziali sufficientemente precise, tratte dal diritto internazionale generale, sono sovente ridotti a pronunciarsi sull'opportunità" (163); "i tribunali internazionali hanno esitato per anni prima di stabilire un processo chiaro e regole soddisfacenti" (164); vi è "un altissimo grado di generalità e astrazione" (165). È comunque vero che il diritto internazionale è un diritto senza polizia e che l'esecuzione della decisione contro uno stato recalcitrante non può essere forzata, contrariamente alla procedura prevista nella maggior parte dei sistemi di diritto interno. Inoltre, la Carta delle Nazioni Unite prevede che il Consiglio di Sicurezza possa essere adito quando una parte non si conforma a una decisione della Corte (166). Va aggiunto che, nella maggior parte dei casi di delimitazione marittima portati davanti a un tribunale per trovare un compromesso, si può dimostrare come la decisione sia stata rispettata, persino dalle grandi potenze e dalle parti che non hanno vinto (167).

Nel corso degli anni, i tribunali internazionali – in particolare la CIG (168) – sono stati sempre più sollecitati, specie da parte di stati africani, in materia di sovranità territoriale e/o di delimitazione marittima, per non citare le controversie risolte con altri mezzi (mediazione e conciliazione), cioè con modi di regolamentazione che si apparentano, sotto alcuni aspetti, al ricorso legale, anche se devono essere attentamente distinti, in quanto non hanno forza vincolante.

### 1.3.5, La dottrina

Considerata fonte ausiliaria, “la dottrina dei pubblicisti più qualificati” non è un’opera di creazione di diritto positivo, ma ne promuove lo sviluppo attraverso un lavoro di analisi e di sistematizzazione. Se gli autori esprimono, a volte, opinioni favorevoli alla posizione del paese al quale appartengono, le loro critiche e i loro commenti restano tuttavia cruciali per la comprensione delle norme e dei costumi convenzionali, nonché per la portata delle decisioni rese dai tribunali. Liberati dal lavoro giudiziario, gli autori possono condurre studi approfonditi su argomenti particolari.

### 1.4, le circostanze pertinenti per la delimitazione

Se i tribunali non arrivano sempre a concludere che esistono, in un dato caso, circostanze speciali (o pertinenti) che giustificano la correzione di una linea di equidistanza tracciata in veste provvisoria, non esitano invece a procedere in tal senso in circostanze contrarie, come ad esempio nella decisione “Somalia c. Kenya” (169) presa dalla CIG nel 2021.

I giudici si chiedono, in sostanza, se sussistano circostanze rilevanti ai fini della delimitazione dei confini marittimi: la configurazione e la lunghezza delle coste, le attività tradizionali di pesca e caccia, le esigenze economiche delle comunità costiere, la presenza di ghiaccio nell’area da delimitare, l’esistenza di giacimenti d’idrocarburi (noti o presunti), le questioni strategiche, i comportamenti delle parti, l’esistenza di limiti di fatto, ecc. Se la giurisprudenza e la dottrina hanno esaminato i fattori della delimitazione in modo dettagliato, la pratica degli stati nei patti bilaterali è piuttosto laconica in merito: gli accordi li menzionano di rado, sebbene siano talvolta invocati nel preambolo attraverso affermazioni piuttosto generali. La Convenzione sul diritto del mare prevede che il metodo dell'equidistanza sia sostituito quando sussistano "circostanze particolari" (art. 15). L'analisi di queste è quindi fondamentale poiché consente al giudice di mantenere, come confine, la linea di equidistanza tracciata in modo provvisorio nei casi in cui tali fattori non siano presenti nella causa, mentre in casi contrari il giudice adeguerà o sposterà la linea di equidistanza, tenendo conto di detti fattori e al fine di raggiungere un risultato equo. Ma non esiste una regola matematica, e su tale argomento "il giudice si deve guardare dall'essere troppo eloquente" (17), ha giustamente osservato qualcuno. La delimitazione di un confine, in termini generali, va effettuata mediante l'applicazione di criteri equi, "tenendo conto della configurazione geografica della regione e di altre circostanze rilevanti" (171). Taluni hanno poi sottolineato che, nella pratica degli stati, le circostanze geografiche sono, nella maggior parte dei casi, gli elementi principali presi in considerazione, mentre altri fattori (storici, economici, politici, strategici, ecc.) "vengono normalmente utilizzati per chiarire un linea precedentemente tracciata sulla base di considerazioni geografiche" (172).

Prima di esaminare i diversi generi di fattori pertinenti con la delimitazione, così come li si ritrova nella giurisprudenza internazionale (173) e nella pratica degli stati, conviene stabilire una doppia distinzione tra, da un lato, il contesto in cui tali elementi sono evocati, e dall'altro, l'approccio differente a seconda che la delimitazione avvenga attraverso un accordo bilaterale o il ricorso legale (174). Per quanto concerne la prima distinzione, basterà ricordare che una delle principali motivazioni degli stati nel negoziare un accordo di delimitazione – le risorse – non implica per forza che queste (la loro esistenza provata o presunta, la loro importanza e la loro ubicazione) costituiscano un aspetto che influisce sul tracciato della linea di delimitazione. Per quanto riguarda la seconda distinzione, le considerazioni che portano a un accordo possono essere estranee all'oggetto stesso della delimitazione (ad esempio, accordi di buon vicinato o interessi legati alla navigazione), soprattutto perché i negoziati precedenti a ogni accordo sono sovente tenuti segreti. Il giudice, invece, deve attenersi alle regole, come ha ricordato la CIG nel caso "Libia / Malta" del 1985, quando ha affermato, riguardo all'elenco non esaustivo delle circostanze tenere presenti, che "possono intervenire solo quelle che si rapportano all'istituzione della piattaforma continentale" (175). Vari tipi di fattori sono stati invocati dalle parti in causa con diversi gradi di successo. Ad esempio, nel caso "Libia / Tunisia" del 1982, la Corte preso in considerazione: l'orientamento generale delle coste, le caratteristiche geomorfologiche della piattaforma continentale, la posizione della frontiera terrestre, nonché alcuni limiti marittimi tacitamente riconosciuti dalle parti.

Seguito all'adozione della Convenzione sul diritto del mare nel 1982, la CIG si ritrova molto occupata. Nel caso "Libia / Malta" del 1985, è stata esaminata la questione della proporzionalità tra le lunghezze delle coste delle parti in causa. Nell'arbitrato "Guinea / Guinea Bissau" del 1985, il tribunale arbitrale ha preso in esame la questione seguente: una linea prevista in un precedente trattato coloniale poteva costituire un confine marittimo? Nell'arbitrato "Eritrea / Yemen" del 1999, il tribunale ha confermato, nonostante qualsiasi delimitazione formale, l'esistenza di un regime di pesca tradizionale che dà, ai cittadini dei due stati, libero accesso all'intera regione. Nel caso "Camerun c. Nigeria" del 2002, la Corte si è chiesta se la presenza di concessioni petrolifere e l'esistenza di pozzi petroliferi costituissero una circostanza rilevante, idonea a giustificare l'adeguamento di una linea di equidistanza.

Come è facile notare, i fattori analizzati appaiono numerosi e vari, ma non sempre pertinenti dal punto di vista giuridico. Quelli che lo sono, invece, possono avere gradi differenti (176). Ad esempio, tali fattori non hanno la stessa rilevanza a seconda che l'area da delimitare si trovi esclusivamente sulla piattaforma continentale, oppure sia sulla piattaforma continentale sia sulla ZEE. Nel primo caso, non si può dubitare della rilevanza dei fattori geomorfologici e geologici, mentre nel secondo sarebbe opportuno "bilanciarli" con altre circostanze concernenti la colonna d'acqua e, soprattutto, le risorse alieutiche. Inoltre, sarebbero irrilevanti i fattori relativi esclusivamente al mare territoriale, nonché le attività che continuassero ad essere soggette al regime dell'alto mare.

Se "non esistono limiti giuridici alle tematiche che gli stati possono esaminare" (geografiche, geomorfologiche, ambientali, storiche, economiche, geopolitiche, ecc.), bisogna constatare, al pari di alcuni autori (177), che gli elementi strettamente geografici sono, più degli altri, favoriti dalla giurisprudenza, al punto che i tribunali ribadiscono come "il diritto non debba rifare la geografia" (178) e come l'importanza di questa sia "cruciale".

Se il peso dei fattori geografici (sotto-sez. 1.4.1) prevale, a torto o a ragione, sulle altre tipologie, queste, lungi dall'essere escluse a priori, sono regolarmente esaminate dalla giurisprudenza e dalla dottrina: geomorfologia e geologia (sotto-sez. 1.4.2), navigazione (sotto-sez. 1.4.3), biogeografia e ambiente (sotto-sez. 1.4.4), storia (sotto-sez. 1.4.5), economia (1.4.6), geopolitica e geo-strategia (sotto-sez.1.4.7), infine, il comportamento delle parti (sotto-sez. 1.4.8).

### 1.4.1, La geografia

Distinguiamo, inoltre, in seno ai fattori geografici, le seguenti sottocategorie: il contesto regionale (sotto-sez. 1.4.1.1), la massa continentale (sotto-sez. 1.4.1.2), la frontiera terrestre (sotto-sez. 1.4.1.3), le coste (sotto-sez. 1.4.1.4) e la presenza di isole (sotto-sez. 1.4.1.5).

#### 1.4.1.1, Il contesto regionale

Inevitabilmente, la delimitazione di un confine marittimo rientra in un dato quadro regionale, e i giudici sono abituati a verificare quale sia la zona di delimitazione interessata e quali siano le coste di delimitazione interessate, il che consente loro di verificare se la frontiera prevista sia conforme – nella ricerca di una soluzione equa – al criterio di proporzionalità, cioè a uno strumento di lavoro qualitativo e quantitativo (179). Nel caso "Guinea / Guinea-Bissau" del 1985, il tribunale ha ritenuto che una delimitazione equa "non può ignorare altre delimitazioni, già definite o in via di definizione nella regione" (180). Nel caso "Libia / Tunisia" del 1982, la CIG ha affermato: "Evidentemente, in tale ricerca, la prima tappa –essenziale – consiste nel definire con maggiore precisione l'area contesa tra le parti e la regione da prendere in considerazione ai fini della delimitazione" (181). Da notare che uno stato terzo può presentare una richiesta d'intervento alla CIG quando i suoi diritti rischiano di essere pregiudicati da una decisione (182). Così, la Guinea Equatoriale è stata autorizzata a intervenire nel caso "Camerun c. Nigeria" (183), deciso nel 2002. Esistono modelli regionali? La risposta è negativa (184), sebbene si possa rilevare, in alcune regioni, un metodo di delimitazione preferito, quale – in Africa – la linea astronomica (meridiano, parallelo o azimut).

### 1.4.1.2, La massa continentale

La nozione di estensione naturale della massa continentale è stata menzionata senza successo dalla Libia nel caso "Libia / Tunisia" del 1982. Quest'ultima ha sostenuto che "il prolungamento naturale del territorio terrestre, dentro e sotto il mare, di uno stato – il quale stabilisce *ipso jure* il suo titolo sulla contigua piattaforma continentale – è determinato dall'intera struttura fisica della massa terrestre, indicata principalmente dalla geologia (…). La direzione dell'estensione naturale è determinata dalla relazione geologica e geografica generale tra la piattaforma continentale e la massa terrestre continentale, non dalla direzione occasionale o accidentale di una sezione particolare del litorale" (185).

### 1.4.1.3, La frontiera terrestre

Poiché il punto iniziale del confine marittimo, spesso, coincide con il punto finale della frontiera terrestre, è ovvio che quest'ultima abbia già una sua importanza in tal senso. Aggiungiamo che la stessa contestazione di una frontiera terrestre rende problematica, se non impossibile, la delimitazione del confine marittimo. È il caso, in particolare, della frontiera terrestre tra Egitto e Sudan, che rende impossibile tracciare il confine marittimo tra i due stati sino a quando persisterà la disputa sulla sovranità del triangolo di Halayeb. Nel caso "Camerun c. Nigeria", le parti hanno chiesto alla CIG di decidere sulla sovranità sulla penisola di Bakassi, consapevoli che ciò avrebbe necessariamente avuto un impatto sul punto di partenza del confine marittimo. In altri termini, il confine terrestre internazionale può costituire non solo un fattore rilevante di delimitazione ma, pure, un metodo di delimitazione, in quanto prolungamento della sua estensione in mare nella stessa o in una direzione simile. L'applicazione del metodo non pone troppe difficoltà, nella misura in cui, tutto o gran parte di una frontiera terrestre, corrisponde a una linea astronomica, ma difficoltà d'interpretazione sorgono quando questa è costituita da segmenti orientati in modo diverso.

### 1.4.1.4, Le coste

Poiché il confine – sia quello tracciato dall'accordo bilaterale, sia quello di giurisdizione – deve necessariamente passare tra le rispettive coste di due stati marittimi confinanti, è facile comprendere che tali coste costituiscano, insieme alle isole, un dato geografico della massima importanza (186). Ciò che i tribunali talvolta chiamano "geografia costiera" è esaminabile sotto vari aspetti: direzione generale, rapporto di opposizione o adiacenza, configurazione (concavità o convessità), lunghezza. Se il metodo di delimitazione impiegato è la perpendicolare, va da sé che la linea presupponga che venga previamente stabilita la direzione generale delle coste; ciò comporta una difficoltà particolare – quella di sapere se tale direzione debba essere considerata a un livello macro o micro geografico, come spiegato dal tribunale arbitrale nel caso "Guinea / Guinea-Bissau" del 1985.

La nozione di direzione generale delle coste è stata, in una prima occasione, sfruttata nel caso "Libia / Tunisia" del 1982.

Il rapporto tra le coste, siano esse opposte o adiacenti, costituisce un altro aspetto che evidenzia la loro rilevanza nella delimitazione. Poiché le norme di delimitazione della zona economica esclusiva e della piattaforma continentale sono identiche "tra stati le cui coste sono adiacenti o opposte tra loro", ci si può chiedere perché la Convenzione sul diritto del mare, come gli strumenti del 1958, citi entrambe le situazioni geografiche (adiacenza e opposizione). Nel caso "Libia / Tunisia" del 1982, la CIG ha rilevato che la costa tunisina segue, a ovest di Ras Ajdir, la stessa direzione della costa libica per poi spostarsi da sud-ovest a nord-ovest; di conseguenza, il cambio radicale dell'orientamento della costa sembra modificare il rapporto esistente tra Libia e Tunisia che, inizialmente, stati confinanti, tenderebbero a diventare contrapposti.

Circa la configurazione generale delle coste, la questione è stata esaminata nei casi "Guinea / Guinea-Bissau", "Camerun c. Nigeria" e "Ghana / Costa d'Avorio". La lunghezza delle coste ha una duplice importanza: non solo costituisce una circostanza geografica rilevante per la delimitazione, ma offre anche l'opportunità di stimare, una volta effettuata, il risultato equo della stessa. Rappresenta insomma un elemento essenziale di test di proporzionalità. Per quanto riguarda le coste, esse si misurano secondo la linea di bassa marea o, se la situazione geografica lo consente, secondo linee di base diritte.

#### 1.4.1.5, Le isole

Tra le coste rispettive di due paesi si trovano spesso isole, scogli e/o rilievi di bassa marea, che complicano il processo di delimitazione, soprattutto quando tali formazioni si collocano, come suole dirsi, "dalla parte sbagliata" di una linea di equidistanza. La giurisprudenza e la pratica statale sono piene di esempi in cui si trattava di decidere se la loro presenza dovesse avere un effetto totale, parziale o nullo. La stessa dottrina ha dedicato alle isole numerosi studi (187). Le isole sono così onnipresenti nel processo di delimitazione che, forse, è meglio evitare di farne una categoria separata tra i fattori geografici, per esaminarle invece nelle sezioni dedicate a ciascun tipo di fattore, nonché quando si valuta il metodo di delimitazione che costituisce l'equidistanza modificata.

### 1.4.2, La geomorfologia e la geologia

Alcuni "momenti forti" sembrano marcare l'importanza relativa dei fattori geofisici – intesi in senso ampio, sino a inglobare la geomorfologia, la geologia, la batimetria e la presenza di thalwegs (linee d'impluvio), fosse sottomarine e interruzioni delle piattaforme continentali. Questi fattori geofisici non riguardano solo la delimitazione ma, pure, i limiti esterni del margine continentale, seguendo così la raccomandazione della Commissione sui Limiti della Piattaforma Continentale (CLPS) (188) nei casi in cui gli stati interessati sostengono che i loro limiti vadano oltre le 200 miglia.

Se si può dire che la vicenda "Libia / Malta" del 1985 ha suonato la campana a morto per questo tipo di fattori (la piattaforma continentale avrebbe perso la sua importanza a favore della distanza), molto probabilmente, essi verranno ridiscussi (e saranno senza dubbio ancora rilevanti) per la delimitazione dei confini delle piattaforme continentali allargate. Nel caso "Libia / Tunisia" del 1982, la Corte ha respinto tale genere di argomento, affermando che la nozione di estensione naturale è utile ai fini della delimitazione solo nella misura in cui una delle caratteristiche invocate costituisce una rottura tale da andar considerata come limite di due distinte piattaforme continentali. La Corte ha ritenuto inoltre che la caratteristica più significativa – il solco tripolitano – non possa essere presa in considerazione, poiché tale vallata sottomarina presenta rilievi pronunciati solo in un'area situata oltre la regione interessata ai fini della delimitazione.

### 1.4.3, La navigazione

Intimamente legate a fattori di sicurezza – si pensi alle minacce connesse al terrorismo –, le circostanze relative alla navigazione sono menzionate, o quantomeno presunte, in vari accordi di delimitazione conclusi soprattutto da stati con zone marittime importanti dal punto di vista strategico. Così, in alcuni casi, l'accordo prevede espressamente che l'equidistanza, nella delimitazione del mare territoriale, vada adeguata per tener conto della navigazione, sebbene sia stato a giusto titolo rilevato che "il passaggio delle navi è garantito, in linea di principio, dal diritto di passaggio inoffensivo su entrambi i lati della linea di delimitazione" (189). Pertanto, per il mare territoriale, gli interessi legati alla navigazione potrebbero, in certi contesti, avere una considerazione "cardinale" (190), mentre si potrebbe difficilmente concepire la pertinenza di tali aspetti per la definizione della piattaforma continentale, non essendovi legame tra questa e la navigazione (191).

Nel caso "Guinea / Guinea-Bissau" del 1985, detti fattori – seppure non espressamente menzionati (192) – sono stati presi in considerazione per il tracciato del primo segmento della frontiera marittima, che segue la linea di un corso d'acqua, vale a dire "la Passe des Pilotes sino alla foce del Cajet" (193), affinché la frontiera non ostacoli il libero accesso della Guinea-Bissau al canale di Orango, che le rivendicazioni della Guinea avevano ostacolato. La vicenda "Eritrea / Yemen", decisa in due fasi (1998 per la sovranità territoriale su alcune isole e 1999 per la delimitazione marittima) offre un esempio interessante che mostra come gli interessi della comunità internazionale, in materia di navigazione, possano essere considerati, nel loro insieme, accanto agli interessi delle parti in causa. Il tribunale arbitrale ha respinto il metodo di delimitazione dell'enclave proposto da una delle parti e ha insistito sull'importanza di un metodo semplice, cioè l'equidistanza. Questa è stata applicata nelle immediate vicinanze di una via di grande navigazione (194), quella che porta al Bab-el-Mandeb, dove le parti stesse hanno riconosciuto le proprie responsabilità in materia di sicurezza, rispetto a un regione del mondo particolarmente sensibile. Nonostante la delimitazione, la Corte ha comunque approvato il regime di pesca tradizionale che garantisce alle parti il libero accesso all'intera zona e ha specificato: "Deve esserci libero accesso da e verso le isole interessate – compreso il passaggio senza ostacoli attraverso le acque in cui, in virtù della sua sovranità sulle isole, lo Yemen ha il diritto di escludere tutti i terzi…" (195).

Gli elementi legati alla navigazione sono, ovvio, di enorme importanza negli stretti internazionali e, in futuro, saranno probabilmente esaminati nelle demarcazioni tra Gibuti e l'Eritrea, tra Gibuti e lo Yemen (stretto di Bal-el-Mandeb) come pure tra Marocco e Spagna (stretto di Gibilterra).

### 1.4.4, La biogeografia e l'ambiente

Si può notare che la crucialità dell'ambiente sembra emergere nella giurisprudenza recente, compreso in materia di delimitazione terrestre (o fluviale), come esemplifica la sentenza della CIG del 1999, relativa al caso "Botswana / Namibia" (196), che ha originato commenti e critiche assai stimolati.

### 1.4.5, La storia

Tra le circostanze atte a escludere l'adozione di una linea di equidistanza o a giustificarne un adeguamento, gli elementi storici rappresentano forse una categoria a parte, in quanto la norma per la delimitazione del mare territoriale, prevista dalla Convenzione del 1982, prevede che il metodo mediano non si applichi “nel caso in cui, per l’esistenza di titoli storici o di altre circostanze particolari, sia necessario delimitare diversamente il mare territoriale dei due stati” (197), mentre nella Convenzione sul mare territoriale e la zona contigua del 1958, questi titoli storici non erano menzionati (198). Poiché nello strumento del 1982 non si dice nulla sulle circostanze (199), si pone di conseguenza la questione di sapere se i fattori d’ordine storico possano comunque essere invocati in aree situate al di là del mare territoriale. Va sottolineato che i titoli storici (200) non sono facilmente distinguibili da altre categorie di fattori, in particolare quelli di natura economica; così, i diritti di pesca tradizionali potrebbero essere classificati tanto nella categoria economica che in quella storica. Va inoltre ricordato che i limiti esterni delle baie o delle cosiddette acque storiche possono essere considerati come questioni relative alle linee rette di base, a partire dalle quali vengono calcolati i limiti di altre aree sotto giurisdizione nazionale. La Convenzione sul diritto del mare prevede che, nel tracciare tali limiti, “si possa tener conto, per stabilire alcune linee di base, degli interessi economici specifici della regione considerata la cui realtà e importanza sono dimostrate dal lungo utilizzo”. La disposizione è servita da argomento, a torto o a ragione, in diversi casi, compresi i casi di delimitazione. Tale strumento ha fatto sì che le disposizioni relative alle linee di chiusura delle baie non si applichino alle cosiddette baie storiche, ma la Convenzione non ha fornito né definizioni né criteri precisi.

I fattori di ordine storico evocano situazioni varie in cui delle attività si consolidano col tempo (regime di pesca tradizionale, mantenimento di un canale di navigazione, permessi per l’esplorazione, sfruttamento petrolifero, esercizio di più giurisdizioni sino a una certa linea, ecc.). Spesso, le disposizioni entrano nei dettagli in merito alla protezione della pesca tradizionale relativa all’intera zona delimitata o solo a una parte di essa, ma sembra piuttosto improbabile che un adeguamento significativo della linea di equidistanza sia effettuato esclusivamente sulla base di queste considerazioni, e lo stesso si può dire della giurisprudenza. Inoltre, la conferma di un regime di pesca tradizionale, lungi dal danneggiare il processo di delimitazione, può facilitarne la negoziazione.

Nella sentenza "Libia / Tunisia" del 1982, la Corte ha mantenuto, come primo segmento di confine, una linea orientata a 26 gradi, tracciata nel 1913 dall'Italia ai fini della pesca delle spugne, che "aveva acquisito il carattere di una sorta di tacito *modus vivendi*" (201). La Corte ha però aggiunto che gli elementi di un siffatto *modus vivendi*, "fondati unicamente sul silenzio o sull'assenza di proteste (...), non erano sufficienti a dimostrare l'esistenza di un limite marittimo riconosciuto tra le due parti" (202). Tuttavia, ha comunque ritenuto che, nel caso in oggetto, la linea, utilizzata anche per il rilascio delle licenze di idrocarburi, "è stata tacitamente osservata per anni; essa coincideva [per altro] con la perpendicolare alla costa applicata nel passato come frontiera marittima *de facto*. [E ciò] appare di grande importanza per la delimitazione" (203). La Corte ha, sostanzialmente, affermato che i titoli storici devono essere rispettati e preservati. Da ricordare qui che la Corte ha respinto una linea proposta dalla Libia (adottata nella sua legislazione interna nel 1955 ai fini dell'esplorazione e dello sfruttamento degli idrocarburi) orientata verso nord, così come non ha attribuito alcun valore a una linea della Tunisia orientata a 45 gradi e prevista da una legge relativa alla protezione della sua pesca, linea che risulta inapplicabile nei confronti della Libia "anche come semplice tracciato di un confine marittimo tra i due stati" (204). Nel caso "Eritrea / Yemen", la CIG ha deciso, in una prima fase, in merito alla sovranità territoriale su alcune isole contese, affermando che il loro uso e possesso dovevano essere valutati rispetto alla storia recente: "*In the end neither party has been able to persuade the tribunal that the history of the matter reveals the juridical existence of an historic title, or of historic titles, of such long-established, continuous and definitive lineage to these particular islands, islets and rocks as would be a sufficient basis for the tribunal's decision*" (205). La Corte stabilisce inoltre che la sovranità sulle isole attribuita a una o all'altra delle parti "*is not inamical to, but rather entails, the perpetuation of the traditional fishing regime in the region*" (206).

Le attività tradizionali possono essere invocate, con o senza successo, da entrambe le parti come condotta o pratica post-trattato. Ad esempio, in un caso che riguardava la sovranità territoriale su un'isola e il confine di un corso d'acqua, la CIG ha ritenuto, nella sua sentenza "Botswana / Namibia" del 1999, che "l'uso non clandestino e pacifico per anni" di un'isola, da parte dei membri di una tribù, "non costituisce una pratica seguita nell'applicazione del trattato" (207).

A rischio di generalizzare, si potrebbe essere comunque tentati di affermare che qualsiasi frontiera marittima tra stati con coste adiacenti risponde, in qualche modo, a fattori storici, in quanto il suo punto iniziale coincide, nella stragrande maggioranza dei casi, con il punto terminale della frontiera terrestre. Tuttavia, questo fa parte delle vicissitudini della storia, e spesso di una storia sanguinosa. Quando il punto terminale del confine terrestre si trova nel fondovalle di un corso d'acqua che si muove nel tempo (caso "Guinea / Guinea-Bissau"), il confine stesso si sposta, mentre rimane nel vecchio alveo se la migrazione del corso d'acqua avviene improvvisamente, ad esempio a seguito di un terremoto.

Per quanto concerne le situazioni in cui le parti hanno fatto valere le linee in mare, i tribunali sono stati riluttanti ad attribuire loro gli effetti giuridici di una linea di confine marittima. Nel caso "Guinea / Guinea-Bissau" del 1985, il tribunale arbitrale ha concluso che la linea stabilita dal trattato franco-portoghese del 1886 (208) non costituiva una frontiera marittima in quanto tale, poiché il suo oggetto era di dividere i possedimenti territoriali nell'Africa occidentale. Il tribunale non doveva quindi esaminare la questione– ben nota in materia di delimitazione territoriale – se l'*uti possidetis* si applicasse anche ai confini marittimi (209). Veniva, tuttavia, mantenuta, per una parte della frontiera (fino a 12 miglia dall'isola di Alcatraz), la linea del 1886, ritenendosi che costituisse una circostanza pertinente in quanto, *de facto*, non era stata superata, fino al 1958, né dalla Francia né dal Portogallo. In un'altra circostanza, in cui la Guinea-Bissau si è ritrovata implicata – "Guinea-Bissau c. Senegal" – la questione dell'*uti possidetis* marittima è stata posta in maniera diversa, poiché il tribunale arbitrale ha stabilito, con sentenza del 1989, che lo scambio di note, nel 1960, tra Portogallo e Francia (210), aveva individuato effettivamente una frontiera tra i due neo-stati africani (mare territoriale, zona continua e piattaforma continentale). Eppure, la zona economica esclusiva – concetto giuridico sconosciuto nel 1960 – non è stata delimitata grazie a tale strumento. La Guinea-Bissau ha chiesto in seguito la "nullità" di tale sentenza ma senza successo, poiché la CIG ha rigettato, nel 1991, la sua domanda (211).

### 1.4.6, L'economia

L'accesso alle risorse è un criterio fondamentale, e spesso il più importante, nella trattativa per un accordo di delimitazione o, in mancanza di ciò, nel ricorso legale. È possibile sostenere che le risorse, così come la loro posizione geografica, costituiscano una circostanza non solo rilevante nella delimitazione ma pure idonea a giustificare l'adeguamento di una linea di equidistanza? La ricchezza o la povertà relativa di uno stato sono un fattore rilevante? Diciamo subito che queste due domande vanno distinte e che danno luogo a risposte diverse. Se alla seconda questione la giurisprudenza ha risposto abbastanza uniformemente in senso negativo, essa appare divisa rispetto alla prima, mentre la prassi statale – riflessa negli accordi di delimitazione – rivela in diversi casi che i fattori economici costituiscono non solo la motivazione essenziale (212), il filo conduttore nella negoziazione e nella conclusione di accordi di delimitazione, ma anche un criterio per l'adeguamento della linea di equidistanza.

Nella sentenza "Libia / Tunisia" del 1982, la CIG ha deciso che le considerazioni economiche costituiscono "fattori quasi estrinseci, poiché sono variabili e possono in qualsiasi momento far pendere la bilancia da una parte o dall'altra in modo imprevedibile, a seconda delle circostanze o disgrazie dei paesi in questione" (213). La Corte ha così respinto la tesi della Tunisia secondo la quale si doveva tener conto della sua arretratezza, precisando che un paese che è povero oggi può diventare prospero domani, grazie alla scoperta di una nuova risorsa economica. Ha ritenuto poi che la presenza di un pozzo petrolifero nell'area in cui deve essere effettuata la delimitazione costituisce un elemento da tener presente. Nell'*affaire* "Libia / Malta" del 1985, la CIG ha rigettato le argomentazioni maltesi che menzionavano l'assenza di risorse energetiche, la scarsità delle sue attività di pesca e i suoi bisogni in qualità di paese insulare in via di sviluppo. La Corte ha giudicato che "tali questioni sono completamente estranee alla volontà sottesa delle regole applicabili nel diritto internazionale" (214). Nel caso "Guinea / Guinea-Bissau", il tribunale arbitrale ha osservato che entrambe le parti corrispondevano a paesi in via di sviluppo con gravi difficoltà economiche, ciascuno dei quali aspirava legittimamente a trarre equi profitti dalle proprie risorse a beneficio della popolazione. Il tribunale, tuttavia, non poteva basare una delimitazione sull'evoluzione dei dati, basata su fattori talvolta aleatori. Pur auspicando la cooperazione delle parti in vista della loro crescita, il tribunale ha ritenuto di non avere il potere di compensare le disuguaglianze economiche modificando una delimitazione basata, a suo parere, su considerazioni oggettive. Allo stesso modo, i giudici nel caso "Eritrea / Yemen" non hanno attribuito ai fattori economici un'importanza tale da suggerire una delimitazione particolare. Nell'*affaire* "Camerun c. Nigeria" del 2002, la CIG ha deciso che le concessioni petrolifere e i pozzi "possono essere presi in considerazione solo se si basano su un accordo espresso o tacito tra le parti" (215). Il presidente della Corte ha infine sottolineato che la frontiera rispettava, quasi sempre, l'ubicazione degli impianti petroliferi esistenti (216).

### 1.4.7, La geopolitica e la geo-strategia

Nel caso "Guinea / Guinea-Bissau", le parti hanno invocato una circostanza legata alla sicurezza che, secondo il tribunale arbitrale, "non è priva d'interesse, anche se occorre sottolineare che né il territorio esclusivo della zona economica né la piattaforma continentale sono zone di sovranità". Inoltre, il tribunale "ha preteso che ciascuno stato controllasse i territori marittimi situati di fronte alle sue coste e nelle loro vicinanze", per non compromettere il proprio diritto allo sviluppo e alla sicurezza (217). La CIG ha adottato un approccio simile oaaervando, nella sentenza "Libia / Malta", che nessuna parte aveva sollevato "la questione se la legge le attribuiva una giurisdizione particolare sulla piattaforma continentale nel campo della difesa, compresa la creazione d'installazioni militari". La Corte ha aggiunto che il limite da essa adottato "non si sarebbe trovato a prossimità della costa di una delle parti in causa, e che le problematiche legate alla sicurezza avrebbero dovuto essere tenute in conto" (218). Nel caso "Libia / Malta", il governo di Malta ha tentato di stabilire una distinzione – irrilevante per la Corte – tra stato insulare e isola politicamente dipendente da uno stato continentale, affermando che il diritto internazionale attribuiva alla delimitazione un effetto che variava a seconda della dimensione, della geografia, della posizione, della popolazione e dell'economia. Nella pratica, alcuni accordi di delimitazione lasciano intendere che considerazioni relative alla sicurezza – reale o percepita – siano decisive nei negoziati e forse anche nella delimitazione stessa. La sicurezza, ad esempio, potrebbe aver avuto un ruolo nell'accordo di delimitazione "Gambia / Senegal" perché i due confini (219) hanno coinciso, rispettivamente, con i paralleli di latitudine, ma una mappa a scala molto grande avrebbe potuto mostrare che la linea meridionale, vicino alla costa, deviava dal parallelo per prendere, dal punto terminale del confine terrestre, una direzione sud-ovest e poi nord-ovest, evitando di passare troppo a prossimità delle coste gambiane (220).

### 1.4.8, La condotta delle parti

Quanto viene comunemente definita come "condotta delle parti" può costituire una circostanza rilevante per la delimitazione dei confini – una circostanza invocata in alcuni casi africani con scarso o nessun successo, in particolare materia di pratiche petrolifere. Nell'*affaire* "Libia / Malta" del 1985, Malta non è riuscita a convincere la CIG che il metodo di demarcazione mediante una linea mediana fosse di grande importanza, nonostante affermasse che i concessionari erano esentati dall'effettuare trivellazioni oltre il limite settentrionale di alcuni territori attribuiti dalla Libia. Nel caso "Botswana / Namibia" del 1999, la CIG ha stabilito che l'uso pacifico e duraturo di un'isola da parte di membri di una tribù non costituiva una pratica seguita nell'applicazione di un trattato. Nel caso "Camerun c. Nigeria" del 2002, la CIG è stata chiamata a esaminare il valore giuridico della condotta delle parti in merito alla sovranità territoriale della penisola di Bakassi. Di recente, nel caso "Ghana / Costa d'Avorio" del 2017, il TIDM ha deciso di non adeguare la linea di equidistanza tracciata provvisoriamente poiché non esistevano circostanze rilevanti – configurazione delle coste, ubicazione delle risorse petrolifere, comportamento delle parti – che la giustificassero.

### 1.5, I metodi equi di delimitazione

Il diritto convenzionale in materia di delimitazione marittima costituisce un vuoto giuridico, in quanto l'unico metodo previsto è l'equidistanza e, pure rispetto a tale criterio, si guarda unicamente al mare territoriale in assenza di "titoli storici o altre circostanze particolari" (221). Altre fonti del diritto internazionale – le decisioni dei tribunali internazionali e la dottrina – hanno contribuito, al pari della pratica degli stati, allo sviluppo di vari metodi o di combinazioni di metodi (222), volti a rispondere alle particolarità dei contesti geografici (sez. 1.4) (223), soddisfacendo l'obiettivo di perseguire risultati equi, sebbene gli accordi bilaterali s'spirino soltanto a considerazioni politiche. Va quindi ricordato che la normativa sulla sovranità territoriale (sez. 1.1) (224) – l'ubicazione della frontiera terrestre alla foce di un corso d'acqua, la sovranità sulle isole, ecc. – ha costituito, nella stragrande maggioranza dei casi, un prerequisito per tracciare una linea di delimitazione, come molti autori hanno ribadito (225). Se le circostanze geografiche prevalgono su altri fattori rilevanti per la delimitazione, il metodo dell'equidistanza è stato finora favorito dalla giurisprudenza e dalla prassi statale. Naturalmente bisogna evitare una correlazione tra le due: sarebbe sbagliato pensare che la circostanza geografica favorisca l'equidistanza, soprattutto quando le coste sono opposte anziché adiacenti, mentre un altro metodo garantirebbe un risultato diverso nei casi in cui prevalgono circostanze non geografiche. La giurisprudenza e i comportamenti degli stati – l'una ispirata dagli atri – offrono un ventaglio di modalità ricco e certe frontiere sono addirittura stabilite adottando metodi diversi. Sono spesso le parti a proporre al tribunale la linea di confine (e magari un'eventuale alternativa a tale linea): il tribunale può respingere la/le proposte o mantenerne una. In alcuni casi, al giudice non è chiesto di tracciare il confine ma solo d'indicare alle parti quali principi e criteri dovrebbero ispirarle affinché possano poi procedere esse stesse alla delimitazione. Le linee di confine esprimono un approccio tradizionale e il loro scopo primario è di dividere con esattezza gli spazi marittimi sui quali gli stati confinanti esercitano la giurisdizione. Distinguiamo tra l'equidistanza rigida o semplificata (sotto-sez. 1.5.1), l'equidistanza modificata (sotto-sez. 1.5.2), la perpendicolare alla direzione generale delle coste (sotto-sez. 1.5.3), la linea astronomica (sotto-sez. 1.5.4), la linea geometrica (sotto-sez. 1.5.5), l'estensione del confine terrestre o di quello del mare territoriale (sotto-sez. 1.5.6), la linea del fondovalle o del canale navigabile principale (sotto-sez. 1.5.7) e, in mancanza o in aggiunta ad una formale delimitazione, la zona di confine (sotto-sez. 1.5.8).

### 1.5.1, L'equidistanza rigida o semplificata

La linea tracciata secondo l'equidistanza è stabilita in modo rigido se "opera applicando il principio dell'equidistanza dei punti più vicini alle linee di base, da cui si misura la larghezza del mare territoriale di ciascun stato" interessato (226). Tale linea si chiama "equidistanza" se è tracciata tra coste adiacenti, ed è qualificata come "mediana" se le coste sono una di fronte all'altra. Unico metodo sancito dal diritto convenzionale (227), l'equidistanza è stata utilizzata nella pratica in un gran numero di casi e spesso dai tribunali, ma non costituisce una norma consuetudinaria. Nel caso "Libia / Malta", la CIG ha affermato di non poter accettare che il metodo dell'equidistanza, anche come misura di delimitazione provvisoria, "fosse necessariamente impiegato" (228). Solo in poche situazioni, i tribunali hanno adottato il metodo dell'equidistanza. Nel caso "Libia / Malta", la Corte non ha ritenuto rilevanti gli argomenti basati sulla geologia e sulla geomorfologia, affermando che la legge applicabile si basava "sul principio di adiacenza misurata dalla distanza" (229). La Corte ha poi adeguato la mediana rigorosa per tenere conto di un importante fattore geografico: la grandissima disparità nella lunghezza delle rispettive coste dei due stati in causa.

Nel caso "Eritrea / Yemen", il tribunale arbitrale, con sentenza del 1998, ha tracciato una mediana che, però, ignorava alcune formazioni insulari perché inospitali o lontane dalla costa. Ha inoltre respinto le argomentazioni basate sulla storia e, più in particolare, sui titoli storici, ma ha accolto, su richiesta delle parti, l'esistenza di un regime di pesca tradizionale. Nel caso "Camerun c. Nigeria", la CIG ha stimato che, se l'ubicazione dei pozzi petroliferi può rivelare un consenso delle parti, riguardo alla distribuzione dei domini marittimi, i pozzi "non sono, di per sé, considerabili quali elementi pertinenti" (230), passibili di giustificare l'adeguamento di una linea mediana (o di una equidistanza) tracciata in maniera provvisoria.

### 1.5.2, L'equidistanza modificata

In tali contesti, la soluzione adottata è più drastica: non si tratta di semplificare la linea, ma, dopo aver considerato una linea di equidistanza rigorosa, di regolarla o spostarla. Il metodo dell'equidistanza modificata è frequente, sia nella giurisprudenza che nella prassi degli stati, soprattutto quando si tiene conto della sproporzione tra le lunghezze delle rispettive coste. Sembra, in generale, esserci una chiara tendenza nella giurisprudenza: il tribunale traccia prima provvisoriamente una linea di equidistanza rigorosa, quindi considera se tale linea porta a un risultato equo e, in caso contrario, valuta se ci sono circostanze rilevanti o speciali, ad esempio, la sproporzione nelle lunghezze delle rispettive coste, le particolari configurazioni della linea di costa, la presenza di piccole isole situate "dalla parte sbagliata" dello spartitraffico e aventi un effetto sproporzionato sul corso della linea, ecc. In questo caso, modificherà o sposterà, ulteriormente, la linea di equidistanza tracciata in via provvisoria.

### 1.5.3, La perpendicolare alla direzione generale delle coste

Il metodo della "perpendicolare" può essere utilizzato solo nei casi in cui le coste di due stati si trovano in una situazione di adiacenza piuttosto che di opposizione. Nell'arbitrato "Guinea / Guinea-Bissau" (231), il tribunale ha spiegato che questo metodo può essere considerato su scala macro o micro geografica quando si tratta di stabilire la direzione generale delle coste; nel contesto specifico i giudici hanno scelto la scala macro-geografica, poiché la perpendicolare si appoggiava a una linea retta che collegava i punti sulle coste di due paesi terzi: la Pointe des Almadies in Senegal e Cape Shilling in Sierra Leone. A volte, la perpendicolare è stata preferita non solo per le sue virtù intrinseche in un particolare contesto geografico, ma anche perché costituisce un limite, *de facto*, adottato per altri scopi. Così, la CIG ha tracciato, nell'*affaire*

"Libia / Tunisia", il primo segmento della frontiera sulla base di un meridiano avente un angolo di 26 gradi e che corrispondeva a una linea individuata dall'Italia e volta a spostare verso ovest le pretese della Francia in Tunisia. Tale linea *de facto*, rispettata tacitamente per anni, secondo la CIG, avrebbe concretizzato il modo in cui le due parti hanno concesso permessi di ricerca o di sfruttamento petrolifero.

Oltra alla difficoltà di scegliere una scala geografica, il metodo perpendicolare presuppone che la configurazione della linea di costa sia tale che risulta possibile cercare la sua direzione generale senza rifare la geografia; ciò sembra escludere i casi di coste fortemente convesse o concave.

### 1.5.4, La linea astronomica

Piuttosto comune in materia terrestre, la linea "astronomica" corrisponde a un parallelo, un meridiano o un azimut. Può avvicinarsi all'equidistanza, alla perpendicolare, o deviare notevolmente da esse. Un parallelo di latitudine è stato adottato nell'accordo "Kenya / Tanzania" del giugno 2009 riguardante la ZEE e la piattaforma continentale, oltre le 12 miglia nautiche (232). Per quanto concerne la linea dell'azimut, questa sembra essere stata scelta arbitrariamente, per motivi di praticità, proprio come il meridiano e il parallelo. Tuttavia, la linea di azimut può coincidere con la perpendicolare alla direzione generale della costa, come nell'esempio dell'arbitrato "Guinea / Guinea-Bissau". Oltre che in tale circostanza, la linea astronomica è stata proposta, dall'una o dall'altra delle parti, in vari casi, incluso "Somalia c. Kenya" (233); talvolta è stata indicata da entrambe le parti.

Le linee astronomiche hanno un innegabile vantaggio: sono facili da disegnare, inoltre è impossibile immaginare metodi più semplici e pratici. Sono valide? Tutto dipende, ovviamente, dal contesto geografico in cui sono inserite. Il metodo delle linee astronomiche è abbastanza comune nella prassi e nella giurisprudenza in Africa: al di là dei casi già citati

("Kenya / Tanzania", arbitrato "Guinea / Guinea-Bissau" e "Somalia c. Kenya"), i confini Gambia / Senegal (234) sono stati tracciati secondo il metodo parallelo, così come quelli Marocco / Mauritania (235). La frontiera Guinea-Bissau / Senegal – delimitata con un accordo tra Francia e Portogallo nel 1960 (236), confermata con un arbitrato nel 1989 (237) e ripresa dalla CIG nel 1991 (238) – ha sfruttato la linea d'azimut. La frontiera Libia / Tunisia, definita anch'essa dalla CIG (239), presenta due segmenti coincidenti con gli azimut.

### 1.5.5, La linea geometrica

Il metodo della "linea geometrica" consiste nel disegnare un arco di cerchio, soprattutto quando un'isola si trova "dalla parte sbagliata" della linea di equidistanza. Questo metodo è stato utilizzato da alcuni tribunali per delimitare parte del confine, nonché in alcuni accordi bilaterali, in particolare tra Italia e Tunisia nel 1968 (240). L'effetto di una linea che segue un arco è quello di racchiudere parzialmente una formazione insulare, e i suoi raggi – che sono di 3, 6, 12 o 24 miglia nautiche di lunghezza – corrispondono alle larghezze esterne riconosciute da quella formazione per il suo mare territoriale, zona contigua o zona di pesca. Un altro metodo, la bisettrice, è stato talvolta utilizzato dai tribunali per delimitare parte del confine, ad esempio nella sentenza "Libia / Tunisia".

### 1.5.6, La linea che prolunga la frontiera terrestre o il mare territoriale

L'estensione può essere effettuata nella medesima direzione o nella direzione generale della linea. Nel caso "Libia / Tunisia", il primo segmento della linea presentata dalla Libia era orientato verso nord e pretendeva di dar conto dell'estensione in tale direzione della massa terrestre del continente africano nel suo complesso. Se è vero che "il fattore della perpendicolarità alla costa e il concetto di estensione della direzione generale del confine terrestre costituiscono, a parere della Corte, criteri pertinenti" (241), è stato tuttavia respinto l'argomento libico, in quanto la nozione di estensione naturale è utile ai fini di una delimitazione solo nella misura in cui una delle caratteristiche menzionate segna una rottura tale da costituire incontestabilmente il limite tra due estensioni naturali.

### 1.5.7, La linea del thalweg o del principale canale navigabile

Quando il confine corrisponde alla linea delle maggiori profondità, si parla di linea del thalweg (o asse della valle), ma si può anche adottare un'altra linea, non troppo dissimile, quella del canale navigabile o del principale canale navigabile. Questo metodo può essere appropriato per dividere il mare territoriale tra stati che condividono coste adiacenti e che hanno come confine terrestre (o, meglio, fluviale) un corso d'acqua il cui thalweg si estende fino alla foce. Tale metodo è stato oggetto di molte discussioni ed è poco favorito dalla giurisprudenza. Nel caso "Libia / Tunisia", la Corte ha ignorato la presenza del solco tripolitano.

Nell'arbitrato "Guinea / Guinea-Bissau", i giudici hanno tenuto conto del thalweg. Nel caso "Camerun c. Nigeria", la CIG ha esaminato un vecchio trattato coloniale per affermare che "l'ancora" terrestre del confine marittimo si trova all'intersezione della linea retta che unisce Bakassi Point e King Point con il centro del canale navigabile del fiume Akwayafe, secondo l'accordo anglo-tedesco dell'11 marzo 1913 (242).

Nell'arbitrato "Guinea / Guinea-Bissau", un problema analogo è stato sottomesso al tribunale arbitrale, il quale, avendo osservato lo spostamento di un fiume alla sua foce, ha stabilito un punto fisso (A) al largo e ha specificato che il confine si sarebbe esteso in direzione del thalweg: "Poiché il thalweg del Cajet può, in pratica, subire spostamenti nel corso degli anni, il tribunale ha fatto in modo che la delimitazione dei territori marittimi inizi dall'intersezione del thalweg con un meridiano appropriato,  senza indicare una latitudine più precisa (…). Sulla mappa, non ha tracciato una linea definitiva (...) ma una linea potenziale, identificata con una linea sottile destinata a illustrare la continuità della delimitazione in qualsiasi momento, senza necessariamente corrispondere alla linea effettiva in un dato periodo" (243). A parte i pochi casi descritti, in cui la presenza di un thalweg ha effetto solo in prossimità della costa, le caratteristiche geomorfologiche – le fosse tettoniche – hanno ispirato il tracciamento della linea in varie situazioni, al di sotto oppure oltre le 200 miglia.

### 1.5.8, La frontiera-zona

In assenza di un accordo tra due stati sull'adozione di tutta o parte della linea di delimitazione, o se essi convengono di gestire e sfruttare in modo congiunto un'area marittima – contemporaneamente o in alternativa all'istituzione di detta linea – è possibile creare una zona dove sono amministrate le risorse ittiche e/o minerali. Questa soluzione, in apparenza più conforme alle realtà dell'ambiente marino e che esprime l'evidenza di una crescente interdipendenza, si avvera appropriata nei casi in cui la linea di demarcazione proposta abbia l'effetto di "tagliare" le zone in cui abbondano i pesci e/o il petrolio.

Ecco i vari tipi di zona distinguibili: la zona indivisa (soluzione adottata dalla Nigeria e da São Tomé e Príncipe, che hanno concluso, il 21 febbraio 2001, in assenza di una delimitazione marittima, un accordo che prevede una zona comune per l'esplorazione e lo sfruttamento delle loro risorse marine) (244); una zona di partizione divisa, in parti uguali o disuguali (il Senegal e la Guinea-Bissau, il 14 ottobre 1993, hanno negoziato un accordo di gestione congiunta, in aggiunta al loro confine marittimo già delimitato [245]. Nel caso "Eritrea / Yemen" del 1998-1999, i due paesi hanno chiesto al tribunale arbitrale di confermare l'esistenza di un regime di pesca tradizionale che consentisse a ciascuno il libero accesso all'intera regione [246]); una zona profonda (come quella conclusa il 16 maggio 1974 tra Arabia Saudita e Sudan per lo sfruttamento congiunto oltre l'isobata di 1.000 metri) (247); la zona di tolleranza (ad esempio, attraverso gli accordi del 17 dicembre 1975 e del 9 luglio 1976, il Kenya e la Tanzania [248] hanno convenuto di sospendere l'applicazione delle rispettive norme relative alla pesca di sussistenza nel mare territoriale).

### 1.6, Conclusione

Parrebbe, ed è stato chiaro almeno dalla sentenza relativa al caso dell'isola di Palmas, come l'occupazione effettiva – volta a consentire allo stato il controllo e il mantenimento del territorio alla "data critica" – costituisca il modo preferito di acquisizione territoriale, tra tutti quelli distinti dalla dottrina. Tale occupazione dovrebbe predominare sulle rivendicazioni concorrenti, fondate su altre modalità, quali la scoperta, la conquista, la continuità e la contiguità. Il ruolo dei tribunali internazionali, fondamentale di fronte a controversie che non potrebbero essere risolte con mezzi pacifici (249), conferma e cristallizza il titolo migliore: quello dell'occupante effettivo. Tuttavia, è chiaro che questo approccio tradizionale non può tenere conto delle questioni di sovranità territoriale in aree inospitali e di difficile accesso. Le zone marittime soggette a giurisdizione nazionale (acque interne, acque di arcipelaghi, mare territoriale, zona contigua, zona economica esclusiva e piattaforma continentale) devono essere stabilite in conformità alla Convenzione sul diritto del mare, tramite decisione assunta in modo unilaterale dallo stato costiero, che può anche non avvalersi dei propri diritti. Così, nella storia recente, si può parlare di una "territorializzazione" degli spazi marittimi, che non sappiamo dove e quando si arresterà.

Se si conosce il passato in termini di territorializzazione delle aree marittime sotto giurisdizione nazionale, rimane comunque difficile indovinare cosa accadrà in futuro non solo rispetto ai diritti considerati sino ad ora, a torto o a ragione, come storici, per rivendicare baie con lo stesso nome o per affermare la validità di certe linee di base rette, ma anche rispetto ai casi sottoposti al CLPC (Commissione sui Limiti della Piattaforma Continentale). Questo futuro incerto non riguarda solo i limiti del margine continentale, ma anche quelli della zona economica esclusiva che, nel contesto di una drastica riduzione degli stock, rischia di essere respinta oltre le 200 miglia. Possiamo allora chiederci: c'è il rischio che il mare territoriale, attualmente limitato a una larghezza di 12 miglia nautiche, venga allargato in violazione dello strumento del 1982, in vista delle nuove minacce che si profilano all'orizzonte, in particolare il terrorismo? Insomma, non è vietato pensare, data la breve storia della territorializzazione degli spazi marittimi, che il movimento di espansione, lungi dall'essere bloccato, continuerà secondo le esigenze nazionali o gli egoismi statali. In ogni caso, è così che progredisce il diritto, perché gli atti unilaterali, che oggi sono illegali, possono essere ripetuti e dare origine a una nuova consuetudine, che viene poi cristallizzata nel diritto dei trattati.

Laddove il paese costiero non ha più giurisdizione, cioè al di fuori delle aree di competenza nazionale (l'alto mare – aperto a tutti gli stati – e la Zona internazionale dei grandi fondali marini – patrimonio comune dell'umanità), il futuro è altrettanto incerto. Se dette aree sono già regolamentate dalla Convenzione sul diritto del mare e da molti altri strumenti, il loro utilizzo è appena iniziato, in particolare nella Zona internazionale, dove solo pochi stati svolgono attività, mentre essa è stata concepita in gran parte per i paesi in via di sviluppo, in particolare africani (250). Eppure, in ogni situazione e regione, la risoluzione delle controversie sulla sovranità territoriale, comprese le isole, è una condizione quasi *sine qua non* per la delimitazione marittima, sebbene in alcuni casi le parti siano state abbastanza sagge da lasciare in sospeso una disputa territoriale minore al fine di garantire la maggior parte di tale delimitazione, come hanno fatto il Canada e gli Stati Uniti nel golfo del Maine (isola di Machias Seal), raggiungendo un compromesso nel 1981 per deferire la questione alla CIG

(251), il Canada e la Danimarca nello stretto di Nares (isola Hans) in base al loro accordo di delimitazione 1973 (252), o l'Iran e gli Emirati Arabi Uniti col loro trattato del 1974 (253).

Le decisioni dei tribunali, tanto più preziose in quanto scarse, hanno riconosciuto che "ogni caso è un *unicum*". Ciò significa constatare le difficoltà di risolvere i conflitti applicando regole normative e generali all'infinita varietà dei fatti geografici. Inoltre, i giudici hanno più volte sottolineato che il ruolo della legge non è di rifare la geografia –affermazione ribadita nel caso "Ghana / Costa d'Avorio" quando la sezione speciale del TIDM, con sentenza del 2017, "ha sottolineato – pur consapevole che qualsiasi delimitazione può avere l'effetto, in una certa misura, di rifare la natura – che la delimitazione non deve stravolgere la geografia o rettificare le disuguaglianze in natura" (par. 409) (254). Tra i fattori (geografici, geomorfologici, ambientali, storici, economici, geopolitici e, infine, relativi alla condotta delle parti), solo quelli del primo tipo hanno attirato l'attenzione dei tribunali nella delimitazione dei confini marittimi. I giudici hanno insistito sull'importanza cardinale della geografia, in particolare della geografia costiera. Si deve quindi riconoscere che qualsiasi argomento che non sia di natura strettamente geografica rischia di essere respinto in quanto irrilevante. Tuttavia, gli stessi giudici hanno chiarito che non dovrebbero essere escluso a priori. Una certa dottrina attribuisce anche un ruolo significativo alle argomentazioni storiche ed economiche, con buone ragioni, crediamo. Si deve concludere, comunque, che i fattori strettamente geografici sono di gran lunga i più importanti, se non gli unici: "*Non geographic considerations, such as (...) economic use or dependence, play a subsidiary role in maritime boundary delimitation. Such considerations allow for minor variances from a line determined solely by reference to geographic factors only in exceptional situations*" (255).

Per quanto riguarda la prassi degli stati, così come espressa negli accordi bilaterali, i maggiori strumenti di delimitazione marittima, il contenuto di tali accordi raramente rivela i fattori che sono stati ritenuti rilevanti nel processo di delimitazione, ed è quindi difficile affermare che le uniche considerazioni che hanno guidato le parti siano state di natura solo geografica. Al contrario, si può pensare che questi accordi, ispirati dall'opportunismo politico, siano il risultato di varie considerazioni che non mirano necessariamente ad un risultato equo, il che è contrario alla missione dei tribunali.

Escludendo l'equidistanza, prevista dalla Convenzione sul diritto del mare per la delimitazione delle acque territoriali, nessun altro metodo è menzionato. Da notare, però, che gli stati sono sempre incoraggiati a raggiungere un accordo bilaterale ed esistono, per altro, già molti accordi di delimitazione. Essi utilizzano vari metodi, talvolta combinandoli tra loro, ma quello preferito è l'equidistanza. Insomma, i tribunali internazionali, in mancanza di norme precise nel diritto dei trattati, hanno potuto attingere ai propri precedenti e alla ricca prassi degli stati sviluppando vari metodi o combinazioni di metodi, diversità che riflette le particolarità geografiche di ciascun caso. Infine, rileviamo come, in un'epoca di drammatico declino degli stock ittici, la zona di protezione appare assai appropriata e potrebbe essere considerata come una soluzione negli oceani e nei mari, anche se non soddisfa i sostenitori dell'approccio tradizionale di dividere gli spazi marittimi lungo linee ben precise. La nozione di area protetta è stata esaminata nel 2015 dal tribunale costituito a seguito di una procedura arbitrale avviata dal ricorrente nella causa "Mauritius c. Regno Unito" relativa all'area marina protetta dell'arcipelago delle Chagos (256). Va poi notato che i 193 stati membri dell'ONU hanno adottato, il 19 giugno 2023, un trattato sull'alto mare volto, in particolare, alla protezione, alla lotta contro l'inquinamento chimico e i rifiuti di plastica, a una migliore gestione degli stock ittici e alla ricerca di soluzioni al problema dell'aumento delle temperature (257).

# 2. IL MAR MEDITERRANEO

*F. 4. Le frontiere marittime nel Mediterraneo centrale* (fonte: Labrecque, G., 2004, *Les frontières maritimes internationales,* p. 311)

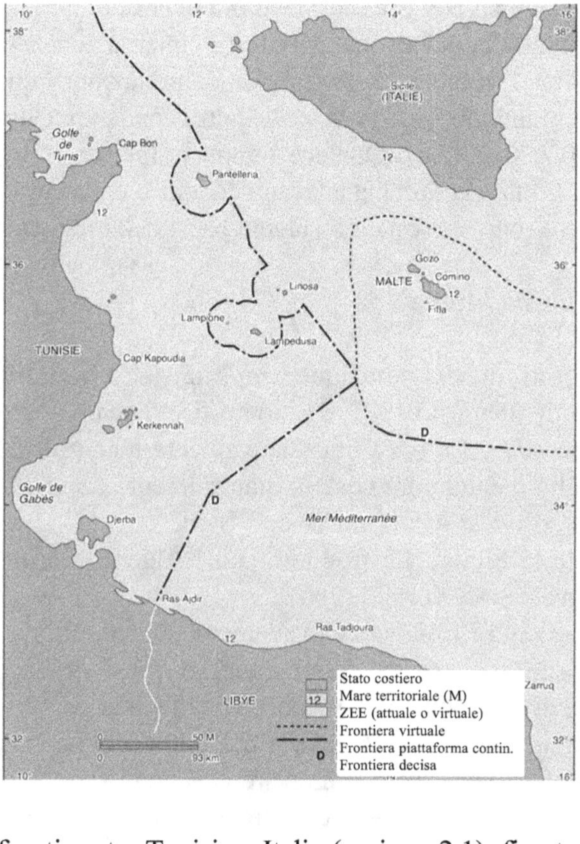


La frontiera tra Tunisia e Italia (sezione 2.1), fissata con un accordo bilaterale nell'agosto 1971, è la prima frontiera marittima che coinvolge uno stato africano nel Mediterraneo, cioè un mare interregionale e semichiuso la cui stessa geografia impone ai paesi costieri a una delimitazione inferiore a 200 miglia nautiche. La Tunisia, che si trova al centro di queste aree marittime (figura 4), ha proseguito la delimitazione nel

1982 a seguito di una decisione della CIG nel caso "Libia / Tunisia" (sez. 2.2); poi è stato raggiunto un accordo con l'Algeria nel febbraio 2002 (sez. 2.4). Nel frattempo, e tre anni dopo la sua decisione nel caso "Libia / Tunisia", la CIG, nel giugno 1985, ha emesso un'altra sentenza concernente la Libia e Malta (sez. 2.3), dopo aver respinto una richiesta di intervento dell'Italia. Nel Mediterraneo orientale, caratterizzato da problemi nell'applicazione del diritto internazionale (258), l'Egitto ha firmato due accordi di delimitazione, uno con Cipro nel febbraio 2003 (sez. 2.5), l'altro con la Grecia nell'agosto 2020 (sez. 2.6). Qualche tempo prima, nel novembre 2019, la Libia e la Turchia avevano concluso un accordo (sez. 2.7), che è stato contestato da alcuni paesi della regione.

### 2.1, Tunisia / Italia

L'accordo di delimitazione tra Tunisia e Italia (259), concluso il 20 agosto 1971, è stato ratificato ben più tardi, il 6 dicembre 1978. La linea era relativamente lunga e misurava 443 miglia nautiche tra coste sostanzialmente opposte, separando – ad ovest – la Tunisia e la Sardegna e – ad est – la Tunisia e la Sicilia. Le frontiere con l'Algeria e Malta non erano invece state definiti (260).

La frontiera delimitava esclusivamente la piattaforma continentale (261) e veniva denominata, ai sensi dell'accordo, come mediana, tranne nelle vicinanze dell'isola di Pantelleria e dell'arcipelago delle Pelagie a cui era attribuito un semi-effetto mediante il disegno di un arco di cerchio con un raggio di 13 miglia nautiche. Lo stesso trattamento è stato concesso all'isolotto di Lampione fino ad un massimo di 12 miglia, sul versante tunisino. Da notare che una linea di equidistanza rigorosa, basata su un effetto pieno attribuito a queste isole, sarebbe poi passata a meno di 30 miglia nautiche dalla costa tunisina, a nord di Kerkennah (262). Il metodo degli archi di cerchio era già stato adottato l'8 gennaio 1968 tra Italia e Jugoslavia (263); tra Iran e Arabia Saudita (264) il 24 ottobre

1968; Qatar e Abu Dhabi (265) il 20 marzo 1969. Sull'esempio di quelli conclusi nel golfo Persico, l'accordo italo-tunisino prevedeva la possibilità di sfruttare i giacimenti su entrambi i lati della linea, nel qual caso le parti erano obbligate a consultarsi reciprocamente.

## 2.2, Libia / Tunisia

*F. 5. Le frontiere marittime Libia / Tunisia*
(fonte: Labrecque, G., 2004, *op. cit.*, p. 135)

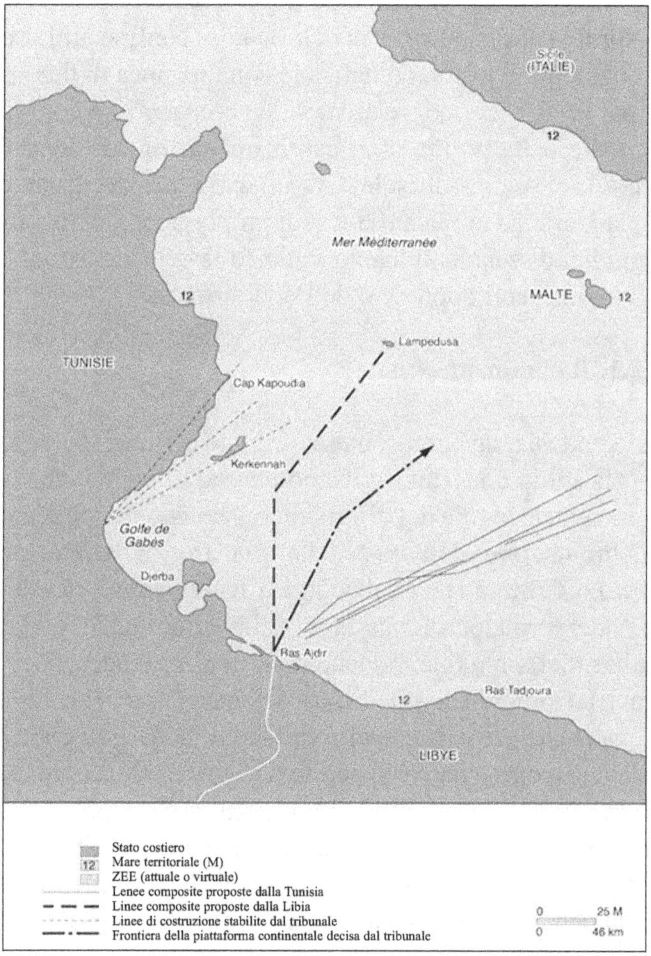

Invitata dalla Libia e dalla Tunisia ad indicare i principi e le regole applicabili alla delimitazione della piattaforma continentale, la CIG ha ricevuto, per la prima volta, una domanda d'intervento da Malta nel 1981 e ha pronunciato la sua sentenza l'anno successivo, dopo aver esaminato i metodi di delimitazione proposti dalle due parti (figura 5). Questi si basavano su fattori geomorfologici e geologici, non senza appoggiarsi su argomentazioni di natura storica ed economica (266). Una volta esposte le sue riflessioni generali sull'equità e l'adeguatezza del metodo dell'equidistanza, come avvenuto per giurisprudenze precedenti (in particolare le cause "Mare del Nord") (267), la Corte ha delimitato il confine, utilizzando due segmenti, il primo coincidente con una linea di fatto preesistente e il secondo relativo alle circostanze geografiche specifiche della regione (un cambiamento di direzione delle coste e la presenza di isole). Assumendo una decisione divisiva, la Corte ha applicato il test di proporzionalità, mentre tre dei giudici dissenzienti hanno criticato le considerazioni della maggioranza sull'approccio dell'equidistanza.

### 2.2.1, Il compromesso

Riferendosi a un compromesso firmato a Tunisi il 10 giugno 1977, la Libia e la Tunisia hanno chiesto alla CIG d'indicare "i principi e le regole del diritto internazionale da applicare per la delimitazione dell'area della piattaforma continentale" (268). La Corte è stata sollecitata a tenere conto, nel deliberare, "dei principi di equità e delle circostanze pertinenti peculiari della regione, nonché delle recenti tendenze accolte nella III Conferenza sul diritto del mare" (art. 1). La CIG doveva anche "chiarire con precisione il modo pratico in cui i suddetti principi e regole si applicavano nella situazione specifica, in modo da consentire agli esperti di entrambi i paesi di delineare le suddette zone senza alcuna difficoltà" (ibid.). L'accordo speciale prevedeva inoltre che le due parti si riunissero, appena pronunciata la sentenza, per applicare tali principi determinando la linea di delimitazione mediante la conclusione di un trattato, e che, nel caso in cui non avessero raggiunto un accordo entro tre mesi, si sarebbero rivolte alla Corte per " chiarimenti o spiegazioni" (art. 3). Da ricordare qui che i due paesi non erano parti della Convenzione del 1958 sulla piattaforma continentale e che avevano valutato che il metodo dell'equidistanza non appropriato nelle circostanze.

### 2.2.2, La richiesta d'intervento di Malta

Il 24 febbraio 1982, la CIG ha pronunciato un'importante sentenza, dopo aver respinto, il 14 aprile 1981, l'istanza di intervento presentata da Malta sulla base dell'art. 62 dello statuto della Corte, il quale recita: "[quando uno stato] ritiene che, in una controversia, sia in gioco un suo interesse giuridico" può adire a un tribunale. La Corte ha riconosciuto che Malta aveva "un interesse sensibilmente più specifico e diretto di quello degli stati al di fuori della regione. Restava però il fatto che questo interesse non era, per sua natura, diverso dagli interessi di altri stati della regione" (269). La Corte ha poi precisato che Malta doveva dimostrare di avere un interesse giuridico passibile di venire leso dalla sua decisione. Ha infine rilevato: "consentire un tale 'intervento' in quelle particolari circostanze avrebbe lasciato le parti incerte in merito al fatto se, e in quale misura, si dovessero considerare i rispettivi interessi giuridici nei confronti di Malta quale oggetto del procedimento" (270).

### 2.2.3, Le linee di confine proposte dalla Tunisia

Per quanto la riguardava, la Tunisia ha proposto quattro linee di confine molto ravvicinate, le prime due ispirate da fattori geomorfologici e geologici, le altre due dalla geografia costiera. Le due linee, che si basavano su fattori geomorfologici e geologici, riprendevano il principio di estensione naturale. Secondo la Tunisia, l'estensione naturale tunisina si estendeva da ovest a est, "fino alle aree comprese tra le isobate di 250 e 300 metri e, a sud-est, fino all'area formata dalle creste di Zira e Zuwara" (271). La Tunisia proseguiva affermando che l'estensione naturale della Libia era orientata, invece, in direzione sud-ovest/nord-est. Inoltre, la Tunisia riteneva che "la configurazione generale delle coste dei due stati si riflettesse con notevole fedeltà nelle curve batimetriche nell'area di delimitazione e che questo fatto era la traduzione della struttura fisica e geologica della regione" (272). A tal proposito, aveva poi notato come "il fenomeno della riproduzione delle linee litorali da parte delle linee batimetriche, ai lati del confine, consentisse di trasferire a quest'ultimo, con precisione, il punto di confine che separava i due territori sul litorale, marcando così il limite delle rispettive estensioni in base all'orientamento naturale dell'altopiano continentale nella zona di frontiera" (273). La Tunisia ha rilevato anche la presenza del solco tripolitano, "un vero e proprio confine sottomarino naturale", definito come una valle sottomarina all'incirca parallela alla costa libica e compresa tra i meridiani 13 e 15 di longitudine est (274), una valle che estende il golfo di Gabès da ovest a est e sprofonda gradualmente verso il mar Ionio oltre la scarpata Malta-Misurata.

La prima linea tunisina seguiva la linea formata dalle creste Zira e Zuwara (in direzione ovest-est approssimativamente e seguendo più o meno i paralleli di latitudine 33° 20' e 33° 30' nord), nonché "l'orientamento generale delle estensioni naturali dei territori dei due stati verso la pianura abissale del mar Ionio" (275). La seconda linea era una versione semplificata della prima. La terza era tracciata "in parallelo alla bisettrice dell'angolo formato dalla costa tunisino-libica nel golfo di Gabès" (276). L'angolo in questione era rappresentato da due linee rette tracciate rispettivamente da *ras* Mustapha (capo Bon, in Tunisia) e da *ras* Zarrouk in Libia, che si incontrano tangenzialmente sul fondo del golfo di Gabes (277). La quarta linea si basava sul criterio di proporzionalità ed era "determinata in funzione dell'angolo di apertura delle coste, a livello del confine tunisino-libico, in proporzione alla lunghezza delle coste interessate dei due paesi" (278); in questo caso, due terzi spettavano alla Tunisia e un terzo alla Libia.

### 2.2.4, I fattori geomorfologici e geologici della delimitazione

L'unica linea proposta dalla Libia si componeva di due segmenti, ispirati da criteri diversi: il primo segmento, in prossimità della costa, era orientato verso nord e aveva lo scopo di tenere conto dell'estensione in tale direzione della massa terrestre del continente africano nel suo complesso.

Ecco come si può riassumere l'argomentazione libica: "*1)* Il concetto di piattaforma continentale come estensione naturale del territorio terrestre dentro e sotto il mare è alla base del concetto giuridico di piattaforma continentale, e uno stato ha diritto *ipso facto* e *ab initio* sulla piattaforma continentale, che raffigura l'estensione naturale del suo territorio terrestre dentro e sotto il mare. *2)* L'estensione naturale del territorio terrestre di uno stato dentro e sotto il mare, che stabilisce *ipso jure* il suo titolo sulla piattaforma continentale adiacente, è determinata dall'intera struttura fisica della massa terrestre indicata essenzialmente dalla geologia. *3)* Se non producono una rottura nell'unità fondamentale della piattaforma continentale, le dorsali sottomarine sul fondo marino non forniscono alcuna base scientifica per un principio giuridico di delimitazione, anche se la loro esistenza è stabilita (279). *4)* La direzione dell'estensione naturale è determinata dalla relazione geologica e geografica generale tra la piattaforma continentale e la massa continentale, e non dalla direzione occasionale o accidentale di una particolare sezione della linea costiera. *5)* Nel caso in esame, la piattaforma continentale al largo delle coste dell'Africa settentrionale è un prolungamento verso nord della massa continentale e, in detta situazione, il metodo appropriato per delineare le aree della piattaforma continentale sotto la giurisdizione di ciascuna parte è quindi di seguire la direzione di tale prolungamento verso nord a partire dal punto finale del confine terrestre" (280).

Le affermazioni della Libia, basate su un'interpretazione della teoria della tettonica a placche, sono state riassunte come segue dalla Corte: "La regione antistante a questa costa, che costituisce il blocco pelagiano, è il naturale prolungamento verso nord della massa terrestre nordafricana, in quanto rappresenta un tipico margine continentale prodotto da movimenti di placche e fenomeni di lacerazione (...). La Libia sostiene che l'estensione naturale della Tunisia e della Libia è verso nord perché la separazione delle placche continentali, essenzialmente in direzione nord-sud, ha portato alla creazione di un margine continentale situato a nord di una costa generalmente orientata da est a ovest" (281). La Corte ha concluso: "[la Libia ritiene che] la geografia sostenga e confermi la geologia, che stabilisce che l'estensione naturale delle masse terrestri dentro e sotto il mare è verso nord". I fatti invocati dalla Libia a sostegno di una tale posizione evidenziavano che il bacino pelagiano, un'unità geologica e fisio-grafica, era un elemento della placca africana; che questo bacino aveva una chiara affinità con la massa continentale africana ed era una regione diversa da quella delle montagne dell'Atlante in Tunisia; che i dati relativi all'apparenza geologica confermavano l'estensione verso nord della massa terrestre nordafricana e la sua fondamentale affinità con l'altopiano.

Affermando l'armonia tra le indicazioni della geologia e quelle della geografia, la Libia rafforzava la tesi della delimitazione delle zone della piattaforma continentale con una linea di estensione del confine terrestre, capace di riflettere l'orientamento generale verso nord (282). La Corte ha rigettato gli argomenti geomorfologici e geologici, sia della Libia, sia della Tunisia, affermando che la nozione di estensione naturale sarebbe stata utile ai fini di una delimitazione solo nella misura in cui una delle caratteristiche invocate "segnasse una rottura o una soluzione di continuità tale da costituire incontestabilmente il limite tra due distinte piattaforme continentali o estensioni naturali" (283). Tuttavia, la Corte ha voluto precisare di non aver escluso che "talune configurazioni geomorfologiche dei fondali marini, che non costituiscono realmente interruzioni del prolungamento naturale di una parte rispetto al prolungamento dell'altra, possono essere mantenute ai fini della delimitazione come circostanze rilevanti specifiche della regione" (284). Infine, la Corte ha ritenuto che la caratteristica geomorfologica più significativa, il solco tripolitano, non andasse mantenuta in quanto "detta valle sottomarina non presentava rilievi identificabili se non in un'area situata ben più ad est della regione analizzata ai fini della delimitazione" (285), ovvero al di là di *ras* Tadjoura.

### 2.2.5, L'inapplicabilità degli atti unilaterali

Il primo segmento della linea libica risale a una legge petrolifera del 1955. All'altezza approssimativa di *ras* Yonga (34° 20' nord), la linea proposta dalla Libia si piega per tener conto di un cambiamento significativo in direzione della costa tunisina nel golfo di Gabes. La Corte ha respinto le ragioni addotte dalla Libia, alla luce del suo diritto interno in materia di petrolio, dichiarando che i limiti marittimi decretati unilateralmente da uno stato non hanno effetto giuridico nei confronti dei terzi che non vi abbiano ottemperato (286). Al proposito, la Corte ha menzionato un passaggio importante della causa "Fisheries" del 1951, in cui il Regno Unito si opponeva alla decisione unilaterale del governo norvegese di stabilire linee di base diritte lungo le coste dei suoi fiordi e di trattare quelle all'interno di tali linee come acque interne: "La delimitazione degli spazi marittimi ha sempre un aspetto internazionale; essa non può dipendere esclusivamente dalla volontà dello stato rivierasco, come espressa nel suo diritto interno. Se è vero che l'atto di delimitazione è – di necessità – un atto unilaterale, perché solo lo stato costiero ha l'autorità di eseguirlo, d'altra parte, la validità della delimitazione nei confronti dei paesi terzi è una questione di diritto internazionale" (287).

In merito agli effetti della legge petrolifera libica, la CIG ha potuto precisare che essa non era giudicata dalla Tunisia come un modo per delimitare l'area e, sebbene la Libia intendesse rivendicare diritti sulle risorse della propria piattaforma, "il solo fatto d'indicare la linea in questione su una mappa non era sufficiente a concretizzare, neppure nelle relazioni internazionali, la rivendicazione formale di un limite marittimo o di un limite della piattaforma continentale" (288). Per ragioni analoghe al rigetto della linea libica del 1955 da parte della Corte, la linea tunisina, nota come ZV (zenit verticale) 45° e relativa alla pesca, non è stata riconosciuta come dotata di effetti giuridici (289).

### 2.2.6, I diritti cosiddetti storici

In un momento successivo, la Corte ha esaminato l'argomento della Tunisia secondo cui essa avrebbe detenuto diritti storici su una zona in cui i suoi pescatori esercitavano le loro attività da secoli, in particolare attraverso lo sfruttamento di banchi poco profondi vicino alla costa, mediante impianti fissi per le specie mobili, nonché lo sfruttamento di banchi più profondi per le specie sedentarie, tra cui le spugne. La Tunisia aveva precisato che tali attività erano oggetto di sorveglianza e controllo da parte delle sue autorità in virtù di diritti sovrani riconosciuti o almeno tacitamente accettati da stati terzi. Ha quindi ricordato che la determinazione di linee rette di base entro le quali si situavano, dal suo punto di vista, le proprie acque interne non aveva mai prodotto proteste da parte della Libia. In merito a tali aspetti, la Corte ha formulato considerazioni di carattere generale, ricordando che i titoli storici "andavano rispettati e conservati, come lo sono sempre stati in virtù del lungo uso" (290). Aggiungeva però che il progetto di convenzione della III Conferenza sul diritto del mare – la Convenzione del 1982 non era ancora stata adottata – non definiva le nozioni di acque storiche e di baie storiche (e la Corte stessa non lo avrebbe fatto). Esaminando la questione di tali diritti storici nel contesto di un processo di delimitazione e alla luce del concetto di proporzionalità, la CIG ha infine sostenuto di non essere convinta dall'argomento della Tunisia (secondo la quale le acque interne non dovevano essere prese in considerazione); non si è dunque pronunciata sulla validità delle linee di base rette o sulla loro opponibilità alla Libia. La Corte ha per altro citato di nuovo la causa "Fisheries" del 1951, quando si era dichiarato che i diritti rivendicati "dovrebbero essere mantenuti solo nella misura in cui sembrano essere determinanti per l'unica questione in discussione" (291), vale a dire, il metodo appropriato per ottenere un'equa delimitazione. In breve, l'obbligo di determinare la validità di tali diritti storici, per la Corte, esisteva solo nel caso in cui il metodo di delimitazione avesse provocato o rischiato di provocare uno sconfinamento nella zona dei diritti storici.

### 2.2.7, I fattori economici di delimitazione

Ugualmente respinti dalla Corte sono stati gli argomenti economici presentati dalla Tunisia che invocavano la sua povertà in termini di risorse agricole e minerarie rispetto alla Libia e affermavano che le risorse ittiologiche delle sue acque storiche erano solo un complemento alla sua economia nazionale. La Libia ha contestato la rilevanza di tale argomentazione. Ha inoltre sostenuto che la presenza o l'assenza di idrocarburi nei pozzi perforati doveva essere presa in considerazione nell'esercizio di delimitazione. Dopo aver dichiarato che "le circostanze pertinenti specifiche della regione non si limitano ai dati geografici e geomorfologici", la Corte ha precisato che "doveva tenere in debito conto (...) le varie considerazioni economiche evidenziate dall'una o dall'altra delle parti" (292). Pertanto, rispetto ai pozzi petroliferi nell'area da delimitare, la Corte stimato che "tale presenza poteva, a seconda dei fatti, rappresentare un elemento da considerare nel processo in cui tutti i fattori rilevanti andavano attentamente ponderati per arrivare a un risultato equo" (293).

Il giudice Oda, nel dissentire, ha ricordato che "la geografia non era equa", ed ha giustamente sottolineato che, durante i lavori della III Conferenza sul diritto del mare, non era stato raggiunto alcun consenso riguardo alla possibilità di concedere compensazioni ai paesi senza sbocco sul mare o geograficamente svantaggiati per lo sfruttamento delle risorse minerarie, come era avvenuto per le risorse ittiche nella zona economica dei paesi vicini.

### 2.2.8, Un precedente cruciale

Conviene a questo punto ricordare, seppure in sintesi, i casi "Mare del Nord" – tanto più importanti per la questione in esame perché costituiscono l'unico precedente per la CIG nel campo della delimitazione marittima. Tali casi coinvolgevano l'ex Repubblica Federale Tedesca, i Paesi Bassi e la Danimarca, le cui coste sono adiacenti (quelle della Germania sono concave mentre quelle degli altri due paesi sono convesse). I giudici hanno evidenziato che le coste concave erano vittime di ingiustizia, perché la linea di equidistanza tendeva a piegare le linee di delimitazione verso questa concavità, cosicché le linee "si incontravano inevitabilmente a una distanza piuttosto modesta dalla costa", mentre quelle relative alle coste della Danimarca e dei Paesi Bassi "divergevano l'una dall'altra, cosicché l'area della piattaforma continentale davanti a detta costa tendeva ad allargarsi" (295). Poiché le parti avevano chiesto alla Corte solo i principi e le regole applicabili e si erano successivamente impegnate a delimitare i confini mediante accordo, questa ha elencato i seguenti fattori pertinenti senza tracciare limiti: "*1)* la configurazione generale delle coste delle parti e la presenza di caratteristiche speciali o insolite; *2)* nella misura in cui siano noto o facili da determinare, la struttura fisica, la struttura geologica e le risorse naturali delle aree della piattaforma continentale (296); *3)* il rapporto ragionevole che una delimitazione effettuata in conformità con principi di equità dovrebbe mostrare tra l'estensione delle aree della piattaforma continentale sotto la giurisdizione dello stato costiero e la lunghezza delle sue coste misurata nella direzione generale dello stato costiero, tenendo conto degli effetti reali o potenziali di qualsiasi altra delimitazione della piattaforma tra paesi confinanti della regione".

### 2.2.9, La decisione della Corte Internazionale di Giustizia

Una volta rigettati gli argomenti dedotti dalla Tunisia e dalla Libia, avendo inoltre preso atto del punto di vista delle parti secondo cui l'equidistanza non era appropriata nelle circostanze, la Corte ha proceduto alla costruzione della sua linea, composta da due segmenti, ma non senza aver prima fatto considerazioni generali sull'equità e sui metodi di delimitazione. Sul tema dell'equità, ha dichiarato quanto segue: "L'equità come concetto giuridico procede dall'idea di giustizia stessa. La Corte, che ha il compito, per definizione, di amministrare la giustizia, non può non applicarla (...). L'equità è stata spesso contrapposta alle severe regole del diritto positivo, il cui rigore deve essere temperato affinché sia fatta giustizia (...). Occorre distinguere tra l'applicazione di principi di equità e l'adempimento di una giustizia *ex aequo et bono*, cosa che si può fare soltanto se le parti ne convengono" (298). Rispetto ai metodi di delimitazione, la Corte ha ricordato la decisione nei casi "Mare del Nord" secondo cui non esiste una norma imperativa di diritto consuetudinario che richieda l'equidistanza come metodo di delimitazione della piattaforma continentale, specie quando gli stati sono limitrofi (299). I giudici hanno anche menzionato l'arbitrato del 1977 riguardante la piattaforma continentale franco-britannica, in cui erano stati utilizzati vari metodi (300). La Corte ha insistito sul fatto che la prassi se, da un lato, dimostra che tale metodo è stato spesso favorito, dall'altro dimostra che è stato talvolta accantonato. Inoltre, per quanto riguarda la delimitazione del mare territoriale, già nel 1953 il comitato di esperti della Commissione di diritto internazionale aveva esaminato criteri diversi dall'equidistanza, tra cui la linea che si estende verso il mare dal confine terrestre, perpendicolare alla costa nel punto di intersezione con il confine terrestre e perpendicolare alla linea di direzione generale della costa. In merito all'equidistanza, la Corte ha condiviso l'opinione espressa nelle cause "Mare del Nord" secondo cui esso "ha il vantaggio – ma forse anche lo svantaggio – di riprodurre quasi tutte le irregolarità delle coste prese come base" e che è meno difficile utilizzarlo quando le coste sono opposte piuttosto che adiacenti (302).

Il primo segmento del confine tracciato dalla Corte formava un angolo di 26 gradi con il meridiano e corrispondeva alla perpendicolare rispetto alla direzione generale delle coste nel punto terminale del confine terrestre (*ras* Adjir) (303). Tale segmento risaliva a una linea stabilita nel 1913 dall'Italia, la potenza coloniale succeduta all'impero ottomano; l'obiettivo era di "spingere" verso ovest le pretese francesi in Tunisia espresse lungo la linea ZV di 45 gradi e relative alla giurisdizione sullo sfruttamento delle spugne (304). Come ha detto la Corte, la linea di fatto, "concretizzava il modo" in cui i due stati avevano concesso i permessi per l'esplorazione o lo sfruttamento petrolifero: "Questa linea tra concessioni adiacenti, tacitamente osservata per anni e che per di più coincide all'incirca con la perpendicolare alla costa nel punto di confine applicata in passato come limite marittimo, appare alla Corte di grande rilevanza per la delimitazione" (305). La Corte ha poi sostenuto che la linea andava riorientata a partire dal punto a 34° 10' 30" N – a suo avviso il punto più occidentale della costa tunisina tra *ras* Adjir e *ras* Kapoudia – data l'esistenza di due circostanze geografiche rilevanti: il significativo cambiamento di direzione delle coste tunisine nel golfo di Gabes e la presenza delle isole Kerkennah. Ha quindi stabilito la nuova direzione delle coste tunisine in base al tracciato di una linea retta che connette il punto situato a 34° 10' 30" N con il *ras* Kapoudia. Ha anche attribuito un effetto alle isole Kerkennah, date le loro dimensioni e la loro posizione: solo 11 miglia le separano dalla terraferma, con acque pescose poco profonde (4 metri al massimo, ad eccezione di alcune pozze e canali); coprono una superficie di 180 kmq, sono circondate da isolotti e da secche (che formano una fascia larga fino a 27 km), frequentati dai pescatori da tempo immemorabile (306). La Corte ha tratteggiato quindi, dal punto designato, una seconda linea che costeggia le isole e le secche al largo. La linea così orientata è inclinata di 62 gradi. Secondo la Corte, sarebbe risultato eccessivo attribuire all'arcipelago un effetto completo. Ritenendo che un semi-effetto era, nelle circostanze, sufficiente e appropriato, e ispirandosi a diverse fattispecie della prassi statale, la Corte ha ricavato la bisettrice dall'angolo formato dalle due linee – quella che esprimeva la direzione generale della linea di costa e quella che correva lungo l'arcipelago verso est – essendo, il secondo segmento della linea di delimitazione, parallelo a detta bisettrice e formando un angolo di 52 gradi (307) con il meridiano. Da ultimo, subordinando l'esercizio di delimitazione al criterio di proporzionalità, la Corte ha giudicato soddisfacenti i risultati che indicavano un rapporto da 40 a 60 rispetto alle aree di piattaforma continentale assegnate alla Libia e alla Tunisia, mentre le lunghezze delle loro frontiere marittime – espresse in linea retta secondo la direzione generale delle coste, da *ras* Kapoudia a *ras* Tadjoura – si trovavano in un rapporto di 34 a 66 (308). Ovvio, la linea delle 152 miglia nautiche (309) non disponeva di un punto terminale noto a nord-est, poiché la sua lunghezza "sarebbe dipesa dalle demarcazioni da concordare con i paesi terzi" (310) –, l'Italia e Malta. Il confine è stato contestato invocando un errore materiale (l'ubicazione cartografica del punto più occidentale della costa tunisina, in fondo al golfo di Gabes); il 27 luglio 1984 la Tunisia ha depositato alla cancelleria della Corte un ricorso per revisione della sentenza del 24 febbraio 1982. La decisione, resa all'unanimità il 10 dicembre 1985, ha affermato che la richiesta tunisina "era priva di contenuto e che non vi era ragione di deliberare su essa" (311). L'8 agosto 1988 i due paesi hanno siglato un accordo (312) a conferma della decisione della Corte.

*F. 6. La frontiera marittima Libia / Malta*
(fonte: Labrecque, G., 2004, *op. cit.*, p. 153)

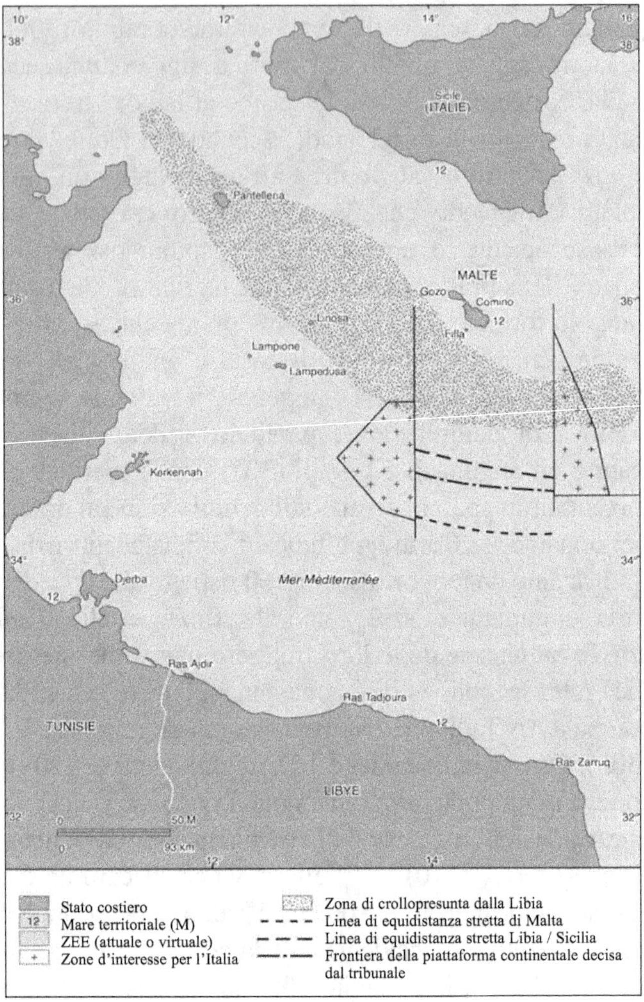


## 2.2.10, Le opinioni dissenzienti

Nella decisione divisiva, presa con 10 voti contro 3, sono da rilevare i dissensi dei giudici Oda ed Evensen, i quali ha criticato la risoluzione della maggioranza dei giudici per aver rifiutato, a loro avviso senza motivi, il metodo dell'equidistanza. Ha osservato il giudice Oda: "bisogna ammettere che la geografia non è equa, che la natura non può essere rifatta e che la Corte non ha giurisdizione per anticipare o attuare qualsiasi politica di giustizia sociale internazionale che vada oltre i principi e le regole del diritto internazionale" (313). Al termine di un lunghissimo parere (120 pagine), il giudice ha raccomandato la delimitazione della piattaforma continentale mediante una linea equidistante tracciata dalle rispettive coste senza tener conto né delle basse maree al largo del litorale di ciascuna delle parti, né delle isole Kerkennah. Dal canto suo, il giudice Evensen ha sottolineato l'importanza e il rispetto dovuto alla CPGI (Corte Permanente di Giustizia Internazionale) e alla CIG, "la cui stessa esistenza e il cui paziente lavoro hanno dato al mondo in tumulto buone ragioni per sperare nel regno della giustizia e nell'instaurazione della pace grazie agli sforzi compiuti per erigere un nuovo ordine internazionale basato sulla legalità, senza ricorso alle armi e senza inutili sacrifici di vite umane" (314). Ricordando anche la prassi degli stati, in particolare quelli scandinavi, il giudice ha suggerito la creazione di una zona per lo sfruttamento congiunto delle risorse minerarie (315).

### 2.3, Libia / Malta

Il secondo esempio giuridico di delimitazione marittima, quello tra la Libia e Malta, riguarda unicamente la piattaforma continentale e il confine è parzialmente delimitato (316); inoltre, non concerne due paesi le cui coste sono adiacenti e uno dei due è uno stato europeo (figura 6). Come nel caso precedente, la CIG si è pronunciata dapprima su una richiesta d'intervento dell'Italia, pronunciandosi, nel 1985, con 14 voti contro 3. Se, a differenza del caso precedente, le parti non hanno designato espressamente, nel loro compromesso, una scelta di metodo, la Corte ha subito osservato che la Libia aveva addotto, una volta di più, argomenti di carattere geomorfologico (estensione fisica della massa africana e presenza di una zona di collasso nel Mediterraneo), mentre Malta privilegiava la mediana tra le coste opposte. Su quest'ultima modalità, la Corte ha deciso – in ultima analisi e non senza aver corretto il corso di tale linea – di tener conto del concetto di proporzionalità sostenuto dalla Libia o, per l'esattezza, della significativa differenza nelle rispettive lunghezze delle coste.

### 2.3.1, La missione della CIG

In base al compromesso firmato a La Valletta il 23 maggio 1976 tra Libia e Malta, la CIG è stata invitata a indicare "i principi e le regole del diritto internazionale applicabili alla delimitazione della zona relativa alla piattaforma continentale [per utilizzarle senza difficoltà, al fine di giungere a] un accordo" (317). La Corte ha rilevato che le parti, a differenza del caso "Libia / Tunisia", non avevano designato, nell'accordo di compromesso, una scelta dei metodi di delimitazione.

Prima di pronunciare la propria sentenza, e come nel caso precedente, la Corte, il 21 marzo 1984, ha respinto con 11 voti contro 5 una richiesta d'intervento presentata dall'Italia, pur dichiarando che "non si può escludere del tutto la questione dell'interesse giuridico dell'Italia così come di altri stati della regione del Mediterraneo", e che esso "andava preso in considerazione" (318). Nella sentenza del 3 giugno 1985 – la prima relativa a coste esclusivamente opposte – la Corte ha ritenuto di dover identificare innanzitutto l'intenzione delle parti interpretando il compromesso perché, dovendo esercitare la sua giurisdizione, non poteva comunque andare al di là della propria competenza. Pertanto, ha poi osservato, Malta aveva espresso il desiderio che il limite fosse fissato dalla Corte, mentre la Libia voleva semplicemente che questa si pronunciasse sui principi e le regole da applicare. Affinché le parti delimitassero senza difficoltà le zone rispettive mediante accordo, la Corte ha ritenuto che occorresse specificare sia il metodo o i metodi adeguati, risultanti da una corretta applicazione delle norme, sia il fatto che i termini del compromesso non le vietassero d'indicare una linea. La Corte non ha poi accolto la tesi libica, fondata sul principio dell'estensione naturale in senso fisico, e ha disegnato una linea ispirata al metodo mediano ma aggiustata per traslazione verso nord, tenendo conto delle circostanze ritenute rilevanti. Prima di giungere all'applicazione di tale metodo, la Corte ha ricordato la normativa in materia e l'importanza di un attento esame delle circostanze importanti. Al proposito, ha citato la sentenza relativa alle cause "Mare del Nord": "In realtà non esistono limiti giuridici alle considerazioni degli stati per garantire l'applicazione di processi equi e, sovente, sarà l'equilibrio tra tutte queste considerazioni a creare equità, piuttosto che l'adozione di un'unica considerazione che esclude le altre. I problemi di bilanciamento delle diverse considerazioni variano, per altro, secondo le circostanze" (319).

### 2.3.2, La condotta della parti

Al contrario del caso precedente, non è stata qui menzionata alcuna linea di fatto e la storia della controversia si è limitata a pochi elementi. Come ha rilevato la Corte, né Malta né la Libia sostenevano che, nella fattispecie, "si disegnasse un limite passibile, *de facto*, di separare le zone di concessioni e i permessi in vigore", volto a costituire un'indicazione della "linea o delle linee che le parti stesse avrebbero potuto considerare o trattare, nella pratica, come eque", sull'esempio del caso "Libia / Tunisia" (320). Ciò detto, Malta ha ribadito come la Libia fosse rimasta in silenzio fino al 1973, dopo che lei aveva comunicato, nel 1965, che intendeva delimitare la piattaforma continentale con una linea mediana (321). Malta ha quindi sostenuto che, nel comportamento della Libia, s'individuava "una conferma dell'equità della posizione maltese oppure una prova di acquiescenza che impediva, in termini di diritto e di fatto, di contestarne la validità" (322). Malta ha inoltre affermato che i concessionari erano esentati dalle perforazioni oltre il limite settentrionale di alcune concessioni libiche, coincidenti con la mediana. Ciò confermava, secondo Malta, l'attualità del metodo. La Corte "non ha però individuato, né da un lato né dall'altro un'attitudine sufficientemente netta e tale da rappresentare una forma di acquiescenza o d'indicazione utile" ai fini della decisione (323).

### 2.3.3, Le argomentazioni della Libia

Non essendo tra i firmatari della Convenzione del 1958, nell'esporre le sue argomentazioni, la Libia ha sottolineato che il metodo dell'equidistanza (o mediana) non è obbligatorio e che, nella fattispecie, non avrebbe prodotto un risultato equo. Ciò, in riferimento, soprattutto al peculiare contesto geografico: massa terrestre e sua estensione naturale, lunghezze delle coste dei due stati e zona di collasso. Analogamente alla posizione assunta nel 1982 nella causa con la Tunisia, la Libia ha dichiarato che "l'estensione naturale dei territori delle parti, in mare e sotto il mare, costituiva la base del titolo sulle aree della piattaforma continentale da attribuire a ciascuna delle parti stesse" (324). Per la Libia, tale principio costituiva, un preciso criterio di delimitazione, data la presenza di una discontinuità fondamentale che separa due altipiani in una zona di collasso sottomarino a sud e a sud-ovest delle isole maltesi, dove sono presenti trincee di oltre 1.000 metri di direzione nord-ovest / sud-est. La Libia ha sostenuto quindi che sarebbe necessario stabilire, attraverso il negoziato, "una linea all'interno e nella direzione generale della zona di collasso" (325).

La CIG ha respinto la tesi libica, ricordando che "i due istituti della piattaforma continentale e della zona economica esclusiva sono collegati nel diritto moderno" e precisando che "la legge applicabile alla controversia, vale a dire alle rivendicazioni relative alle piattaforme continentali situate a meno di 200 miglia dalle coste degli stati in questione, non si basa su criteri geologici o geomorfologici, ma su un criterio di distanza dalla costa, o, per usare un'espressione tradizionale, sul principio dell'adiacenza misurata dalla distanza" (326). Se è vero, ha ammesso la Corte, che una rottura di continuità può costituire il limite tra due piattaforme, la giurisprudenza del 1982 non era tuttavia qui richiamabile, poiché quella sentenza era legittimata dal rinvio ad una regolamentazione del titolo stesso "che aveva reso tali fattori un luogo ormai appartenente al passato" per quanto riguardava i fondali marini a meno di 200 miglia dalla costa (327). La Corte ha poi aggiunto che l'argomentazione concernente la zona di crollo, oltre a sollevare difficoltà giuridiche insormontabili, comportava un problema d'interpretazione delle prove fornite da esperti molto dotti i quali, da un canto, affermavano che la discontinuità fondamentale risultava dalla presenza di un limite della placca tettonica e, dall'altro, che tale limite "secondario" si fondava su un'ipotesi né confermabile né infermabile a partire dai dati disponibili. Insomma, la CIG: "non poteva accettare l'idea che, per pronunciarsi su questa causa, lei stessa si dovesse incaricare di risolvere anche un dissidio tra scienziati di chiara fama sull'interpretazione, più o meno plausibile, di dati apparentemente incompleti; un criterio richiedente un simile giudizio o una tale valutazione nel corso di un'istanza giudiziaria, o anche durante negoziati tra governi, non era chiaramente adatto come regola giuridica di delimitazione applicabile su base generale" (328).

Neppure l'argomentazione libica relativa alla massa territoriale è stata accolta dalla Corte, poiché, a suo avviso, tale tesi non trovava alcun supporto nella dottrina, nella giurisprudenza, nella prassi statale o nei lavori della III Conferenza delle Nazioni Unite sul diritto del mare. Rendere credibile questa tesi avrebbe mutato radicalmente il legame tra la costa dello stato e la sua piattaforma continentale: "Ciò che distingue un paese costiero, che ha diritto a una piattaforma continentale, e un paese senza sbocco sul mare, che non ha tale diritto, non è certo la massa terrestre che entrambi possiedono, ma piuttosto l'esistenza nell'uno e l'assenza nell'altro di una facciata marittima. Attraverso le coste, si stabilisce il nesso giuridico tra la sovranità territoriale dello stato e i suoi diritti su alcune aree marittime adiacenti" (329).

### 2.3.4, Le argomentazioni di Malta

Formato da quattro isole abitate (Malta, Gozo, Comino e Cominotto) e dall'isolotto disabitato di Fifla, l'arcipelago di Malta ha sostenuto che le coste delle parti in causa si trovavano in una situazione di opposizione e, basandosi sul principio della distanza, ha dichiarato che il contenzioso con la Libia era "un caso classico, senza problemi, di semplice applicazione della linea mediana" (330). Ma la Corte ha respinto la tesi poiché "l'importanza di recente attribuita alla nozione di distanza dalla costa aveva avuto l'effetto, almeno in una delimitazione tra paesi contrapposti, di conferire la preminenza al metodo dell'equidistanza". Per altro, la Corte non ha neppure accolto la tesi secondo cui il metodo dell'equidistanza deve necessariamente essere utilizzato nella fase preliminare del processo di delimitazione, in quanto ciò darebbe peso all'idea di "prossimità assoluta" che non è stata accettata nei casi "Mare del Nord" (331).

In merito alla pratica degli stati, la CIG ha esaminato oltre 70 accordi di delimitazione, interpretati in modo diverso da Libia e Malta. Quest'ultima ha preteso che detta prassi "costituisse necessariamente un'indicazione preziosa e degna di fede sui criteri normali di equità", mentre la Corte "non ha dubitato circa l'importanza della prassi statale, pur essendo dell'avviso che, qualunque sia l'interpretazione data, la prassi non basta a provare l'esistenza di una regola che prescrive obbligatoriamente il ricorso all'equidistanza o a un altro metodo" (332).

Come nei contenziosi "Libia / Tunisi" o "Guinea / Guinea-Bissau", e senza maggiore successo, Malta ha addotto argomentazioni economiche, invocando in particolare l'assenza di risorse energetiche, la portata limitata delle sue attività di pesca e le esigenze dei paesi insulari in via di sviluppo. Malta ha cercato di convincere la Corte dell'opportunità di esaminare tali circostanze, "tra le considerazioni di equità, non per dettare una delimitazione, ma per giudicare il carattere equo di una delimitazione stabilita in altro modo" (333). Riguardo al tema di carattere economico, la CIG ha ricordato che la nozione di "zona economica esclusiva" comprende specifici vantaggi riconosciuti ai cosiddetti paesi in via di sviluppo, quali lo sfruttamento delle risorse locali, senza tuttavia concernere l'estensione o la delimitazione.

È stato persino citato, dalla Corte, un passaggio della sentenza relativa alle cause "Mare del Nord", prevedendo che le risorse della piattaforma continentale, "se note o facili da determinare" (334), avrebbero potuto costituire circostanze rilevanti ai fini della delimitazione, poiché rappresentavano lo stesso obiettivo perseguito dagli stati nei loro sforzi per ottenere il riconoscimento di una parte dei fondali marini. Tuttavia, ha insistito la Corte, le parti non hanno fornito alcuna informazione al riguardo. Poi, come nella sentenza del 1982, ha proposto le seguenti osservazioni generali volte a respingere detti fattori perché irrilevanti: "La Corte non ritiene che una delimitazione debba essere influenzata dalla situazione economica relativa dei due stati interessati, di modo che il meno ricco dei due vedrebbe alquanto incrementata, per compensare la sua inferiorità in risorse economiche, l'area di piattaforma continentale ritenuta di sua appartenenza" (335).

Malta ha sottolineato anche aspetti di tipo strategico, affermando che la sicurezza e gli interessi relativi alla difesa nazionale rientravano in considerazioni connesse all'equità. Dal suo punto di vista, l'equidistanza corrispondeva al metodo appropriato poiché attribuisce a ciascun paese un'area soggetta al suo controllo di estensione comparabile. Anche queste argomentazioni sono state respinte dalla Corte, in quanto la frontiera che lei si proponeva di tracciare non era "vicina né all'una né all'altra parte, cosicché le questioni di sicurezza risultavano particolarmente pregnanti nella fattispecie" (336).

### 2.3.5, Lo statuto di stato insulare

Malta ha ricordato inoltre il suo status di paese insulare alludendo al trattamento concesso alle isole anglo-normanne in base ai termini dell'arbitrato del 1977 sulla delimitazione della piattaforma continentale "Francia / Regno Unito". Se Malta e Libia hanno concordato sul fatto che il titolo della piattaforma continentale è lo stesso per un'isola e per un continente, Malta ha distinto tra stato insulare e isola politicamente dipendente di uno stato continentale, attribuendo alla delimitazione "un effetto che varia a seconda della dimensione, della collocazione geografica, della popolazione e dell'economia" (337).

Su tale punto la CIG si è espressa nei seguenti termini: "il problema non è che uno 'stato insulare' godrebbe di una sorta di *status* speciale per i diritti sulla piattaforma continentale. Per altro, Malta insiste nel dire che non aspira a tale *status*. Il fatto è semplicemente che, essendo Malta indipendente, il rapporto tra le sue coste e quelle dei suoi vicini non è lo stesso che se facesse parte del territorio di uno di loro. Insomma, i confini marittimi potrebbero apparire diversi nella regione se le isole maltesi, invece di costituire uno stato indipendente, facessero parte del territorio di uno dei paesi vicini. Tale aspetto della questione è legato non solo al fatto che Malta coincide con un gruppo di isole e con uno stato indipendente, ma anche alla situazione delle isole nel quadro geografico complessivo, soprattutto in un mare semichiuso" (338).

Da ultimo, Malta ha invocato – senza convincere la Corte – il principio dell'uguaglianza sovrana degli stati per giustificare la propria scelta relativa al metodo dell'equidistanza e per opporsi ad un aggiustamento basato sulla differenza tra le lunghezze delle coste, mediante l'applicazione del criterio di proporzionalità. Malta ha poi affermato che, essendo i vari stati uguali ed egualmente sovrani, le proiezioni in mare di tale sovranità hanno pari valore giuridico, indipendentemente dalla lunghezza delle loro coste. La Corte ha tenuto allora a spiegare che, nel caso in cui i paesi avessero optato a favore del principio di una distribuzione della piattaforma strettamente proporzionale alla lunghezza delle coste, "il loro consenso a tale regola non avrebbe violato il principio di uguaglianza sovrana tra loro" (339). Dunque, ha ribadito la Corte, "l'esistenza di un titolo uguale *ipso jure* e *ab initio* da parte di stati costieri non implica l'uguaglianza dell'estensione delle rispettive piattaforme" (340). Ciò ha indotto a scartare la possibilità di negare la lunghezza delle coste come circostanza pertinente per la delimitazione.

### 2.3.6, La nozione di proporzionalità

L'argomento della proporzionalità è stato evocato dalla Libia, che gli ha attribuito grande importanza. Pertanto, nelle conclusioni (punti 5 e 6), ha affermato che "i principi equi non esigono che uno stato con un litorale corto venga trattato come se avesse un litorale vasto" e che l'applicazione di questi principi, nella particolare situazione geografica sottoposta alla CIG, "esigeva che la delimitazione tenesse conto delle significative differenze di lunghezza tra le rispettive coste orientate verso l'area dove la delimitazione andava effettuata" (341). La Corte ha riconosciuto che tale questione meritava un attento esame, ritenendo che la proporzionalità "era strettamente connessa sia al più alto principio di equità, sia all'importanza della costa come fonte di diritti sulla piattaforma continentale" (342). Per la Corte, tale fonte si basava sul principio che la natura andava rispettata e che coste comparabili non potevano essere trattate diversamente a causa di una questione tecnica.

Nelle cause "Mare del Nord", i giudici hanno ricordato, nel dispositivo della sentenza, che tra i fattori da prendere in considerazione vi era il ragionevole rapporto che una delimitazione, operata secondo equi principi, dovrebbe dimostrare tra l'estensione della piattaforma continentale, zone ricadenti sotto la giurisdizione dello stato costiero, e la lunghezza della sua linea costiera misurata tenendo conto degli effetti reali o possibili di qualsiasi altra delimitazione della piattaforma continentale effettuata tra paesi vicini (343). Il ruolo della proporzionalità è stato chiarito, nell'arbitrato sulla piattaforma continentale "Francia / Regno Unito", nei termini seguenti: "La nozione di proporzionalità è solo l'espressione del criterio o dell'elemento che consente di determinare se una distorsione si traduce in una delimitazione iniqua della piattaforma continentale tra gli stati costieri interessati. Il fattore di proporzionalità può essere presentato sotto forma di rapporto tra l'estensione della piattaforma continentale e la lunghezza delle coste (...), ma può anche essere – cosa più comune – un fattore che consente di stabilire se particolari caratteristiche o configurazioni geografiche abbiano un effetto ragionevole o irragionevole, equo o iniquo, sul tracciamento di un confine equidistante (...). Non si tratta di rifare la natura, ad esempio, identificando la situazione di un paese le cui coste sono estese con quella di un altro le cui coste sono modeste (...). La proporzionalità deve quindi essere utilizzata come criterio o fattore per stabilire se determinate situazioni geografiche producono demarcazioni eque e non come principio generale che costituirebbe una fonte autonoma di diritti su tratti di piattaforma continentale (344).

### 2.3.7, Il tracciato della frontiera

In vista del processo di delimitazione, la CIG ha fissato innanzitutto le coordinate dell'area di tale delimitazione, compresa tra i meridiani 13° 10' Est e 15° 10' Est, conformemente alla richiesta d'intervento presentata dall'Italia allo scopo di preservare i propri interessi, nella prospettiva di future demarcazioni passibili di rapportarla alla Tunisia, da un lato, e alla Libia, dall'altro. Tenuto conto del fatto che la delimitazione andava stabilita tra coste prospicienti e ricordando che in quel caso il fondamento della titolarità della piattaforma continentale era il principio della distanza, la Corte ha ritenuto che "il tracciare una linea mediana tra queste coste, come elemento provvisorio in un processo da proseguire con altre operazioni, corrispondeva all'approccio più giudizioso al fine di raggiungere un risultato equo" (345). Da notare che, nella costruzione della linea mediana provvisoria, la Corte non aveva considerato l'isolotto disabitato di Fifla – valutazione che è stata considerata arbitraria (346). In realtà, la Corte aveva ripreso il ragionamento adottato in tribunale per le cause "Mare del Nord", citando il seguente passaggio: "le aree della piattaforma continentale, al largo di stati le cui coste si fronteggiano (...), s'incontrano [o] si sovrappongono, possono essere delimitate solo da una linea mediana; se non si tiene conto di isolotti, scogli o lievi sporgenze della costa, il cui effetto esagerato di deviazione può essere eliminato con altri mezzi, tale linea deve dividere equamente lo spazio" (347).

### 2.3.8, Un aggiustamento della linea

Per la Corte, tale linea andava corretta, tenendo conto di due circostanze geografiche rilevanti: "in primo luogo, il quadro geografico complessivo, in cui le isole maltesi appaiono come un incidente relativamente modesto in un mare semichiuso; in secondo luogo, la notevole disparità nella lunghezza delle coste interessate" (348). In merito al secondo motivo, la Corte ha sottolineato "la necessità di evitare, nella delimitazione, qualsiasi eccessiva sproporzione tra l'estensione della piattaforma continentale dello stato costiero e la lunghezza della sua linea costiera, misurata seguendo la direzione generale della costa" (349). Per queste ragioni, un risultato equo era ottenibile solo spostando la linea mediana rigorosa verso nord. Al fine dello spostamento appropriato alle circostanze, la Corte ha tracciato una mediana ipotetica e rigorosa (34° 36' Nord / meridiano 15° 10' Est) tra la Libia e l'Italia (Sicilia), che ignorava la presenza di Malta. Ha dunque spostato la mediana stretta in una proporzione del 75% verso nord (350), pari a 18'. Pure tale operazione è apparsa arbitraria e contraddittoria, unicamente legata all'obiettivo di non rifare la geografia (351). La Corte non ha giudicato necessario verificare, mediante un test di proporzionalità, la congruità della linea così ottenuta, perché "non riteneva che fosse coerente con i principi dell'operazione di delimitazione arrivare a un rapporto aritmetico prestabilito". E ancora, per la Corte, "non esisteva un'evidente sproporzione tra le superfici assegnate a ciascuna delle parti" (352). A dire il vero, è con grande cautela che la Corte tentava di spiegare la propria scelta, di non effettuare il test. Perciò spiegava: "Si è sottolineato che tale operazione dovrà servire unicamente a verificare la congruità del risultato ottenuto con altri mezzi. Ma impegnarsi in calcoli di proporzionalità per verificare un risultato è una cosa; altra cosa è constatare, in sede di operazione di delimitazione, l'esistenza di una fortissima differenza nella lunghezza delle coste e attribuire a detto rapporto tra le coste l'importanza che merita, senza cercare di quantificarlo, il che sarebbe appropriato solo per valutare a posteriori i rapporti tra coste e superfici. Le due operazioni non si escludono a vicenda, né si fondono al punto che l'una renderebbe superflua l'altra". L'anno seguente, il 10 novembre 1986, Libia e Malta hanno concluso un accordo sulla delimitazione della piattaforma continentale conforme alle disposizioni di tale sentenza (353). La frontiera è stata dunque decisa ed accettata, proprio come quella delimitante la Guinea-Bissau e il Senegal, sebbene – nel caso specifico – fosse stata concordata prima di pervenire a una decisione giuridica.

### 2.3.9, Le opinioni dissenzienti

Rispetto alla decisione della CIG, su 17 giudici, 3 hanno espresso pareri dissenzienti, poiché si era esclusa la zona nord-est per tutelare gli interessi di terzi (l'Italia). Ma, dal punto di vista dei funzionalisti, il giudizio ha costituito un passo avanti, giacché adottava un approccio macrografico tenendo conto delle caratteristiche fisiche di un insieme regionale (354). Tra i dissenzienti, il giudice Schwebel ha definito la linea di delimitazione stabilita in tribunale come "abusivamente troncata allo scopo di salvaguardare le pretese dell'Italia" (355); ha inoltre ritenuto che tale mediana corretta non fosse sufficientemente giustificata dai principi di diritto ed equità applicabili al caso. Ha poi posto in dubbio lo spostamento della linea: "Se la proporzionalità non è la ragione che ha spinto la Corte a spostare la linea di delimitazione verso nord, resta la domanda, qual è allora la ragione? La Corte non ha risposto francamente, sembrando piuttosto fondare il suo giudizio su un'intuizione, che l'ha spinta a concedere un *bonus* alla Libia perché le sue coste sono molto più lunghe di quelle di Malta" (356). Dopo aver rilevato che la Corte era stata chiamata, per la prima volta, a pronunciarsi su una questione relativa a coste opposte e non adiacenti, Schwebel ha quindi osservato che era proprio a quest'ultima tipologia che i giudici pensavano nelle cause "Mare del Nord". In conclusione, Schwebel ha riconosciuto che la Corte ha avuto ragione nell'affermare che qualsiasi linea mediana è soggetta a correzione, nella misura in cui sussistono circostanze particolari. Eppure, sostiene: "Non posso ammettere che le sue enigmatiche allusioni alla lunghezza delle coste, alla distanza tra le coste, all'esiguo numero di punti base e al contesto geografico complessivo siano sufficienti a motivare la scelta della linea di delimitazione in questo caso. I riferimenti troncati non sono tali da creare quel sentimento di coerenza e prevedibilità a cui giustamente aspirano la Corte stessa e l'ambito giuridico" (357).

### 2.4, Tunisia e Algeria

Tra Tunisia e Algeria, un accordo di delimitazione qualificato, a partire dal titolo, come un trattato relativo ad accordi provvisori (358), è stato firmato l'11 febbraio 2002 ed è entrato in vigore il 23 novembre 2003. Tale accordo aveva carattere provvisorio (della durata di 6 anni a decorrere dallo scambio degli strumenti di ratifica) ma, allo scadere, le parti si sono impegnate a prorogarlo, rivederlo o a concludere un accordo definitivo. Una delle disposizioni, come suggerito dal titolo, prevedeva che l'accordo era da ritenersi concluso, senza pregiudizi per la delimitazione definitiva (articolo 4). Nel suo preambolo si ricordava in particolare che detta convenzione interveniva per rafforzare i vincoli di fraternità e di cooperazione, nonché gli interessi comuni dei due popoli, ai fini della costruzione dell'Unione del Maghreb Arabo (359).

Tenendo conto dei lavori della commissione mista tenutasi nel giugno 2002, l'accordo stabiliva che la linea di delimitazione provvisoria si componesse da due segmenti. Quattro aspetti erano definiti come segue: *1)* il punto uno si trovava al termine della frontiera terrestre; *2)* il punto due riguardava il limite di 4 miglia nautiche dagli scogli delle Sorelle; *3)* il punto tre riguardava l'intersezione della linea con il limite della zona di pesca dell'Algeria; *4)* il punto quattro precisava le coordinate 38° 00' Nord e 7° 50' Est. I lavori del comitato paritetico per la definizione di tali coordinate dovevano chiudersi entro sei mesi dalla firma dell'accordo.

Fronte alla possibile scoperta di giacimenti di risorse minerarie attraversati dalla frontiera, le parti s'impegnavano a consultarsi e a cooperare, anche nei seguenti settori: conservazione (in particolare quella delle risorse biologiche), ricerca scientifica, prevenzione e repressione dei reati sanitari, fiscalità, immigrazione, dogane e lotta contro le minacce alla sicurezza dell'ambiente o della circolazione di navi e aerei.

### 2.5, Egitto e Cipro

Tra Egitto e Cipro, il 17 febbraio 2003, è stato concluso un accordo interregionale per delimitare la zona economica esclusiva (360). Il confine marittimo fissato, lungo 155 miglia nautiche, si estendeva dal tripunto con Israele al tripunto con la Grecia (quest'ultimo rimaneva da definirsi) (361). Con tale strumento si stabiliva che il confine venisse tracciato lungo una linea mediana tra le rispettive coste (con otto punti definiti sulla base delle coordinate geografiche). Come per l'accordo tra Tunisia e Algeria dell'anno precedente, le parti s'impegnavano a collaborare in caso di presenza di depositi transfrontalieri (362). Il 2 marzo 2004, la Turchia si è rivolta alle Nazioni Unite per denunciare questo accordo e si è opposta ad esso con la motivazione che il limite, "in particolare nelle zone situate ad ovest di 32 gradi 16 '18 di longitudine, riguardava anche i diritti sovrani e legali detenuti *ipso facto* e *ab initio* dalla Turchia secondo i principi consolidati del diritto internazionale". La Turchia ha aggiunto che "non esisteva un'unica autorità, giuridicamente o di fatto, competente a rappresentare congiuntamente i turco-ciprioti e i greco-ciprioti e, quindi, Cipro nel suo complesso" (363).

### 2.6, Egitto e Grecia

L'accordo concluso tra l'Egitto e la Grecia (364) il 6 agosto 2020, ed entrato in vigore il 2 settembre dello stesso anno, riguardava la delimitazione della zona economica esclusiva, senza prendere in considerazione quella della piattaforma continentale (365), come il titolo del documento siglato mostrava chiaramente (366). L'accordo precisava che si trattava di una "delimitazione parziale" (art. 1a), da integrare quando necessario e in seguito a successive consultazioni. Era previsto quanto segue: *1)* i due punti terminali della linea delle 104 miglia nautiche (A ed E) potevano essere modificati in caso di futura delimitazione con altri stati confinanti (art. 1d); *2)* ciascuna parte impegnata in negoziati riguardanti la delimitazione doveva consultare l'altra (art. 1e); *3)* fronte a risorse transfrontaliere, in particolare in materia petrolifera, le parti s'impegnavano a cooperare per raggiungere un accordo sullo sfruttamento di tali risorse (art. 2); *4)* l'accordo non poteva essere sospeso, denunciato o revocato (art. 4).

Risulta che il metodo di delimitazione individuato coincideva con una linea di equidistanza modificata, secondo una mappa allegata all'accordo, nella quale si nota che i punti finali E ed A della linea si trovano rispettivamente sui meridiani di 26 e 28 gradi di longitudine nord e che, quindi, i vicini marittimi più interessati erano la Libia e la Turchia. Quest'ultima ha presentato le sue rimostranze in una lettera del 21 agosto 2020 alle Nazioni Unite (367).

## 2.7, Libia e Turchia

Il 27 novembre 2019 Libia e Turchia hanno siglato un accordo di delimitazione (368) entrato in vigore l'8 dicembre dello stesso anno. L'accordo concerneva una linea di equidistanza, la delimitazione della zona economica esclusiva e la piattaforma continentale. Il confine definito era molto corto (18 miglia nautiche), l'accordo precisava che la linea iniziava nel punto A (26° 19' E) e terminava nel punto B (26° 39' Est) (369). Si dichiarava che qualsiasi controversia sarebbe stata risolta in conformità con l'articolo 33 della Carta delle Nazioni Unite. Se si fossero trovate risorse naturali su entrambi i lati del confine, le parti avrebbero cooperato per raggiungere un'intesa sul loro sfruttamento. Se una delle parti si fosse impegnata in negoziati sulla propria ZEE con un paese terzo, avrebbe consultato la controparte prima di stipulare un accordo definitivo (370). Il patto tra la Libia e la Turchia è stato oggetto di numerose obiezioni alle Nazioni Unite da parte di Siria, Cipro e, soprattutto, Grecia. Questa, in una lettera del 24 aprile 2023, ha affermato che "il presunto confine marittimo con la Libia orientale violava la propria zona economica esclusiva, delimitata in conformità con il diritto internazionale", in base all'accordo del 6 agosto 2020 tra Grecia ed Egitto. I titolari della lettera hanno aggiunto che "le richieste libiche costituivano non solo una flagrante violazione del diritto internazionale, ma anche una minaccia alla pace e alla stabilità nel Mediterraneo" (371).

## 2.8, Conclusioni

Le frontiere marittime nel Mediterraneo centrale sono segnate da due importanti decisioni della Corte Internazionale di Giustizia che, tuttavia, non sono al riparo da commenti negativi o da opinioni dissenzienti. Chiediamoci: si dovrebbe, forse, criticare l'*affaire* "Libia / Tunisia", la prima decisione "africana" in materia di delimitazione marittima, per aver rifiutato (come avvenuto anche in altri casi) il mancato utilizzo del metodo dell'equidistanza? Non lo pensiamo. Va innanzitutto ricordato che, nei termini stessi del compromesso, la Corte è stata espressamente invitata a tenere conto delle nuove tendenze emerse nel corso della III Conferenza delle Nazioni Unite sul diritto del mare, che hanno condotto all'adozione della Convenzione sul diritto del mare. Questa si differenzia dalle Convenzioni del 1958 in cui si prevedeva il metodo dell'equidistanza non solo per la delimitazione del mare territoriale, ma anche per quella della piattaforma continentale. Tale delimitazione, ai sensi dell'art. 74, deve ormai essere stabilita "al fine di raggiungere un risultato equo", senza che venga delineato esplicitamente alcun metodo. Se, a differenza del caso "Libia / Tunisia", la Corte non ha ritenuto opportuno effettuare un test di proporzionalità (per ragioni che spiega chiaramente), resta il fatto che si è mostrata laconica nella sua scelta di operare una traslazione di 18' (perché non 24'?) di una mediana che può essere a priori opportuna, dato che le coste considerate sono opposte. I giudici dissenzienti non hanno perso l'opportunità per criticare tale operazione. Per altro, la Corte ha ricordato che non esistono limiti giuridici ai diversi tipi di circostanze analizzabili da un tribunale, come espresso nelle cause "Mare del Nord".

Sebbene, nel mar Mediterraneo, parecchie frontiere intraregionali e interregionali, siano state finora delimitate grazie ad accordi bilaterali oppure a giurisdizioni, le frontiere marittime non ancora delimitate – virtuali – risultano più numerose, e questo per diverse ragioni: mediocrità o assenza di relazioni diplomatiche tra stati confinanti, dispute sulla sovranità su isole o parcelle territoriali, contestazione del confine terrestre stesso.

Così, ad esempio, il Marocco, che confina con la Spagna, non potrà concludere accordi con tale paese finché persisteranno le controversie sulla sovranità sulle isole (si pensi all'Isla de Perejil) – e sullo *status* delle *enclaves* spagnole di Ceuta e di Melilla in territorio marocchino. Inoltre, la frontiera marittima del Marocco con l'Algeria rischia di rimanere virtuale finché la frontiera terrestre, complicata com'è dal Sahara Occidentale, continuerà a essere oggetto di controversie, nonostante la conclusione di un accordo firmato nel 1972 ed entrato in vigore nel 1989 (372).

Dal canto suo, l'Algeria, che ha anche frontiere virtuali con Spagna e Italia, ha concluso un accordo di delimitazione marittima con la Tunisia, mentre quest'ultima ha quasi completato il processo di delimitazione accordandosi con l'Italia e con la Libia per vie legali.

Invece, la Libia non è stata in grado di tracciare il proprio confine né con l'Egitto, né con l'Italia o la Grecia, senza dimenticare la questione del golfo della Sirte, che Tripoli rivendica come baia storica. Pure la delimitazione marittima tra Libia e Turchia è contestata.

L'Egitto, infine, ha concluso accordi con Cipro e Grecia, ma il suo confine marittimo con Israele rimane virtuale e complicato dallo status di Gaza.

# 3. L'OCEANO ATLANTICO

*F. 7. Le frontiere marittime in Africa occidentale*
(fonte: Labrecque, G., 2004, *op. cit.*, p. 324)

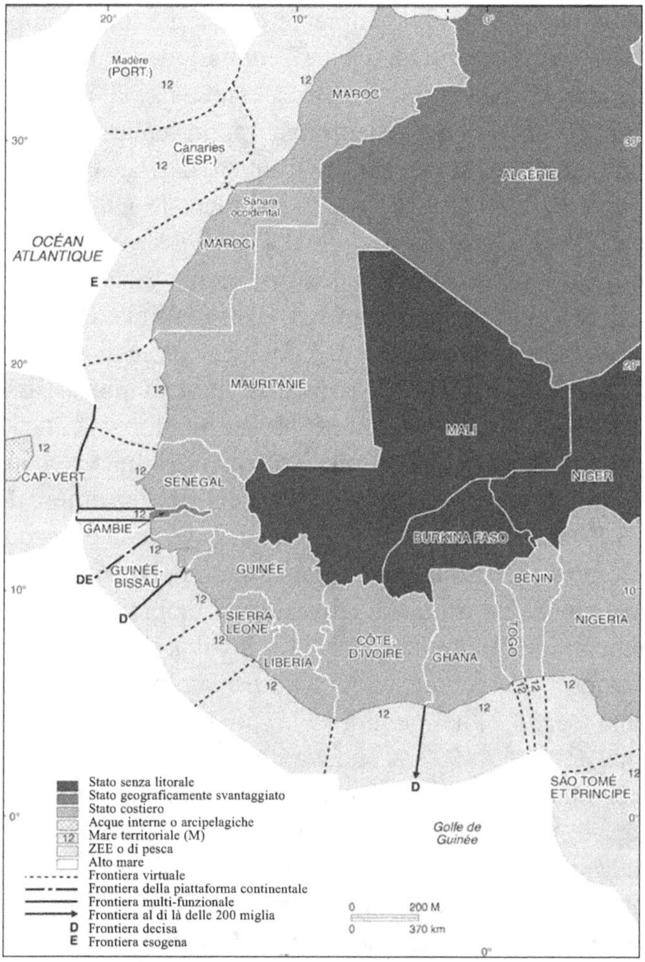


Le aree marittime delle coste che si affacciano sull'oceano Atlantico in Africa sono ben diverse da quelle del mar Mediterraneo, innanzitutto perché gli stati interessati sono assai più numerosi. Questi si trovano in gran parte in una situazione di adiacenza piuttosto che di opposizione e, poiché si aprono su zone marittime molto vaste, rivendicano una piattaforma continentale ampliata. Ad esempio, si presuppone che la delimitazione marittima, nel caso "Ghana / Costa d'Avorio", possa estendersi oltre le 200 miglia nautiche. Parecchi paesi hanno presentato, individualmente o insieme, delle proposte (373) – talvolta contestate – alla Commissione sui Limiti della Piattaforma Continentale (CLPC). Tuttavia, la dozzina di confini marittimi finora delimitati rappresenta una piccola percentuale di quelli virtuali. Le frontiere definite concernono due regioni: le coste dell'Africa occidentale (figura 7) e il golfo di Guinea, con l'eccezione dei confini sia tra Marocco e Mauritania a nord (sez. 3.3), sia tra Angola e Namibia a sud (sez. 3.11). La prima delimitazione marittima è avvenuta nell'aprile del 1960 quando due potenze coloniali (la Francia per il Senegal e il Portogallo per la futura Guinea-Bissau), attraverso uno scambio di lettere, hanno stabilito una linea, poi rimessa in discussione da una sentenza arbitrale nel luglio 1989, quindi da una sentenza della CIG nel novembre 1991 (sez. 3.1). Nel frattempo, la Guinea-Bissau è stata coinvolta in questioni di delimitazione marittima anche rispetto alla Guinea poiché un tribunale arbitrale, nel febbraio 1985, si era pronunciato in merito (sez. 3.4). A sua volta, il Senegal è stato implicato in due demarcazioni e ha firmato un accordo con il Gambia (sez. 3.2) nel giugno 1975, poi con Capo Verde (sez. 3.5) nel febbraio 1993. Capo Verde, nel settembre 2003, ha invece stilato un accordo con la Mauritania (3.6). Infine, nell'aprile 1976, la Mauritania ha delimitato il proprio confine con il Marocco (sez. 3.3) senza però tenere conto dei diritti del popolo saharawi nel Sahara occidentale (374).

Anche l'arcipelago di São Tomé e Príncipe si è attivato in negoziati marittimi, delimitando il confine con la Guinea Equatoriale nel giugno 1999 (sez. 3.7), concordando una zona operativa comune con la Nigeria (375) nella concernente la baia del Biafra (376) nel febbraio 2001 e stabilendo la frontiera con il Gabon nell'aprile 2001 (sez. 3.9). La Guinea Equatoriale è stata nuovamente coinvolta nella delimitazione e nella creazione di una zona comune, nel settembre 2000 e nell'aprile 2002, con la Nigeria (sez. 3.8). La Nigeria, dal canto suo, ha tracciato la propria frontiera marittima con il Camerun a seguito di una sentenza in merito emessa dalla CIG nell'ottobre 2002 (sez. 3.10), al termine di diversi procedimenti: due domande introduttive; una richiesta d'indicazione di misure provvisorie; una sentenza che respingeva 7 delle 8 eccezioni preliminari sollevate dal convenuto; una richiesta d'intervento della Guinea Equatoriale. Più a sud, l'Angola e la Namibia hanno stilato un accordo nel giugno 2002 (sez. 3.11). Ricordiamo anche la disputa – non riguardante in senso stretto le frontiere marittime poiché rimaste virtuali – chiusa il 28 febbraio 1994, con la retrocessione da parte del Sudafrica alla Namibia la sua *enclave* costiera di Walvis Bay (un porto e qualche isola), ai sensi di un trattato ambiguo secondo il quale tale area "shall be incorporated/reintegrated into the Republic of Namibia" (377) (art. 2). Nel settembre 2017, il TIDM (Tribunale Internazionale del Diritto del Mare) ha emesso una sentenza nel caso "Ghana / Costa d'Avorio" (sez. 3.12) per definire il confine sia al di là, sia al di sotto delle 200 miglia nautiche – un'iniziativa inedita tra due stati. Nel 2016, il Gabon e la Guinea Equatoriale si sono rivolti alla CIG per delimitare il loro confine terrestre, la sovranità sulle isole e il confine marittimo (caso ancora pendente nel dicembre 2023).

### 3.1, Guinea-Bissau e Senegal

Come nel caso "Guinea / Guinea-Bissau", le potenze coloniali restano, per così dire, sullo sfondo. In effetti, il confine marittimo tra la Guinea-Bissau e il Senegal è stato delimitato per la prima volta tramite uno scambio di note, il 26 aprile 1960, tra il Portogallo e la Francia, e può essere considerato il primo confine stabilito in Africa e il sesto nel mondo, oltre il mare territoriale (378).

Al contrario del caso precedente, il trattato concluso dalle potenze coloniali non riguardava frontiere terrestri ma, a detta del tribunale, tracciava un confine marittimo. Spettava quindi al tribunale stesso pronunciarsi se il principio dell'intangibilità delle frontiere si applicasse pure a quelle marittime. Rispondendo in modo affermativo, non si sarebbe, dunque, dovuto tracciare *ex novo* il confine, prima delimitato bilateralmente. Ciò sarà contestato e, 29 anni dopo, la questione verrà decisa dal tribunale arbitrale con sentenza favorevole al Senegal.

Tale paese aveva chiesto di ratificare l'accordo del 1960, mentre la Guinea-Bissau ne invocava l'inapplicabilità e l'inesistenza (379). Quest'ultima si è poi rivolta alla CIG (380), che, in data 12 novembre 1991, ha respinto una richiesta di annullamento del lodo (381). Un paio di anni dopo, nell'ottobre 1993, i due paesi si sono ritrovati al tavolo delle trattative per stilare un accordo (382) riguardante lo sfruttamento congiunto delle risorse biologiche e minerarie del mare (383).

### 3.1.1, L'accordo franco-portoghese del 1960

La nota redatta dalla Francia (384), accettata dal governo portoghese, descrive la frontiera come segue: "sino al limite esterno dei mari territoriali, il confine viene delimitato da una linea retta, orientata su 240°, a partire dall'intersezione tra il prolungamento del confine terrestre e la linea di bassa marea, rappresentata dal faro di Capo Roxo.

Per quanto riguarda le zone contigue e la piattaforma continentale, la delimitazione viene costituita dal prolungamento rettilineo, nella stessa direzione, del confine dei mari territoriali" (385). Questa linea di azimut, che sembra favorire la Guinea-Bissau vicino alla costa e il Senegal più al largo, è stata presentata come perpendicolare alla direzione generale delle coste (386) e come fedele "alla direzione generale della linea di equidistanza" (387).

### 3.1.2, Il compromesso arbitrale del 1985

Il 12 marzo 1985, la Guinea-Bissau e il Senegal hanno firmato un accordo arbitrale chiedendo ad un tribunale di pronunciarsi sul contenuto dell'accordo del 1960. Tale approccio costituisce essenzialmente il risultato di una situazione sempre più conflittuale tra vicini (388), divenuti ormai indipendenti (il Senegal nel 1960 e la Guinea-Bissau nel 1974), le cui radici affondano in un'epoca precedente. In effetti, la Francia si era opposta, nel 1958, a un decreto portoghese che autorizzava il ministro degli Affari d'Oltremare ad attribuire concessioni alla società Esso. Poi, il 10 settembre 1959, i negoziatori delle due potenze avevano formulato delle raccomandazioni che saranno all'origine dell'accordo del 1960. Verso la fine degli anni 1970, la Guinea-Bissau si è opposta allo sfruttamento degli idrocarburi da parte del Senegal in un'area considerata controversa; ciò ha dato origine a numerosi incidenti marittimi e aerei (389); inoltre, la Guinea-Bissau ha contestato, nel 1984, la costruzione della piattaforma di trivellazione senegalese. L'anno successivo, il Senegal si è rivolto al segretario generale dell'ONU circa la promulgazione da parte della Guinea-Bissau di una legge che istituiva un nuovo sistema di linee rette di base. La convenzione arbitrale si è infine interrogata con queste parole: "l'accordo stipulato mediante scambio di lettere il 26 aprile 1960, relativo alla frontiera marittima, è legittimo nei rapporti tra la Repubblica di Guinea-Bissau e la Repubblica del Senegal? In caso di risposta negativa alla questione, qual è il tracciato della linea che delimita i territori marittimi ricadenti, rispettivamente, nella Repubblica di Guinea-Bissau e nella Repubblica del Senegal?" (390).

### 3.1.3, L'argomentazione della Guinea-Bissau

La Guinea-Bissau ha chiesto che, in tribunale, si dichiarasse nullo il confine delimitato dall'accordo del 1960, presentando, per quanto riguardava la delimitazione del mare territoriale, "una linea di equidistanza in direzione dell'azimut 247°, dalle linee di base dei due stati" interessati. Circa la delimitazione della piattaforma continentale e della zona economica esclusiva, la Guinea-Bissau ha rilevato che: "l'esame di tutte le circostanze rilevanti e la ricerca di metodi adeguati per arrivare ad una soluzione equa dovrebbe dare risultati compresi tra le direzioni degli azimut 264° e 270°; è infatti tra queste due linee che va fissata la delimitazione marittima" (391).

La Guinea-Bissau ha citato diversi motivi per i quali l'accordo del 1960 non è stato efficace per gestire le sue relazioni con il Senegal. Ha anzitutto sollevato cause d'inesistenza e di nullità, in particolare l'incompatibilità dell'accordo con le norme internazionali di *jus cogens*, compreso il diritto dei popoli all'autodeterminazione. D'altra parte, ha aggiunto, il processo di liberazione era già in corso al momento della conclusione dell'accordo del 1960, e ciò limitava lo *jus tractatus* dello stato colonizzatore nonché il suo corollario, cioè il principio della sovranità permanente sulle risorse naturali. La Guinea-Bissau ha precisato che l'accordo costituiva un'alienazione di territorio e che, Portogallo e Francia, in quanto potenze coloniali, "non disponevano della piena sovranità necessaria per concluderlo" (392).

Nel rigettare il ragionamento della Guinea-Bissau, il tribunale ha chiarito che "nel processo di formazione di un movimento di liberazione nazionale, la questione giuridica non consiste nell'individuare il momento preciso in cui esso è nato come tale. Importa invece sapere è quando la sua attività assume un respiro internazionale" (393). Ha poi proseguito spiegando che l'attività diventa rilevante a livello internazionale quando emerge, "nella vita istituzionale dello stato, un evento anomalo che lo costringe ad adottare misure eccezionali, vale a dire quando, per dominare o tentare di dominare gli eventi, lo stato si trova indotto a ricorrere a mezzi che non sono quelli ordinariamente impiegati per far fronte a disturbi occasionali" (394).

Sotto la voce d'inesistenza e nullità la Guinea-Bissau ha invocato anche la violazione del diritto interno (costituzionale) portoghese, dato che l'accordo del 1960 era stato concluso senza il consenso dell'assemblea nazionale portoghese. Il tribunale, impegnandosi nell'analisi di tale diritto al momento dell'accordo, ha respinto la tesi della Guinea-Bissau, rilevando che non erano state ratificate nemmeno convenzioni molto più importanti, compresa la Carta delle Nazioni Unite, e che, inoltre, la Francia era in buona fede" (395).

Al di là delle cause d'inesistenza e nullità, la Guinea-Bissau ha menzionato cause d'inapplicabilità. Sull'esempio del Senegal, ha riconosciuto il principio dell'*uti possidetis* e non ha contestato il fatto che i confini terrestri fossero stati delimitati dalla convenzione del 1886 siglata tra due potenze coloniali (396). Ha inoltre sostenuto che questo principio non poteva essere applicato alla delimitazione delle frontiere marittime e ha affermato che non vi erano mai stati casi in cui venisse sollevata la questione della successione per le frontiere marittime. Al contrario, il tribunale ha citato casi di frontiere asiatiche (Malesia, Filippine e Brunei) che presentano, sulle loro carte, linee risalenti all'epoca coloniale, considerate anche come limiti marittimi (397). La Guinea-Bissau ha poi evidenziato "la necessità di distinguere le vecchie demarcazioni da quelle – più recenti – che dovrebbero essere rimosse dall'ambito di applicazione della regola dell'*uti possidetis*". La tesi è stata respinta dal tribunale sulla base del fatto che tali accordi "non dovevano soddisfare alcuna speciale condizione di precedenza per essere opponibili allo stato successore" (398). La Guinea-Bissau ha infine denunciato la mancata pubblicità dell'accordo da parte del Portogallo, ricordando per altro l'analfabetismo e il bassissimo livello culturale della popolazione. Per il tribunale, la pretesa mancanza di pubblicità era contraddetta dai fatti. La Guinea-Bissau si è allora lamentata della mancata registrazione dell'accordo presso il segretariato dell'ONU, argomento respinto dal tribunale in quanto ciò non costituiva un motivo per non invocare l'accordo (399).

Circa il significato dell'espressione "una linea retta orientata su 240°", la Guinea-Bissau ha sostenuto che "non esiste alcuna linea retta sul globo terrestre e che ciò comporta un'imprecisione tecnica che renderebbe l'accordo inapplicabile, poiché è non è specificato se la linea in questione sia una linea lossodromica o geodetica" (400). Il tribunale ha liquidato l'argomentazione precisando che non poteva trattarsi di una linea geodetica, "perché tale linea non soddisferebbe la condizione di osservare l'orientamento di 240°, dato che offre la particolarità di non tagliare contemporaneamente i meridiani e i paralleli ad un angolo costante. L'unica linea capace di soddisfare questa condizione è una lossodromia" (401).

### 3.1.4, L'argomentazione del Senegal

Il Senegal, da parte sua, ha chiesto al tribunale di dichiarare che, con lo scambio di note del 26 aprile 1960, la Francia e il Portogallo avevano, "nel pieno esercizio della loro sovranità e in conformità con i principi che regolano la validità dei trattati e degli accordi internazionali, proceduto alla delimitazione di una frontiera marittima; [l'accordo era per altro] confortato e completato dal comportamento ulteriore, tanto delle parti quanto degli stati sovrani succeduti ad esse" (402). Il Senegal ha quindi chiesto al tribunale di riconoscere la delimitazione prevista dall'accordo sul mare territoriale, sulla zona contigua e sulla piattaforma continentale. Avendo respinto le argomentazioni della Guinea-Bissau relative all'esistenza e all'inapplicabilità dell'accordo e, inoltre, avendo constatato che queste tre tipologie di zone marittime sono specificatamente previste nel testo, il tribunale lo ha pertanto dichiarato valido e ha mantenuto l'interpretazione senegalese.

In merito alla piattaforma continentale, i cui limiti esterni non sono specificati dall'accordo, il Senegal ha chiesto al tribunale di pronunciarsi sulla delimitazione sino a 200 miglia. Quest'ultimo, ricordando che, nel 1960, venivano utilizzati due criteri giuridici per determinare l'estensione della piattaforma continentale (la linea batimetrica e la possibilità di sfruttamento), ha precisato che, rispetto al secondo, vigeva "una concezione dinamica della piattaforma continentale, poiché il suo limite esterno era in funzione dello sviluppo della tecnologia e, quindi, era probabile che si spostasse più al largo". Così, il tribunale ha accolto la richiesta del Senegal, concludendo che l'accordo del 1960 "delimitava la piattaforma continentale tra le parti nella misura massima dell'attuale definizione di questo spazio marittimo" (403). Ora, tale definizione (404) autorizza il paese costiero a fissare, a determinate condizioni, i limiti esterni della piattaforma continentale oltre le 200 miglia. Nella misura in cui l'estensione della piattaforma continentale sembra giustificare il Senegal ad avvalersi di queste disposizioni, ci si potrebbe chiedere se il tribunale non si sia pronunciato *ultra petita*. Il Senegal ha chiesto inoltre che la delimitazione venisse applicata, oltre che al mare territoriale, alla zona contigua, alla piattaforma continentale e, soprattutto, alla "colonna d'acqua sovrastante" – cioè alla zona economica esclusiva – ritenendo che ciò sarebbe stato coerente con l'evoluzione del diritto del mare, garantendo relazioni di buon vicinato e di sicurezza ed evitando lacune. Avrebbe persino risposto alla pratica successiva all'accordo del 1960 tra i due paesi e alla "acquiescenza di ciascuno alla legislazione dell'altro in materia di estensione delle diverse aree marittime". Nasceva così " un tacito accordo o una consuetudine bilaterale" (405). Lungi dall'approvare tali argomentazioni, il tribunale ha ritenuto che "l'accordo del 1960 dovesse essere interpretato alla luce della legge vigente alla data della sua conclusione" e ha giustamente ricordato che la nozione di zona economica esclusiva, all'epoca, non esisteva ancora (406).

Avendo rigettato le argomentazioni della Guinea-Bissau e avendo invece accolto parzialmente quelle del Senegal, il tribunale, con 2 voti contro 1, in data 31 luglio 1989, ha deciso che l'accordo del 1960 rimaneva valido rispetto al mare territoriale, alla zona continua e alla piattaforma continentale.

### 3.1.5, **La regola dell'uti possidetis**

Nel manifestare il suo dissenso, il giudice Bedjaoui ha notato, in primo luogo, che il trattato del 1960 era inapplicabile nei confronti della Guinea-Bissau, per cui non ci si doveva più pronunciare sulla sua validità. In secondo luogo, ha proceduto a una delimitazione *ex novo* delle zone marittime. Esaminando la questione degli "attori" della successione degli stati, ha ricordato che il Senegal non era più, giuridicamente parlando, territorio d'oltremare della Francia al momento della firma dell'accordo, bensì corrispondeva a uno stato-parte dell'accordo, sia per avervi partecipatò come membro della Comunità francese, sia per esservi rappresentato dalla Francia. Al contrario, la Guinea era ancora una provincia sotto la responsabilità del Portogallo (stato unitario). Pertanto, il Senegal non era uno stato successore, mentre la Guinea-Bissau poteva essere considerata uno stato terzo rispetto all'accordo, quando l'assemblea popolare ha emesso, il 24 settembre 1973, una dichiarazione generale di non successione. Il giudice Bedjaoui ha infine osservato che la Guinea-Bissau aveva adottato una posizione chiara che, in base il principio della *tabula rasa*, la autorizzava a respingere qualsiasi successione all'accordo del 1960, avendo rigettato tutti i trattati conclusi dal Portogallo in nome suo. Il giudice ha persino richiamato una disposizione convenzionale secondo la quale uno stato di nuova indipendenza non è tenuto a mantenere un trattato in vigore e a divenirne parte semplicemente perché, alla data della successione, il trattato era in vigore per quanto attiene il territorio al quale si riferisce la successione degli stati (407). Osserva quindi il giudice dissenziente che è importante chiedersi se l'accordo del 1960, attraverso il suo contenuto materiale di trattato sui confini, "contenga una specificità tale da consentire di sconfiggere un principio (...) quale la *tabula rasa*" (408), che prevede un'eccezione, proprio in tema di confini. Il giudice denuncia pure la distinzione, introdotta nella sentenza, tra *uti possidetis*, così come veniva applicata in America Latina dalle ex colonie dello stesso impero (spagnolo), e quella che sarebbe specificamente africana, applicata alle colonie che non appartenevano al medesimo impero. Scrive Bedjaoui: "La sentenza appare pronta a prendere due direzioni contraddittorie, da un lato spinge implicitamente a una differenziazione dei regimi giuridici per le frontiere terrestri, dall'altro afferma un'unità di regime per le frontiere terrestri e marittime. Se troviamo ragioni sufficienti per distinguere tra le normative sulle frontiere terrestri, a maggior ragione dovremmo proibire il riconoscimento di un medesimo regime giuridico per i confini terrestri e per quelli marittimi" (409). Il giudice dissenziente ritiene inoltre che la nozione di efficacia sia più difficile da applicare nelle aree marittime e, infine, che gli accordi sui confini terrestri, lungi dall'essere soggetti, come quelli marittimi, al principio dell'equità del risultato, sono liberamente negoziabili. Ecco le sue parole: "Non vedo, allo stato attuale della giurisprudenza, in nome di quale criterio si possa giustificare l'applicazione automatica dell'*uti possidetis* a due diverse tipologie di spazi e farlo per un principio che costituisce un'eccezione sia alla *tabula rasa,* sia alla sovranità dello stato, rappresentando quindi un'interpretazione restrittiva" (410). Il giudice sottolinea ancora che, non solo l'applicazione del principio alle frontiere marittime è infondata, ma che persino l'applicazione alle frontiere terrestri vive un periodo di contestazione e stenta a mantenere la sua integrità.

In merito alla giurisprudenza, il giudice dichiara che vi è un solo caso al quale il tribunale ha potuto riferirsi nell'adottare la posizione del Senegal, cioè quello del mar Egeo del 1978 (411), in cui la CIG, il 19 dicembre 1978, ha respinto, per mancanza giurisdizione, una domanda presentata due anni prima dal governo greco. Tale richiesta è stata respinta in particolare perché il comunicato congiunto del 31 maggio 1975 non aveva né per oggetto né per effetto un impegno dei due governi (greco e turco) ad accettare incondizionatamente che la controversia venisse sottoposta alla Corte mediante richiesta unilaterale. Uno dei passaggi della sentenza recita: "Che si tratti di un confine terrestre o di un limite della piattaforma continentale, l'operazione di delimitazione tra paesi confinanti è in sostanza la stessa. Ha il medesimo elemento intrinseco di stabilità e di permanenza ed è soggetta alla regola secondo cui un trattato sui confini non dovrebbe essere influenzato da un cambiamento fondamentale delle circostanze".

Il giudice Bedjaoui ricorda che la Turchia, per dimostrare l'incompetenza della Corte, ha invocato una riserva della Grecia all'Arbitration Act del 1928, escludente qualsiasi controversia di carattere territoriale. Considerando che le questioni relative all'estensione della piattaforma continentale rientrano in detta categoria di controversie, la Corte si è pronunciata a favore della Turchia, non senza aver ricevuto numerose critiche. In ogni caso, sottolinea il giudice dissenziente, si è trattato di una sentenza isolata, ispirata a una concezione geografica dell'altopiano, essa stessa fondata sulla nozione di estensione naturale, sostituita da una definizione giuridica che integra il criterio della distanza. Il giudice riconosce tuttavia che, nei casi di delimitazione, lo scopo perseguito, stabilità e permanenza, è il medesimo. Eppure, aggiunge, le diverse modalità di delimitazione – terrestre (in superficie o nel sottosuolo), fluviale, lacustre e marittima – vanno adattate all'ambiente, poiché la legge "non è una costruzione astratta slegata dalla realtà che intende governare" e che "il diritto comune delle frontiere marittime e quello delle frontiere terrestri differiscono materialmente, in quanto il primo è particolare mentre il secondo è generale" (412). Pertanto, il giudice Bedjaoui dichiara di non poter seguire la Corte quando afferma che, "dal punto di vista giuridico, non vi è motivo di stabilire regimi diversi a seconda dell'elemento materiale su cui è posto il limite" (413). Il giudice dissenziente aggiunge qui che la *ratio legis* della stabilità delle frontiere terrestri è giustificata dalla tranquillità delle popolazioni che occupano il territorio, mentre gli spazi marittimi non sono, in effetti, ambiti occupati. Tuttavia, afferma, l'*uti possidetis* costituisce un'eccezione alla relatività dei trattati, quindi un'eccezione d'interpretazione in senso stretto poiché limita il principio della sovranità statale. Il giudice sottolinea il carattere piuttosto recente delle frontiere marittime e ricorda che lo stesso tribunale aveva rilevato solo due casi in cui queste erano in gioco in America Latina, "il continente per eccellenza dell'*uso possidetis*" (414), cioè: il caso "Canale di Beagle" (415) e il caso "Golfo di Fonseca" (416). Nel primo caso, che coinvolge Argentina e Cile nel 1977, il tribunale arbitrale, in nome della sovrana d'Inghilterra, si è pronunciato sulla delimitazione senza applicare la regola, mentre nel secondo caso, la Corte centroamericana di giustizia, nel 1917, si è espressa su questioni che non riguardavano la delimitazione, ma piuttosto lo status giuridico di questa storica baia e i limiti esterni dei mari territoriali di El Salvador, Honduras e Nicaragua. Nessuna di queste due ipotesi, aggiunge il giudice, è quindi rilevante per capire se l'*uti possidetis* sia applicabile alle frontiere marittime.

Quanto al parere del tribunale relativo ai limiti marittimi di tre paesi asiatici, il giudice Bedjaoui l'ha ritenuto irrilevante con queste parole: "Non basta affermare che, ad esempio, 'le carte geografiche della Malesia, delle Filippine e del Brunei presentano come confini marittimi le linee la cui origine risale all'epoca coloniale'. Occorrerebbe invece dimostrare che dette linee sono state imposte a questi nuovi paesi indipendenti mediante l'applicazione di una presunta regola d'obbligo successiva ai trattati coloniali di delimitazione marittima. Ma la risposta è assolutamente no. È attraverso la via convenzionale che tali limiti sono stati accettati dai paesi interessati" (417). Il giudice dissenziente perviene insomma alla conclusione che, in primo luogo, l'accordo del 1960 non può essere opposto alla Guinea-Bissau come trattato, in quanto questa non ha espresso il proprio consenso ad esserne vincolata, e poi che detto paese non può essere tenuto a succedere automaticamente ad un trattato sui confini marittimi mediante la sola applicazione del principio dell'*uti possidetis*.

### 3.1.6, Il diritto a non dover rifare la geografia

A parere del giudice dissenziente Bedjaoui, lo scambio di lettere franco-portoghese del 1960 non può essere opposto alla Guinea-Bissau; per questo, nella seconda parte del parere da lui espresso, procedendo *ex novo* alla delimitazione, ribadisce l'importanza di non rifare la natura a proprio vantaggio e di esaminare i dati della geografia, che "fornisce elementi fisici irriducibili e ineludibili di una realtà che dovrebbe imporsi indiscutibilmente a tutti" (418). Ciò nonostante, osserva il giudice, le parti hanno visioni inconciliabili a seconda delle distanze che scelgono di prendere in considerazione rispetto alla realtà da delimitare. Non senza umorismo, il giudice dissenziente esprime quella che ci sembra una critica implicita, ma tagliente, dell'approccio macro-geografico adottato dal tribunale nel precedente caso "Guinea / Guinea-Bissau". Allora – come confine – si era adottata una perpendicolare alla direzione generale della costa, stimata secondo una lunghezza tale da comprendere due paesi terzi (dalla Pointe des Almadies in Senegal a Cap Shilling in Sierra Leone). "Per risolvere questi disaccordi di parte, ho il dovere – scrive Bejaoui – di non esaminare 'da lontano' come si presenti l'intera costa occidentale dell'Africa. Non posso, almeno in questa fase d'identificazione e di presa in conto dei fattori geografici rilevanti, guardare ancora più in alto, come da un satellite, l'intera carta dell'Africa. Non m'interessa nemmeno guardare la Terra da Sirio e dire, con distacco, che è rotonda e convessa. Ciò che risulta pertinente è la costa, o più esattamente la porzione di costa di ciascuno dei due stati che richiedono la determinazione del proprio confine marittimo" (419).

Quanto sembrava una critica implicita al caso precedente diventa una critica esplicita quando il giudice Bedjaoui afferma, in una nota, che il tribunale, nel 1985, "si era preoccupato di distribuire equamente il fattore della *divergenza*" forgiando il concetto di litorale lungo opposto a quello di litorale corto. Il giudice Bedjaoui aggiunge che il tribunale ha così trascurato il punto di vista del giudice Koretsky, nelle cause "Mare del Nord"; quest'ultimo aveva ritenuto che "le considerazioni macro-geografiche non avessero assolutamente alcuna rilevanza, tranne nell'ipotesi improbabile in cui si pretendesse ridisegnare la mappa politica di una o più regioni del mondo" (420). Per altro, Bedjaoui ritiene che il ricorso alla macrogeografia sia legittimo, ma solo a posteriori e per verificare se, al termine della delimitazione, sia stato raggiunto un risultato equo, risultato ottenibile solo prendendo in considerazione le coste "pertinenti", nella misura in cui le circostanze, nella fattispecie, lo consentano. Il giudice ricorda inoltre che la nozione di coste pertinenti ha trovato applicazione nei casi "Libia / Tunisia" e "Libia / Malta".

Rispetto alle coste "pertinenti", il giudice ha ritenuto che solo quella senegalese della Casamance fosse rilevante, in quanto la delimitazione tra Gambia e Senegal costituiva una rottura inevitabile, mentre la costa della Guinea-Bissau, con la sua moltitudine di isole e rocce, era definita dal giudice in termini quasi poetici come "uno scudo terrestre tenuto da un gigantesco Nettuno di fronte alle onde" (421) oppure come "una gigantesca zampa di oca" o, ancora, "come quegli ippopotami che sonnecchiano nell'acqua" (422). Insomma, il giudice Bedjaoui ha considerato la configurazione del litorale della Guinea-Bissau indiscutibilmente convessa (circostanza che deve essere presa in considerazione), ma ha rigettato la rilevanza, in questo caso, dei fattori geomorfologici e geologici, discussi con grande insistenza nei casi "Libia / Tunisia" e "Libia / Malta". Ha espresso inoltre l'opinione che la giurisprudenza non abbia tenuto conto della geologia per mancanza di prove scientifiche piuttosto che per motivi d'irrilevanza: "L'idea di un 'confine naturale', costituito da montagne, fiumi o accidenti vari caratteristici della natura, non è mai stata in grado di imporsi ai vari paesi per la delimitazione dei loro confini terrestri, anche se un limite del genere è visibile ad occhio nudo. È da dubitare che la scienza giuridica accetti, per le aree marittime, ciò che rifiuta per gli spazi terrestri, e attribuisca diritto di cittadinanza a 'limiti naturali' – per quanto costituiti da un incidente geologico importante e significativo – non visibili ad occhio nudo" (423).

### 3.1.7, Una delimitazione ex novo

Dopo aver determinato le circostanze rilevanti per la delimitazione, in particolare la configurazione del litorale, il giudice ha ritenuto che il problema principale fosse quello di stimare ciò che l'equità richiede in termini di trattamento per la presenza dell'arcipelago al largo delle coste della Guinea-Bissau. Ha osservato che la direzione generale delle coste guineane, fatta astrazione delle isole, corrisponderebbe a 132°, il che non risulterebbe equo, in quanto si escluderebbero isole pertinenti e soprattutto quella su cui si situa la capitale, Bissau. D'altro canto, una linea guida generale capace di tenere conto delle isole più rilevanti (Caravela, Uomo e Orango) avrebbe una linea guida di 160°. Ispirandosi ad alcuni casi (424), in cui si era deciso di concedere solo un "effetto parziale" ai territori insulari, il giudice Bedjaoui ha ricordato che questa soluzione era stata adottata nell'*affaire* "Francia c. Regno Unito" del 1977 (444), in cui il tribunale arbitrale aveva riconosciuto solo un *mezzo-effetto* all'arcipelago britannico delle Sorlingues, a 21 miglia nautiche dalla costa. La stessa soluzione era stata adottata, ha aggiunto il giudice, nell'*affaire* "Libia / Tunisia" (426) del 1982, quando la CIG aveva deciso di trattare secondo tale criterio l'arcipelago tunisino di Kerkennah, a 11 miglia dalla costa. Il giudice ha anche fatto riferimento all'*affaire* "Libia / Malta" (427) del 1985 in cui le isole maltesi avevano visto riconosciuto un *effetto pari a un quarto*.

Dunque, il giudice ha stimato pari a un azimut di 146° la linea che rappresenta un *mezzo-effetto* insulare e costituisce la bisettrice dell'angolo avente Capo Roxo come apice e, come lati, sia la direzione generale della facciata occidentale dell'arcipelago guineano di Bijagos (Roxo-Acudama, 160°), sia la direzione della costa continentale (Roxo-Catunco, 132°).

Poi, diversamente da quanto sostenuto dal Portogallo, il giudice Bedjaoui non ha rilevato da nessuna parte che la Guinea-Bissau abbia accettato l'azimut di 240° come limite del suo mare territoriale; anzi avrebbe chiesto al tribunale di applicare la legge del mare, cioè una linea di equidistanza, che condurrebbe a un azimut di 247°. Così, secondo il giudice, il confine dovrebbe partire da capo Roxo senza tener conto dell'azimut di 240°. Il confine determinato *ex novo* dovrebbe quindi corrispondere a una linea di azimut di 252°, costituita dalla bisettrice dell'angolo avente capo Roxo come sommità e per i lati, sia la direzione generale della costa del Senegal (358°), sia la direzione generale della costa guineana in base a un *mezzo-effetto* attribuito alle sue isole principali (146°).

### 3.1.8, La nozione di proporzionalità

Il giudice Bedjaoui ha poi valutato se il risultato ottenuto fosse equo e, per farlo, ha esaminato, – citando i casi "Libia / Tunisia" e "Libia / Malta" – il concetto di proporzionalità che, ha sostenuto, corrispondeva a un elemento di verifica dell'equità del risultato, ma anche a un criterio di delimitazione. Pertanto, la differenza nella lunghezza delle coste, molto grande nel caso "Libia / Malta", andava incorporata in criterio giuridico equo e non in un rapporto aritmetico cieco e automatico. Ci voleva, insomma, una formula leggera e maneggevole: "Il principio dell'uguaglianza degli stati rafforza e non destabilizza il criterio di proporzionalità così definito. In primo luogo, una delimitazione non è una divisione. Si tratta di un'operazione giuridica. L'uguaglianza significa che le sovranità della Guinea-Bissau e del Senegal hanno un valore e una portata giuridicamente uguali e quindi che entrambi sono in grado di generare, attraverso le rispettive proiezioni in mare, aree di piattaforma continentale. Ma il principio di uguaglianza non dichiara che ogni stato ha diritto a una piattaforma continentale di estensione uguale a quella di un altro. L'uguaglianza giuridica può essere raggiunta solo trattando in modo diverso elementi fisici che sono, essi stessi, diversi: le lunghezze delle coste" (428). Comunque, nella fattispecie, la proporzionalità, per il giudice, è stata soddisfatta, in quanto la lunghezza del litorale senegalese pertinente è di 44 miglia nautiche (da capo Roxo al confine meridionale con il Gambia), mentre quella del litorale guineano-bissau è di 85 miglia (da capo Roxo a Ponta Ancumbe) – un rapporto di 33 a 67 – mentre le aree marittime assegnate a ciascuno stato sono rispettivamente di 52.260 kmq e 103.176 kmq – rapporto quasi identico a quello della lunghezza delle coste.

### 3.1.9, La richiesta di nullità della sentenza arbitrale

Il confine deciso dal lodo arbitrale del 31 luglio 1989 viene contestato due giorni dopo la sua pronuncia, quando la Guinea-Bissau ne rigetta le conclusioni e, attraverso la propria ambasciata a Parigi, si dichiara "pronta a riaprire i negoziati al fine di giungere ad una soluzione completa e definitiva realizzando l'equa delimitazione auspicata" (429). Il 12 novembre 1991, una sentenza della CIG ha però respinto la richiesta della Guinea-Bissau di annullare la sentenza.

Il Senegal ha invece appoggiato la validità del lodo del 1989, considerandolo vincolante per la Guinea-Bissau (proprio mentre questo paese, nelle sue conclusioni, chiedeva alla Corte di valutare la sentenza "come 'inesistente' in quanto, dei due arbitri che avrebbero costituito la maggioranza favorevole al testo, uno aveva espresso, con dichiarazione allegata, un parere contrario a quello apparentemente votato)" (430).

Ribadiamo, la volontà della Guinea-Bissau era che la CIG giudicasse "la decisione come nulla in assoluto, poiché il tribunale aveva trascurato di rispondere alla seconda questione sollevata in vista di un compromesso arbitrale, sebbene la risposta apportata alla prima questione comportasse la necessità di reagire anche alla seconda. Il tribunale non si era insomma conformato alle disposizioni del compromesso arbitrale, che richiedevano al tribunale stesso di decidere sulla delimitazione dell'insieme degli spazi marittimi, di farlo utilizzando una linea unica e di riportarne il tracciato su una mappa. Per altro non erano state nemmeno motivate le restrizioni abusivamente apportate alla sua competenza" (431). Da rilevare, qui, che l'art. 4 dell'accordo arbitrale prevedeva che il tribunale "non potesse pronunciarsi se non era al completo" e che le sue decisioni "andavano prese a maggioranza dei suoi membri". L'art. 9, par. 2, stabiliva poi che la decisione del tribunale "doveva includere il disegno della linea di confine su una mappa" e che il tribunale poteva nominare uno o più esperti tecnici "per assisterlo nella preparazione di questa mappa". Infine, il comma 3 del medesimo articolo precisava che la decisione "andava pienamente motivata" (432).

### 3.1.10, La decisione del 1991

Una volta richiamate le disposizioni dell'accordo arbitrale, la CIG ha riassunto il lodo nei seguenti termini: l'accordo del 1960 doveva essere interpretato in conformità alla legge vigente all'epoca, opponibile ad entrambe le parti. Tale accordo delimitava solo gli spazi marittimi esistenti al momento: mare territoriale, zona contigua, piattaforma continentale (nella misura massima della definizione di questo spazio), ma non la zona economica esclusiva. La Corte ha evidenziato poi un'affermazione del tribunale secondo cui la seconda questione "non richiedeva una risposta da parte sua", date le conclusioni cui era giunto. Il tribunale aveva persino detto "di non aver giudicato utile, in vista della decisione, di allegare una mappa che comprendesse il corso della linea di frontiera" (433). La Corte ha preso altresì atto di una dichiarazione del presidente del tribunale, allegata alla sentenza, secondo la quale la risposta fornita alla prima questione "avrebbe potuto essere più precisa". Il presidente aggiungeva di aver replicato lui stesso come segue: "L'accordo concluso con uno scambio di lettere il 26 aprile 1960 e relativo alla frontiera marittima è corretto nelle relazioni tra la Repubblica della

Guinea-Bissau e la Repubblica del Senegal per quanto riguarda il mare territoriale, la zona contigua e la piattaforma continentale, ma non mantiene le acque della zona economica esclusiva o della zona di pesca" (434).

Per capire il primo motivo d'invalidità addotto dalla Guinea-Bissau, la Corte si è appoggiata sul resto della dichiarazione del presidente, che recitava quanto segue: "Tale replica, in parte affermativa e in parte negativa, è, a mio avviso, la descrizione corretta della situazione giuridica esistente tra le parti (…). Questa risposta avrebbe conferito al tribunale il potere di trattare nella sentenza la seconda questione sollevata dal compromesso arbitrale. La risposta *parzialmente* negativa alla prima domanda avrebbe conferito al tribunale una competenza *parziale* a replicare alla seconda, vale a dire a rispondere, cioè per farlo nella misura in cui la risposta alla prima domanda fosse stata negativa.In tal caso, il tribunale sarebbe stato competente a delimitare le acque della zona economica esclusiva o della zona di pesca tra i due paesi. Avrebbe così potuto risolvere la controversia in modo completo in quanto, in forza della risposta alla prima questione della convenzione arbitrale, avrebbe determinato il limite per il mare territoriale, la zona contigua e la piattaforma continentale, come ha fatto il lodo. Rispondendo alla seconda questione, il tribunale avrebbe potuto determinare il confine delle acque della zona economica esclusiva o della zona di pesca, che poteva coincidere o meno con la linea stabilita dall'accordo 1960" (435).

La Corte ha poi menzionato un passaggio dell'opinione dissenziente del giudice Bedjaoui, il quale riteneva che detta affermazione "dimostrasse chiaramente che il lodo era incompleto e non conforme alla lettera e allo spirito del compromesso per quanto riguarda l'unica linea voluta dalle parti". Il giudice aggiungeva che una siffatta dichiarazione, quando proviene dallo stesso presidente del tribunale, "giustifica la messa in discussione fondamentale dell'esistenza di una maggioranza e della realtà del lodo" (436). Dopo aver stabilito che l'assenza di uno degli arbitri all'udienza in cui era stato letto il lodo non pregiudicava la validità della sentenza stessa, la Corte ha esaminato l'argomentazione principale della Guinea-Bissau secondo cui il lodo era inesistente in quanto basato sull'assenza di una maggioranza. Il ricorrente ha sostenuto che la dichiarazione del presidente contraddiceva e invalidava il suo voto. La Corte ha rigettato tale affermazione, ritenendo che la formulazione della risposta alla prima questione fosse, per il presidente, preferibile ma non obbligatoria. In ogni caso, ha aggiunto la Corte, questa contraddizione non poteva prevalere contro la posizione assunta dal presidente nel voto a favore della sentenza. La Corte ha poi esaminato i motivi dedotti in subordine dalla Guinea-Bissau per far dichiarare la nullità assoluta del lodo: eccesso di potere, difetto di motivazione, mancanza di una mappa.

Circa i primi due motivi, la Corte ha ammesso che il lodo non era immune da critiche e ha giudicato deplorevole che il tribunale non includesse nel dispositivo della sentenza la decisione di non rispondere alla seconda questione dell'accordo speciale. Tuttavia, ha aggiunto la CIG, il tribunale ha approvato, con due voti contro uno, la decisione di non rispondere a tale questione per motivi esposti. In conclusione, per la Corte, non vi è stata omissione nello statuire. Rimaneva comunque vero che la replica alla prima questione "aveva comportato una delimitazione parziale. Ma si trattava nondimeno di una risposta completa e affermativa alla prima domanda (...). Di conseguenza, il tribunale ha potuto legittimamente, senza violare manifestamente la propria competenza, dichiarare che la replica fornita alla prima questione non era negativa ma che non era competente a risolvere la seconda" (437). La CIG ha quindi esaminato l'ultimo argomento della Guinea-Bissau, relativo alla nullità del lodo per il motivo che il tribunale non aveva tracciato il confine su una mappa e che la sua decisione non era stata sufficientemente motivata. La Corte ha osservato che la sentenza sosteneva che l'accordo del 1960 "determinava chiaramente il confine marittimo rispetto al mare territoriale, alla zona contigua e alla piattaforma continentale", specificando al contempo che il metodo utilizzato consisteva in "una linea retta orientata a 240°". Tale formulazione "consentiva di scartare qualsiasi linea geodetica", in modo che la linea fosse lossodromica, il che è in accordo con gli "schizzi allegati ai lavori preparatori" dell'accordo del 1960 (438). Che il tribunale avesse dichiarato di non considerare necessario, tenuto conto della sua decisione di non rispondere alla seconda questione, l'allegare una mappa del confine, era per la CIG una motivazione sufficiente, seppure breve, in quanto il tribunale aveva ritenuto che "non fosse necessario inserire in una carta una linea nota a tutti e di cui aveva precisato le caratteristiche finali" (439). La Corte è quindi giunta alla conclusione che "l'assenza di una carta non costituiva, nella fattispecie, un'irregolarità di natura tale da invalidare il lodo arbitrale" (440). Per tutti questi motivi, la Corte ha rigettato all'unanimità le argomentazioni della Guinea-Bissau secondo cui il lodo arbitrale del 1989 era inesistente. Ha inoltre respinto, con 11 voti contro 4, le proposte volte a far dichiarare la nullità assoluta di detta sentenza. Infine, la Corte ha rigettato, con 12 voti contro 3, le conclusioni secondo cui il Senegal aveva torto nel pretendere d'imporre alla Guinea-Bissau l'applicazione del lodo, affermando quindi, con 12 voti contro 3, che la sentenza era valida e vincolante per entrambi gli stati (441).

### 3.1.11, Una delimitazione incompiuta

Con un parere dissenziente congiunto, i giudici Aguilar Mawdsley e Ranjeva si sono dichiarati convinti che la CIG avrebbe dovuto dichiarare nulla la sentenza, osservando innanzitutto che la stessa Corte, da un lato, aveva convalidato la sentenza, e, dall'altro, ne aveva sottolineato le debolezze e le carenze. Ma le parti hanno poi manifestato la comune volontà di pervenire ad una soluzione definitiva dell'intera controversia, annunciando di essere disposte a rettificare per via giudiziale o convenzionale gli effetti di una possibile nullità della sentenza. Appariva evidente che, "sul piano del diritto in senso stretto, non era possibile stabilire alcuna certezza in merito a una soluzione definitiva della controversia" (442). Il procedimento sarebbe risultato troppo oneroso e troppo lungo "per stati le cui economie, soprattutto per quanto concerneva la parte ricorrente, dipendevano dalle risorse del mare". I due giudici hanno ricordato che la CIG, principale organo giudiziario della comunità internazionale, ha una missione specifica che è quella di garantire la pace, la sicurezza e lo sviluppo delle relazioni amichevoli tra i paesi; ciò dovrebbe permettere di "consolidare la fiducia riposta dagli stati, in particolare da quelli in via di sviluppo, in questo metodo di risoluzione [negoziata] delle controversie" (443). Eppure, nella fattispecie, per i due giudici, il procedimento arbitrale era costellato da diversi fatti deplorevoli, in particolare la tecnica di lavoro del tribunale, la tempistica del procedimento, l'assenza ingiustificata di un arbitro, l'incompletezza della delimitazione e la dichiarazione del presidente. Se tali elementi, presi isolatamente, non sono sufficienti a giustificare la nullità del lodo, costituiscono però "un insieme di fatti che, da un lato, sono idonei a far sorgere un dubbio molto serio che incide direttamente sull'intrinseco valore di una decisione giudiziale e che, d'altro canto, producono effetti distruttivi rispetto all'autorità stessa della sentenza, e alla sua capacità di fungere da base per la soluzione della controversia" (444).

I due giudici dissenzienti hanno considerato che la Corte, decidendo di non rispondere alla seconda questione e rifiutandosi di allegare una mappa, si è pronunciata *infra petita*, commettendo un eccesso di potere per omissione e senza motivazione. Scrivono Aguilar Mawdsley e Ranjeva: "In generale, il valore dimostrativo della conclusione logica è facilmente comprensibile nelle relazioni causali. D'altro canto, la logica giuridica riguarda più i rapporti di responsabilità. La conclusione logica, in queste condizioni, può apparire rilevante quando, in ambito giuridico, si tratta di assicurare l'effettività, il consolidamento di un diritto già tutelato. Al contrario, essa è palesemente insufficiente a giustificare il rigetto di una richiesta volta a ottenere il rispetto di un diritto (...). Nel caso di rigetto di una domanda, la conclusione logica equivale a una mancanza di motivazione" (445).

Al pari dei due colleghi dissenzienti, il giudice Thierry ha ritenuto che la Corte avrebbe dovuto dichiarare nullo il lodo, in quanto non conduceva a una delimitazione completa. Eppure, ha aggiunto, la volontà comune delle parti era di arrivare alla determinazione di un unico confine marittimo, e la missione del tribunale era quella di dedicarsi a detto compito. Il giudice ha contestato la premessa del sillogismo della Corte, che ha presentato, non senza umorismo, nei seguenti termini: "*1.* il tribunale non era obbligato in nessun caso a risolvere *in toto* la controversia; *2.* il tribunale ha risolto parzialmente la controversia; *3.* quindi il lodo è valido" (446).

### 3.2, Gambia / Senegal

Quasi ad evidenziare in modo ancor più limpido la semi-*enclave* del Gambia all'interno del Senegal, i confini marittimi tra i due stati, stabiliti con l'accordo 447 del 4 giugno 1975, sono costituiti da due linee astronomiche che incorniciano il corto litorale gambiano (32 chilometri) e che coincidono rispettivamente con i paralleli 13° 35' 36" N e 13° 03' 27" N.

Il metodo dell'equidistanza avrebbe favorito il Gambia in prossimità del litorale, ma avrebbe contenuto i suoi spazi marittimi a circa 170 miglia dalla costa, data la concavità della costa senegambiana. È discutibile se la preferenza per i parallelismi sia stata ispirata dal desiderio di entrambe le parti di compensare l'esigua estensione della costa gambiana o dal desiderio di facilitare la delimitazione dei confini (448). Rimane il fatto che il confine settentrionale era "basato sul comportamento precedente dei due sovrani territoriali che avevano attribuito concessioni petrolifere, le cui frontiere erano rigorosamente allineate" a tale parallelo (449).

L'accordo ha menzionato l'espressione "confini marittimi" senza ulteriori approfondimenti, lasciando presumere che essi siano multifunzionali, delimitando sia la ZEE, sia la piattaforma continentale. Per altro, l'accordo ha taciuto in merito alle coordinate geografiche dei punti terminali di tali frontiere, comunque interamente delimitate. Se le due linee appaiono parallele, una mappa a grande scala mostrerebbe invece che non è proprio così, in quanto il metodo di delimitazione adottato risulta composito a livello della linea meridionale. Quest'ultima, infatti, a ridosso della costa, devia dal parallelo (dal punto terminale del confine terrestre, prende una direzione sud-ovest per meno di un miglio nautico, poi si dirama a nord-ovest per una distanza di 200 metri e infine coincide con il parallelo). Tale deviazione avrebbe lo scopo di evitare che la linea strategica passi troppo vicino alla costa del Gambia (450). Quando, nel 1981, i due paesi hanno unito le forze per formare la federazione del Senegambia, il confine marittimo, senza essere cancellato, è diventato più permeabile o, comunque, meno funzionale.

### 3.3, Marocco / Mauritania

Nonostante non sia apparso efficace e, soprattutto, non sia stato ratificato, il confine tra Marocco e Mauritania, stabilito con l'accordo n. 451 del 14 aprile 1976, presenta peculiarità eccezionali, addirittura uniche, in materia marittima: *1.* ha operato la spartizione di un territorio – il Sahara occidentale – difeso militarmente dal Fronte Polisario (in nome della Repubblica Araba Saharawi Democratica), riconosciuto dalla maggioranza degli stati membri dell'OUA e da diversi membri dell'ONU; *2.* se è stato concordato tra i due occupanti, va da sé che è sempre stato contestato dagli occupati; 3. infine, l'accordo sulla frontiera ha delimitato sia la totalità della terra, sia la piattaforma continentale (l'unico altro caso analogo è rappresentato dalla delimitazione tra Dubai e Sharjah, prima che i due emirati entrassero a far parte degli Emirati Arabi Uniti) (452). Nel preambolo dell'accordo del 1976 sulla delimitazione di confini sincroni (terrestri e marittimi) si citano due importanti atti giuridici: il parere consultivo del 16 ottobre 1975 emesso dalla CIG e l'accordo di Madrid del 14 novembre 1975. Questi hanno autorizzato il Marocco e la Mauritania ad occupare il Sahara occidentale, un territorio desertico di 275.000 kmq, ricchissimo di fosfati e bagnato da oltre 1.000 chilometri di coste, al largo delle quali si trova una delle più importanti concentrazioni di risorse ittiche (la navigazione vi è però difficoltosa e i porti sono pochi) (453).

Il parere giuridico ha riconosciuto l'esistenza di legami giuridici di fedeltà tra il re del Marocco e alcune tribù che vivono nel Sahara occidentale, nonché l'esistenza di diritti – compresi quelli relativi alla terra – che costituiscono legami giuridici con la Mauritania. Ma la Corte ha anche precisato che "gli elementi e le informazioni portate a sua conoscenza non stabilivano l'esistenza di alcun legame di sovranità tra il territorio del Sahara occidentale, da un lato, e il Regno del Marocco o l'entità mauritana, dall'altro" (454). In seguito, l'accordo di Madrid ha trasferito le competenze e i poteri esercitati dalla Spagna a un'amministrazione provvisoria e congiunta che coinvolgeva il Marocco e la Mauritania (455). Appena avvenuto il ritiro delle forze coloniali spagnole, l'intero Sahara occidentale è stato occupato, a nord, dal Marocco (regione di Seguiet el Hamra) e, a sud, dalla Mauritania (Tiris el Gharbia). L'accordo di delimitazione ha descritto il confine terrestre come una linea retta tracciata dal punto di intersezione della costa atlantica e del parallelo 24° N al punto d'intersezione del parallelo 23° N col meridiano 13° O. La frontiera della piattaforma continentale era invece definita, senza ulteriori precisazioni, come la linea del parallelo 24° N, ma non veniva menzionato alcun punto terminale. Detto confine uni-funzionale divergeva notevolmente, a vantaggio del Marocco, da un'ipotetica linea di equidistanza che avrebbe dovuto tener conto della presenza dell'arcipelago delle Canarie. Prima del 1988, con il Marocco che rivendicava un mare territoriale di 12 miglia nautiche e la Mauritania di 70 miglia nautiche, il confine sarebbe risultato asimmetrico. Nel

1979, la Mauritania, incapace di sostenere uno sforzo bellico contro le milizie del Polisario, ha rinunciato alle sue pretese territoriali su Tiris e Gharbia, annesse, qualche giorno dopo, dal Marocco. Il confine terrestre e marittimo si è quindi ritrovato cancellato. Il Marocco, che ha depositato informazioni preliminari (456) presso la CLPC, reiterate il 20 giugno 2017, non ha invece presentato una comunicazione, ma ha espresso riserve sulle osservazioni congiunte (457) di alcuni paesi della regione, tra cui Spagna, Portogallo, Mauritania e Capo Verde.

### 3.4, Guinea / Guinea-Bissau

Il caso del confine tra Guinea e Guinea-Bissau è originale, nel contesto africano, sotto vari aspetti. Dopo i due casi "Libia / Tunisia" e "Libia / Malta" nel Mediterraneo, la delimitazione si è rivolta a due stati bagnati dall'Atlantico. Questi non si sono però rivolti alla Corte Internazionale di Giustizia, ma piuttosto a un tribunale arbitrale, chiamato a decidere contemporaneamente sul mare territoriale, sulla piattaforma continentale e sulla zona economica esclusiva (il che costituiva un precedente negli annali della giurisdizione internazionale, non solo africana ma anche globale) (458). Inoltre, ai sensi del compromesso, si è chiesto al tribunale di decidere se un vecchio trattato tra le potenze coloniali dell'epoca – la convenzione del 1886 – stabilisse, o meno, un confine marittimo tra i possedimenti. In caso di risposta negativa, il tribunale avrebbe dovuto tracciare tale frontiera. Questo, dopo aver esaminato il contenuto del documento del 1886, è giunto alla conclusione che la linea progettata (coincidente con un parallelo) non era un confine ma un limite alla distribuzione delle isole. Dopo aver considerato i metodi proposti da ciascuno dei due paesi (parallela, equidistanza stretta, equidistanza aggiustata), il tribunale ha deciso all'unanimità di tracciare un confine costituito da tre segmenti ispirati ad altrettanti metodi diversi, il principale dei quali era una perpendicolare alla direzione generale delle coste (figura 8).

*F. 8. La frontiera marittima tra Guinea e Guinea-Bissau*
(fonte: Labrecque, G., 2005, *op. cit.*, p. 167)

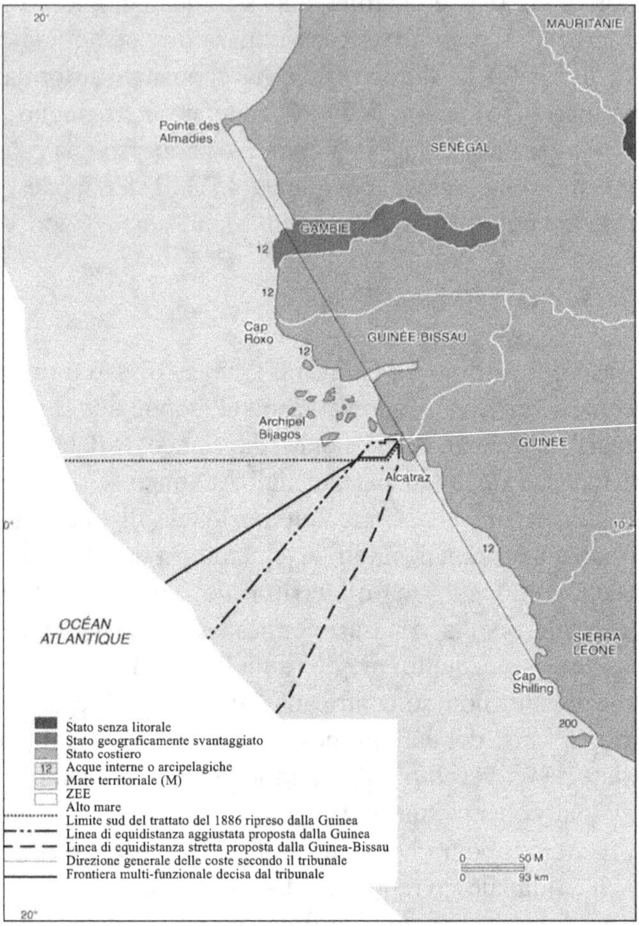


## 3.4.1, La convenzione del 1886

Seguito al compromesso del 18 febbraio 1983, la Guinea e la Guinea-Bissau hanno chiesto ad un tribunale di delimitare, con un'unica linea, il mare territoriale, la zona economica esclusiva e la piattaforma contigua. Il tribunale arbitrale si è pronunciato all'unanimità (459) il 14 febbraio 1985.

Il problema principale riguardava l'interpretazione di una convenzione franco-portoghese del 1886 concernente la delimitazione dei possedimenti nell'Africa occidentale (460) e, in particolare, la seguente disposizione: "Appartengono al Portogallo le isole comprese tra il meridiano di capo Roxo, la costa e il limite meridionale formato da una linea che segue il thalweg del fiume Cajet e si dirige poi a sud-ovest attraverso il passo dei Piloti per arrivare a 10° 40' di latitudine nord, col quale si confonde sino al meridiano di capo Roxo" (461). Detto documento descriveva ulteriormente il confine "secondo il percorso indicato nella mappa n. 1 allegata alla presente convenzione". Inoltre, il Portogallo "riconosceva il protettorato" della Francia sui territori del Fouta-Djallon, mentre la Francia "si impegnava a non esercitare la sua influenza entro i limiti assegnati" alla Guinea portoghese. Il compromesso firmato dalle parti lasciava senza risposta le seguenti questioni: "La convenzione del 12 maggio 1886 tra Francia e Portogallo determina la frontiera marittima tra i rispettivi possedimenti di questi due Stati nell'Africa occidentale? Quale valore giuridico può essere attribuito ai protocolli e ai documenti allegati la convenzione del 1886 per l'interpretazione di detta convenzione? In base alle risposte date alle due domande precedenti, qual è il tracciato della linea che delimita i territori marittimi che ricadono rispettivamente sotto la Repubblica di Guinea-Bissau e la Repubblica Popolare Rivoluzionaria di Guinea?" (462). Il compromesso statuiva quindi che la decisione andava "pienamente motivata", "includendo il contorno della linea di confine su una mappa" e autorizzando il tribunale a nominare tecnici per assisterlo.

Le parti in causa – nel ribadire il loro attaccamento al principio dell'intangibilità delle frontiere riconosciuto nella dichiarazione solenne della riunione dei capi di stato e di governo dell'OUA tenutasi al Cairo nel 1964 – hanno convenuto che la convenzione del 1886 definiva con chiarezza i confini terrestri (463), i quali dovevano fungere da riferimento per la delimitazione del confine marittimo. Ma lì finiva la loro convergenza di opinioni. Mentre la Guinea-Bissau considerava che la convenzione non determinasse alcuna frontiera marittima, essendo solo volta a designare le isole poste sotto la sovranità del Portogallo, la Guinea riteneva al contrario che il "limite sud" previsto dalla convenzione costituisse un confine marittimo sino al meridiano di capo Roxo: tale linea era dunque destinata ad ispirare la delimitazione (464). Il tribunale ha poi constatato che, se le parti concordavano sul fatto che le isole comprese in un dato perimetro fossero sotto la piena sovranità del Portogallo, la Guinea e la Guinea-Bissau erano invece "in disaccordo nello stabilire se il perimetro così definito svolgeva anche la funzione di separare le isole e le acque portoghesi dalle isole e dalle acque francesi, fissando insomma una frontiera marittima generale" (465).

### 3.4.2, Le frontiere sottomesse dalle parti

Cosciente dell'effetto di amputazione della linea di 10° 40' quando è combinata con quella che fungeva da frontiera tra il Senegal e la Guinea-Bissau, la Repubblica di Guinea ha modificato *in extremis* la direzione della linea sopra descritta, affinché biforcasse, a partire dal meridiano di capo Roxo, verso sud e, se necessario, affinché coincidesse con l'azimut di 240°. La Repubblica di Guinea ha sostenuto l'inesistenza di un metodo di delimitazione a priori migliore di altri; inoltre, l'uso congiunto di linee parallele evitava l'amputazione e l'isolamento (non si sarebbero mai incontrate). La Repubblica di Guinea ha precisato poi che il metodo parallelo era stato adottato per la delimitazione mediante accordo tra il Senegal e il Gambia, nonché, parzialmente, tra il Kenya e la Tanzania. Infine difendeva questa posizione anche per quanto riguardava la demarcazione del suo confine con la Sierra Leone (466). La repubblica di Guinea ha proposto anche un'altra linea, costruita secondo il metodo dell'equidistanza, ma ignorando la presenza dell'arcipelago delle Bijagos. Pure la Guinea-Bissau ha proposto una linea di equidistanza, ma molto più orientata a sud, per tener conto dell'arcipelago delle Bijagos. A sostegno della sua scelta, la Guinea-Bissau ha ricordato che la natura non andava ricostruita e che il metodo dell'equidistanza doveva considerare i fattori di prossimità geografica, anche se ciò significava modificare la linea risultante, in particolare scegliendo altri punti di riferimento sulla costa. Rispetto all'isola di Alcatraz, sotto la sovranità guineana ma "dalla parte sbagliata" del confine suggerito, la Guinea-Bissau riconosceva i diritti della Guinea a un'*enclave* di 2 miglia nautiche dal livello di bassa marea.

### 3.4.3, Limite o frontiera, terra o mare?

A questo punto, il tribunale arbitrale doveva prima decidere se la convenzione del 1886 avesse determinato, o meno, un confine marittimo tra i possedimenti di Francia e Portogallo. Poiché il termine "limite meridionale" utilizzato nella convenzione poteva creare confusione, il tribunale intendeva chiarire il significato da attribuire alla parola "limite" e alla parola "frontiera", rilevando che la Repubblica di Guinea considerava questi termini come sinonimi, mentre la Guinea-Bissau riteneva che la parola "limite" avesse un significato meno preciso. Il tribunale si è allora riferito a un dizionario generale della lingua francese, contemporaneo alla convenzione risalente al 1886. Il vocabolario definiva il "limite" come "la parte estrema dove termina o si ferma un territorio, un possedimento" e la "frontiera" come "il limite che separa il territorio di uno stato da quello dello stato vicino" (467). Il tribunale ha dunque affermato: "Da ciò risulta che il territorio racchiuso entro un limite non è necessariamente quello di uno stato e che un limite non è necessariamente una frontiera" (468). Ha quindi scelto di partire dal presupposto che la convenzione fosse incerta al riguardo. Rispetto alla mappa allegata al documento, il tribunale ha osservato che le linee tracciate perdevano il loro valore probatorio, in quanto ciò che si trovava sulla terraferma era indicato da trattini, mentre ciò che si trovava sul mare o nel Cajet era indicato da puntini. Insomma, il limite meridionale e il confine terrestre erano segnati in modi diversi: mentre il limite meridionale e il meridiano di capo Roxo erano indicati allo stesso modo, il meridiano non appariva come una frontiera, mentre il thalweg di Cajet appariva esserlo! Altra conclusione del tribunale: "L'uso frequente dei termini 'possedimenti' e 'territorio' nel testo della convenzione dimostra che essa riguardava effettivamente i possedimenti coloniali della Francia e del Portogallo nell'Africa occidentale, ma che la totale assenza delle parole 'acqua, mare, mare marittimo o mare territoriale' costituisce una seria indicazione che si trattava essenzialmente di possedimenti territoriali" (469). I membri del tribunale hanno ricordato che, all'indomani della conferenza di Berlino del 1884-85, le potenze coloniali avevano cercato di prevenire i conflitti stabilendo le condizioni per l'occupazione dei loro possedimenti costieri in Africa, senza preoccuparsi delle acque territoriali. Questa tecnica, comune all'epoca, permetteva di evitare di dare un nome alle isole, che spesso non erano ben conosciute. In ragione di tutto ciò, il tribunale ha respinto l'argomentazione della Repubblica di Guinea.

### 3.4.4, La prassi successiva delle parti

Per quanto attiene alla prassi poi seguita dalle parti nell'applicazione del trattato, il tribunale ha osservato che, durante tutto il periodo coloniale, nessuno dei documenti pertinenti si riferiva a una frontiera acquatica diversa da quella del thalweg di Cajet. Inoltre, non vi erano attività vicino al limite meridionale, il che produceva un'ampia area di indeterminatezza, sebbene nessun incidente fosse stato segnalato. Quando, per la prima volta, nel 1958, il limite meridionale è stato superato, in seguito all'attribuzione da parte del Portogallo di una concessione petrolifera, il governo portoghese, "accettando che l'entità della concessione superasse" il limite meridionale, e il governo francese, "non protestando in nome della Guinea in un momento in cui gli spettava ancora farlo, hanno espresso l'idea che la convenzione non avesse stabilito una frontiera marittima tra le due Guinee" (470).

Il tribunale si è poi interrogato sul periodo della decolonizzazione. Le prove fornitegli rivelano che né la Repubblica di Guinea, né la Guinea-Bissau riconoscevano questo limite meridionale come confine. I due paesi hanno voluto esercitare unilateralmente le rispettive giurisdizioni esclusive oltre detta linea, in particolare quando hanno decretato linee di base rette. La Repubblica di Guinea, che ha ignorato l'esistenza della convenzione del 1886, nonché una concessione nel 1958, si è vista riconoscere dal tribunale il "coraggio esemplare con cui, in condizioni di estrema difficoltà, (...) ha dovuto affrontare il suoi impegni a partire dall'indipendenza" (471). Il tribunale ha poi aggiunto: "Se, tuttavia, è concepibile che, in determinate circostanze (e senza conseguenze), una concessione straniera recente passi inosservata, non sembra invece possibile, allo stato attuale del diritto internazionale e delle relazioni internazionali, opporre a paesi terzi l'ignoranza, per molti anni, di un trattato sui confini ampiamente pubblicato e i cui effetti sono osservabili sul campo". Il tribunale si è domandato quale fosse la pratica abituale al tempo della convenzione del 1886. A sua conoscenza, nessuno degli strumenti dell'epoca concedeva la sovranità in mare su un'area diversa da quella delle acque territoriali annesse, ossia le 3 miglia nautiche. In merito, sono stati forniti dalle parti vari esempi: il trattato di pace del 1783 tra Stati Uniti e Gran Bretagna per quanto riguarda le isole della costa atlantica; la convenzione del 1867 tra Stati Uniti e Russia riguardante l'Alaska; il trattato di pace del 1898 tra Stati Uniti e Spagna riguardo alle Filippine; la convenzione sino-britannica del 1898 relativa allo status di Hong Kong. Di conseguenza, il tribunale ha ritenuto che sussistessero "fatti oggettivi che, meglio di qualsiasi speculazione sui secondi fini dei due governi, imponevano una conclusione" di un certo tipo (472). Insomma, l'interpretazione del testo del 1886 e la successiva prassi adottata dalle parti hanno indotto il tribunale a rispondere, in ordine inverso, alle due questioni sollevate, riguardanti il fatto di capire se i documenti allegati alla convenzione svolgessero un ruolo importante nella sua interpretazione e se ciò non determinava, in effetti, un confine marittimo. Il tribunale, così, "non ha dovuto preoccuparsi di esaminare se il principio di *uti possidetis* si applicasse o meno alle frontiere marittime" (473). Essendo le prime due risposte negative, il tribunale ha affrontato la terza questione, indicando il percorso della frontiera marittima tra le due Guinee.

### 3.4.5, I metodi di delimitazione

Il tribunale si è domandato se il "limite sud", coincidente con il parallelo 10°40' di latitudine nord, costituisse una frontiera adeguata alle circostanze geografiche e ha ricordato che tale limite non è stato oltrepassato né dalla Francia né dal Portogallo (tranne nel 1958). Eppure, per il tribunale, questa linea, combinata con la frontiera tra la Guinea-Bissau e il Senegal, ha prodotto, al largo di Alcatraz, un effetto di recinzione a discapito della Guinea-Bissau. Circa le linee di equidistanza presentate dalle parti, il tribunale le ha rigettate come inappropriate, tenendo conto, da un lato, della convessità della costa della Guinea-Bissau (arcipelago compreso) e, dall'altro, della concavità di quello della Repubblica di Guinea. Tale ragionamento ricorda quello dei giudici nelle cause "Mare del Nord" nel 1969 in cui venne spiegato dettagliatamente l'effetto, su una linea di equidistanza, delle coste convesse dei Paesi Bassi e della Danimarca, cause d'iniquità, e la coste concave della Repubblica Federale Tedesca, incastrata tra i due vicini e vittima di detta iniquità. Avendo giudicato inadeguate le linee di equidistanza, nonché quella del parallelo 10° 40' N, il tribunale doveva allora determinare un confine coerente fra stato di diritto e circostanze rilevanti, mediante l'uso di metodi adattati, al fine di ottenere un risultato equo.

Il tribunale arbitrale ha evidenziato che non esiste un metodo a priori migliore di altri, che ogni caso è unico e che la decisione da adottare deve "operare secondo linee semplici, adeguate alla precisione delle mappe a disposizione del tribunale e alle tecnologie degli utenti" (474). Secondo il tribunale, "non si può in alcun modo trascurare la piattaforma continentale, se non altro per la ricchezza potenziale che dovrebbe trasportare e che è essenziale per i paesi in via di sviluppo" (475). Non ha però respinto gli argomenti specifici della geomorfologia sottomarina presentati dalle parti, che hanno riconosciuto la relativa unicità della piattaforma continentale. Il tribunale sembra inoltre aver fondato la propria decisione sulla configurazione generale della linea costiera. Ha ricordato, infatti, che, "al fine di stabilire una delimitazione su base equa e obiettiva, è necessario cercare quanto più possibile di garantire che ciascun paese controlli i territori marittimi situati di fronte alle sue coste e nelle loro vicinanze" (476). È quindi necessario determinare sia l'orientamento generale della linea costiera, sia l'insieme delle zone marittime oggetto di delimitazione, operazioni tanto più importanti in quanto consentono di verificare, ove applicabile, se la delimitazione, una volta decisa, risponde al criterio di proporzionalità. Il tribunale ha quindi sostenuto che una frontiera equa "non può ignorare le altre delimitazioni già definite o in via di definizione nella zona" (477). Gli arbitri hanno riconosciuto che si tratta qui di una valutazione approssimativa, che presuppone l'ipotesi di un cambiamento di frontiera sia tra Guinea-Bissau e Senegal, sia tra Repubblica di Guinea e Sierra Leone.

La problematica del litorale ha posto problemi meno cruciali, benché suscettibili d'interpretazione: la lunghezza delle coste rispettive (Guinea / Guinea-Bissua, arcipelago Bijagos compreso) essendo stimata come quasi identica per i due paesi (154 miglia). In merito all'orientamento generale del litorale, il tribunale ha immaginato varie opzioni: involucro esterno delle coste e delle loro isole mediante la costruzione di un arco di cerchio o di un poligono con angoli salienti o interni; linea retta di collegamento tra due punti costieri del continente, da capo Roxo a Pointe Sallatouk, o dalla Pointe des

Almadies (Senegal) a capo Shilling (Sierra Leone). Quest'ultima è stata ritenuta dal tribunale come la rappresentazione più fedele della configurazione generale della costa occidentale dell'Africa. Il tribunale ha rilevato che detto approccio è appropriato, tanto più che le parti non gli hanno presentato alcuna prova della necessità di tener conto di una fascia costiera più ristretta. "Un metodo valido, per il tribunale, consisterebbe nel prendere in considerazione l'intera regione dell'Africa occidente, per cercare una soluzione in grado di tener conto della conformazione delle coste in modo globale. Non si tratta di limitarsi al litorale breve, ma di considerare il litorale lungo. Tuttavia, mentre la linea costiera continua delle due Guinee (...) è piuttosto concava, quella dell'Africa occidentale è incontestabilmente convessa" (par. 108).

Infine, il tribunale ha delimitato la frontiera. Ispirata da un metodo composito, questa linea ha comportato tre segmenti. I primi due (AB e BC), vicini alla costa, coincidevano con il "limite meridionale" previsto dalla convenzione del 1886, fino a 12 miglia nautiche a ovest dell'isola di Alcatraz. Il tribunale ha ritenuto tale metodo appropriato date le circostanze: questo "limite meridionale" – linea *de facto* rispettata fino al 1958 dalle due potenze coloniali – iniziava dalla fine della frontiera terrestre in un punto sul thalweg del fiume Cajet alla sua foce; seguiva poi il passaggio chiamato dei Pilotes per una ventina di miglia, in una direzione che corrispondeva abbastanza bene a quella del confine terrestre, pur essendo approssimativamente perpendicolare alla direzione generale delle coste locali. Raggiunto il parallelo 10°40' N, la linea si biforcava (segmento BC) per seguire la stessa direzione fino a 12 miglia a ovest dell'isola di Alcatraz (punto C); ciò consentiva di attribuire all'isola la massima ampiezza di mare territoriale in quella direzione. Dal punto C, la linea si biforcava invece per coincidere con una perpendicolare alla direzione generale delle coste, come stabilito dal tribunale. L'azimut era di 236° e proseguiva sino al limite esterno delle zone marittime riconosciute a ogni stato dal diritto, ossia 200 miglia nautiche dalla costa (oppure di più, se il bordo esterno della piattaforma continentale si trovava a maggiore distanza).

### 3.4.6, La perpendicolare: un metodo poco usato

Il metodo di delimitazione adottato dal tribunale per la maggior parte della frontiera – perpendicolare alla direzione generale della costa – può sembrare originale nella misura in cui gli arbitri non hanno evocato alcun precedente, tratto dalla giurisprudenza o dalla prassi statale, e ciò può sembrare tanto più insolito in quanto la scala adottata per la costruzione di questa linea è macro-geografica. Troviamo tuttavia, nella giurisprudenza, alcuni casi in cui il metodo è stato adottato.

La perpendicolare, stimata come il metodo di delimitazione più antico, era già in uso, nel 1909, nell'arbitrato per la delimitazione del mare territoriale tra Norvegia e Svezia, detto di Grisbadarna (478), corrispondente a un ricco banco di crostacei situato al largo del punto terminale della loro frontiera terrestre. Certo, allora, i mari territoriali erano larghi al massimo 4 miglia nautiche, ma il metodo veniva comunque utilizzato in una regione di coste e fiordi dove la direzione generale era difficile da determinare. Le parti avevano all'epoca chiesto agli arbitri di tracciare un confine, nel caso in cui il tribunale fosse giunto alla conclusione che il trattato del 1661 non avesse previsto la delimitazione marittima, in tutto o in parte. Il tribunale ha deciso di ratificare che una parte della frontiera marittima dovesse essere equidistante dalle isole e dagli scogli, ma ha optato per la perpendicolare laddove il trattato non stabiliva chiaramente questa delimitazione, perché, ha affermato, tale linea era facile da indicare e osservare. La linea, inclinata di 20° verso sud-ovest, tagliava la parte settentrionale dei banchi e le parti stesse avevano espresso il desiderio di evitare la divisione dei banchi importanti. Il tribunale ha quindi corretto la posizione di un grado nell'orientamento della linea, per farla passare a equidistanza tra i banchi di Grisbadarna e di Skjottegrunde.

Gli arbitri hanno spiegato la loro decisione dichiarando che il risultato ottenuto era suffragato da diversi fatti presentati: la pesca nel settore era praticata da molto più tempo, più intensamente e in numero maggiore dagli svedesi che dai norvegesi (i primi avevano esercitato i loro diritti e adempiuto alle loro responsabilità mappando l'area e installandovi boe e un faro, senza proteste da parte della Norvegia, mentre i secondi non avevano mostrato interesse in materia). Il tribunale d'arbitrato ha poi sottolineato l'esistenza di un principio giuridico consolidato secondo il quale bisognava evitare di modificare uno stato di cose radicato da tempo; tale regola doveva trovare applicazione, in particolare, quando gli interessi privati entravano in gioco (479).

Il metodo perpendicolare è stato impiegato anche dalla Corte Internazionale di Giustizia, in combinazione con altri sistemi, nella causa "Golfo del Maine" nel 1984, in cui ai giudici veniva chiesto di delimitare, con un'unica linea, l'area delle 200 miglia nautiche e quella della piattaforma continentale tra gli Stati Uniti e il Canada (480). Il metodo è stato proposto, con grande insistenza, dagli Stati Uniti, che hanno riassunto così i vantaggi della perpendicolare: "*This method gives effect to the broad geographical relationship between neighboring States and disregards local coastal irregularities. It also lends itself to adjustment to take into account the relevant circumstances in the area*" (481). Dal suo canto, il Canada ha parlato, in termini critici, di un approccio "macro-geografico", sostenendo ai giudici che il metodo era stato generalmente utilizzato solo nei casi di delimitazione del mare territoriale. Il Canada ha continuato osservando che "in natura, le coste diritte sono l'eccezione piuttosto che la regola, [e che] le condizioni geografiche necessarie per l'applicazione del metodo perpendicolare sono raramente soddisfatte". Inoltre, poiché la perpendicolare "comporta una linea dalla rotta costante, riflette solo una direzione della costa e non può tenere conto di configurazioni litoranee più complesse" (482). Il Canada ha aggiunto che se questo metodo fosse stato adottato dalla CIG per il primo segmento del confine tra Libia e Tunisia – la linea 26 – non sarebbe stato per le sue virtù intrinseche, ma per trarre conseguenze giuridiche dalla condotta delle parti. Nell'*affaire* "Golfo del Maine", i giudici hanno riconosciuto che la perpendicolare "è forse il metodo più antico, concepito da quando sono sorti i problemi di delimitazione del mare territoriale tra stati confinanti". Questo metodo "si è rivelato utilmente applicabile, almeno in modo parziale, alla delimitazione della piattaforma continentale negli accordi bilaterali" (483). Tuttavia, secondo i giudici, le condizioni geografiche nel caso del golfo del Maine escludevano un uso adeguato di tale linea: "È difficile immaginare un caso meno adatto all'applicazione di questo metodo di delimitazione di quello del golfo del Maine, dove il punto iniziale della linea da tracciare si trova proprio in uno degli angoli del rettangolo in cui si trova la delimitazione da stabilire (...). Non si vede come il metodo della perpendicolare alla direzione generale della costa di un continente possa essere applicato a una porzione limitata ma pur sempre considerevole, di tale costa, in cui la configurazione geografica reale devia nettamente da una certa direzione generale" (484).

Infine, con 4 voti contro 1, la Camera della Corte ha optato per un confine costruito secondo una combinazione di metodi, tra cui la perpendicolare, e composto da 3 segmenti: all'interno del golfo, la bisettrice dell'angolo formato da due perpendicolari alle linee di direzione generale delle coste, quindi, laddove le coste si trovano in un rapporto di opposizione anziché di adiacenza, la mediana corretta per tenere conto della notevole differenza di lunghezza delle rispettive coste delle parti, nonché della presenza di un'isola alla quale si attribuisce un effetto dimezzato; fuori del golfo, la perpendicolare all'immaginaria linea di chiusura del golfo stesso, sino all'ultimo punto di sovrapposizione delle zone di 200 miglia, rispettivamente rivendicate dalle parti, tenuto conto del fatto che non è rinvenibile alcun riferimento geografico che possa ispirare la scelta di un metodo. Da rilevare, l'importante dissenso del giudice Gros, il quale ha ricordato che non bisognava rifare la geografia, cosa – a suo avviso – invece fatta dalla CIG quando ha associato il golfo a un rettangolo: "Stabilito il fine, si passa ai mezzi. Ciò risulta a partire dalla descrizione dei fatti (all'inizio della sentenza), ovvero un esercizio classico in ogni decisione di delimitazione, di solito coincidente con la descrizione geografica del contesto. Non è qui il caso, in quanto la camera della Corte ha interpretato i fatti geografici per predisporre cosa ne farà, nell'uso di metodi e correzioni di una linea che non è più giustificata dalle sue caratteristiche (...). L'idea che il golfo sia un rettangolo serve solo a preparare la scoperta che un angolo, a nord del golfo, può permettere di tracciare una bisettrice. La scelta di linee immaginarie – che creano i lati del mitico rettangolo per terminare in un'area al di fuori della giurisdizione della camera della Corte – si presenta come una rappresentazione suggestiva della natura. Il golfo non è un rettangolo (...) ma proprio ciò permette d'individuare un quarto lato all'ingresso del golfo, essenziale per giustificare la direzione dell'ultimo segmento della linea, il che permette di tracciare una perpendicolare da questa linea irreale che chiude il Golfo alla costa degli Stati Uniti (...). Quando si dice che la geografia è neutrale, la formula implica che le cose sono quello che sono e si conferma l'adagio secondo cui 'non si tratta mai di rifare completamente la natura' (sentenze del 1969, par. 91). La geografia è più imparziale che neutrale, è decisiva per una delimitazione e, di per sé, non dà alcuna preferenza a uno stato. Il giudice non può quindi modificare la situazione geografica mediante rappresentazioni, siano esse una linea, un rettangolo o un angolo, che corrispondono piuttosto alla sua *visione* dei fatti, che risultano perciò modificati" (485).

### 3.4.7, I fattori d'ordine economico

Il tribunale ha respinto le argomentazioni di carattere economico avanzate dalle parti in materia di pesca, risorse petrolifere e trasporti marittimi. La Guinea-Bissau ha quindi espresso il suo interesse per il libero accesso al porto di Buba attraverso il canale dell'Orango e l'estuario del Rio Grande. Tuttavia, per il tribunale, "non sarebbe stato né giusto né equo fondare una delimitazione sulla valutazione di dati che cambiano a seconda di fattori, alcuni dei quali casuali" (486).

E, quasi sentisse la necessità di giustificare il rigetto con fattori economici, ha poi precisato: "Alcuni paesi potrebbero essere stati disegnati dalla natura in modo favorevole rispetto alla definizione dei loro confini o al loro sviluppo economico; altri potrebbero essere stati svantaggiati. Le frontiere fissate dall'uomo non dovrebbero avere lo scopo di aumentare le difficoltà dei paesi o di complicarne la sussistenza. Ovvio, il tribunale non ha il potere di compensare le disuguaglianze economiche dei paesi interessati, modificando una delimitazione in apparenza imposta da considerazioni oggettive e certe. Né ha potuto accettare che le circostanze abbiano la conseguenza di favorire una delle parti a discapito dell'altra, per quanto riguarda la delimitazione. Ciò detto, il tribunale non ha perso di vista la legittimità delle pretese con le quali s'invocano le circostanze economiche, né contestato il diritto dei popoli interessati a uno sviluppo economico e sociale capace di garantire loro il godimento di una piena dignità. Le preoccupazioni economiche, legittimamente avanzate dalle parti, debbono naturalmente spingerle verso una cooperazione reciprocamente vantaggiosa che le avvicini all'obiettivo, cioè allo sviluppo" (487).

### 3.4.8, La delimitazione attraverso il tribunale

Fatte salve le uniche circostanze ritenute rilevanti nella fattispecie, il tribunale ha marcato il confine marittimo tra la Repubblica di Guinea e la Guinea-Bissau, dopo aver stabilito che la convenzione del 1886 tra Francia e Portogallo non determinava la frontiera marittima tra i rispettivi possedimenti in Africa occidentale: "Nel silenzio dei testi è fortemente presumibile che i negoziatori non abbiano mai considerato altro che le frontiere terrestri (...). Le conversazioni si sono aperte effettivamente il giorno dopo la conferenza di Berlino del 1884-85, quando le potenze coloniali avevano cercato di prevenire i conflitti regolando le condizioni di occupazione dei loro possedimenti costieri in Africa, senza preoccuparsi, però, delle acque territoriali" (488). Attraverso una linea *de novo*, il tribunale ha risposto alla volontà dalle parti, indicando il confine su una mappa. La carta adottata era su piccola scala, in modo da includere la costa dell'Africa occidentale almeno da capo Roxo a punta Sallatouk, per estendersi sino alla maggioranza degli spazi marittimi dei due paesi. Il confine avrebbe potuto essere esteso oltre le 200 miglia per quanto riguardava la piattaforma continentale, tenendo conto delle osservazioni congiunte della Guinea-Bissau e del Senegal del 25 settembre 2014, presentate alla Commissione sui Limiti della Piattaforma Continentale (489) (la CLPC, a dicembre 2023, non aveva ancora formulato le sue raccomandazioni).

### 3.4.9, Critiche alla decisione

Si è già menzionata l'originalità del metodo perpendicolare, in un contesto macro-geografico, così come è stato utilizzato nei casi "Grisbadarna" e "Golfo del Maine". Aggiungiamo che il tribunale, nell'*affaire* "Guinea / Guinea-Bissau", si è forse ispirato anche al confine "Guinea-Bissau / Senegal", delimitato da uno scambio di note, nel 1960, tra le potenze coloniali. Tale frontiera vi è descritta "come una linea retta, orientata a 240°" (490), che un eminente geografo ha definito perpendicolare alla direzione generale delle coste, senza fornire un'ulteriore spiegazione a sostegno della sua affermazione (491). Al di fuori di questo esempio, oggetto nel 1989 di un arbitrato che ha ratificato la frontiera del 1960, e dei tre precedenti già citati (casi "Norvegia / Svezia", "Libia / Tunisia" e "Canada / Stati Uniti"), gli arbitri, nel caso della "Guinea / Guinea-Bissau", si sono mostrati originali, almeno se si escludono i rari casi elencabili della prassi statale: *1)* la frontiera tra Argentina e Uruguay, delimitata nel 1973, per quanto riguarda il tratto oltre la linea di chiusura del Rio de la Plata, e nonostante la fraseologia utilizzata nel documento (492), il geografo del Dipartimento di Stato degli USA ha ritenuto che fosse effettivamente perpendicolare a questa linea di chiusura del golfo (493); *2)* il confine tra Brasile e Uruguay, stabilito nel 1972 da un trattato che prevedeva come la frontiera andasse disegnata "in una direzione sostanzialmente perpendicolare alla linea generale della costa" (494), precisando però che tale linea aveva un azimut di 128 gradi.

A nostra conoscenza, solo un caso, dopo la vicenda "Guinea / Guinea-Bissau" del 1985, è riscontrabile nella prassi statale (495) in cui l'uso della perpendicolare è espressamente menzionato da un accordo: si tratta del confine "Estonia / Lettonia" (496), delimitato nel 1996; nel golfo di Riga, questo coincide con archi di cerchio situati a 12 miglia nautiche dalla costa, nei pressi dell'isola estone di Ruhnu, mentre nel Baltico, al di là del golfo, è costituito da una perpendicolare alla linea di chiusura di tale golfo. I confini delimitati dalla giurisdizione, a partire dal caso "Guinea / Guinea-Bissau", hanno riguardato tutti, tranne il caso "Guinea-Bissau c. Senegal", coste dove prevale un rapporto di opposizione piuttosto che di adiacenza. Per altro, è troppo presto per valutare l'impatto di detto caso sui metodi di delimitazione accolti dai tribunali.

### 3.6, Capo Verde e Mauritania

Il 19 settembre 2003, Capo Verde e Mauritania hanno concluso un accordo per delimitare la zona economica esclusiva e la piattaforma continentale (500), tenendo conto dei lavori di una commissione tecnica congiunta, riunitasi il 23 marzo e il 17 settembre. Il 7 maggio 2009 Capo Verde ha sottoposto una domanda alla CLPC, seguito dalla Mauritania l'11 maggio. Infine, i due stati, il 25 settembre 2014, hanno presentato una domanda congiunta con altri 5 paesi della regione. Nell'accordo del 2003, la frontiera corrispondeva a una linea mediana tra le linee di base delle coste dei due paesi (art.1), descritte come le linee di base dell'arcipelago di Capo Verde (18 punti) e le linee di base normali della Mauritania (6 punti) (art. 2). Si stabiliva inoltre che ogni controversia relativa all'interpretazione o all'applicazione andasse risolta mediante negoziato e che le parti, in caso di fallimento, ricorressero ad altri metodi di composizione pacifica, fatto salvo l'art. 287 della convenzione del 1982 (501).

### 3.7, Guinea Equatoriale e São Tomé e Príncipe

La Guinea Equatoriale insieme a São Tomé e Príncipe hanno concluso un accordo di delimitazione il 26 giugno 1999. Questo strumento menziona, nel suo preambolo, il metodo utilizzato, ossia "in an equitable manner equidistance as the general criterion for delimitation" (502). L'accordo non precisa però se le due frontiere gemelle e multifunzionali – da un lato, tra l'isola di São Tomé e l'isola di Annobon, dall'altro, tra le isole di São Tomé e Príncipe, l'isola di Bioko e il Rio Muni – sono disegnate secondo rigorose linee di equidistanza o tenendo conto delle linee di base dell'arcipelago di São Tomé e Príncipe, stimate dal segretario di stato americano in conformità con le disposizioni della convenzione del 1982 (503). Nel decreto adottato dalla Guinea Equatoriale ai fini della fissazione dei limiti esterni del suo mare territoriale e della sua ZEE, si menziona chiaramente che tali limiti sono costituiti dalle mediane che "are not intended to be detrimental to any other future decision which may be taken by the Government with each of its neighbouring countries' governments" (504). L'accordo ha fornito l'elenco delle coordinate geografiche dei 5 punti della linea che interessa il confine meridionale e dei 15 punti di quello settentrionale. È inoltre previsto che entri in vigore provvisoriamente al momento della sua firma e definitivamente con lo scambio degli strumenti di ratifica (art. 5).

Il 7 maggio 2009 la Guinea Equatoriale ha presentato informazioni preliminari alla CLPC (505), poi, il 25 settembre 2014, è stata effettuata una presentazione congiunta con altri stati, ma la CLPC non ha – al momento – formulato le sue raccomandazioni (queste non avrebbero però alcun effetto al confine sulla frontiera con São Tomé e Príncipe).

### 3.8, Guinea Equatoriale e Nigeria

Appena 15 mesi dopo aver concluso l'accordo con São Tomé e Príncipe, la Guinea Equatoriale ha firmato, il 23 settembre 2000, un trattato con la Nigeria (506), seguito da un protocollo, il 2 aprile 2002. La questione della delimitazione terrestre e marittima tra Nigeria con il Camerun è invece ancora davanti alla CIG; quest'ultima, comunque, ha autorizzato, il 21 ottobre 1999, la Guinea Equatoriale a intervenire nel procedimento. Nel preambolo del loro accordo, la Guinea Equatoriale e la Nigeria hanno dichiarato di essere spinte non solo dal desiderio di rafforzare le loro relazioni fraterne ma anche da quello di preservare la pace nel continente. L'accordo menziona esplicitamente che il confine è parzialmente delimitato (art. 1): tale linea incompiuta è costituita, a sud e a ovest di un punto *i*, da una successione di segmenti che congiungono 10 punti, mentre a nord e a est di questo stesso punto *i*, è previsto (art. 3) che il confine vada stabilito mediante accordo tra le parti a seguito della decisione della CIG nel caso "Camerun c. Nigeria". Il metodo di delimitazione di questo confine incompiuto e multifunzionale non è previsto nell'accordo, ed è discutibile se la Nigeria abbia accettato una delimitazione rigorosa mediante equidistanza, avendo precedentemente proposto che l'isola di Bioko fosse riconosciuta solo con effetto parziale. Tuttavia, è stato sottolineato, questo genere di problemi si presenta nel caso di isole più piccole di quella di Bioko (507). Le parti hanno per altro previsto che, qualora venissero rinvenuti giacimenti da una parte e dall'altra della frontiera., avrebbero cercato d'intendersi su ciascun di essi (art. 6), pur autorizzando "the relevant government entities in association with the relevant concession holders to establish appropriate unitisation and other arrangements to enable this area to be developed in a commercially feasible manner" (art. 6, par. 2).

Al pari del trattato tra la Guinea Equatoriale e São Tomé e Príncipe, è previsto che l'accordo entri in vigore provvisoriamente al momento della firma (art. 7). Il 3 aprile 2002, i due stati hanno concluso un nuovo accordo, questa volta relativo alla creazione di una zona congiunta di esplorazione petrolifera (508), in particolare presso Zafiro-Ekangma, che si trova sulla frontiera marittima. Il 7 maggio 2009, la Nigeria ha sottoposto una proposta alla CLPC (509), che ha poi formulato le sue raccomandazioni l'11 agosto 2023. Un'ulteriore sottomissione di dossier è avvenuta il 25 settembre 2014, insieme a Capo Verde, Gambia, Guinea, Guinea-Bissau, Mauritania, Senegal e Sierra Leone, ma le proposte della Nigeria non hanno avuto alcuna incidenza sull'estensione della frontiera con la Guinea Equatoriale, poiché quest'ultima non è in una situazione geografica tale da rivendicare una piattaforma continentale oltre le 200 miglia nautiche.

### 3.9, Gabon e São Tomé e Príncipe

Un paio di mesi dopo la firma dell'accordo con la Nigeria relativo alla creazione di una zona di sviluppo comune delle risorse, e fatta salva un'eventuale delimitazione, São Tomé e Príncipe ha concluso, il 26 aprile 2001, un trattato con il Gabon (510) di delimitazione, in base al quale i loro confini della ZEE e della piattaforma continentale sono stabiliti, come previsto all'articolo 2, secondo l'equidistanza delle linee di base da cui è misurato il mare territoriale di ciascun paese. Si tratta quindi di una mediana tracciata tra, da un lato, le linee di base dell'arcipelago di São Tomé e Príncipe e, dall'altro, quattro segmenti di rette che collegano, dal lato del Gabon, Point Mengombie e Cape Esterias per chiudere Corisco Bay, poi il faro di Point Ngombe e Capo Lopez. È inoltre stato previsto che ogni controversia sull'interpretazione e l'applicazione della convenzione è da risolvere mediante consultazione e negoziazione tra le parti contraenti (art. 5) (511).

### 3.10, Camerun e Nigeria

Il 10 ottobre 2002, prima di pronunciarsi nel merito della questione a lei sottoposta (512), la CIG richiama un'ordinanza, emessa nel 1996, con la quale si richiedeva che i due paesi mantenessero la cessazione delle ostilità nella penisola di Bakassi e che fornissero assistenza alla missione d'inchiesta delle Nazioni Unite. Nel 1998, la Corte ha inoltre respinto ben 7 delle 8 eccezioni preliminari sollevate dalla Nigeria, ma, l'anno successivo, ha accolto una richiesta di intervento della Guinea Equatoriale.

#### 3.10.1, Misure conservative ed eccezioni preliminari

Il 29 marzo 1994 il Camerun ha depositato presso la cancelleria della Corte un'istanza di ricorso (513) contro la Nigeria riguardo ad una controversia presentata come relativa "essenzialmente alla questione della sovranità sulla penisola di Bakassi". Il Camerun ha affermato che la delimitazione marittima era solo parziale e che i due paesi non erano riusciti, "malgrado numerosi tentativi, ad accordarsi per completarla". Ha chiesto quindi al tribunale, per "evitare nuovi incidenti tra i due paesi", di stabilire la delimitazione marittima oltre quanto concordato nel 1975. Il 6 giugno 1994, il Camerun ha depositato un'ulteriore richiesta (514) allo scopo di estendere l'oggetto della controversia per comprenderne un'altra, descritta come relativa "essenzialmente alla questione della sovranità su parte del territorio camerunese nella zona del lago Ciad. Il Camerun chiedeva inoltre alla Corte di "specificare in via definitiva" il confine tra i due stati, dal lago Ciad al mare, e chiedeva di unire le due istanze e di "esaminare il tutto in un'unica istanza" (515). Il 15 marzo 1996 la Corte ha emesso un'ordinanza recante misure provvisorie (516) con la quale si domandava ai due paesi "di vegliare affinché si evitassero atti e in particolare interventi delle forze armate, a rischio di danneggiare i diritti della controparte, rispetto a qualsiasi sentenza della Corte in merito al caso specifico, oppure passibili di aggravare o accrescere il litigio sottoposto alla Corte stessa" (517). Più specificamente, le parti sono tenute a rispettare l'accordo del 17 febbraio 1996, per porre fine alle ostilità nella penisola di Bakassi, fornendo l'assistenza necessaria alla missione conoscitiva proposta dal segretario generale delle Nazioni Unite nella penisola di Bakassi. Con la sentenza dell'11 giugno 1998 relativa alle eccezioni preliminari (518) sollevate dalla Nigeria entro il termine fissato per il deposito della sua contro-memoria, la Corte si è dichiarata competente a statuire sul merito della controversia, ha respinto 7 di tali eccezioni, pur decidendo che l'ottava non aveva carattere esclusivamente preliminare e che si sarebbe pronunciata a suo riguardo nella sentenza (519).

La prima eccezione preliminare della Nigeria affermava che la Corte non era competente sul ricorso presentato dal Camerun in quanto, depositando tale ricorso, quest'ultimo "aveva violato l'obbligo di agire in buona fede, abusando del sistema istituito dal par. 2 dell'art. 36 dello statuto e non tenendo conto della condizione di reciprocità prevista". Di conseguenza, "le condizioni necessarie per autorizzare il Camerun a invocare la sua dichiarazione ai sensi del par. 2 dell'art. 36 come base della giurisdizione della Corte non erano soddisfatte al momento della presentazione della domanda" (520). La Corte ha soppesato un'affermazione del Camerun secondo cui il principio di buona fede costituirebbe uno dei principi fondamentali che regolano la creazione e l'esecuzione degli obblighi giuridici, mentre, in quanto tale, non rappresenterebbe la base di un obbligo (salvo altrimenti esistente). Per il Camerun, invece, non esisterebbe nel diritto internazionale alcun obbligo specifico per gli stati d'informare gli altri firmatari dello statuto, qualora intendano sottoscrivere la clausola facoltativa. Nella sua seconda eccezione preliminare, la Nigeria ha precisato che, "per un periodo di almeno 24 anni prima del deposito della domanda, le parti, durante i contatti e le discussioni che avevano regolarmente, hanno accettato l'obbligo di risolvere tutte le questioni relative ai confini attraverso gli esistenti meccanismi bilaterali. Tale insieme di comportamenti comuni costituiva un accordo implicito ad utilizzare esclusivamente i meccanismi bilaterali disponibili, senza invocare la competenza della Corte, se non a titolo sussidiario; nelle presenti circostanze, la Repubblica del Camerun era dunque sprovvista del diritto di appellarsi alla Corte" (521). Questa, a sua volta, ha aggiunto che tale presupposto avrebbe potuto essere oggetto di una clausola compromissoria prevista nei trattati che collegano il Camerun e la Nigeria, o addirittura avrebbe potuto essere inserita una riserva nella loro dichiarazione facoltativa di accettazione della giurisdizione obbligatoria della Corte. Inoltre, non era stato dimostrato che la Nigeria avesse subito un pregiudizio a seguito del procedimento avviato dal Camerun. Nella terza eccezione sollevata, la Nigeria ha sostenuto che "la risoluzione delle controversie sui confini nella regione del lago Ciad rientrava nella competenza esclusiva della commissione per il bacino del lago Ciad e che, nel contesto dato, le procedure di risoluzione previste nell'ambito della commissione erano obbligatorio per le parti" (523). La Corte ha replicato che la commissione "non poteva essere considerata un tribunale" (524). Non era infatti considerata nel capitolo VIII della carta, costituendo un'organizzazione regionale i cui scopi non erano di risolvere questioni sul mantenimento della pace e della sicurezza internazionale. Per altro, "l'esistenza di procedure di negoziazione regionale non può, qualunque sia la loro natura, impedire alla Corte l'esercizio delle funzioni attribuitegli dalla carta dallo statuto" (525). Nella quarta eccezione preliminare, la Nigeria ha dichiarato che non spettava alla Corte determinare il punto triplo nel lago Ciad, dato che la sua ubicazione colpiva direttamente uno stato terzo, il Ciad. La CIG ha ritenuto che "non le era necessariamente impedito di pronunciarsi quando la decisione, che le si chiedeva di assumere, era tale da incidere sugli interessi giuridici di uno stato che non era parte in causa. Avrebbe rifiutato di esercitare la sua giurisdizione solo quando gli interessi di uno stato terzo avessero costituito (...) l'oggetto stesso della decisione da rendere" (526). La Corte ha quindi ricordato che, nel caso "Libia / Ciad" (527), i due punti tripli del confine erano stati determinati senza la presenza del Sudan e del Niger. Come ha detto la Nigeria, nella sua quinta obiezione, "non sussisteva alcuna controversia riguardo alla delimitazione del confine in quanto tale per tutta la sua lunghezza" (528), dal lago Chad al mare, con riserva del titolo della Nigeria stessa su Bakassi, Darak e le isole vicine, abitate da nigeriani. La Corte ha affermato invece che molti i contenziosi, in particolare quello sulla penisola di Bakassi, avrebbero influenzato l'andamento della frontiera marittima. La sesta eccezione presentata dalla Nigeria riguardava le questioni di responsabilità dello stato e di risarcimento presentate dal Camerun giudicate inammissibili in quanto "le presunte incursioni e incidenti attribuiti ad organi dello stato nigeriano" (529) non sono supportati da un'esposizione dei fatti sufficientemente precisa. La Corte, al contrario, ha giudicato che il ricorso del Camerun soddisfaceva le condizioni richieste dal comma 2 dell'art. 38 del Regolamento, secondo cui il ricorso "deve indicare (…) la natura precisa della richiesta e contenere un'esposizione succinta dei fatti e mezzi su cui si basa la presente richiesta". Nella sua settima eccezione preliminare, la Nigeria ha avanzato l'idea che non vi era alcuna controversia sulla delimitazione, poiché "non è possibile determinare il confine marittimo prima di decidere" (530) in merito a Bakassi e che, anche in caso di decisione sulla questione, le richieste relative alla delimitazione marittima "risulterebbero tuttavia inammissibili per mancanza di un'azione preventiva sufficiente delle parti a realizzare, su un piano di parità, una delimitazione 'per accordo' in conformità con il diritto internazionale" (531). La Corte, dal canto suo, ha notato che la controversia, al di là del punto G, era stata definita in modo sufficientemente preciso per poterne essere investita (non essendo state condotte trattative al di là del punto G, la controversia sussisteva). L'ottava ed ultima eccezione preliminare affermava che "la questione della delimitazione marittima coinvolgeva necessariamente i diritti e gli interessi di stati terzi". La Corte, invece, ha sostenuto che tali interessi erano in discussione solo per quanto riguardava l'estensione della frontiera oltre il punto G e che implicavano in particolare la Guinea Equatoriale e São Tomé e Príncipe. Pur non precludendosi una pronuncia, la Corte doveva dunque decidere se era necessario esaminare nel merito la richiesta del Camerun. Restava poi aperta la questione se gli stati terzi intendessero o meno esercitare il diritto d'intervenire nel procedimento. In conclusione, per la Corte, l'ottava eccezione non aveva carattere esclusivamente preliminare (532).

### 3.10.2, L'intervento della Guinea Equatoriale

Il 30 giugno 1999 la Guinea Equatoriale ha presentato una richiesta per un intervento di tutela dei propri diritti nel golfo di Guinea. Seguito all'ordinanza (533) del 21 ottobre 1999 che l'ha accolta (534), la Guinea Equatoriale, in una dichiarazione scritta, ha precisato che la sua esigenza "era semplice, andava dritta allo scopo perseguito, si basava sulla giurisprudenza della Corte, in linea con la prassi della comunità internazionale e quella dei tre stati della regione interessata: [di conseguenza], ha pregato la Corte di astenersi dal delimitare una frontiera marittima tra Nigeria e Camerun in un'area più vicina alla Guinea Equatoriale che alle parti implicate nel procedimento" (535). La Guinea ha aggiunto che non avrebbe inoltre esitato a citare l'impatto di una sentenza sull'atteggiamento delle compagnie petrolifere. Nelle sue osservazioni orali, ha insistito sul metodo di delimitazione che raccomandava, chiedendo alla Corte di astenersi "dall'emettere qualsiasi parere pregiudizievole" ai suoi interessi nell'ambito dei negoziati sulle sue frontiere con altri stati: la presa in considerazione degli interessi terzi nel procedimento implicava che la delimitazione "doveva necessariamente restare a nord della linea mediana" tra l'isola di Bioko della Guinea Equatoriale e il continente (536). Accogliendo tale intervento, "la Corte si è posta nella condizione di dover decidere tra il diritto alla soluzione giudiziale della controversia invocato dalle parti e la libera scelta del metodo di risoluzione delle controversie giuridiche preteso dallo stato terzo". Da notare poi che la norma giurisdizionale "consente di correggere le cosiddette 'sentenze di Salomone', su cui sfociano in genere le negoziazioni tra stati. L'alchimia giudiziaria non produce infatti gli stessi legami di una soluzione negoziata" (537).

### 3.10.3, L'ambito geografico

In modo molto sintetico, i giudici hanno descritto l'ambito geografico (538) del Camerun e della Nigeria. Questi paesi, entrambi situati sulla costa occidentale africana, hanno coste adiacenti, bagnate dalle acque del golfo di Guinea. Condividono un lungo confine terrestre che va dal lago Ciad a nord fino alla penisola di Bakassi a sud, poi un confine marittimo molto più corto, data la presenza dell'isola di Bioko, nella concavità del golfo, sotto la sovranità della Guinea Equatoriale. Nella regione del lago Ciad, la cui superficie è variata nel tempo, il confine attraversa pianure calde e secche a circa 300 metri sul livello del mare, regioni montuose e altopiani coltivati a pascolo, irrigati da vari corsi d'acqua, poi, a quote più basse, zone di savana e foresta, prima di toccare il mare, dove scorre – su entrambi i lati della penisola di Bakassi – il fiume Akwayafé a ovest e il Rio del Rey a est. La penisola è caratterizzata da un ambiente anfibio, dove sono presenti risorse ittiche e un'abbondante vegetazione di mangrovie.

### 3.10.4, Il contesto storico

La Corte ha dedicato ampio spazio al contesto storico (539), segnato, nel XIX secolo e all'inizio del XX secolo, dall'azione delle potenze europee ai fini della spartizione dell'Africa, poi dalla l'evoluzione dello *status* dei territori in questione sotto il mandato della Società delle Nazioni, quindi sotto la supervisione delle Nazioni Unite, infine, in concomitanza all'accesso dei vari territori all'indipendenza. L'azione e lo sviluppo sono documentati in trattati, convenzioni, scambi diplomatici, atti amministrativi, carte d'epoca e altri documenti. La Corte ha citato dapprima gli strumenti relativi alla delimitazione dei confini dei territori coloniali di Gran Bretagna, Francia e Germania. Eccoli: convenzione del 29 maggio 1906 concernente la delimitazione del confine tra i possedimenti francesi e l'Est del Niger (di seguito denominata convenzione franco-britannica del 1906), integrata dal protocollo del 19 febbraio 1910 (protocollo franco-britannico dal 1910); convenzione del 15 marzo 1894, relativa alla delimitazione delle colonie del Congo francese, del Camerun e delle sfere d'influenza francese e tedesca nella regione del lago Ciad (convenzione franco-tedesca del 1894); convenzione del 18 aprile 1908 tra Francia e Germania ai fini della conferma del protocollo del 9 aprile 1908 che definisce i confini tra il Congo francese e il Camerun (convenzione franco-tedesca del 1908); accordo del 15 novembre 1893 relativo al confine tra Gran Bretagna e Germania, integrato dall'accordo del 19 marzo 1906 relativo al confine, da Yola al lago Ciad (accordo anglo-tedesco del 1906); accordo dell'11 marzo 1913 tra Gran Bretagna e Germania relativo al confine tra Nigeria e Camerun, da Yola al mare, oltre alla regolamentazione della navigazione sul fiume Cross (accordo anglo-tedesco dell'11 marzo 1913); accordo del 12 aprile 1913 tra Gran Bretagna e Germania relativo alla demarcazione del confine tra Yola e il Cross River (accordo anglo-tedesco del 12 aprile 1913).

Sia dopo la prima guerra mondiale, sia dopo la seconda, si susseguono accordi sui confini; si vedano la proposito: alcune disposizioni del Trattato di Versailles pongono sotto mandato britannico o francese (con l'accordo della Società delle Nazioni) i territori della Germania nella regione tra il lago Ciad e il mare; la dichiarazione franco-britannica del 10 luglio 1919 relativa ai limiti che separano i territori sotto mandato (dichiarazione Milner-Simon), chiarita da quelle del 29 dicembre 1929 e del 31 gennaio 1930 (dichiarazione Thompson-Marchand), a loro volta approvate e incorporate nello scambio di note del 9 gennaio 1931 (Henderson-Fleuriau); gli accordi di amministrazione fiduciaria delle Nazioni Unite per il Camerun britannico e il Camerun sotto amministrazione francese, approvati il 13 dicembre 1946 dall'assemblea generale; l'ordine del consiglio britannico datato 2 agosto 1946 riguardante l'amministrazione del protettorato della Nigeria e del Camerun, così come la divisione delle regioni sotto la supervisione britannica in due entità amministrative, Camerun settentrionale e Camerun meridionale (ordine del consiglio del 1946).

La Corte, con un suo intervento, ha poi ricordato che il Camerun francese ha ottenuto l'indipendenza il primo gennaio 1960 entro i confini ereditati dal periodo precedente, idem per la Nigeria (primo ottobre 1960). Il governo britannico ha organizzato, secondo le direttive delle Nazioni Unite (risoluzione 1350-XIII dell'Assemblea Generale del 13 marzo 1959), plebisciti separati nei due Camerun, "al fine di determinare le aspirazioni degli abitanti (…) riguardo il loro futuro" (540). Al termine di questi plebisciti, l'11 e il 12 febbraio 1961, la popolazione del Camerun settentrionale ha optato per l'indipendenza unendosi alla Federazione della Nigeria, mentre quella del Camerun meridionale ha scelto l'indipendenza unendosi alla Repubblica del Camerun (risoluzione 1608 XV del 21 aprile 1961). Per quanto riguarda lo strumento giuridico principale, concernente la regione del lago Ciad, la Corte ha menzionato la convenzione del 22 maggio 1964 sulla creazione della commissione per il bacino del lago Ciad, firmata dai 4 stati rivieraschi (Camerun, Nigeria, Ciad e Niger), il cui mandato è di coordinare l'uso delle acque del bacino e di esaminare alcune questioni relative alle frontiere e alla sicurezza. Circa le questioni relative alla sovranità sulla penisola di Bakassi e al confine in questa zona, la Corte ha citato il trattato di protettorato del 10 settembre 1884 siglato dalla Gran Bretagna con i re e i capi del Vieux-Calabar (trattato del 1884), nonché agli accordi anglo-tedesco dell'11 marzo e del 12 aprile 1913 sulla frontiera da Yola al mare, in base ai quali la penisola di Bakassi si è ritrovata in territorio tedesco. In merito agli accordi sulla frontiera marittima tra Camerun e Nigeria, tutti successivi alle varie indipendenze politiche, ad eccezione degli accordi anglo-tedeschi del 1913 che fissavano il punto terminale della frontiera terrestre sulla costa, la Corte ha ricordato in particolare: la dichiarazione della commissione mista sui confini del 14 agosto 1970 (dichiarazione Yaoundé I), con la quale si è convenuto che la delimitazione si sarebbe effettuata in tre fasi (la prima centrata sulla delimitazione marittima); la dichiarazione del 4 aprile 1971 (dichiarazione Yaoundé II) per una delimitazione fino a 3 miglia nautiche dalle coste; l'accordo del primo giugno 1975 (dichiarazione di Maroua) con il quale il percorso parziale è stato prolungato fino al punto G.

### 3.10.5, La delimitazione terrestre

Dall'esame sui temi di fondo, e dopo aver descritto sia il quadro geografico, sia il contesto storico in cui si sono succeduti i trattati, la Corte è passata all'esame del confine terrestre (figura 9) dal lago Ciad alla penisola di Bakassi, osservando che le parti avevano concordato nel ritenere che tale delimitazione emergeva da tre strumenti relativi a tre settori distinti, pur divergendo sull'interpretazione e sull'applicazione di tali documenti. La Corte si è quindi confrontata a problemi quali: il riferimento a un unico corso d'acqua quando sono presenti più bracci, l'individuazione di una sorgente, l'individuazione della linea di spartiacque, l'individuazione della linea di crinale, l'ubicazione dei villaggi, l'ubicazione dei punti di riferimento mancanti, le contraddizioni tra il testo e la rappresentazione cartografica del confine, ecc.

*F. 9. La frontiera terrestre tra Camerun e Nigeria*
(fonte: Labrecque, G., 2005, *op. cit.*, p. 343)

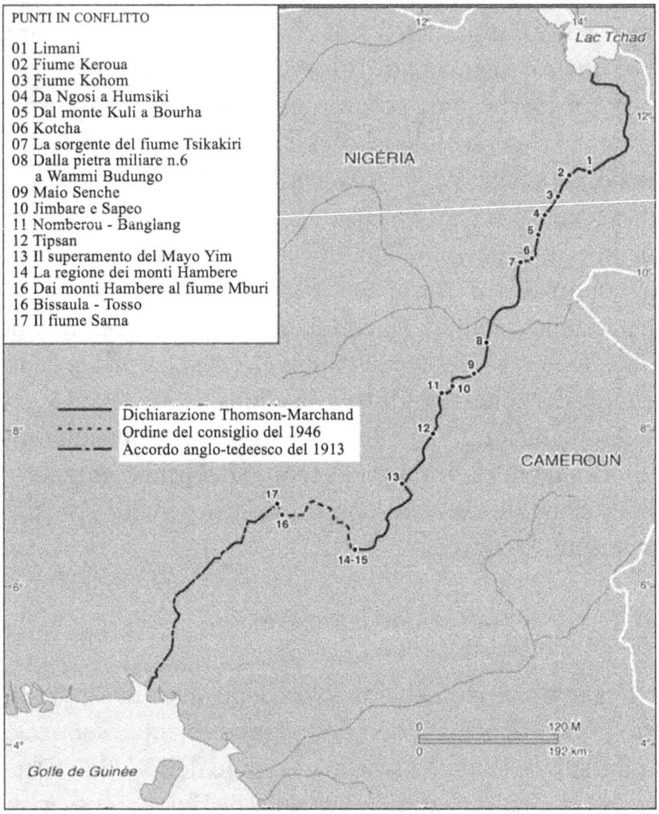


## 3.10.6, La sovranità territoriale sulla penisola di Bakassi

Dopo aver determinato la frontiera terrestre, la Corte ha esaminato la questione della sovranità territoriale sulla penisola di Bakassi. Il Camerun ha fatto valere l'esistenza di un titolo convenzionale a suo favore, mentre la Nigeria ha bollato tale strumento come privo di validità, ribadendo il concetto di consolidamento storico. Inutile aggiungere che l'attribuzione all'una o all'altra parte della sovranità sulla penisola avrebbe necessariamente avuto un impatto diretto sul disegno della frontiera marittima, ovvero sull'ultima operazione di delimitazione a cui si è dedicata la Corte, dopo aver ascoltato le argomentazioni del Camerun (che ha ribadito l'esistenza di un accordo concluso a tal fine) e della Nigeria (che ha affermato che doveva essere effettuata una delimitazione *de novo* per tener conto, in particolare, della condotta delle parti in materia petrolifera). Nelle conclusioni, il Camerun ha affermato che la frontiera terrestre si estende dal cippo 114 sul fiume Cross sino all'intersezione della linea retta che unisce Bakassi Point a King Point e al centro del canale navigabile Akwayafé. Tale confine è stato determinato all'accordo britannico-tedesco dell'11 marzo 1913 (par. da 16 a 21), e che "da allora in poi, in particolare, la sovranità sulla penisola di Bakassi è stata camerunese" (541). A sostegno della tesi, il Camerun ha citato le disposizioni di tale accordo che determinavano il percorso del confine nella regione della penisola di Bakassi (quest'ultima trovandosi poi sul lato tedesco). Per il Camerun, i due paesi, al momento della loro indipendenza, succedendo alle potenze coloniali, ne hanno ereditato i confini, poiché legati dal principio di *uti possidetis*.

La Nigeria, dal canto suo, ha riconosciuto che le disposizioni dell'accordo avevano assegnato a suo tempo la penisola di Bakassi alla Germania ma, tali disposizioni, lungi dall'essere messe in pratica, erano addirittura prive di validità per vari motivi. In effetti, il titolo di sovranità su Bakassi, inizialmente, apparteneva ai re e ai capi del Vieux-Calabar che, col trattato di protettorato del 10 settembre 1884 siglato tra loro e la Gran Bretagna, avevano trasferito a quest'ultima solo alcuni poteri limitati ma non la sovranità. La Nigeria ha poi addotto altri argomenti per dimostrare che l'accordo del 1913 era difettoso:

risultava contrario al preambolo dell'atto di Berlino del 1885; non era stato approvato dal parlamento; questo accordo era stato abrogato con l'applicazione del trattato di Versailles del 28 giugno 1919.

Nell'intervenire, la Corte ha ripreso il suo parere consultivo sul Sahara Occidentale, in cui spiegava come, riguardo a un territorio che non era *terra nullius*, bensì abitato da tribù o popoli dotati di un'organizzazione sociale e politica, "gli accordi con capi locali [erano da vedersi] quale modalità derivata di acquisizione" (542). I giudici hanno quindi aggiunto: "Anche se questa modalità di acquisizione non corrisponde al diritto internazionale vigente, il principio del diritto intertemporale impone di dare effetto oggi, nella presente istanza, alle conseguenze giuridiche dei trattati conclusi un tempo nel delta del Niger" (543). Per altro, la Nigeria non ha potuto dimostrare le argomentazioni addotte e, perciò, la Corte ha concluso che, "secondo la legge vigente all'epoca, la Gran Bretagna, nel 1913, poteva determinare i suoi confini in Nigeria con la Germania, compresa la parte meridionale" (544). La Corte si è poi chiesta quale fosse stato, tra il 1913 e il 1960, il trattamento riservato al segmento meridionale del confine definito dall'accordo anglo-tedesco del 1913. Mentre la Nigeria ha sostenuto che la zona Bakassi, nonostante le attività britanniche sul territorio, non si era mai staccata dal protettorato della Nigeria, il Camerun ha dichiarato che la comunità internazionale aveva riconosciuto l'appartenenza della penisola al Camerun, sia durante il periodo di mandato e tutela, sia dopo l'indipendenza. I giudici hanno quindi ricordato le disposizioni pertinenti del trattato di Versailles, nonché quelle del mandato e della tutela, secondo le quali "la situazione territoriale era rimasta esattamente la stessa" (545), essendo Bakassi dalla parte del Camerun britannico e la frontiera rimanendo un confine internazionale. In tribunale sono anche stati menzionati gli accordi relativi alla delimitazione marittima parziale (dichiarazioni di Yaoundé I e II; dichiarazione di Maroua), sottolineando come "da ciascuno di questi documenti risulti chiaramente che le parti davano per scontato che Bakassi appartenesse al Camerun" (546). La Corte ha persino aggiunto che "tale comunanza di vedute si rifletteva pure nella distribuzione geografica delle concessioni petrolifere attribuite sino al 1991" (547). Se è vero che dette concessioni "non costituivano in alcun modo una cessione di territorio", la Corte "ha ritenuto, tuttavia, che la loro distribuzione geografica corrispondesse all'idea (...) che le parti avevano della situazione, secondo la quale il Camerun aveva in precedenza un titolo su Bakassi" (5489. Da tutte queste ragioni, la Corte ha dedotto che l'accordo anglo-tedesco dell'11 marzo 1913 fosse valido e che andasse applicato integralmente.

Quanto alla Nigeria, per basare il proprio titolo su Bakassi, ha invocato diversi argomenti: il possesso pacifico come paese sovrano e senza proteste del Camerun; un'occupazione prolungata da parte sua e di cittadini nigeriani, il che costituisce un consolidamento storico del titolo e conferma il titolo originale dei re e dei capi del Vieux-Calabar conferito alla Nigeria al momento dell'indipendenza; infine, le dimostrazioni di sovranità con l'acquiescenza del Camerun. La Corte ha però respinto questa argomentazione poiché l'occupazione della penisola era contraria ad un titolo convenzionale preesistente detenuto dal Camerun, tanto più che tale possesso copriva solo un periodo limitato. Quanto alla questione se il comportamento del Camerun andasse considerato una forma di acquiescenza alla perdita del titolo convenzionale ereditato all'indipendenza, i giudici hanno fatto notare che la Nigeria aveva riconosciuto con chiarezza e in modo pubblico, almeno sino al 1975, il titolo del Camerun su Bakassi. Qualsiasi effettività nigeriana anteriore a tale data è stata, infine, valutata come priva di pertinenza "e ciò spiegherebbe in parte l'assenza di contestazioni del Camerun nei riguardi delle attività della Nigeria in ambito di sanità, educazione e fiscalità" (549). La Corte non si è esentata dall'osservare che, sebbene il Camerun "avesse compiuto solo occasionalmente atti amministrativi diretti su Bakassi, a causa delle limitate risorse materiali che poteva dedicare a tale regione remota" (550), restava comunque vero che il suo titolo sulla zona era già stabilito e che, dall'indipendenza, il Camerun aveva intrapreso attività inconciliabili con l'abbandono di diritti, quali l'attribuzione di alcune concessioni petrolifere nella penisola e nelle acque aree adiacenti, nonché la formulazione di proteste immediate durante l'azione militare nigeriana del 1994. Da tali elementi, la Corte ha dedotto che la frontiera a Bakassi rimaneva definita dall'accordo anglo-tedesco dell'11 marzo 1913 e che, dunque, la penisola era sotto la sovranità del Camerun.

*F. 10. La frontiera marittima tra Camerun e Nigeria*
(fonte: Labrecque, G., 2005, *op. cit.*, p. 377)

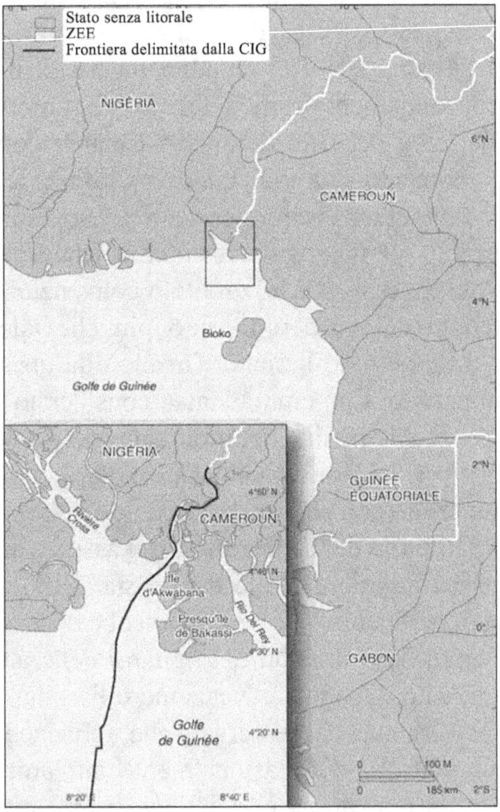

### 3.10.7, La delimitazione marittima

La Corte è passata poi all'esame del confine marittimo (figura 10) (551). Le posizioni dei due paesi risultavano diametralmente opposte, in quanto il Camerun chiedeva che la delimitazione venisse pronunciata secondo un percorso preciso indicato alla Corte, mentre la Nigeria pretendeva che quest'ultima si astenga dal realizzare tale delimitazione.

Il Camerun, nelle conclusioni del 21 marzo 2002 della fase orale, chiedeva alla Corte di confermare che la delimitazione delle zone marittime seguisse il seguente percorso: "dall'intersezione della linea retta che unisce Bakassi Point a King Point e il centro del canale navigabile Akwayafé al punto '12', come confermato dalla linea di compromesso mostrata sulla mappa n. 3433 dell'ammiragliato britannico dai capi di stato dei due paesi il 4 aprile 1971 (dichiarazione di Yaoundé II) e, da questo punto '12' al punto 'G', in base alla dichiarazione firmata a Maroua il primo giugno 1975; dal punto 'G', la linea equa segue la direzione indicata dai punti 'G, H (...), J (...), K (...)', e prosegue da 'K' fino al limite esterno delle zone marittime che il diritto internazionale ha posto sotto la giurisdizione esclusiva di entrambe le parti" (552).

La Nigeria, nelle conclusioni della procedura orale, ha domandato che venisse valutato quanto segue: "a) la Corte non ha la competenza per giudicare sulle pretese marittime del Camerun a partire dal punto in cui la linea rivendicata dal Camerun entra nelle acque sulle quali la Guinea Equatoriale avanza pretese nei confronti del Camerun o, in subordine, che tale richiesta del Camerun è irricevibile; b) la richiesta del Camerun relativa ad una delimitazione della frontiera marittima basata sulla divisione globale delle zone marittime nel golfo di Guinea è irricevibile e le parti sono obbligate, conformemente agli articoli 74 e 83 della convenzione delle Nazioni Unite sul diritto del mare, a negoziare in buona fede al fine di raggiungere un accordo su un'equa delimitazione delle rispettive zone marittime, delimitazione che deve tenere conto, in particolare, dell'obbligo di rispettare i diritti esistenti di prospezione e sfruttamento delle risorse minerarie della piattaforma continentale concessi da una delle parti prima del 29 marzo 1994 senza che l'altra presentasse protesta scritta, nonché le ragionevoli pretese marittime di paesi terzi (...); e) le acque territoriali dei due stati hanno come confine una linea mediana situata nel Rio del Rey; f) al di là del Rio del Rey, le rispettive zone marittime sono da delimitare attraverso una linea tracciata secondo il principio di equidistanza, fino al punto più vicino in cui tale linea incontra la frontiera con la Guinea Equatoriale, lungo la linea centrale a circa 4° 6' di latitudine nord e 8° 30' di longitudine est" (553).

La Nigeria ha preteso che la Corte si astenesse dal procedere, anche parzialmente, alla delimitazione, con le seguenti motivazioni: "in primo luogo perché interesserebbe aree rivendicate da stati terzi (ottava eccezione preliminare) e, in secondo luogo, perché non è soddisfatta la condizione relativa alle trattative precedenti" (554). La Corte ha dovuto esaminare questa ottava eccezione prima di entrare nel merito, avendo deciso, nella sentenza dell'11 giugno 1998, che tale eccezione non era di carattere esclusivamente preliminare. Fondando le sue competenze sul consenso delle parti, la Corte non poteva sui diritti di paesi terzi non parti nel procedimento, ma passibili di venire lesi (la Guinea Equatoriale, che è intervenuta, e São Tomé e Príncipe, che invece ha scelto di non farlo). La Corte ha ritenuto tuttavia che "la mera presenza di questi due stati (...) non impediva di per sé di avere competenza a procedere ad una delimitazione marittima (...) ma nella piena consapevolezza, come sempre in situazioni di questo tipo, dei limiti imposti alla sua competenza)" (555). Circa la determinazione del punto triplo, la Corte riconosceva di non avere potere in merito. Sull'argomentazione della Nigeria secondo cui non era soddisfatta la condizione relativa ai negoziati preliminari, oggetto della settima eccezione preliminare, respinta dalla Corte, questa ha spiegato che gli art. 74 e 83 della CNUDM, che impongono alle parti l'obbligo di cercare di risolvere la controversia tra di loro mediante negoziato, "non impedivano che venisse tracciata la frontiera marittima tra il Camerun e la Nigeria in assenza di precedenti negoziati che si svolgano simultaneamente tra i quattro stati interessati" (556), se i diritti della Guinea Equatoriale e di São Tomé e Príncipe non erano pregiudicati.

La Corte ha poi esaminato la richiesta camerunese di una precisa delimitazione marittima, passando dapprima allo studio del settore del confine che doveva arrivare fino al punto G. Le posizioni delle parti, anche qui, si rivelavano diametralmente opposte poiché il Camerun chiedeva alla Corte di confermare che il confine, dalla foce del fiume Akwayafé al punto G stabilito ai sensi della dichiarazione di Maroua, era già stato delimitato da validi accordi internazionali conclusi tra le due parti, solo il limite oltre questo punto restava da tracciare. Invece, la Nigeria negava puramente e semplicemente l'esistenza di una delimitazione marittima, essendo dunque da stabilire *de novo*. Per quanto riguarda il primo settore, dalla foce del fiume Akwayafé al punto G, il Camerun sosteneva che la sua delimitazione si basasse su tre strumenti giuridici internazionali: l'accordo anglo-tedesco dell'11 marzo 1913, l'accordo tra Camerun e Nigeria del 4 aprile 1971 (che comprendeva la dichiarazione di Yaoundé II e la mappa n. 3433 allegata), infine, la dichiarazione di Maroua del primo giugno 1975. Senza distinguere tra il settore al di sotto e al di là del punto G, la Nigeria ha invocato argomentazioni specifiche per il settore al di sotto del punto G. Considerata la sua pretesa di sovranità sulla penisola di Bakassi, la Nigeria sosteneva innanzitutto che il confine marittimo dovesse iniziare dal Rio del Rey e coincidesse con la linea di equidistanza dal mare. Tuttavia, la Corte, che aveva già concluso che il Camerun possedeva la sovranità sulla penisola, non riteneva necessario esaminare ulteriormente l'argomentazione della Nigeria. Questa ha poi affermato che, sebbene le pretese del Camerun nei confronti di Bakassi fossero legittime, il confine marittimo a suo avviso doveva tenere conto degli impianti petroliferi situati su ciascun lato della linea risultante dalla pratica petrolifera stessa, e non includere alcuna modifica della *status quo* al riguardo. Infine ha sostenuto che le dichiarazioni di Yaoundé II e Maroua non avevano valore vincolante, poiché la prima costituiva solo il resoconto di un incontro tra altri (nell'ambito di riunioni relative alla frontiera), la seconda non era stata ratificata dal consiglio militare supremo.

Avendo già concluso sia che l'accordo anglo-tedesco del 1913 era valido e applicabile nel suo insieme, sia che il titolo territoriale sulla penisola apparteneva al Camerun, la Corte ha dedotto che la frontiera marittima si situava necessariamente a ovest di Bakassi, piuttosto che a est, nel Rio del Rey. Per la Corte, l'*ancoraggio* terrestre del confine marittimo si trovava all'intersezione della linea retta di congiunzione tra Bakassi Point, King Point e la metà del canale navigabile del fiume Akwayafé, (art. 18 e 21). Per altro, secondo la Corte, la dichiarazione di Yaoundé II, dopo la sua firma, era stata rimessa in discussione più volte dalla Nigeria, ma poiché la linea ivi descritta veniva confermata dalla dichiarazione di Maroua, non bisognava decidere separatamente sul suo *status*. Tuttavia, per la Corte, tale dichiarazione costituiva un accordo internazionale sul confine concluso per iscritto tra due stati, disciplinato dalla convenzione di Vienna sul diritto dei trattati, la quale prevede, al paragrafo 1 dell'articolo 46, quanto segue: "il fatto che il consenso di uno stato vincolato da un trattato si è espresso in violazione di una disposizione del suo diritto interno relativa alla competenza a concludere trattati non può essere invocato da tale stato come viziato dal suo consenso" (557). I giudici hanno concluso che le dichiarazioni di Yaoundé II e Maroua "andavano considerate come strumenti vincolanti che imponevano un obbligo giuridico alla Nigeria" (558). Era perciò superfluo esaminare l'argomentazione di quest'ultima relativa alla pratica petrolifera nel settore situato al di qua del punto G, poiché la delimitazione marittima era stata stabilita in via convenzionale, sino lì, dall'accordo del 1913 e dalle dichiarazioni del 1971 e del 1975.

Insomma, per la Corte, la delimitazione andava stabilita secondo il seguente tracciato: "dalla linea retta che unisce Bakassi Point e King Point, il confine segue la 'linea di compromesso' riportata congiuntamente dai capi di stato del Camerun e della Nigeria il 4 aprile 1971 sulla mappa dell'ammiragliato britannico n. 3433 allegata alla dichiarazione di Yaoundé II (tale linea unisce dodici punti numerati, le cui coordinate precise furono determinate dalla commissione mista che riunì i due paesi a Lagos nel giugno 1971); dal punto 12 di questa linea di compromesso, il confine corre fino al punto G specificato nella dichiarazione di Maroua del primo giugno 1975, come modificata dallo scambio di lettere tra i capi di stato del Camerun e della Nigeria del 12 giugno e 17 luglio 1975" (559).

La Corte ha poi analizzato il confine marittimo oltre il punto G, su cui nessuna delle parti poteva menzionare un accordo a sostegno di una data frontiera. In questo settore, le posizioni del Camerun e della Nigeria erano di nuovo diametralmente opposte, poiché quest'ultima sosteneva il metodo dell'equidistanza rigorosa, mentre il Camerun riteneva che una soluzione equa implicasse che tale equidistanza venisse adeguata, tenendo conto di alcune circostante speciali: situazione complessiva del Golfo, che vietava a ciascuno Camerun, Nigeria e Guinea Equatoriale di rivendicare diritti esclusivi sull'estensione naturale del territorio terrestre di ciascuno; diritto del Camerun ad un altopiano corrispondente alla proiezione frontale delle sue coste, le quali, di configurazione generale concava, hanno l'effetto di racchiudere praticamente il paese; disparità nella lunghezza delle coste interessate; inflessione della costa nigeriana da Akasso; infine, la presenza dell'isola di Bioko, davanti alla costa del Camerun, ma più vicina ad essa che alla Guinea Equatoriale che ne deteneva la sovranità, e rispetto alla quale il Camerun stabiliva un'analogia con le isole anglo-normanne alle quali, un tribunale arbitrale si era rifiutato di dare piena efficacia nel caso "Francia / Regno Unito" del 1977 (560).

Il Camerun "ha insistito nel notare che il principio di equidistanza non è un principio di diritto consuetudinario imposto automaticamente in qualsiasi delimitazione del confine marittimo le cui coste sono adiacenti", perché proprio di tali coste si trattava. Per il Camerun, inoltre, una linea di equidistanza avrebbe avuto l'effetto di conferire al paese una piattaforma continentale e una zona economica quasi inesistenti, sebbene la sua linea costiera fosse più lunga di quella della Nigeria. Trattandosi della costa interessata, diventava necessario valutare l'area rilevante ai fini della delimitazione, data "la particolare geografia del golfo di Guinea" (561), come accaduto nel caso "Guinea / Guinea-Bissau" (562). Il Camerun ha infine sostenuto che l'area interessata poteva comprendere stati terzi e pertanto ambiva a circoscrivere tale area con una linea che andava da Akasso (Nigeria) a capo Lopez (Gabon). Si trattava di una linea giusta, ricavata da linee di proiezione che collegano punti sulle cosiddette coste rilevanti, alcune delle quali in paesi terzi.

Descrivendo la linea come fantasiosa, la Nigeria ha dichiarato che "era fallimentare principalmente sotto cinque aspetti": la natura stessa della linea, che, lungi dall'essere una linea di delimitazione, era una linea di esclusione, che "impediva qualsiasi delimitazione tra la Nigeria e i due stati le cui coste si affacciano senza ostacoli sulle sue coste" (cioè, Guinea Equatoriale e São Tomé e Príncipe); le coste utilizzate per la costruzione del confine proposto non dovevano appartenere a uno stato terzo; il trattamento riservato alle isole, in particolare a Bioko, ignorata benché sede di una capitale politica, importante per la sua superficie e per la sua popolazione; la definizione dell'area rilevante da delimitare (il Camerun "cercava di compensare l'ingiustizia della natura presso la sua costa, appropriandosi di vaste zone al largo"); infine, il metodo seguito per la costruzione della linea, (non doveva essere aggiustato tenendo conto di circostanze che "non comportano solitamente svantaggi geografici, in quanto il diritto internazionale non ridisegna la situazione geografica degli stati") (563). La Nigeria ha aggiunto che la condotta delle parti nell'attribuzione e nello sfruttamento delle concessioni petrolifere – in grado di creare linee di fatto – svolgeva un ruolo cruciale nella delimitazione marittima. Di conseguenza, "la Corte non poteva, nell'area da delimitare, ridistribuire le concessioni petrolifere risultanti dalla pratica seguita da Nigeria, Guinea Equatoriale e Camerun, concessioni che essa doveva, nel determinare il tracciato della frontiera marittima, rispettare " (564). Per la Nigeria, i tribunali internazionali non avevano mai ignorato tali pratiche, e "tale moderazione era tanto più comprensibile in quanto i cambiamenti che ne sarebbero derivati, nel caso di vecchie concessioni petrolifere e di diritti acquisiti da tempo, avrebbero prodotto gravi difficoltà che andavano contro le considerazioni di equità da considerare nel processo di delimitazione" (565).

Dal canto suo, la Corte ha rilevato che la Guinea Equatoriale, nel suo intervento, le aveva chiesto di astenersi "da qualsiasi valutazione pregiudizievole" per i suoi interessi circa i negoziati relativi alle frontiere marittime con altri stati. La Guinea equatoriale ha ricordato alla Corte che la mediana, durante i precedenti negoziati con il Camerun, era sempre stata considerata da quest'ultimo come il confine tra i due, come confermato dalla loro pratica petrolifera. La Guinea Equatoriale ha aggiunto che un confine sulla mediana avrebbe causato "un danno irreparabile" e "portando alla massima confusione". La cosiddetta linea equa proposta dal Camerun avrebbe avuto l'effetto di eliminare la frontiera tra la Guinea Equatoriale e la Nigeria, delimitata da un accordo bilaterale, il 23 settembre 2000. Se, ha proseguito la Guinea Equatoriale, il Camerun non venisse vincolato da questo trattato ai sensi della regola *res inter alios acta*, non potrebbe neppure pretendere di trarne vantaggio invocando, come circostanza particolare, il fatto che il confine tra Nigeria e Guinea Equatoriale si trova sul lato guineano della mediana. Infine, la Guinea Equatoriale ha evocato l'*enclavement* dell'isola di Bioko se la linea proposta dal Camerun fosse stata accolta (566).

Nel replicare, la Corte ha osservato che Camerun e Nigeria avevano aderito alla convenzione del 1982 sul diritto del mare, da loro ratificata; occorreva dunque applicare gli art. 74 e 83 i quali prevedevano che la delimitazione andasse effettuata in modo da "giungere a una equa soluzione". I due stati concordavano sul fatto che la delimitazione della piattaforma continentale e della zona economica esclusiva fosse effettuata mediante un'unica linea, e che i criteri e i principi applicabili trovassero la loro espressione nel cosiddetto metodo dei principi equi (o circostanze pertinenti), metodo molto vicino all'equidistanza (o circostanze speciali) applicabile per la delimitazione del mare territoriale. A detta della Corte, tale metodo consisteva nel tracciare una linea di equidistanza e poi nell'esaminare se esistessero fattori in grado di adattare o addirittura spostare tale linea per ottenere un risultato equo. La Corte ha dichiara che avrebbe applicato il metodo utilizzato in particolare nella causa "Jan Mayen" del 1993 tra Danimarca e Norvegia (567), nonché nella causa del 2001 "Qatar contro Bahrein" (568).

Circa la determinazione delle coste pertinenti per la delimitazione dei punti base utilizzati in vista della costruzione della linea di equidistanza, la Corte ha respinto la tesi del Camerun secondo cui si doveva prendere in considerazione la costa del Golfo di Guinea, da Akasso (Nigeria) a capo Lopez (Gabon), senza considerare gran parte delle coste dell'isola di Bioko. Per la Corte, il confine andava determinato esclusivamente da punti situati sulle coste dei due stati. Data la loro configurazione e lo spazio circoscritto per la delimitazione, la Corte individuava solo due punti di ancoraggio terrestre per la costruzione della linea (West Point e East Point), cioè i punti più meridionali sulle linee di bassa marea dei due paesi, collocati su ciascun lato della baia formata dagli estuari del Cross River e dell'Akwayafé. La Corte si è poi domandata quali fossero le circostanze da tenere presenti ai fini dell'adeguamento della linea di equidistanza per un risultato equo. Non si trattava, qui, di delimitare con equità, poiché altri casi avevano dimostrato che "l'equità non è un metodo ma un obiettivo di cui tenere conto quando si stabilisce una delimitazione" (569). Tra le circostanze, la Corte ha menzionato la configurazione geografica degli spazi marittimi, un dato non modificabile. Al proposito, ha ricordato le cause "Mare del Nord", in cui i giudici avevano spiegato che l'equità "non implica necessariamente uguaglianza" e che in fase di delimitazione "non si tratta mai di rifare integralmente la natura", ovvero, "non si tratta di rifare completamente la geografia in una qualsiasi situazione di fatto ma, in presenza di una situazione geografica di quasi uguaglianza tra più stati, bisogna rimediare a una peculiarità non essenziale da cui potrebbe, però, derivare un'ingiustificabile differenza di trattamento" (570).

La Corte ha dunque rigettato l'affermazione del Camerun secondo cui la concavità del golfo di Guinea in generale e quella delle coste del Camerun in particolare, creando un effetto di chiusura, costituissero una circostanza a suo favore, poiché bisognava che tale concavità sussistesse nel settore da delimitare, come aveva spiegato il tribunale arbitrale non solo nei casi "Mare del Nord", ma anche in quello "Guinea / Guinea-Bissau" (571). Tuttavia, la concavità delle coste del Camerun "si manifesta essenzialmente nel settore in cui si affacciano su Bioko" (572). Pure riguardo a quest'isola, la Corte ha respinto l'affermazione del Camerun secondo cui Bioko avrebbe l'effetto di ridurre significativamente la proiezione delle sue coste verso il mare aperto. Per quanto riguardava l'argomento invocato dal Camerun relativo alla disparità tra la lunghezza delle sue coste e quelle della Nigeria nel golfo di Guinea, la Corte ha ritenuto che le coste pertinenti del Camerun non fossero più lunghe di quelle della Nigeria.

Dopo aver respinto le varie argomentazioni presentate dal Camerun come circostanze atte a giustificare un aggiustamento della linea di equidistanza, la Corte ha preso in esame un'ultima questione, sollevata questa volta dalla Nigeria: la pratica petrolifera delle parti. Al proposito, ha affermato che le concessioni e i pozzi, seppure potessero indicare un consenso delle parti sugli spazi marittimi loro appartenenti, non costituivano circostanze rilevanti idonee a giustificare uno spostamento della linea, a meno che non fossero oggetto di un accordo espresso o tacito. Ma detto accordo non esistendo, si è concluso che la linea portava a un risultato equo. Tuttavia, la Corte ha notato che il punto G, come definito nella dichiarazione di Maroua del primo giugno 1975, non si trovava sulla linea di equidistanza, ma più a est; la dichiarazione tracciava dunque la frontiera in modo che essa raggiungesse, dal punto G, la linea di equidistanza al punto X (8° 21' 20" di longitudine est e 4° 17' 00" de latitudine nord). La frontiera, che si piegava nel punto X, proseguiva poi verso sud lungo la linea di equidistanza. Poiché la decisione della Corte doveva essere tale da non pregiudicare i diritti della Guinea Equatoriale, "non si poteva fare altro che indicare, a partire dal punto X, la direzione generale della frontiera" (573), seguendo una linea lossodromica con un azimut di 87° 52' 27".

### 3.10.8, Le responsabilità internazionali

Dopo aver completato l'intera delimitazione, la Corte è passata ad esaminare le responsabilità internazionali invocate dalle due parti. Il Camerun aveva sostenuto che la Nigeria era responsabile di atti illegali commessi sul territorio camerunese, per i quali si attendeva un risarcimento per i danni materiali e morali subiti. Il Camerun chiedeva pertanto alla Corte "di autorizzarlo a presentare una valutazione dell'importo dovutogli a titolo di risarcimento dei danni" (574). Gli atti illeciti ai quali faceva riferimento erano così esposti nelle sue conclusioni finali, durante il procedimento orale: "*d)* tentando di modificare unilateralmente e con la forza i confini del confine (...), la Repubblica Federale della Nigeria aveva violato e violava ancora il principio fondamentale del rispetto dei confini ereditato dalla colonizzazione (*uti possidetis juris*) nonché le norme giuridiche relative alla delimitazione terrestre e marittima; *e)* ricorrendo alla forza contro la Repubblica del

Camerun e, in particolare, occupando militarmente porzioni di territorio camerunese nella zona del lago Ciad e della penisola camerunese di Bakassi, effettuando ripetute incursioni lungo il confine tra i due paesi, la Repubblica Federale della Nigeria aveva violato e stava ancora violando i propri obblighi derivanti dal diritto internazionale convenzionale e consuetudinario; *f)* la Repubblica Federale della Nigeria aveva il dovere espresso di porre fine alla sua presenza, sia amministrativa che militare, sul territorio camerunese e, in particolare, di evacuare senza indugio e incondizionatamente le sue truppe dalla zona occupata del lago Ciad e dalla penisola camerunese di Bakassi, astenendosi da azioni analoghe nel futuro; *g)* non rispettando l'ordinanza sulle misure provvisorie emessa dalla Corte il 15 marzo 1996, la Repubblica Federale della Nigeria era venuta meno ai suoi obblighi internazionali" (575).

La Corte ha esaminato le conclusioni del Camerun relative alla responsabilità della Nigeria, poi le domande di quest'ultima relative alla responsabilità del Camerun. Da parte sua, il Camerun ha avanzato due distinte serie di conclusioni riguardanti, da un lato, la regione del lago Ciad e la penisola di Bakassi, dall'altro, i settori rimanenti della frontiera. Rispetto alla regione del lago Ciad, il Camerun aveva sostenuto che pescatori provenienti dalla Nigeria si fossero progressivamente insediati nel territorio camerunese a causa del prosciugamento del lago, e che diverse incursioni dell'esercito nigeriano avevano dato origine, dal 1987, all'occupazione di 18 villaggi e 6 isole. Il Camerun affermava inoltre che la penisola di Bakassi era stata attaccata nel dicembre 1993, "nell'ambito di un'invasione pianificata con cura e in modo deliberato" (576) e che alcuni posti di controllo camerunesi erano caduti nelle mani delle forze nigeriane. Il Camerun invocava quindi il principio di non uso della forza e quello di non intervento, come espresso dalla Carta delle Nazioni Unite, art. 2. La Nigeria sarebbe stata quindi obbligata a porre fine alle sue occupazioni, a evacuare senza indugio le sue truppe e a riparare il danno prodotto.

La Nigeria, da parte sua, ha dichiarato che l'occupazione era pacifica e che il suo dispiegamento di forze "avrebbe avuto lo scopo di risolvere questioni interne e di reagire a una campagna di invasioni sistematiche del Camerun sul territorio nigeriano" (577). Ha poi aggiunto, riguardo alla creazione del comune di Bakassi, che, "se la Corte avesse riconosciuto la sovranità del Camerun su queste aree, non avrebbe rilevato nulla d'irreversibile nelle disposizioni adottate al riguardo dalla Nigeria stessa" (578).

La Corte – dopo aver ricordato il caso del "Tempio di Preah Vihear" (579), in cui alla Tailandia era stato imposto di ritirare le sue truppe dal territorio cambogiano, e il caso "Libia / Ciad", in cui la Libia era stata oggetto allo stesso obbligo – ha imposto alla Nigeria di ritirare le truppe dal territorio camerunese quanto prima e incondizionatamente. Lo stesso obbligo è stato imposto al Camerun per quanto riguardava le sue forze sul territorio nigeriano. La Corte ha insistito sul fatto che l'esecuzione della sua sentenza avrebbe offerto ai due paesi "un'occasione privilegiata di cooperare nell'interesse delle popolazioni affinché potessero continuare a beneficiare di servizi scolastici e sanitari paragonabili a quelli di cui già beneficiavano" (580). Ha poi rilevato il peso di una dichiarazione del Camerun secondo cui "oltre 3 milioni di nigeriani vivevano sul suolo camerunese, esercitando senza restrizioni, varie attività ed essendo ben integrati nella società camerunese" (581). Il Camerun aveva persino sostenuto che, "fedele alla sua politica tradizionalmente accogliente e tollerante", "avrebbe assicurato la propria protezione" (582) ai nigeriani di Bakassi e a coloro che vivevano nella regione del lago Ciad. La Corte ha poi rigettato la richiesta del Camerun di ottenere garanzie di non ripetizione per il futuro, "considerando che non poteva prevedere l'ipotesi in cui una delle parti non rispettasse la sovranità territoriale dell'altra" (583), una volta che la frontiera terrestre e marittima fosse stata chiarita.

Tenuto conto della sentenza della Corte e dell'evacuazione del territorio camerunese occupato dalla Nigeria, "i danni subiti dal Camerun a causa dell'occupazione del suo territorio sarebbero comunque stati presi in considerazione" (584). Per quanto li concerneva, i giudici hanno dichiarato che non stavano indagando se e in che misura la Nigeria fosse responsabile nei confronti del Camerun a seguito di questa occupazione. Circa le accuse del Camerun secondo cui la Nigeria non aveva rispettato l'ordinanza che indicava le misure provvisorie del 15 marzo 1996, la Corte ha rigettato tali conclusioni poiché non vi era una prova dimostrata. Ha respinto inoltre, per ragioni analoghe, l'accusa secondo cui la Nigeria era responsabile di diversi incidenti alla frontiera verificatisi tra il 1970 e il 2001, sia in mare sia in terra, incidenti che avrebbero provocato morti e feriti. Allo stesso modo ha rigettato la domanda della Nigeria basata su accuse analoghe.

### 3.10.9, La decisione della Corte

Per tutti questi motivi, la Corte ha sentenziato (585), con 14 voti contro 2, che il confine nella regione del lago Ciad era delimitato dalla dichiarazione Thomson-Marchand del 1929-1930, incorporata nello scambio di note Henderson-Fleuriau del 1931, e che il bordo di questo confine era il seguente: "dal tripunto nel lago Chad, 14° 04' 59" di longitudine est e 13° 05' di latitudine nord, la frontiera segue una linea retta sino alla foce del fiume Ebedji, situata a 14° 12' 12" di longitudine est e a 12° 32' 17" di latitudine nord". Con 15 voti contro 1 è poi stabilito che "la frontiera terrestre è delimitata, dal lago Chad sino alla penisola di Bakassi, da strumenti quali: *i)* dalla biforcazione del fiume Ebedji al monte Tamnyar, dai paragrafi da 2 a 60 della dichiarazione Thomson-Marchand del 1929-1930, come incorporata nello scambio di note Henderson-Fleuriau del 1931; *ii)* dal Monte Tamnyar al confine 64 menzionato nell'articolo 12 dell'accordo anglo-tedesco dell'aprile 1913, dall'ordine del consiglio britannico dell'agosto 1946; *iii)* dal cippo 64 alla penisola di Bakassi, dagli accordi anglo-tedeschi del marzo e aprile 1913".

La Corte ha statuito all'unanimità che "questi strumenti dovevano essere interpretati" conformemente a diversi paragrafi della sentenza, di cui sono riportati i numeri" (586).

Con 13 voti contro 3, la Corte decide (587) che "la sovranità sulla penisola di Bakassi è del Camerun", che "il confine di Bakassi è delimitato dagli articoli da 18 a 20 dell'accordo anglo-tedesco dell'11 marzo 1913 e che segue il thalweg del fiume Akpakorum (Akwayafé), che separa le isole di mangrovie vicino a Ikang secondo la mappa TSGS 2240, fino ad una linea retta che unisce Bakassi Point e King Point. Quindi, con 13 voti contro 3 (588), la Corte, dopo aver esaminato l'ottava eccezione preliminare della Nigeria, si è dichiarata competente ad analizzare le richieste del Camerun relative alla delimitazione delle zone marittime. Ha deciso anche che "il limite di dette zone, fino al punto G, seguiva il seguente percorso: dal punto d'intersezione tra la metà del canale navigabile del fiume Akwayafé e la linea retta di congiunzione tra Bakassi Point e King Point, il confine corrispondeva alla 'linea di compromesso' tracciata in modo congiunto dai due capi di stato a Yaoundé nell'aprile 1971 sulla mappa dell'ammiragliato britannico n. 3433 (dichiarazione di Yaoundé II) e passante per dodici punti numerati [di cui la Corte ha fornito le coordinate geografiche]; dal punto 12, il limite riprendeva la linea concordata nella dichiarazione di Maroua (firmata dai capi di stato nel giugno 1975 e poi modificata con loro scambio di lettere nel giugno e nel luglio 1975); tale linea passava per i punti cha andavano da A a G [di cui la Corte ha fornito le coordinate geografiche]".

All'unanimità, la Corte ha quindi stabilito che il limite delle zone marittime, dal punto G, coincideva con "una linea lossodromica (azimut di 270°) sino alla linea di equidistanza che passava per la metà della linea di congiunzione tra West Point e East Point", e che "il limite raggiungeva in un punto X questa linea di equidistanza" (8° 21' 20" di longitudine est e 4° 17' 00" di latitudine nord), infine, "limite, dal punto X, seguiva una linea lossodromica" (azimut di 187° 52' 27").

Con 14 voti contro 2 la Corte ha statuito che "la Repubblica della Nigeria era tenuta a ritirare quanto prima possibile e incondizionatamente la propria amministrazione e le proprie forze armate e di polizia dai territori che ricadevano sotto la sovranità della Repubblica del Camerun" (589), cioè la regione del lago Ciad e la penisola di Bakassi. Tuttavia, all'unanimità la Corte decideva pure che l'obbligo valeva nei riguardi del Camerun e nei confronti di qualsiasi amministrazione o forza nei territori soggetti alla sovranità della Nigeria (in questo caso nel settore compreso tra la regione del lago Ciad e la penisola di Bakassi). All'unanimità, la Corte invece respinto il resto delle conclusioni del Camerun sulla responsabilità internazionale della Nigeria, nonché le domande riconvenzionali di quest'ultima. Infine, con 15 voti favorevoli e 1 contrario, ha preso atto dell'impegno del Camerun, assunto in udienza, con cui il paese ha dichiarato che "fedele alla sua politica tradizionalmente accogliente e tollerante, avrebbe continuato ad assicurare protezione" ai nigeriani presenti nella penisola di Bakassi e nella regione del lago Ciad (590).

### 3.10.10 Le opinioni individuali e dissenzienti

Alla sentenza sono state allegate diverse opinioni personali, alcune dissenzienti. Così, nel suo parere separato, il giudice *ad hoc* Mbaye ha espresso rammarico per il fatto che la Corte si fosse astenuta dal ricorrere al principio del rispetto dei confini coloniali, insistendo sulla grande importanza di questo principio in Africa, specie quella occidentale, i cui sono paesi sono stati vittime dall'indipendenza "di un'instabilità che ha allontanato la ricerca costante di soluzioni reali al sottosviluppo" (591). Tale principio di *uti possidetis juris* era stato fatto proprio dai padri delle nazioni africane, "che volevano smentire l'idea che l'Africa fosse *partita male*" (592). Per questi padri si era trattato di scegliere il male minore, "non intendevano in nessun modo che i confini lasciati dai colonizzatori (per quanto assurdi, illogici, mal fatti, capaci di separare tra loro etnie e tribù) venissero messi in discussione" (593). Il giudice Mbaye ha ricordato che, nel 1964, scegliendo di "porsi non sul piano della verità storica ma sul terreno del diritto" e adottando la risoluzione relativa all'intangibilità delle frontiere, i leader africani "avevano sbarrato la strada a qualsiasi velleità secessionista" (594), schierandosi dietro la Nigeria per combattere i ribelli quando il Biafra, nel 1967, aveva sfidato detto principio. Per il giudice, inoltre, le società tradizionali africane non conoscevano il concetto di confine lineare, e ciò valeva in particolare per la regione compresa tra il lago Ciad e l'oceano: "(...) sembra che, da molto tempo e nonostante gli status politici che queste regioni hanno conosciuto nel corso della storia (possedimenti tedeschi, britannici o francesi, indipendenza), le popolazioni indigene si siano insediate secondo le loro affinità etniche e le loro condizioni economiche esigenze in totale spregio dei limiti territoriali della nazionalità, e che i governi successivamente abbiano cercato di trarre vantaggio da questa o quella situazione così creata (...). Ecco perché la salvezza dell'Africa risiede nel rispetto inequivocabile e senza commenti delle frontiere coloniali" (595).

Per quanto riguarda il colonialismo, il giudice Mbaye ha criticato tanto la dottrina su cui si basava tale sistema quanto il trattamento inflitto al valore dei trattati firmati con i *reucci* dell'epoca, "che avevano il solo scopo di fare gli interessi di quanto la conferenza di Berlino aveva deciso a detrimento dell'Africa" (596). Questi trattati consentivano allo stato colonizzatore "di disporre delle zone conquistate, esplorate o semplicemente visitate, in attesa di annetterle puramente e semplicemente" (597). Poiché gli atti di protettorato non avevano alcun valore nel diritto internazionale, "dare loro un significato oggi aprirebbe un vaso di Pandora" (598). Il giudice Mbaye ha infine sottolineato che, già prima dell'indipendenza, un certo numero di africani avevano "combattuto la dottrina fondata sulle nozioni di proprietà vacante e di senza proprietario o di assenza di sovranità che servivano da pretesto alla colonizzazione" (599).

Nella sua dichiarazione, il giudice Rezek, distinguendosi dalla maggioranza sulla questione territoriale di Bakassi, si è chiesto "per quale misterioso diritto divino" (600) la Gran Bretagna avesse affermato la propria autorità come stato protettore di certi territori africani. E si è interrogato "sull'esistenza di una parte di mondo in cui il mancato rispetto delle formalità più elementari sarebbe risultato compatibile con la natura complessa ed eminente di un trattato internazionale sui confini" (601). Il giudice ha quindi avanzato una critica inequivocabile al trattamento riservato al valore dei trattati nel sistema coloniale. Ecco le sue parole: "Rare sono le affermazioni, nel diritto internazionale classico, caratterizzate da tanta incoerenza; un'incoerenza tanto inammissibile sul piano morale quanto quelle che vorrebbero che gli accordi conclusi in passato tra potenze coloniali e comunità indigene padrone da secoli dei loro territori, organizzati e soggetti ad un'autorità riconosciuta non siano validi, perché i capi indigeni e le loro tribù non corrisponderebbero né a stati, né a organizzazioni internazionali, e quindi non avrebbero la capacità di concludere trattati" (602).

Con un parere separato, il giudice Ranjeva ha affermato, non senza umorismo, che "nei rapporti convenzionali con i capi indigeni, *pacta non servanda sunt*" (603). Ad esempio, l'accordo concluso da qualsiasi società indigena è da sempre trattato dalle potenze coloniali come un "pezzo di carta straccia" (604). È vero, ha spiegato il giudice, che "il concetto di nazione civile costituiva la condizione di ammissibilità allo *status* giuridico di soggetto internazionale" (605), mentre le società indigene tradizionali del continente non godevano di un riconoscimento formale di sovranità e non avevano la qualità di soggetto di diritto internazionale, sebbene il loro territorio non fosse una *terra nullius*. Al proposito ha menzionato un parere sul caso del Sahara occidentale (606). Per comprendere meglio il quadro giuridico della colonizzazione, il giudice Ranjeva pensava che andasse stabilita una distinzione tra diritto internazionale, definito come diritto dei rapporti tra potenze europee (o con sovrani da queste riconosciuti), e diritto coloniale, che regola i rapporti tra potenze europee e capi indigeni. Quanto all'applicazione delle norme del diritto intertemporale, il giudice ha dichiarato di non poter in nessun caso giustificare conclusioni così contrarie alle norme fondamentali.

Pur aderendo alla maggioranza, il giudice Al-Khasawneh ha ammesso quanto fosse difficile, sia moralmente che giuridicamente, conciliare il dovere di proteggere una potenza con l'alienazione del territorio protetto. Ha poi ricordato che i trattati di protezione costituivano talvolta un primo passo verso l'acquisizione di un titolo coloniale completo ma che non erano, prima di conferire tale titolo, altro che un mezzo di pressione, come dimostrato da numerosi esempi della prassi degli stati al tempo del congresso di Berlino. Per il giudice, i re e i capi del Vieux-Calabar possedevano la qualità richiesta per impegnarsi in relazioni internazionali convenzionali e il trattato del 1884, che riguardava la protezione piuttosto che un titolo coloniale, suggeriva, nei suoi stessi termini, che i suoi autori non avevano intenzione di cedere la sovranità territoriale. Quando la Gran Bretagna ha ceduto Bakassi alla Germania nel 1913, aveva esercitato poteri che non possedeva. Secondo il giudice, se sussisteva, nel diritto internazionale una forte presunzione contro la perdita della sovranità territoriale, tale presunzione era tuttavia suscettibile di essere confutata, in particolare dal comportamento successivo di una parte che non protestava: "*It is said that the God of sovereignty is a jealous God but apparently not in Bakassi, for, in reflecting on this case, one cannot but notice an extreme passivity and inaction on their part that managed to rebut the presumption. (...) Most notably, their failure to protest at the cession of their territory to Germany under the 1913 Agreement leaves me with no choice but to conclude that they had given their consent to that transfer volenti non fit injuria*" (607". Il giudice ha concluso che, solo per tale motivo, si era schierato con la maggioranza dei giudici sulla questione della sovranità su Bakassi.

In una lunga opinione dissenziente, il giudice *ad hoc* Ajibola ha, dal canto suo, menzionato l'unicità del caso, l'instabilità della situazione sul campo (esplosiva) e ha ricordato un obbligo cardinale della Corte: "*The paramount obligation of the Court is to give a decision that will do justice in accordance with the maintenance of international peace and security in any region of the world*" (608). Ha inoltre considerato che la Corte dovesse tener conto non soltanto dei titoli ma anche del contesto: "I*t will be difficult, if not impossible, for the Court not to recognize the status quo*" (609). In merito ai diritti delle popolazioni locali, il giudice ha citato un brano dell'arbitrato nel caso "Isola di Palmas" (menzionato *in primis* da H. Lauterpacht): "*International law, like law in general, has the object of assuring the coexistence of different interests which are worthy of legal protection. If, as in the present instance, only one of two interests is to prevail, because sovereignty can be attributed to but one of the Parties, the interest which involves the maintenance of a state of things having offered at the critical time to the inhabitants of the disputed territory, and to other States, a certain guarantee for the respect of their rights ought, in doubt, to prevail over an interest which – supposing it to be recognized in international law – has not yet received any concrete form of development*" (610). Il giudice ha ripreso il parere di Malcolm N. Shaw secondo il quale la prassi rivelava che l'instaurazione del sistema coloniale da parte delle potenze europee in Africa era stata legalmente realizzata non con l'occupazione di una *terra nullius* ma con cessioni concordate coi capi locali. Shaw ha tratto la seguente conclusione: "*This means that such rulers were accepted as being capable in international law not only of holding title to territory, but of transferring it to other parties*" (611). Il giudice ha valutato discutibile il riconoscere al Camerun il titolo di proprietà in base all'accordo del 1913, dato che gli articoli da 18 a 22 di questo strumento erano nulli, non avvenuti e separabili dall'accordo. Per il giudice, non solo la sovranità territoriale non poteva essere ceduta senza il consenso della popolazione locale e senza che quest'ultima fosse stata prima informata e consultata, ma il trattato era addirittura contrario alle disposizioni dell'art. 6 dell'atto generale della conferenza di Berlino: "*The European powers were enjoined to watch out over the preservation of the native tribes and not to take over or effect transfer of their territory*" (612). Il giudice ha inoltre sostenuto che la Corte avrebbe dovuto accogliere le argomentazioni della Nigeria sul consolidamento storico e sull'efficacia, sia per la regione del lago Ciad sia per la regione di Bakassi. Il valore probatorio del trattato del 1884 avvalorava chiaramente la posizione della Nigeria, dal momento che detto trattato di protezione non concerneva in alcun modo alla Gran Bretagna la sovranità territoriale detenuta su Bakassi dai re e dai capi del Vieux-Calabar sino all'indipendenza della Nigeria. Poiché la Gran Bretagna, ha quindi concluso il giudice Ajibola, non aveva alcun diritto su questo territorio, non poteva cederlo né alla Germania né, successivamente, al Camerun, diventato indipendente. Secondo il giudice, la Corte era andata controcorrente rispetto alla propria giurisprudenza, in particolare nel caso "Burkina Faso / Mali", ignorando le ultime frasi del paragrafo 63, che richiedono che l'efficacia sia invariabilmente presa in considerazione (613). Come lui, anche il giudice Koroma, col suo parere dissenziente, ha ritenuto che la rivendicazione territoriale della Nigeria, basata sul consolidamento storico, andava presa in considerazione. La Corte, invece, ha detto il giudice, ha scelto di sancire la realtà politica piuttosto che la validità legale: "*This finding, in violation of the applicable treaty and clearly in breach of the principle of pacta sunt servanda, is not only illegal but unjust*" (614).

### 3.10.11, Il dovere di cooperare e di proteggere le popolazioni

Si è notato da più parti (615) che l'impegno del Camerun a garantire la protezione dei nigeriani sul suo territorio è stato compreso dai giudici in un ampio contesto di cooperazione e in contraccambio del dovere della Nigeria di ritirarsi dai territori occupati illegalmente. Non è quindi certo che tale obbligo sia dovuto, se non nei casi di occupazione illegale, sebbene appaia "sorprendente limitarlo a questa sola ipotesi, ma per esserne certi bisognerebbe prima violare la legge". L'autore di questo parere offre qui un confronto con l'opinione sulla presenza illegale del Sudafrica in Namibia, in cui la Corte ha affermato di voler ridurre le conseguenze negative di detta occupazione. Se, nella fattispecie, "le formule sono troppo generiche per concludere che la Corte abbia affermato l'esistenza di diritti a diretto beneficio degli individui", l'obbligo di cooperare potrebbe essere inteso come un invito a temperare, a beneficio delle popolazioni, le conseguenze di un'applicazione rigida e rigorosa del diritto dei trattati di confine.

Ha scritto P. d'Argent: "Il genere di tutela anacronistica rappresentata dagli accordi territoriali delle potenze coloniali, sulla cui base i paesi dell'Africa vivono ancora oggi per mancanza di accordi tra loro, è compensata e relativizzata da un appello a una maggiore cooperazione a beneficio dei loro popoli. Se gli stati ritengono che questo dovere sia troppo oneroso, rimangono liberi di concordare altre frontiere che lo svuotano del suo oggetto. In attesa, l'attitudine migliore che possono adottare nell'oscura epoca della loro sottomissione è di liberarsi delle loro pesantezze e di collaborare" (616).

### 3.10.12, Le critiche alla decisione

Nel suo articolo (617) sul caso "Camerun c. Nigeria", Philippe Weckel ha descritto l'importanza di tale controversia, in particolare perché la Corte ha deciso questioni di principio riguardanti situazioni territoriali post-coloniali, e perché questa sentenza le ha consentito di "prevenire una pericolosa deriva del diritto internazionale minacciosa per la stabilità delle situazioni territoriali" (618). Va da sé che la decisione, come in ogni altro caso, può soddisfare solo una delle due parti, in quanto se al Camerun è stata riconosciuta, "con semplicità imperiale" (619), la sovranità territoriale sulla penisola di Bakassi, l'argomento della Nigeria ha dato luogo "alla condanna irrevocabile che colpisce la teoria dell'effettività territoriale *contra legem*" (620). Chi ha vinto? Chi ha perso? Con notevole attenzione alla precisione e alla concisione, il presidente della Corte, il giudice Guillaume, ha rilasciato alla stampa una dichiarazione di due pagine (621) che riassumeva il caso e ricordava come il Camerun avesse vinto la sua causa per quanto riguarda la regione del lago Ciad, la penisola di Bakassi e il primo segmento del confine marittimo (fino al punto G), mentre le tesi della Nigeria prevalevano oltre il punto G. Inoltre, nella regione compresa tra il lago Ciad e la penisola di Bakassi, la Corte aveva accolto o la richiesta del Camerun o quella della Nigeria o, ancora, adottato una soluzione intermedia. Il complesso caso, concernente vari tipi di delimitazione (lacustre, terrestre e marittima), costituisce una sintesi, in un certo senso, di tutti gli altri casi africani. La sentenza che ne è scaturita ha deciso diverse questioni sia a forti maggioranze (almeno 13 voti su 16) sia all'unanimità per quanto riguarda l'interpretazione dei tre strumenti principali, il limite delle zone marittime dal punto G, l'obbligo per il Camerun di ritirare le proprie forze dal territorio nigeriano, il rigetto del resto delle osservazioni del Camerun relative alla responsabilità internazionale della Nigeria e, infine, il rigetto della domanda riconvenzionale della Nigeria. Pertanto, e nonostante il significativo dissenso, non possiamo non sottolineare "da subito l'autorità particolare che si lega, al di là della forza obbligatoria di ogni sentenza per le parti, a un pronunciamento adottato in tali condizioni" (622).

Una delle più apprezzate specialiste in materia (623) ha preso atto di un'osservazione del presidente Schwebel secondo cui l'ordinanza era un esempio eloquente della cooperazione tra il Consiglio di Sicurezza e la Corte di Giustizia Internazionale nella risoluzione politica e giudiziaria dei conflitti, nonché la prova della sua influenza costruttiva e considerevole sullo sviluppo globale dei diritti umani. L'istanza d'intervento della Guinea Equatoriale, accolta all'unanimità dalla Corte, rifletteva la preoccupazione di quest'ultima di esaminare il caso nel suo contesto regionale e ciò era particolarmente appropriato in una zona – il golfo di Guinea – in cui la posta in gioco economica appariva considerevole e tanto più ambita in quanto l'area era, dopo tutto, piuttosto piccola. Se diversi protagonisti di questa regione marittima hanno avuto la saggezza di concludere accordi bilaterali sulla delimitazione e lo sfruttamento congiunto, nel resto del continente africano tali accordi sono ancora l'eccezione piuttosto che la regola: oltre al compromesso tra Camerun e Nigeria, ricordiamo la delimitazione della Guinea Equatoriale con São Tomé e Príncipe nel 1999, poi con la Nigeria nel 2000; la delimitazione del Gabon con São Tomé e Príncipe nel 2001; l'istituzione, nello stesso anno, di una zona di sviluppo congiunto per l'esplorazione e lo sfruttamento delle risorse, tra la Nigeria e São Tomé e Príncipe, fatta salva ogni possibile delimitazione (ma tale accordo non abbia avuto il successo sperato) (624). Infine, vi è stata la mediazione riguardante il Gabon e la Guinea Equatoriale, che riguardava sia la sovranità su alcune isole del golfo di Guinea, sia la delimitazione marittima. Un confronto può essere condotto anche con la disputa "Nicaragua v. L'Honduras", osservando che l'escalation di questa controversia, il 2 dicembre 1999, a seguito della firma del trattato di delimitazione tra l'Honduras e la Colombia, "ha dimostrato con chiarezza l'utilità di un approccio multilaterale e globale nella risoluzione delle questioni relative ai confini marittimi" (625).

C'è invece da chiedersi se la Corte abbia esaminato correttamente il concetto di consolidamento storico del titolo invocato dalla Nigeria, secondo cui tale paese eserciterebbe la sovranità su determinate aree (il lago Ciad e la penisola di Bakassi), sovranità basata, con l'accordo del Camerun, su una cooperazione a lungo termine, esercitata pacificamente e in modo effettivo in quanto sovrano. Tale concetto, ha osservato la Corte, era stato utilizzato una sola volta (nella causa Fisheries del 1951) e non poteva prevalere su un titolo convenzionale valido, a maggior ragione quando si riferiva a un periodo troppo breve. Così, la Corte, come per la causa "Burkina Faso / Mali" del 1986, ha affermato che il titolare del titolo doveva essere preferito all'amministratore di fatto. Per altro, poiché la Corte aveva già deciso che il trattato del 1884 comportava una cessione di territorio da parte dei capi locali, questione esaminata anche nel caso del "Sahara occidentale", bisognava trarne tutte le conseguenze giuridiche e, in particolare, dichiarare che l'efficacia non poteva essere in contrasto con un titolo. Così, e per quanto stimolanti risultino i dissensi, la Corte ha deciso molto chiaramente sulla priorità del titolo rispetto all'efficacia, dopo che il caso "Botswana / Namibia" aveva lasciato dubbi nell'esame della dottrina della prescrizione acquisitiva.

Circa la delimitazione marittima, la Corte, fedele alla regola *pacta sunt servanda*, ha ratificato gli accordi di Maroua firmati tra le parti – come aveva fatto il tribunale arbitrale con riferimento all'accordo del 1960 nel caso "Guinea-Bissau / Senegal". Al di là del punto G, per il quale si sarebbe proceduto *de novo*, la scelta della Corte sul metodo si è appoggiata sui principi equi e sulle circostanze rilevanti, cioè su un metodo simile a quello dell'equidistanza (circostanze pertinenti). Per la Corte, l'equidistanza non andava modificata nella fattispecie, poiché non sussistevano le circostanze in tal senso, mentre la presenza di concessioni e pozzi rappresentavano tutt'al più un consenso sui rispettivi spazi marittimi. Insomma, la Corte ha messo in guardia gli stati tentati ad agire unilateralmente nella concessione di aree petrolifere eccessive, ritenendo la pratica loro favorevole al momento di determinare un confine. D'altra parte, la decisione della Corte di non tenere in debito conto la concavità della costa del Camerun, che, data la presenza della Guinea Equatoriale, rischiava di trovarsi "senza sbocco sul mare", è stata criticata, e si è ritenuto che la Corte avesse respinto l'approccio equo adottato nel caso

"Guinea / Guinea-Bissau" al fine di massimizzare la stabilità nella regione.

Per quanto riguarda le questioni di responsabilità, la Corte ha imposto il ritiro immediato e incondizionato delle truppe di ciascuna parte presenti nel territorio dell'altra. Inoltre, per quanto riguarda più specificamente la questione dei danni asseriti, la Corte ha rigettato le domande sulla base di due motivi: l'assenza di prove (e ciò non è rimproverabile); la prospettiva che l'esecuzione della sentenza avrebbe dato luogo a una cooperazione privilegiata nell'interesse delle popolazioni (cosa auspicabile e misurabile nel tempo). Circa i danni subiti dal Camerun, la Corte ha dichiarato che erano stati sufficientemente presi in considerazione, alla luce della sentenza e dell'evacuazione del territorio camerunese da parte delle truppe nigeriane. C'è qui da chiedersi se esista, allo stato attuale del diritto internazionale delle frontiere, l'obbligo di cooperare e proteggere le popolazioni o anche gli individui? Nel caso riguardante il Sudafrica in Namibia, la Corte aveva dichiarato di voler ridurre le conseguenze negative sul popolo namibiano della presenza illegale del Sudafrica. Per quanto riguarda il caso di "Camerun v. Nigeria", si è ritenuto che non si potesse concludere che la Corte avesse affermato l'esistenza di diritti a diretto vantaggio degli individui, proponendo invece un'interpretazione dell'obbligo di cooperazione come un invito a temperare, a beneficio delle popolazioni, le conseguenze di una rigida applicazione del diritto dei trattati di frontiera, che, sebbene sancisse una sorta di anacronistica tutela degli accordi territoriali delle potenze coloniali, è stata tuttavia accolta quando i paesi africani di recente indipendenza hanno dichiarato, secondo la risoluzione del Cairo del 1964, d'impegnarsi a rispettare il principio dell'inviolabilità delle frontiere ereditato dal colonialismo. In ogni caso, ci sembra che la Corte si sia spinta oltre rispetto al caso "Eritrea / Yemen", quando il tribunale arbitrale si è limitato a prendere atto della volontà delle parti, espressa in un compromesso, di vedere la continuazione, a beneficio delle popolazioni locali, dell'attuazione di un regime di pesca tradizionale basato sui valori giuridici musulmani. La Corte ha osservato, d'altra parte, che l'uguaglianza tra gli stati segue la stessa logica dell'uguaglianza tra le persone. Possiamo qui misurare la distanza percorsa dall'approccio eurocentrico, in particolare nell'applicazione dei metodi giuridici di acquisizione territoriale. Il diritto internazionale dovrebbe evolvere tenendo conto della diversità dei paesi, come il diritto interno deve fare con la diversità degli individui.

### 3.11, Angola e Namibia

Da un'importante banca-dati risulta che, il 4 giugno 2002, è stato raggiunto un accordo tra l'Angola e la Namibia (627). La banca-dati indica la data e il titolo dell'accordo, ma non ne conserva il testo. Tuttavia, dal titolo si può dedurre che si tratta di un confine multifunzionale, costruito lungo un parallelo al limite di 200 miglia nautiche e il cui punto iniziale è alla foce del fiume Cunene (punto di demarcazione fissato da una commissione congiunta nel 2005) (628). Il 12 maggio 2009 la Namibia ha presentato una richiesta alla Commissione sui Limiti della Piattaforma Continentale (629) e l'Angola ha fatto lo stesso il 6 dicembre 2013 (630). Il 30 maggio 2014 e il 7 ottobre 2015, il Gabon (631) e la Repubblica Democratica del Congo (632) si sono rivolti rispettivamente alle Nazioni Unite per affermare che la domanda dell'Angola violava i loro diritti. Al primo dicembre 2023, la CLPC non aveva ancora formulato le sue raccomandazioni in merito alle osservazioni della Namibia e dell'Angola.

### 3.12, Ghana e Costa d'Avorio

Ancor prima di rivolgersi al Tribunale Internazionale del Diritto del Mare per la delimitazione dei loro confini marittimi (figura 11), il Ghana e la Costa d'Avorio hanno presentato osservazioni alla CLPC (rispettivamente, nell'aprile e nel maggio 2009), poi – nel dicembre 2014 – hanno raggiunto un compromesso con il TIDM, che ha emesso un'ordinanza di misure conservative nel 2015, seguita da una sentenza (633) nel settembre 2017. Poche settimane dopo, le due parti hanno concluso un accordo di cooperazione per lo sfruttamento offshore di idrocarburi presenti a livello transfrontaliero.

### 3.12.1, Le domande sottoposte alla Commissione sui Limiti della Piattaforma Continentale e il compromesso

Il Ghana che la Costa d'Avorio hanno presentato dei dossier alla CLPC (634), rispettivamente, il 28 aprile e l'8 maggio 2009 per far valere i loro diritti sulle zone oltre le 200 miglia nautiche. Il 22 giugno 2009, la Nigeria ha inviato una lettera alle Nazioni Unite in cui affermava di non avere obiezioni alla richiesta del Ghana a condizione che non pregiudicasse la sua delimitazione marittima con esso (635). La CLPC ha formulato una raccomandazione in merito alla richiesta del Ghana il 5 settembre 2014 e in merito a quella della Costa d'Avorio il 5 febbraio 2020. Nel frattempo, il 3 dicembre 2014, le due parti, tramite compromesso, si sono rivolte al TIDM (636), il quale ha emesso la sua sentenza nel dicembre 2017.

### 3.12.2, Una questione legata al petrolio

Nelle osservazioni conclusive, il Ghana sostiene che i due paesi "hanno reciprocamente riconosciuto, accettato e rispettato un confine marittimo basato sull'equidistanza nel mare territoriale, nella ZEE e sulla piattaforma continentale" (par. 1), sia oltre che entro le 200 miglia nautiche, a partire dal punto terminale del confine terrestre stabilito dall'accordo anglo-francese del 1893. Il Ghana aggiunge che la Costa d'Avorio non può contestare la frontiera accettata in base alla regola dell'*estoppel*. La Costa d'Avorio sostiene, dal canto suo, una linea con un azimut di 168,7° e aggiunge che il Ghana ha violato i suoi diritti sovrani agendo unilateralmente sulla piattaforma continentale ivoriana, ma ha pure violato l'ordine emesso dal TIDM il 25 aprile 2015 secondo cui le caratteristiche fisiche delle aree contese non dovrebbero essere alterate dalle attività di esplorazione e sfruttamento petrolifero durante il periodo precedente la risoluzione della controversia (639). La Costa d'Avorio chiede quindi al TIDM d'invitare le parti a condurre negoziati sulle riparazioni che le sarebbero dovute e, in mancanza di un accordo, a fissare le modalità.

*F. 11. La frontiera marittima tra Ghana e Costa d'Avorio*
(fonte: Sentenza del TIDM, Recueil 2017, p. 34, 107 e 147)

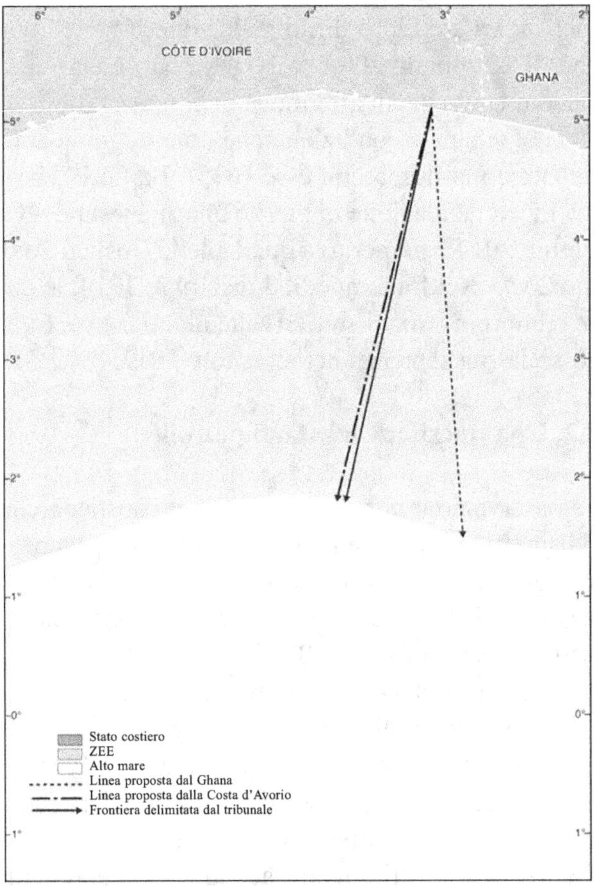

### 3.12.4, L'ordinanza di prescrizione delle misure conservative

Il TIDM, con ordinanza del 25 aprile 2015, afferma che il Ghana "deve adottare tutte le misure necessarie garantendo che non sarà effettuata da lui o sotto il suo controllo nessuna nuova trivellazione nell'area contesa". Il TIDM ha anche invitato entrambe le parti a prendere "tutte le misure necessarie per prevenire gravi danni all'ambiente marino, compresa la piattaforma continentale e le sue acque sovrastanti, nell'area contesa, cooperando a tal fine" (par. 108, 1) (640).

### 3.12.5, La delimitazione al di qua delle 200 miglia nautiche

Con la sentenza del 23 settembre 2017 (641), il TIDM ha dichiarato all'unanimità di essere competente a delimitare il confine marittimo in tutte le aree nazionali (mare territoriale, ZEE e piattaforma continentale), anche oltre le 200 miglia nautiche. Avendo poi rilevato che non vi era alcun tacito accordo tra le parti sulla delimitazione dell'equidistanza, il TIDM ha ritenuto che il confine marittimo unico iniziasse nel punto BP 55+ (coordinate 05° 05' 23,2" N, 03° 06' 21,2" O) e che era definito dalle linee geodetiche che congiungono i punti A, B, C, D, E e F. Si tratta di una linea di equidistanza, in quanto il TIDM non poteva modificare la linea di equidistanza provvisoria che aveva già tracciato poiché non vi erano circostanze rilevanti per farlo (quali la concavità delle coste della Costa d'Avorio, la convessità di quelle del Ghana, l'ubicazione delle risorse petrolifere e il comportamento delle parti).

### 3.12.6, La delimitazione al di là delle 200 miglia nautiche

Oltre il punto F, il confine segue una linea geodetica di azimut iniziale di 191° 38' 06,7" fino al limite esterno della piattaforma continentale, oggetto – il 28 aprile 2009 – di una richiesta da parte del Ghana alla Commissione sui Limiti della Piattaforma Continentale, che ha emesso le sue raccomandazioni il 5 settembre 2014. Come il Ghana, l'8 maggio 2009 la Costa d'Avorio ha presentato una domanda alla CLPC (642), la quale ha dichiarato, nella lettera del 28 luglio 2009, di non opporsi alla richiesta. Il 5 febbraio 2020 la CLPC ha formulato le sue raccomandazioni sulla domanda ivoriana.

### 3.12.7, La responsabilità internazionale

Il Tribunale, nella sua sentenza del settembre 2017, ha stabilito la sua competenza a pronunciarsi sulla questione della responsabilità internazionale del Ghana e ha ritenuto, contrariamente a quanto sostenuto dalla Costa d'Avorio, che non avesse violato i diritti sovrani del paese vicino, rilevando che "in presenza di una sovrapposizione, i due stati interessati possono rivendicare la piattaforma continentale sulla base delle loro coste pertinenti. Solo una decisione sulla delimitazione determinerà quale parte della piattaforma continentale sarà di competenza di uno o dell'altro. Ciò significa che la decisione farà prevalere il diritto dell'uno su quello dell'altro. Tale decisione avrà quindi natura costitutiva e non è qualificabile come meramente dichiarativa" (par. 591). Con la sua sentenza, il TIDM ha infine stabilito che il Ghana non aveva violato né l'ordinanza relativa alle misure conservatorie, né le disposizioni della convenzione sul diritto del mare ai sensi dell'articolo 83, par. 1 e 3 (643).

### 3.12.8, L'accordo di cooperazione

Poche settimane dopo la pronuncia della sentenza, il 17 ottobre 2017, il Ghana e la Costa d'Avorio hanno concluso un accordo di cooperazione sulla prospezione e lo sfruttamento off-shore degli idrocarburi (644). Nel settembre 2019 i due hanno infine firmato le mappe che raffigurano il confine marittimo (645).

### 3.13, Gabon e Guinea Equatoriale

A seguito dell'accordo di delimitazione concluso nel 1974, denunciato dalla Guinea Equatoriale nel 2004 e oggetto di mediazioni infruttuose, il Gabon e la Guinea Equatoriale hanno sottoposto il diverbio alla CIG nel 2016. Al primo dicembre 2023, la causa era ancora pendente, mentre la Corte aveva fissato, come date di scadenza dei termini, il 5 ottobre 2022, per il deposito della replica della Guinea Equatoriale e il 6 marzo 2023 per la controreplica del Gabon.

#### 3.13.1, Mediazioni infruttuose

Nel settembre 1974 (646), il Gabon ha concluso un accordo di delimitazione terrestre e marittima con la Guinea Equatoriale. I due paesi procedevano nel frattempo a un rispettivo riconoscimento della sovranità sulle isole, con Mbanié come parte integrante del territorio gabonese, le isole Elobey e Corisco come appartenenti alla Guinea Equatoriale. Tuttavia, il 18 marzo 2004, il governo della Guinea Equatoriale ha presentato un'obiezione davanti all'ONU sull'autenticità dell'accordo del 1974, assicurando la sua fiducia nel segretario generale per trovare una soluzione pacifica al confine e la sovranità sulle isole. Quindi, dopo due mediazioni infruttuose sotto egida ONU, il 15 novembre 2016 Gabon e Guinea Equatoriale hanno firmato un accordo in base al quale hanno accettato di sottoporre la loro controversia alla CIG (648).

#### 3.13.2. Il compromesso tra le parti

Ai sensi dell'accordo speciale (649) notificato alla Corte il 5 marzo 2021, si chiedeva di "indicare se i titoli giuridici, i trattati e le convenzioni internazionali invocati dalle parti erano corretti nelle relazioni tra la Repubblica del Gabon e la Repubblica della Guinea Equatoriale per quanto riguardava la delimitazione delle frontiere marittime e terrestri comuni e la sovranità sulle isole Mbanié, Cocotiers e Conga". Da notare che il compromesso menzionava come il Gabon riconoscesse la convenzione di Parigi del 27 giugno 1900 (650) e la convenzione di Bata del 12 settembre 1974651 ritenendole applicabili alla controversia, mentre la Guinea Equatoriale riconosceva solo la prima di queste. Comunque, i due stati "si riservavano entrambi il diritto di invocare altri titoli legali".

### 3.13.3, La frontiera terrestre

Definita per la prima volta nel 1900 secondo i termini di un accordo concluso dalle potenze coloniali dell'epoca – Francia e Spagna – la frontiera terrestre tra Gabon e Guinea Equatoriale andava dalla baia di Corisco per seguire il fondovalle dei fiumi Muni e Outemboni su una distanza di 66 chilometri. Il confine corrispondeva quindi al 10° parallelo di latitudine nord per una lunghezza di 150 chilometri prima di biforcarsi verso nord lungo il meridiano 11o 20', su una distanza di 130 chilometri fino al tripunto con il Camerun. Tuttavia, il Gabon ha sostenuto che un successivo accordo del 1974 – contestato dalla Guinea Equatoriale – prevedeva piccoli scambi territoriali che riflettevano il controllo di fatto su alcuni punti e chiarivano la questione della sovranità territoriale sulle isole della baia di Corisco (652).

### 3.13.4, La baia di Corisco

Si ritiene che la disputa sullo *status* della baia di Corisco (inclusa l'isola di Mbanié) sia sorta nel 1972, quando il Gabon ha esteso la larghezza del suo mare territoriale a 12 miglia nautiche, mentre, nel 1999, la Guinea Equatoriale ha variato i limiti della sua zona economica esclusiva, concludendo un accordo con São Tomé e Príncipe in base al quale le è stata assegnata la preminenza sulle isole della baia. Tuttavia, Mbanié si trova vicino alla costa del Gabon, in un settore potenzialmente dotato di risorse petrolifere offshore (653).

### 3.14. Conclusione

Nell'oceano Atlantico, dove gli interessi economici sono rilevanti in quanto vi sono ampie piattaforme continentali, devono ancora essere realizzate numerose delimitazioni marittime, in particolare al largo delle coste dell'Africa occidentale e nel golfo di Guinea (Guinea / Sierra Leone, Sierra Leone / Liberia, Liberia / Costa d'Avorio, Ghana / Togo, Togo / Benin, Benin / Nigeria), senza contare, più a sud, l'assenza di delimitazione precisa tra i due Congo e con i rispettivi vicini. In assenza di una delimitazione formale, alcuni stati hanno potuto istituire zone di sfruttamento congiunto, come ad esempio quella istituita nel golfo di Guinea dalla Nigeria e da São Tomé e Príncipe il 21 febbraio 2001 applicabile per una durata di 45 anni e avente stabilito una divisione dei profitti e degli obblighi in proporzione del 60% per la Nigeria e del 40% per São Tomé e Príncipe (654). In generale, i paesi membri della Comunità economica degli stati dell'Africa occidentale (CEDEAO) – Benin, Costa d'Avorio, Ghana, Nigeria, Togo – hanno adottato, nel febbraio 2009, una politica comune secondo la quale si sono impegnati a non opporsi ai dossier depositati davanti alla commissione sui limiti della piattaforma continentale. Ovvio, la delimitazione formale non impedisce uno sfruttamento congiunto come quello della Guinea-Bissau e del Senegal, che hanno concluso, il 14 ottobre 1993, un accordo (655) con cui è stata stabilita una zona tra gli azimut di 268° e di 220° tracciati a partire dal capo Roxo, ad esclusione dei rispettivi mari territoriali, dove però rimaneva autorizzata la pesca artigianale (art.1). L'accordo prevedeva inoltre che la ripartizione del prodotto delle risorse della pesca provenienti da quell'area fosse stabilita nella misura del 50% per ciascuno dei due paesi, mentre quello della piattaforma continentale andasse al Senegal in una proporzione dell'85% (art. 2). L'accordo firmato aveva una durata di 20 anni (art. 8).

Se, come abbiamo detto, i confini marittimi delimitati sono relativamente pochi, dato il gran numero di stati costieri, bisogna osservare che alcuni sono riusciti delimitare tutti o la maggior parte dei loro confini. È il caso del Senegal e delle sue quattro frontiere marittime (rispettivamente con Guinea-Bissau, Gambia, Capo Verde e Mauritania). Solo rispetto alla Mauritania la frontiera non è ancora stata delimitata, probabilmente per un motivo che ricorda le difficoltà poste dalla gestione del confine terrestre, più precisamente del confine fluviale, poiché il punto iniziale di tale confine in mare deve normalmente coincidere con il punto terminale del confine fluviale. Ora la disputa riguarda la questione se questo punto si trovi sulla sponda destra o sulla mediana delle due sponde.

Le controversie sui confini marittimi in Africa sono molto spesso legate a controversie sui confini terrestri, come dimostra il caso "Gabon / Guinea Equatoriale". Oltre all'esempio del Senegal, quello della Guinea-Bissau è particolarmente eloquente e importante, avendo detto paese delimitato ciascuna delle sue due frontiere marittime (rispettivamente con il Senegal e la Guinea), e ciò per giurisdizione. Nel caso "Guinea / Guinea-Bissau", la problematica dei metodi di delimitazione ha sviluppato un ampio dibattito, in particolare sulla perpendicolare alla direzione generale delle coste: riguardo alle qualità intrinseche di questo metodo, le opinioni degli autori restano difformi. È stato considerato in genere piuttosto inappropriato in quanto "portato a stravolgere la natura a vantaggio della Guinea" (656). È stato inoltre affermato che l'utilizzo di detto metodo ne rivela generalmente il carattere arbitrario, data la difficoltà di individuare in natura una costa diritta e di determinare la direzione generale di tale costa (657). Aggiungiamo che non solo l'orientamento di questa costa pone seri problemi di applicazione, ma anche la relativa lunghezza della costa è, a nostro avviso, di difficile valutazione. È vero che le coste del continente africano sono poco frastagliate, se le paragoniamo ad esempio a quelle dell'Europa, e che il metodo perpendicolare può essere appropriato, come è stato sostenuto da taluni (658). Ma manteniamo riserve sulla scelta di questo metodo, considerando che in sede di tribunale si è presa una libertà che "nuoce alla sicurezza dei rapporti giuridici tra gli stati e non consente alcuna prevedibilità nella delimitazione della piattaforma continentale" (659). Per altro, questo approccio è stato elogiato dai funzionalisti perché tiene conto degli interessi dei paesi terzi della regione (660). Dovremmo però sottolineare che questo interesse non è facile da stimare, soprattutto nelle regioni in cui le risorse sono soggette a rivalutazione o a svalutazione di tanto in tanto.

L'arbitrato, in linea di massima, potrebbe promuovere la stabilità del diritto in merito alla delimitazione marittima (661). Questo approccio semplifica la definizione del tracciato marittimo e la sua accettazione, confermando "la volontà degli stati africani di rendere più funzionali i loro confini [... In effetti, ] i vari stati costieri dell'Africa devono essere consapevoli dell'interesse che hanno a sfruttare immediatamente le risorse del mare, piuttosto che a guerreggiare per una semplice linea arbitraria e invisibile in mare, soprattutto quando le risorse, in particolare gli idrocarburi, rimangono sconosciute, o risultano addirittura inesistenti" (662). È indiscutibile che la perpendicolare offra il vantaggio di un metodo semplice nella sua disposizione e che forse produca un confine facile da rispettare, soprattutto per i piccoli equipaggi dediti alla pesca tradizionale e non dotati di attrezzature sofisticate per la navigazione. Pertanto, questo metodo, che presenta notevoli qualità, sarà probabilmente favorito dai tribunali nei casi di delimitazione tra coste adiacenti, che costituiscono la stragrande maggioranza dei casi in Africa, dove queste coste, lungi dall'essere divise come in Europa, sono piuttosto regolari e rettilinee. La stessa Guinea-Bissau, dotata di una moltitudine di isole, costituisce un'eccezione che conferma la regola generale, eppure in sede di tribunale non è esitato a cercare una direzione generale delle coste per tracciarne la perpendicolare.

La vicenda "Guinea / Guinea-Bissau" è importante anche per un altro motivo, in quanto i tribunali saranno senza dubbio chiamati a pronunciarsi su altri trattati di epoca coloniale nei quali le parti, alla fine del XIX secolo, avevano previsto la spartizione di isole poco conosciute (si pensi alla controversia "Gabon / Guinea Equatoriale"). Tuttavia, la Corte ha risposto chiaramente in senso negativo alla questione se tali linee debbano essere considerate come frontiere; la questione dell'intangibilità delle frontiere marittime quindi non, in detti casi, non si pone.

Interessante è anche l'altra delimitazione per giurisdizione – il caso "Guinea-Bissau / Senegal" – perché è il primo in cui ci si è chiesti se il principio dell'intangibilità delle frontiere, ben noto in materia terrestre, si applichi anche alle frontiere marittime. Nonostante la risposta a questa domanda rimanga d'importanza piuttosto limitata per il continente africano – dato che pochissimi altri confini marittimi, se non nessuno, sono stati delimitati dalle potenze coloniali prima dell'indipendenza – la problematica rimane significativa perché solleva un tema preliminare: fino a che punto bisogna spingere la logica della distinzione tra ambienti terrestri e marini? È riduttivo affermare che il tribunale arbitrale, nel rispondere, è stato molto laconico, dicendo semplicemente che non vedeva alcuna distinzione da fare tra le due tipologie di ambienti e che, conseguentemente, la regola dell'intangibilità doveva applicare indistintamente. Non ci sorprende che si sia registrato, in merito, un forte dissenso (quello del giudice Bedjaoui). Era però convincente?

Da notare che le valutazioni degli autori rimangono in generale assai diverse (663). Tra coloro che ritengono che l'*uti possidetis* si applichi alle frontiere marittime (664), ricordiamo una recente opinione secondo la quale la risoluzione del 1964 non faceva distinzione tra le due tipologie di frontiere, di conseguenza, applicando "il principio che non bisogna interpretare laddove la legge non interpreta, dobbiamo ammettere che non bisogna distinguere là dove la legge non distingue" (665). Altri, come il giudice Bedjaoui, ritengono invece che lì la norma non si applichi. Ci si può quindi schierare con l'opinione del giudice dissenziente, argomentando che: le frontiere marittime si fondano sul diritto più delle frontiere terrestri (in particolare con la cristallizzazione del concetto di zona economica esclusiva); il territorio marittimo non è interessato dall'occupazione umana; le questioni storiche hanno scarso impatto nel settore marittimo; il rapporto tra frontiera marittima e principio di autodeterminazione ha una natura differente (666).

# 4. L'OCEANO INDIANO

Eccetto per la delimitazione del confine tra Kenya e Somalia davanti alla CIG (tra il 2014 e il 2023) (sez. 4.10) e tra Mauritius e Maldive (tra il 2015 e il 2023) davanti a vari tribunali (sez. 4.11), tutti i confini africani nell'oceano Indiano sono stati concordati bilateralmente. Tre di essi riguardano la Tanzania, che ha concluso accordi con il Kenya rispettivamente nel luglio 1976 e nel giugno 2009 (sez. 4.1); poi con il Mozambico nel dicembre 1988 (sez. 4.3); infine con le Seychelles nel gennaio 2002 (sez. 4.5). Tale arcipelago ha raggiunto un accordo con la Francia nel febbraio 2001 (sez. 4.4). Da notare che la Francia aveva precedentemente firmato, nell'aprile 1980, un trattato con Mauritius riguardante l'isola della Réunion (sez. 4.2).

Più recentemente, nell'aprile 2005, la Francia ha stilato un altro accordo, questa volta con il Madagascar, riguardante l'isola della Réunion (sez. 4.6). Inoltre, nel luglio 2008 e nel febbraio 2012, le Seychelles hanno raggiunto un accordo con Mauritius (sez. 4,7) e le Comore sez. (4,8). Nel frattempo, nel dicembre 2011, queste ultime hanno delimitato il confine con il Mozambico (4.9).

La delimitazione marittima di Mauritius con le Maldive, è avvenuta attraverso diversi procedimenti: per quanto riguarda l'arcipelago di Chagos, vi sono stati la sentenza arbitrale del marzo 2015 e il parere consultivo del febbraio 2019 reso dalla CIG (667); nel gennaio 2021, il TIDM si è pronunciato sulle eccezioni preliminari sollevate dalle Maldive; poi, nell'aprile 2023, un giudizio nel merito ne ha fissato la delimitazione.

Come diversi paesi africani bagnati dall'Atlantico, anche Madagascar, Kenya, Tanzania, Somalia, Mozambico, Mauritius, Maldive e Seychelles hanno presentato proposte alla CLPC, individualmente o congiuntamente. Al primo dicembre 2023, si registravano però raccomandazioni solo nei casi di Mauritius, Seychelles e Kenya.

## 4.1, Kenya e Tanzania

*F. 12. La frontiera marittima tra Kenya e Tanzania*
(fonte: Labrecque, G., 2004, *op. cit.*, p. 359)

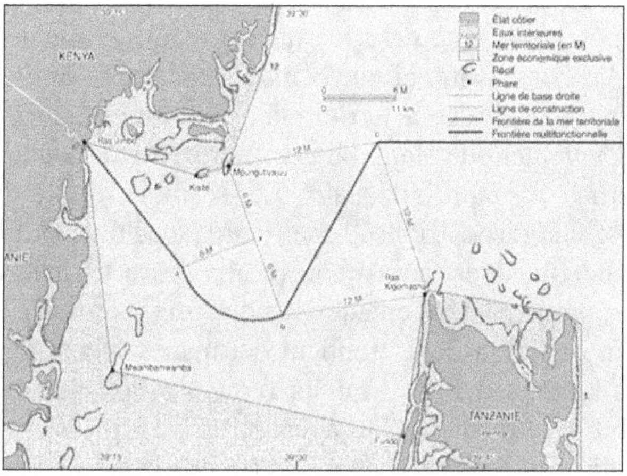


LEGENDA:
Stato costiero
Acque interne
Mare territoriale (M)
ZEE
Scogliera
Fari
Linea di base destra
Linea di costruzione
Frontiera del mare territ.
Frontiera multi-funzionale

Delimitato il 9 luglio 1976 tramite uno scambio di note (668), il confine marittimo tra Kenya e Tanzania (669) è tra coste che sono in un rapporto in cui prevale l'adiacenza, tranne che nel canale di Pemba dove la situazione è mista (figura 12). La linea di questo confine concordato è composita e ha tre punti importanti, tutti situati nel canale. Il primo e il terzo dei segmenti sono formati dalle mediane tra le linee di base rilevanti stabilite dai due stati nel loro scambio di note. Il punto *a* si trova a 12 miglia dal punto terminale del confine terrestre (capo Jimbo), mentre i punti *b* e *c* corrispondono alle intersezione di archi circolari di 12 miglia tracciati dai relativi punti base, e sono collegati da una linea equidistante dai punti base. Per quanto riguarda il segmento *ab*, è formato da un arco di 6 miglia tracciato tra *a* e *b*, il quale s'interseca in un punto *x* creato arbitrariamente. Questi due segmenti favoriscono il Kenya, a differenza degli altri due che, in linea di principio, separano equamente le zone (670). L'ultimo segmento è costituito da una linea retta tracciata lungo il parallelo dal punto *d* e si dirige verso est senza un punto terminale determinato, dato che i due paesi rivendicavano aree la cui estensione era molto diversa: il Kenya esigeva un mare territoriale di 12 miglia e una ZEE di 200 miglia, mentre la Tanzania, che non aveva decretato una ZEE, pretendeva un mare territoriale di 50 miglia. Lo scambio di note descrive questo punto terminale come segue: "verso est fino al punto in cui interseca i limiti estremi del confine delle acque territoriali o delle aree di giurisdizione nazionale dei due stati" (art. 2d); la frontiera risulta così asimmetrica e multifunzionale. Lo scambio di note prevede inoltre una disposizione – che ricorda alcuni accordi conclusi tra stati sudamericani – relativa alla pesca tradizionale, la quale è praticabile dai cittadini dei due paesi confinanti da una parte e dall'altra della frontiera del mare territoriale, all'interno della zona delle 12 miglia (art. 3a). Per quanto generoso, ilprovvedimento deve aver posto dei problemi quando il confine era asimmetrico e non appena ci si trovava a più di 12 miglia e a meno di 50 miglia dalla costa, poiché, ad es., un pescatore tanzaniano rischiava di essere osteggiato dalle autorità keniane quando si trovava illegalmente nella ZEE del Kenya, mentre non sarebbe stato vero il contrario!

Il 23 giugno 2009 è stato raggiunto un nuovo accordo riguardante la ZEE e la piattaforma continentale oltre le 12 miglia nautiche (671). Questo strumento, entrato in vigore lo stesso giorno della sua firma, prevede che la base della delimitazione sia il parallelo di latitudine, come stabilito nell'accordo del 1976, e che "la linea di confine continui verso est fino al punto in cui incontra il i limiti marittimi della piattaforma continentale e gli altri limiti marittimi della giurisdizione nazionale determinabili dal diritto internazionale" (art. 2). Il 6 maggio 2009 e il 18 gennaio 2012, Kenya e Tanzania hanno presentato, rispettivamente, una richiesta alla CLPC (672), la quale ha poi formulato le sue raccomandazioni il 7 marzo 2023, almeno per quanto attiene al Kenya. Le coordinate menzionate nell'accordo "debbono essere riviste dalle parti previa costituzione di un quadro geodetico di riferimento omogeneo per la regione” (art. 3). Si prevede infine che qualsiasi controversia relativa all’interpretazione e all’applicazione dell’accordo vada risolta per mediazione o con qualsiasi altro mezzo pacifico concordato in conformità alla CNUDM.

### 4.2, Mauritius e Francia (Réunion e Tromelin)

Il 2 aprile 1980, un accordo è siglato (673) tra la Francia – per conto dell’isola della Réunion – e Mauritius. Le due aree interessate sono costituite da isole troppo sparse (674) per stabilire un rapporto tra la superficie delle acque e quella delle terre emerse compreso da 1 a 1 e da 9 a 1, sicché non è possibile tracciare linee di base a livello di arcipelaghi (675) secondo la convenzione del 1982. Poiché il titolo e il contenuto dell’accordo menzionano solo l’espressione “zone economiche”, le opinioni divergono sulla natura stessa del confine, alcuni ritengono che questo strumento miri unicamente alla ZEE (676), mentre altri ritengono che riguardi anche la piattaforma continentale (677). Orientata nord-ovest / sud-est in una direzione che varia molto poco, la linea è stata descritta come una mediana rigorosa o semplificata tra coste talvolta adiacenti, talvolta opposte. È formata da 7 punti e separa, su 364 miglia nautiche (678), acque relativamente profonde (da 3.000 a 5.000 metri). Il capolinea meridionale si trova a 200 miglia nautiche da ciascuna delle isole, mentre quello settentrionale è un punto di tri-giunzione situato a circa 153 miglia da Mauritius, Réunion e Tromelin, (quest’ultima è una minuscola isola francese di appena 1 kmq “non associata e amministrata dalla Réunion” (679). Tromelin viene però rivendicata da Mauritius – indipendente dal 1968 e membro del Commonwealth britannico – in quanto faceva parte del territorio amministrato dalla Gran Bretagna a partire da Mauritius sul quale la Gran Bretagna stessa aveva concesso alla Francia, nel 1954, il permesso di costruire una pista di atterraggio, nonché una stazione meteorologica – tuttora utilizzata dalle squadre francesi – senza trasferire la sovranità (680).

### 4.3, Tanzania e Mozambico

L'accordo di delimitazione (681) siglato il 28 dicembre 1988 menziona nel preambolo che i due governi interessati hanno presente i principi della Carta dell'OUA e che vogliono riaffermare l'esistenza del loro confine terrestre (un'evidente allusione al rispetto dell'*uti possidetis*). In prossimità della costa, il confine delle acque interne è descritto come una linea retta che collega due punti: "uno alla foce del fiume Ruouma, equidistante" da due promontori situati su entrambi i lati del fiume (il punto è forse situato nel fondovalle del corso d'acqua?), l'altro coincidente con la mediana di una linea di chiusura alla foce del fiume (art. 1 e 2). La linea di demarcazione dei mari territoriali è definita anche come una linea retta di 12 miglia nautiche equidistante dalle coste. Tale linea multifunzionale è composta da due segmenti. Il primo segmento estende la linea dei mari territoriali nella stessa direzione, fino a 25 miglia nautiche dalla costa (detto segmento sembra divergere, a vantaggio della Tanzania, da una rigorosa linea di equidistanza). Il secondo segmento, che richiama la soluzione adottata da Kenya e Tanzania, ignora l'equidistanza poiché è stabilito secondo un parallelo, il che avvantaggia la Tanzania. Essendo la costa di quest'ultima concava, il metodo parallelo le permette di riguadagnare ciò che ha perso rispetto al Kenya. Il suo termine ultimo è indeterminato per tener conto degli interessi delle Comore, ma l'accordo prevede che tale aspetto sarà stabilito successivamente mediante scambio di note tra i due stati (artt. 3 e 4). Il 7 luglio 2010 e il 19 settembre 2012, Mozambico (682) e Tanzania (683) hanno presentato una domanda alla CLPC (a fine 2023, quest'ultima non aveva ancora formulato le proprie raccomandazioni) (684).

### 4.4, Seychelles e Francia (Grande Glorieuse e Lys)

Il 19 febbraio 2001, le Seychelles e la Francia concludono un accordo in cui i metodi di delimitazione sono espressamente designati: “based on equidistance, considered, in this particular case, as an equitable solution, in conformity with international law” (art. 1) (685). Si può ritenere che tali precauzioni siano state volute dalla Francia che non desiderava creare un precedente in una regione dove ha altre frontiere da negoziare. Inoltre, l’accordo non dice che questa linea di 169 miglia nautiche (686) è tracciata secondo una rigorosa equidistanza, ma prevede che questa linea multifunzionale debba passare tra le isole francesi della Grande Glorieuse e del Lys e le isole Assomption e Astove, sul lato delle Seychelles. L’accordo indica inoltre che ogni controversia relativa all’interpretazione e all’applicazione delle sue disposizioni debba essere risolta pacificamente (art. 5) e che entri in vigore il giorno della sua firma (art. 6) (687).

### 4.5, Seychelles e Tanzania

Il 23 gennaio 2002, meno di un anno dopo la stipula dell’accordo con la Francia, le Seychelles hanno concluso un accordo con la Tanzania (688), che prevede il ricorso al metodo dell’equidistanza in termini identici a quelli dell’accordo precedente. Il documento dichiara specificamente che il confine multifunzionale deve passare tra l’isola tanzaniana di Mafia e l’atollo di Aldabra e l’isola di Picard (dalla parte delle Seychelles). Come l’accordo precedente, anche questo prevede che le controversie si risolvano con mezzi pacifici (art. 5) e che entri in vigore il giorno della sua firma (art. 6).

### 4.6, Madagascar e Francia (Réunion e Tromelin)

L’accordo di delimitazione tra Madagascar e Francia (689) è stato concluso il 14 aprile 2005 ed è entrato in vigore il 18 giugno 2007. Nel preambolo si menziona che la delimitazione riguarda la ZEE e che il metodo adottato è l’equidistanza – sebbene la sproporzione tra queste coste opposte sia evidente. La linea, lunga 209 miglia nautiche (690), separa le acque della Réunion da quelle del Madagascar; è formata da archi geodetici che uniscono quattro punti, quello all'estremo settentrionale si trova al limite delle acque dell'isolotto di Tromelin (privo di risorse, con una vegetazione scarsa, ma la cui sovranità è oggetto di litigio tra Francia e Mauritius) (691).

### 4.7, Mauritius e Seychelles

Il 29 luglio 2008, Mauritius e Seychelles hanno firmato un accordo per delimitare la loro ZEE (692), entrato in vigore il 19 novembre 2008 (693). Il documento stabilisce che la delimitazione "si basa sull'equidistanza, considerata in questo caso particolare una soluzione equa in conformità con il diritto internazionale" (art.1). La linea, tra coste opposte, lunga 504 miglia nautiche e definita da 33 punti (694), è tracciata più precisamente tra la ZEE di Mauritius (isola di Agalega) e quella delle Seychelles (isole di Coëtivy, Saint-François, Providence e Farquhar) ed è formata da linee geodetiche che collegano 4 coordinate geografiche.

Una disposizione piuttosto insolita prevede che Mauritius e Seychelles cooperino "ogni qualvolta necessario al fine di preservare i punti base esistenti tra i due stati" (art. 5). Inoltre, le parti si impegnano a risolvere ogni controversia sull'interpretazione del trattato con mezzi pacifici, così come possono proporre modifiche attraverso i canali diplomatici (695).

Circa la delimitazione della piattaforma continentale oltre la ZEE, i due paesi, il primo dicembre 2008, hanno presentato, fatta salva tale delimitazione, una proposta congiunta alla CLPC che ha formulato le sue raccomandazioni il 30 marzo 2011 (696). Sulla base di queste, Mauritius e le Seychelles hanno concluso, il 13 marzo 2012, due accordi entrati in vigore il successivo 18 giugno e relativi all'esercitazione congiunta dei loro diritti nella regione dell'altopiano di Mascareignes (697) e sulla gestione congiunta di tale altopiano, in merito – soprattutto – alla protezione dell'ambiente, alla sorveglianza, alla sicurezza e ai salvataggi (698).

### 4.8, Comore e Seychelles

Il Dipartimento di Stato degli USA riferisce che, nel 2012, è stato concluso un accordo di delimitazione tra le Comore e le Seychelles (secondo un'altra fonte, la data esatta sarebbe: 17 febbraio) (699). Dalla lettura delle mappe allegate al rapporto (700), risulta che la delimitazione è equidistante dalle linee di base degli arcipelaghi di questi due stati (701). La delimitazione si estende su una distanza di 169 miglia nautiche e riguarda solo la ZEE (702). Inoltre, nel rapporto, si menziona che nel 2012 è stato raggiunto un accordo trilaterale (tra Seychelles, Comore e Tanzania) riguardo all'ubicazione del tripunto (è stato però osservato che detto accordo, come quello di delimitazione, non sarebbe ancora entrato in vigore) (703).

### 4.9, Comore e Mozambico

Il 5 dicembre 2011 le Comore e il Mozambico (704) stilano un accordo per delimitare la ZEE e la piattaforma continentale (705). La linea, di una lunghezza approssimativa di 281 miglia nautiche, è tracciata all'equidistanza tra le linee di base normali e le linee di base dell'arcipelago delle Comore (706). L'11 maggio 2009 il Mozambico fornisce le informazioni preliminari relative a una proposta da sottoporre alla CLPC. Lo stesso fanno le Comore il 2 giugno 2009 (707). Il 7 luglio 2010 il Mozambico presente poi la propria proposta (708).

### 4.10, Kenya e Somalia

Il 28 agosto 2014, la Somalia ha depositato alla CIG una domanda introduttiva d'istanza contro il Kenya per l'avvio di un procedimento (709), chiedendo di "determinare, in conformità con il diritto internazionale, il percorso completo dell'unica frontiera marittima (figura 13) che divide tutte le aree marittime della Somalia e del Kenya nell'oceano Indiano, ivi compresa la piattaforma continentale oltre il limite delle

200 miglia nautiche" (par. 25). Il 7 ottobre 2015 il Kenya ha presentato alcune eccezioni preliminari circa l'incompetenza della Corte e l'inammissibilità del ricorso, eccezioni che sono state respinte il 2 febbraio 2017 (710). Il 12 ottobre 2021, la CIG ha emesso la sua sentenza (711).

*F. 13. La frontiera marittima tra Kenya e Somalia*
(fonte: Sentenza della CIG, Recueil 2021, par. 179 e 199)

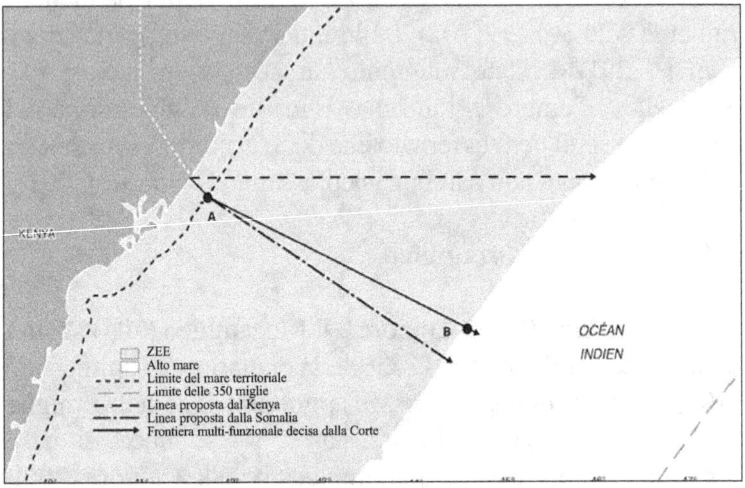


## 4.10.1, Obiezioni preliminari

Le obiezioni preliminari del Kenya si sono fondate in particolare sul memorandum d'intesa del 7 aprile 2009 che, al par. 6, recita quanto segue: "La delimitazione dei confini marittimi nelle zone contese, compresa la delimitazione della piattaforma continentale oltre le 200 miglia nautiche, sarà oggetto di un accordo tra i due stati costieri sulla base del diritto internazionale dopo che la commissione avrà completato la revisione delle comunicazioni separate formulate da ciascuno dei due paesi, formulando le proprie raccomandazioni riguardo alla fissazione dei limiti esterni della piattaforma continentale oltre le 200 miglia nautiche".

La Corte ha considerato che questa disposizione del memorandum dimostri chiaramente che le parti prevedevano di negoziare i confini marittimi nella zona della piattaforma continentale dopo aver ricevuto le raccomandazioni della CLPC, mantenendo separati il processo di delimitazione e quello di delineazione. Per la Corte, "*(d)* tali negoziati costituiscono il primo passo nella delimitazione della piattaforma continentale tra gli stati parti della CNUDM. La Corte, tuttavia, non ritiene che la formulazione del sesto paragrafo (...) fosse volta a stabilire un metodo di regolamento in vista della delimitazione del confine marittimo" (par. 98).

### 4.10.2, Le sottomissioni delle istanze alla Commissione sui Limiti della Piattaforma Continentale (CLPC)

La Corte ha proseguito affermando che la formula adottata non obbligava le parti ad attendere l'esito dei lavori della commissione, prima di cercare un accordo sulla loro frontiera marittima, né imponeva loro di ricorrere a un metodo particolare di risoluzione della controversia. Il 6 maggio 2009 (712), il Kenya ha presentato la sua istanza, mentre la Somalia ha fatto lo stesso il 21 luglio 2014 (713). Il 7 marzo 2023, la CLPC ha formulato le sue raccomandazioni per il Kenya. La Somalia, nell'atto introduttivo del procedimento (714), ha sostenuto che il suo governo, così come quello del Kenya, avevano precedentemente presentato alla CLPC, rispettivamente il 14 aprile (informazioni preliminari) e il 6 maggio 2009 (715), delle comunicazioni che non erano state oggetto di alcuna eccezione, come attestato dal memorandum d'intesa firmato il 7 aprile 2009 (716). La CIG, nella sua sentenza nel merito (717), ha notato che ciascuno dei due paesi si era inizialmente opposto all'esame da parte della commissione della richiesta dell'altro (ma tali eccezioni sono poi state revocate). La Corte ha quindi precisato che, alla data del giudizio in corso, la CLPC non aveva formulato alcuna raccomandazione in merito (punto 34).

### 4.10.3, Le frontiere proposte dalle parti

La CIG ha osservato che gli approcci del Kenya e della Somalia sono molto diversi in materia di delimitazione delle zone marittime (718). Se il Kenya ha sostenuto che esisteva già un confine marittimo concordato, la Somalia lo ha contestato. Per il Kenya, in particolare, la Somalia aveva concordato un confine che seguiva il parallelo passante per 1° 39' 43,2" di latitudine sud, ritenuto equo, tenendo conto del contesto geografico e della prassi regionale. Il Kenya ha aggiunto che, sebbene la Corte dovesse concludere che non esisteva ancora un confine marittimo, avrebbe dovuto farlo delimitare riprendendo tale parallelo. Comunque, il metodo dell'equidistanza provvisoria suggerita dalla Somalia sarebbe sfociata, in vista di un risultato equo, su una delimitazione connessa a detto parallelo. La Somalia, invece, ha affermato che l'equidistanza non ancora alla delimitazione del mare territoriale, della ZEE e della piattaforma continentale avrebbe prodotto un risultato equo come richiesto dal diritto internazionale.

### 4.10.4, La nozione di acquiescenza

La Corte ha esaminato in primo luogo se, come affermato dal Kenya, la Somalia avesse accettato la nozione secondo cui la frontiera marittima seguiva il parallelo. Ciò, per il Kenya, implicava l'esistenza di tre elementi: in primo luogo, un comportamento o un'omissione indicante il punto di vista di uno stato sul contenuto della norma giuridica applicabile; in secondo luogo, la conoscenza effettiva o presunta da parte di un altro stato di tale condotta o omissione; in terzo luogo, l'incapacità di quest'altro stato, entro un termine ragionevole, di dissociarsi o di respingere la posizione del primo, quando avrebbe dovuto reagire. Sebbene il Kenya non dichiarasse che l'esistenza di un confine derivi da atti unilaterali, riteneva che l'acquiescenza fosse una forma di consenso assimilabile a un accordo tacito. Così, ha sostenuto che la Somalia avesse dato il suo consenso a quando indicato, col non rispondere in modo negativo ai proclami presidenziali del Kenya datati 28 febbraio 1979 e 9 giugno 2005 e alla sottomissione del Kenya alla CLPC del 6 maggio 2009. Il Kenya ha quindi menzionato sia la normativa marittima della Somalia del 1988, che prevede per una linea retta rispetto al confine del mare territoriale, sia varie attività e comportamenti delle due parti in materia di pattugliamenti navali e intercettazioni in mare, nonché di pesca, ricerca scientifica marina e concessione di blocchi di prospezione petrolifera offshore. Dal canto suo e in ferma opposizione, la Somalia ha sottolineato che la Convenzione del 1982, agli articoli 15, 74 e 83, afferma chiaramente che la frontiera deve essere stabilita mediante accordo, anche se questo non è in forma scritta, ma non attraverso atti unilaterali. La Somalia ha aggiunto che l'assenza di protesta contro la notifica di un sinistro non può necessariamente costituire accettazione dello stesso.

#### 4.10.5, Il comportamento delle parti

Per la CIG, la delimitazione marittima non può essere effettuata unilateralmente, come aveva precisato già in altri casi, in particolare nell'*affaire* "Libia / Tunisia" (719) del 1982 e nell'*affaire* "Libia / Malta" (720) del 1985. La Corte, nel richiamare la decisione del TIDM nel caso "Ghana / Costa d'Avorio" (721), osserva che, il 26 e 27 marzo 2014, le parti si sono incontrate a Nairobi per negoziare, "facendo capire con questo semplice fatto di aver riconosciuto la necessità di delimitare la frontiera marittima tra loro" (punto 69). Per la Corte, "il Kenya non ha coerentemente sostenuto la sua affermazione secondo cui il parallelo costituisce l'unico confine marittimo con la Somalia. (...) In queste condizioni, la Somalia potrebbe ragionevolmente pensare che il suo confine marittimo con il Kenya (...) potrebbe venire stabilito da un accordo da negoziare e stilare successivamente. La Corte, pertanto, ritiene che non vi siano prove convincenti che la richiesta del Kenya e la sua condotta siano state mantenute nel tempo e pertanto richiede una reazione da parte della Somalia" (par. 71). La Corte afferma inoltre di non poter ignorare il contesto della guerra civile che ha privato la Somalia, tra il 1991 e il 2005, di un governo e di un'amministrazione efficaci. Respinge inoltre l'argomentazione del Kenya secondo cui il comportamento delle parti, in particolare per quanto riguarda le concessioni petrolifere, rivela l'esistenza di un confine marittimo di fatto, citando ancora una volta il caso "Ghana / Costa d'Avorio" in cui il i giudici hanno deciso che "dimostrare l'esistenza di una pratica petrolifera di lunga data o di concessioni petrolifere contigue non è sufficiente a confermare l'esistenza di una frontiera marittima" (722).

### 4.10.6, La delimitazione del mare territoriale

Avendo concluso che non esiste ancora un confine marittimo tra la Somalia e il Kenya, la CIG ha esaminato la questione della delimitazione di un unico confine del mare territoriale, della ZEE e della piattaforma continentale, oltre le 200 miglia nautiche, come richiesto dalla Somalia nella sua domanda di avvio del procedimento. Essendo, per altro, entrambi i paesi firmatari della convenzione del 1982, la Corte ne può legittimamente applicare le disposizioni per tracciare la frontiera marittima. Per quanto riguarda, in primo luogo, la delimitazione del mare territoriale, la Corte constata una divergenza di vedute, poiché il Kenya mantiene, come abbiamo detto, una linea che segue una parallela, mentre la Somalia propone una linea mediana conformemente a quanto disposto dall'articolo 15 della convenzione del 1982. Anche la Corte, all'unanimità, opta per una mediana costruita in base a 6 punti d'inflessione. Ma tale mediana differisce un po' da quella della linea indicata dalla Somalia, in quanto è stata costruita su punti di base riferiti esclusivamente alla terraferma continentale. La Corte osserva che la sua mediana è molto vicina a una linea perpendicolare rispetto all'orientamento generale della costa.

### 4.10.7, La delimitazione della zona economica esclusiva

La Corte è passata, quindi, all'esame della delimitazione relativa alla ZEE e alla piattaforma continentale entro 200 miglia nautiche. Fedele alla giurisprudenza, la CIG procede in tre fasi: tracciare una provvisoria equidistanza; prevedere un aggiustamento che tenga conto delle circostanze rilevanti; verificare, utilizzando il criterio della proporzionalità, che la soluzione sia equa. La Corte si chiede pertanto se sussistano circostanze che richiedano un adeguamento. Risponde affermativamente, ritenendo che "la potenziale amputazione dei diritti marittimi del Kenya deve essere valutata nel contesto geografico più ampio" (par. 166). S'ispira al caso "Guinea / Guinea-Bissau" in cui, invece di limitarsi al litorale, ha considerato "l'intera regione dell'Africa occidentale" al fine di cercare "una soluzione che tenesse conto globalmente della conformazione delle coste" (723). Nel caso del Kenya, prosegue la Corte, non si rileva alcuna potenziale amputazione dei suoi diritti, esaminando le sue coste e quelle della Somalia isolatamente; avviene invece il contrario, considerando l'insieme del litorale, dove queste stesse coste e quelle della Tanzania presentano una linea costiera fortemente concava e, inoltre, il Kenya, situato nel mezzo, appare privato dei suoi diritti (l'isola tanzaniana di Pemba accentua il fenomeno). Data la significatività dell'effetto di amputazione, è si giustifica l'adeguamento della linea di equidistanza provvisoria. Al proposito, la Corte richiama la giurisprudenza, in particolare il caso "Ghana / Costa d'Avorio" (724). Inoltre, il caso "Libia / Malta" evidenzia che "non si può parlare di rifare completamente la geografia o di rettificare le disuguaglianze naturali", che "l'equità non implica necessariamente uguaglianza" e che qui "non si tratta di giustizia redistributiva" (725). Pertanto, la Corte ritiene necessario spostare la linea verso nord in modo che segua, dal punto A, una linea geodetica avente un azimut iniziale di 114°, proseguendo fino alla sua intersezione con il limite di 200 miglia nautiche dalla costa del Kenya (punto B).

La Corte s'incarica di verificare, infine, se non sussista una marcata sproporzione tra la lunghezza delle rispettive coste interessate e la superficie degli spazi assegnati. La linea costiera della Somalia è di 733 chilometri, quella del Kenya 511 chilometri, mentre il rapporto tra le coste interessate è di 1:1,43 a favore della Somalia, mentre il confine marittimo divide l'area interessata in un raggio di 200 miglia, per cui circa 120.455 chilometri quadrati andrebbero al Kenya, mentre la restante parte, circa 92.389 chilometri quadrati, verrebbe destinata al Somalia, che dà un rapporto di 1:1,30 a favore del Kenya. Il confronto tra questi due rapporti non rivela alcuna sproporzione marcata. La Corte ritiene pertanto, con 10 voti contro 4, che le modifiche individuate per la linea di delimitazione corrispondano a una soluzione equa.

### 4.10.8, La delimitazione della piattaforma continentale al di là delle 200 miglia nautiche

Conformemente alla volontà espressa dalle parti, e dopo aver tracciato il confine al di sotto delle 200 miglia nautiche, la CIG è passata all'analisi dell'intera delimitazione della piattaforma continentale oltre le 200 miglia. I metodi proposti da Somalia e Kenya sono essenzialmente gli stessi suggeriti per la delimitazione al di sotto delle 200 miglia. Il Kenya sostiene che il confine dovrebbe estendersi lungo il parallelo e che, qualora la Corte non adottasse questo metodo, la linea di equidistanza dovrebbe essere modificata per evitare un effetto di amputazione significativo, perché "una delimitazione marittima equa non può prescindere da confini equi, concordati nel passato, in conformità con la legge allora applicabile, e che si tratta sia di una questione di 'equità storica', sia di 'buon senso' (par. 185). Il convenuto menziona qui, in particolare, l'accordo concluso nel giugno 2009 con la Tanzania" (726). Al contrario, la Somalia ribadisce che i principi giuridici applicabili alla delimitazione al di sotto e al di là delle 200 miglia nautiche sono identici e ritiene che non vi siano circostanze rilevanti per giustificare un adeguamento della linea di equidistanza. Osserva poi che "qualsiasi riduzione complessiva dei diritti del convenuto" sarebbe una conseguenza dell'accordo del 2009 con il quale il Kenya "si è volontariamente privato di un'area marittima molto vasta, situata a sud del confine parallelo negoziato tra i due stati". La Somalia si riferisce in merito al caso "Barbados / Trinidad e Tobago" (727) del 2006 per sostenere la tesi secondo cui non si può pretendere che un terzo, rispetto a un dato accordo, "fornisca un risarcimento" per la scelta compiuta (par. 183). La Corte, che – con sentenza si dichiara competente sulle eccezioni preliminari – ricorda il caso "Nicaragua c. Honduras" (728), quando aveva affermato che qualsiasi rivendicazione di uno stato riguardante i diritti sulla piattaforma continentale oltre le 200 miglia va esaminata dalla CLPC ed essere conforme all'articolo 76 della convenzione del 1982. La Corte sottolinea poi che entrambe le parti hanno presentato richieste (il Kenya, il 6 maggio 2009 e la Somalia, il 21 luglio 2014) sollevando eccezioni, ma in un secondo momento hanno ritirato le rispettive domande. Per la Corte, la Somalia e il Kenya potrebbero stabilire i limiti esterni, definitivi e vincolanti delle loro piattaforme continentali grazie alle raccomandazioni emesse dalla Corte stessa. Questa richiama la decisione del 2012 del TIDM nel caso "Bangladesh / Myanmar" (729) per ricordare che "l'assenza di un'indicazione del limite esterno della piattaforma continentale non costituisce, di per sé, un ostacolo alla delimitazione di quest'ultima tra i due stati interessati, aventi coste adiacenti" (par. 189). Procedendo con la delimitazione oltre le 200 miglia, la Corte, con 9 voti contro 5, accoglie la tesi del Kenya relativa ad un adeguamento della linea provvisoria di equidistanza, quindi estende la delimitazione lungo la stessa linea geodetica della linea entro le 200 miglia, fino alla zona esterna delle piattaforme continentali delle due parti, da tracciare sulla base delle raccomandazioni della CLPC o in modo che la linea raggiunga un'area in cui i diritti di paesi terzi non vengano pregiudicati (730).

### 4.10.9, La violazione degli obblighi internazionali

Realizzata la delimitazione, la CIG affronta un'ultima questione, sollevata dalla Somalia nella sua replica. Tale paese si è rivolto alla Corte affinché "giudichi se, con il suo comportamento nell'area contesa, il Kenya abbia violato i suoi obblighi internazionali, e se, secondo il diritto internazionale, sia tenuto a rimediare alla totalità dei danni subiti dalla Somalia", comunicandole i dati di carattere tecnico (sismico, geologico e batimetrico) raccolti nelle zone sotto la sua sovranità e/o sua giurisdizione, "riparando la totalità del danno, con un adeguato risarcimento" (par. 26). La Corte sottolinea che le attività del Kenya nell'area contesa non sono tali da compromettere o ostacolare un accordo di delimitazione della frontiera marittima, in violazione all'art. 74 par. 3 o all'art. 83 par. 3 della convenzione del 1982. Di conseguenza, la CIG stima che il convenuto non si sia sottratto ai suoi obblighi internazionali con le attività marittime sviluppate nella zona. Pertanto, rigetta all'unanimità la richiesta di riparazione.

### 4.11, Mauritius e Maldive

Il 18 marzo 2015, una sentenza arbitrale ha, per la prima volta, stabilito, riferendosi alla Gran Bretagna, che "the United Kingdom's undertaking to return the Chagos Archipelago to Mauritius when no longer needed for defence purposes is legally binding" (731). Poi, la CIG (732), nel suo parere consultivo (733) del 25 febbraio 2019, ha dichiarato che "il Regno Unito è tenuto, al più presto possibile, a porre fine alla sua amministrazione dell'arcipelago delle Chagos", dato che, "per quanto riguarda diritto internazionale, il processo di decolonizzazione di Mauritius non è stato validamente portato a termine quando detto paese ha ottenuto l'indipendenza nel 1968 in seguito alla separazione dell'arcipelago delle Chagos" (734). Mauritius è quindi riconosciuta come un'immensa zona marittima, tanto più che ha presentato, il 26 marzo 2019, alla

CLPC, un dossier riguardante la parte meridionale dell'arcipelago delle Chagos, poi, il 12 aprile 2022, un'altra comunicazione riguardante la parte settentrionale del medesimo arcipelago (735). A pochi mesi dal parere consultivo, il 24 settembre 2019, il TIDM viene sollecitato da Mauritius e dalle Maldive (736) in merito alla delimitazione marittima. Il 28 gennaio 2021 una camera speciale del TIDM emette una sentenza sulle eccezioni preliminari sollevate dalle Maldive, poi, il 28 aprile 2023, un'ulteriore sentenza relativa alla delimitazione in sé (737).

### 4.11.1, Le eccezioni preliminari

Con la sua sentenza sulle eccezioni preliminari (738) sollevate dalle Maldive, la camera speciale del TIDM respinge all'unanimità la prima eccezione "per la quale il Regno Unito sarebbe una terza parte indispensabile nel procedimento, così come respinge, con 8 voti contrari contro 1, la seconda eccezione, in base a cui la camera speciale non avrebbe giurisdizione per pronunciarsi sulla controversa relativa alla sovranità sull'arcipelago delle Chagos" (tale approccio è stato recentemente criticato) (739). La camera speciale, inoltre, rigetta con 8 voti favorevoli e 1 contrario la terza eccezione relativa agli articoli 74 e 83 della convenzione. Respinge quindi all'unanimità la quarta eccezione "sulla base dell'inesistenza di controversia tra le parti". Anche la quinta eccezione per abuso di procedura è rigettata all'unanimità. Inoltre, con 8 voti contro 1, la camera speciale afferma che è competente "a pronunciarsi sulla controversia che le parti le hanno sottoposto in merito alla delimitazione della loro frontiera marittima nell'oceano Indiano e che la richiesta presentata da Mauritius a questo riguardo è ammissibile". Rinvia però alla procedura di fondo "le questioni relative alla misura in cui può esercitare la sua giurisdizione, comprese le questioni derivanti dall'articolo 76 della convenzione". Infine, la camera speciale del TIDM, all'unanimità, "si riserva l'esame e la decisione in fase procedurale sulle questioni di giurisdizione e di ricevibilità relative alla richiesta di Mauritius formulata al comma 28 della sua notifica, concernente gli obblighi previsti all'articolo 74, comma 3 e all'articolo 83, paragrafo 3, della convenzione.

### 4.11.2, La delimitazione sotto le 200 miglia

Nella sua sentenza sulla quesitone di fondo, la Corte esamina gli argomenti delle parti relativi alla piattaforma continentale. Secondo Mauritius, nella sua risposta (740), "quando le parti godono di pari titoli sulla piattaforma continentale in base alle rispettive estensioni naturali, la soluzione equa richiesta dall'art. 83 della convenzione consiste nel condividere l'area in modo equo". Le Maldive, presentando un'istanza alla CLPC il 26 luglio 2010 (741), sostengono invece (742) che la rivendicazione di Mauritius di una piattaforma continentale al di là delle 200 miglia vada rigettata per difetto di competenza della camera speciale del TIDM e/o perché non ricevibile. La camera speciale, analizzando innanzitutto la questione della delimitazione entro le 200 miglia nautiche, richiama gli articoli 74 e 83 della convenzione e osserva che le parti "convengono che tali disposizioni disciplinano la delimitazione della zona economica esclusiva e della piattaforma continentale" (par. 89). Per la camera speciale, l'obiettivo da raggiungere è una "soluzione equa", nonostante gli articoli della convenzione "tacciano circa il metodo da seguire per raggiungerla" (par. 95). Menziona inoltre alcuni casi (743), in particolare africani, in cui "è ormai accertato che il metodo da applicare (...) sia quello dell'equidistanza/circostanze rilevanti, a meno che non sia né possibile né opportuno ricorrervi". Sebbene non obbligatorio, tale metodo "risulta equo nella maggior parte dei casi e costituisce inoltre una garanzia di trasparenza e prevedibilità del processo di delimitazione" (par. 96). La camera speciale del TIDM rileva quindi che, nell'applicazione del metodo dell'equidistanza / circostanze rilevanti, per la delimitazione, la giurisprudenza internazionale ha sviluppato un approccio in tre fasi: *1)* il disegno di una linea di equidistanza provvisoria che tiene conto dei calcoli matematici e della geografia costiera della zona feste; *2)* l'esistenza di circostanze rilevanti che richiedano un adeguamento della linea di equidistanza provvisoria al fine di raggiungere una soluzione equa; *3)* la verifica che la linea non contenga una marcata sproporzione nel rapporto tra le rispettive lunghezze delle coste e nel rapporto tra le zone marittime assegnate a ciascuna parte (744). Al proposito sono citati vari esempi (745).

### 4.11.3, Norme relative allo status di stato-arcipelago

La camera speciale nota, per altro, che le parti riconoscono come l'approccio in tre fasi risulti appropriato e non individua dunque alcuna circostanza o fattore che ne renderebbe l'applicazione inappropriata o impossibile. Ovvio, le parti devono anche accordarsi sul piazzamento dei punti di base nella costruzione della linea di equidistanza provvisoria. Tuttavia, si osserva che, nel caso specifico, Mauritius e Maldive sono d'accordo sui punti rispettivamente scelti sulla costa, ad eccezione dei quattro punti individuati da Mauritius sul Blenheim Reef. Qui risiede la questione fondamentale che divide le parti, e la camera speciale del TIDM si chiede se detto scoglio possa servire al fine di tracciare la linea provvisoria. Quindi, prende atto dell'opinione delle parti che concordano sul fatto che il Blenheim Reef rientra nelle caratteristiche indicate dall'art. 47, par. 1, ma osserva anche che le parti differiscono sull'effetto del Blenheim Reef per la delimitazione della ZEE e della piattaforma continentale. Mauritius è del parere che i punti di flesso dell'arcipelago attorno alla barriera corallina siano anche punti base per tracciare la linea di equidistanza provvisoria e dovrebbero quindi avere pieno effetto sulla delimitazione. Le Maldive ritengono, invece, che lo *status* di barriera corallina di Blenheim sia irrilevante ai fini della delimitazione.

La camera speciale evidenzia che Mauritius e le Maldive fanno parte del gruppo di 22 paesi dichiaratisi stati-arcipelago ai sensi dell'articolo 46 della convenzione. Si chiede allora se il regime di tali compagini abbia qualche rilevanza per la delimitazione della ZEE e della piattaforma continentale. Esaminando il contenuto della parte IV della convenzione del 1982 relativo a tali stati, definiti come " interamente costituiti da uno o più arcipelaghi ed eventualmente altre isole", mentre l'arcipelago è "un gruppo di isole, comprendenti parti di isole, acque adiacenti e altri elementi naturali così strettamente legati tra loro da formare intrinsecamente un insieme geografico, economico e politico, storicamente considerato tale" (art. 46).

La convenzione del 1982 prevede inoltre che lo stato-arcipelago "può tracciare linee di base rettilinee che collegano i punti estremi delle isole più remote e le barriere coralline dell'arcipelago a condizione che il tracciato comprenda le isole principali e definisca un'area in cui il rapporto della superficie delle acque rispetto a quella delle terre emerse, compresi gli atolli, va da 1 a 1 e da 9 a 1" (art. 47 par. 1). La lunghezza di queste linee di base non deve superare le 100 miglia nautiche, sebbene il 3% del numero totale di queste linee di base possa arrivare sino a un massimo di 125 miglia. Il percorso "non deve discostarsi sensibilmente dal profilo generale dell'arcipelago" (par. 3); inoltre, tali linee "non possono essere tracciate verso o da altezze di bassa marea, a meno che non emergano fari o installazioni simili permanenti e ivi costruiti oppure che il fondale si situi, in tutto o in parte, a una distanza dall'isola più vicina non superiore alla larghezza del mare territoriale" (par. 4).

Questa modalità di tracciato non può applicarsi "in maniera tale che il mare territoriale di un altro stato venga separato dall'alto mare o da una zona economica esclusiva" (par. 5). La larghezza del mare territoriale, dell'area contigua, della ZEE e della piattaforma continentale "è misurata a partire dalle linee di base dell'arcipelago conformemente all'articolo 47" (art. 48).

Per quanto riguarda la costruzione della linea di equidistanza provvisoria, la camera speciale del TIDM conclude che il Blenheim Reef non può fungere da luogo per collocare i punti base, ma il suo bassofondo scoperto, situato interamente o parzialmente a 12 miglia dall'isola di Takamaka, può essere sfruttato come linea di base per misurare il limite di 200 miglia nautiche di Mauritius. Chiedendosi poi se sussistano circostanze rilevanti che esigono un adeguamento della linea di equidistanza provvisoria al fine di raggiungere una soluzione equa, la camera speciale osserva che per le parti non sussistono tali circostanze, salvo eventuali divergenze di opinione riguardo all'impatto di Blenheim Reef sulla linea provvisoria qualora fosse accettata come ubicazione dei punti base. Rileva per altro che la giurisprudenza internazionale ha di rado collocato dei punti base su un fondale scoperto, ma ritiene che l'effetto di un simile punto su Blenheim "non sarebbe di certo insignificante" (par. 244): ignorarlo completamente non sarebbe portare ad una soluzione equa e, pertanto, Blenheim Reef va annoverato quale circostanza rilevante che necessita un adeguamento della linea di equidistanza provvisoria. Non si deve dunque concedere un *mezzo-effetto* alla barriera corallina. La linea di frontiera al di qua delle 200 miglia viene così tracciata iniziando dall'intersezione tra i confini a 200 miglia di Mauritius e delle Maldive, misurati a partire dalle loro linee di base dell'arcipelago. La linea di delimitazione continua quindi verso est (per Blenheim Reef, invece, il limite di 200 miglia è misurato dal punto d'intersezione settentrionale del livello di bassa marea della barriera corallina stessa con il limite di 12 miglia calcolato –con bassa marea – nell'isola di Takamaka. Infine, è presa in considerazione la terza fase del processo di delimitazione, che consiste nel verificare se esista o meno una marcata sproporzione tra il rapporto delle lunghezze delle coste di Mauritius e delle Maldive e il rapporto delle aree ad esse assegnate . Non si tratta, conclude la camera speciale, di esigere precisione matematica ma di verificare se tale sproporzione "renderebbe ingiusta la delimitazione" (par. 252). Tuttavia, rileva, il rapporto tra le lunghezze delle coste interessate è di 1:1,033 a favore delle Mauritius, mentre il rapporto tra le superfici assegnate è di 1:0,960 a favore delle Maldive, il che consente di sostenere l'assenza di marcate sproporzioni.

### 4.11.4, La delimitazione al di là delle 200 miglia nautiche

Avendo stabilito di delimitare le ZEE e la piattaforma continentale al di sotto delle 200 miglia nautiche, la camera speciale del TIDM, esamina la rivendicazione delle Maldive su una piattaforma continentale oltre le 200 miglia (746) ma entro il limite delle 200 miglia rispetto a Mauritius (che contesta la posizione dell'arcipelago). Valuta innanzitutto se le parti abbiano dei diritti su una piattaforma continentale oltre le 200 miglia e, in caso affermativo, se essi si sovrappongano. In caso contrario non potrebbe procedere alla delimitazione. A tal fine, ricorda che la questione della titolarità di una piattaforma continentale oltre le 200 miglia rientra nell'interpretazione e nell'applicazione dell'articolo 76 della convenzione. Ecco cosa recita l'art.: "1. La piattaforma continentale di uno stato costiero comprende il fondo marino e il suo sottosuolo al di là del suo mare territoriale, per tutta l'estensione naturale del territorio terrestre fino al bordo esterno del margine continentale oppure fino a 200 miglia nautiche dalle linee di base da cui si misura la larghezza del mare territoriale, quando il bordo esterno del margine continentale è a una distanza minore (...).8. Lo stato costiero deve comunicare le informazioni sui limiti della sua piattaforma continentale – quando si estende oltre 200 miglia nautiche dalle linee di base da cui è misurata la larghezza del mare territoriale – alla CLPC (in virtù dell'allegato II) sulla base di una rappresentazione geografica equa. La commissione formula raccomandazioni agli stati costieri su questioni riguardanti la definizione dei limiti esterni delle rispettive piattaforme continentali. I limiti fissati da uno stato costiero sulla base di queste raccomandazioni sono definitivi e vincolanti (...). 10. Il presente articolo non pregiudica la questione della delimitazione della piattaforma continentale tra stati le cui coste sono adiacenti o contrapposte tra loro".

La camera speciale rileva che entrambe le parti hanno presentato alla CLPC delle richieste che si sovrappongono, ma la commissione non ha ancora formulato raccomandazioni al riguardo. La camera speciale ritiene che la situazione sia paragonabile a quella del caso "Bangladesh / Myanmar" (747) in cui il tribunale, con sentenza del 14 marzo 2012, ha applicato il criterio della "sostanziale incertezza" circa la presenza di un margine continentale oltre le 200 miglia, anche se le istanze presentate dalle parti alla commissione indicavano l'esistenza di aree di sovrapposizione. La camera speciale del TIDM respinge pertanto la richiesta di Mauritius e decide, pur essendo competente, di esercitare cautela e di non procedere alla delimitazione della piattaforma continentale oltre le 200 miglia, ribadendo che "le corti e i tribunali internazionali si astengono dal delimitare zone in cui i diritti di tati costieri terzi rischierebbero di venire colpiti". Inoltre, "l'applicazione del criterio d'incertezza sostanziale accorda una protezione simile agli interessi della comunità internazionale nella zona e al principio del patrimonio comune" (par. 452).

Con decisione unanime, la camera speciale sancisce che il confine marittimo unico che delimita le ZEE e le piattaforme continentali delle parti entro 200 miglia nautiche si estende da ovest a est tra le intersezioni dei rispettivi limiti di 200 miglia ed è costituito da linee geodetiche che collegano 38 punti. Afferma inoltre di avere giurisdizione per delimitare la piattaforma continentale oltre le 200 miglia, pur non essendo in grado di determinare il titolo di Mauritius sulla piattaforma nella regione settentrionale dell'arcipelago di Chagos (748).

### 4.11.5, Le dichiarazioni allegate alla decisione

Alla decisione vengono allegate tre dichiarazioni, tra cui quella del giudice *ad hoc* Schrijver, particolarmente interessante. Questi ricorda che alcune formazioni marittime di altezza modesta sono vulnerabili al riscaldamento e all'acidificazione degli oceani e sono esposte a un rischio significativo di innalzamento del livello del mare connesso al cambiamento climatico. A parere del giudice, non è improbabile che una formazione oggi qualificata come isola e definita dalla convenzione del 1982 come "una distesa naturale di terra circondata dalle acque, che rimane scoperta durante l'alta marea" (art. 121, par. 1) diventi un fondale scoperto, vale a dire "un rilievo naturale di terra circondato dal mare, esposto durante la bassa marea e coperto durante l'alta marea" (art. 13, par. 1). Il giudice Schrijver sottolinea che una tale modifica dello status geografico di una formazione marittima naturale ha importanti conseguenze giuridiche poiché "la sentenza congela, per così dire, la realtà fisica alla data della delimitazione e fissa il confine sulla base di prove contemporanee, indipendentemente dai cambiamenti geografici che potranno verificarsi successivamente" (art. 296, par. 1). In generale, "le decisioni giudiziarie contribuiscono alla stabilità e alla permanenza delle frontiere allo stesso modo degli accordi di delimitazione delle frontiere, che sfuggono alla regola della fondamentale mutamento delle circostanze", (il richiamo del giudice concerne l'art. 62, par. 2a della convenzione di Vienna del 1969 sul diritto dei trattati).

### 4.12, Conclusione

Tranne le frontiere tra Kenya e Tanzania, tra Tanzania e Mozambico, tra Francia (Réunion) e Mauritius, delimitate rispettivamente mediante accordo nel 1976, nel 1980 e nel 1988, i confini marittimi sono più recenti nell'oceano Indiano che nel Mediterraneo, nell'Atlantico o nel Mar Rosso. Hanno poi un'altra caratteristica: tre di questi coinvolgono uno paese non africano –la Francia – e, per di più, in un'area – il sud-ovest dell'oceano Indiano – dove si trovano formazioni insulari e arcipelaghi relativamente vicini tra loro, offrendo coste sia adiacenti sia opposte, il che complica ulteriormente il processo di delimitazione. Vale anche la pena notare l'importanza di due casi risolti da tribunali internazionali – "Somalia v. Kenya" e "Mauritius / Maldive" – dal probabile effetto a catena su future frontiere, in un contesto in cui diversi stati, come quelli dell'Atlantico, devono ancora delimitare o intendono estendere i propri confini marittimi oltre le 200 miglia nautiche alla luce della le raccomandazioni della CLPC sui limiti della piattaforma continentale.

# 5. IL MAR ROSSO

*F. 14. Le frontiere marittime nel mar Rosso*
(fonte: Labrecque, G., 2004, *op. cit.*, p. 369)

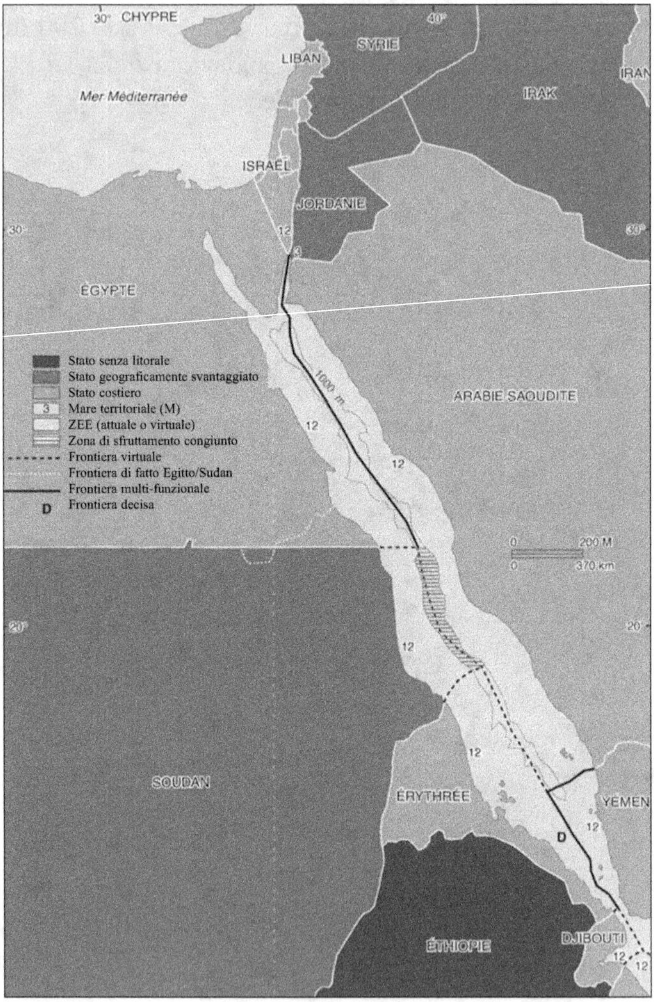


Nel maggio 1974, il Sudan e l'Arabia Saudita, non riuscendo a raggiungere un accordo su un confine marittimo, decidono (sez. 5.2) di creare una zona di sfruttamento congiunto definita come quella situata oltre l'isobata dei 1.000 metri nel Mar Rosso (figura 14). Molto più tardi, nell'aprile 2016, l'Arabia Saudita firma un accordo con l'Egitto per delimitare un lungo confine marittimo che va dal golfo di Aqaba sino al cuore del mar Rosso all'altezza del 22° parallelo (749), lo stesso che delimita il confine terrestre con il Sudan, a sud del triangolo di Halayeb (sez. 5.3). Tuttavia, il Sudan, in una lettera inviata alle Nazioni Unite nel 2017, si oppone a tale trattato. Nel frattempo, nell'ottobre 1998, è emesso un lodo arbitrale in merito alla sovranità territoriale delle isole contese tra Yemen ed Eritrea, che si trovano su una delle rotte marittime più trafficate del mondo, nel mar Rosso e in prossimità dello strategico stretto di Bab el-Mandeb. A questa sentenza ne segue una seconda (dicembre 1999), che traccia il confine marittimo della piattaforma continentale e della ZEE (sez. 5.1).

## 5.1, Eritrea e Yemen

La delimitazione tra Eritrea e Yemen è di grande importanza per diverse ragioni. È, infatti, la prima frontiera marittima, considerando tutte le possibili modalità (bilaterali e giurisdizionali), ad essere tracciata nel mar Rosso. Inoltre rappresenta il frutto della decisione di un tribunale arbitrale che ha proceduto in due fasi: il 9 ottobre 1998, prendendo posizione sulla questione della sovranità territoriale su alcune isole e sulla portata della controversia; il 17 dicembre 1999, intervenendo sulla delimitazione marittima propriamente detta. Il tribunale, al di là degli aspetti formali, conferma l'esistenza di un modello tradizionale di pesca che assicura ai cittadini dei due paesi il libero accesso all'insieme della regione. Il tribunale è portato ad esaminare, in una prima fase, i concetti di prossimità geografica e di unità naturale, nonché le norme giuridiche per l'acquisizione del territorio, in particolare titoli ed diritti effettivi, per poi procedere, in seconda fase, alla delimitazione, dopo aver osservato che la situazione geografica generale è quella di coste opposte (pur distinguendosi la presenza di sottogruppi insulari in tre settori diversi, per i quali si tratta di sapere se l'importanza relativa giustifichi il riconoscimento che rivestono un effetto totale, parziale o nullo sul grafico della mediana). Il conflitto è importante anche perché la sua soluzione riguarda un'area altamente strategica: alcune delle isole contese si trovano in prossimità dello stretto di Bab el-Mandeb, sorta di collo di bottiglia largo appena 30 chilometri da dove transita una parte significativa del petrolio dell'Arabia e del golfo Persico. Sebbene queste minuscole isole siano difficili da abitare e non abbiano attrazioni, si trovano comunque su una delle rotte marittime più trafficate del mondo dall'apertura del canale di Suez nel 1869. Inizialmente poco notate dagli abitanti dei paesi costieri, tranne che dai pescatori, hanno poi ricevuto una notevole attenzione da parte delle potenze coloniali rivali, in particolare Gran Bretagna e Italia, che le occupano anche temporaneamente.

La delimitazione attuale riguarda due *nuovi* vicini, per così dire. L'Eritrea, infatti, è entrata solo di recente nel concerto delle nazioni (24 maggio 1993, data della sua indipendenza) e a costo di una durissima guerra contro l'Etiopia da cui si è separata. Lo Yemen, invece, è il prodotto dell'unificazione, avvenuta il 22 maggio 1990, tra regione del Nord (che aveva ottenuto l'indipendenza nel novembre 1918 dall'impero ottomano) e regione del Sud (di tendenza marxista, indipendente dal Regno Unito a partire dal 30 novembre 1967).

Dopo aver preso atto del compromesso raggiunto tra le parti (sotto-sez. 5.1.1), il tribunale è chiamato ad esaminare numerose questioni: i titoli e le effettività su cui Yemen ed Eritrea divergono di opinione (sotto-sez. 5.1.2), la rilevanza delle le nozioni di prossimità e di unità naturale (sotto-sez. 5.1.3), la distinzione tra sottogruppi di isole (sotto-sez. 5.1.4), gli accordi in materia petrolifera (sotto-sez. 5.1.5), la decisione da prendere in merito alla sovranità territoriale (sotto-sez. 5.1.6), il regime di pesca tradizionale (sotto-sez. 5.1.7), la rilevanza delle carte geografiche (sotto-sez. 5.1.8), l'economia della pesca (sotto-sez. 5.1.9), il metodo di delimitazione appropriato (sotto-sez. 5.1.10). Come ultimo passo, il tribunale si sofferma quindi sulla delimitazione dei tre settori: quello settentrionale (sotto-scz. 5.1.11), quello intermedio (sotto-sez. 5.1.12) e quello meridionale (sotto-sez. 5.1.13).

### 5.1.1, Il compromesso

Secondo i termini di un accordo (750) siglato il 21 maggio 1996, l'Eritrea e lo Yemen, dopo aver ricordato le iniziative e gli sforzi di Etiopia ed Egitto per avvicinarli, hanno dichiarato di rinunciare all'uso della forza e hanno deciso di ricorrere a un tribunale arbitrale. Tale organo, competente in merito alle questioni sulla sovranità territoriale, era dunque tenuto a decidere in conformità con i principi e le pratiche del diritto internazionale, sulla base, in particolare, dei titoli storici. I due paesi in lite hanno inoltre incaricato la Francia di garantire la sorveglianza, in particolare esercitando la libertà di sorvolo e di navigazione. Hanno infine diffuso un comunicato congiunto in cui i loro governi, consapevoli delle proprie responsabilità di fronte alla comunità internazionale, hanno espresso il desiderio di risolvere pacificamente il conflitto (causa d'incidenti nel 1995), contribuendo alla stabilità e alla pace nella regione.

### 5.1.2, Le rivendicazioni in termini di diritti e le effettività

Il primo novembre 1998, pochi giorni una sentenza (751) emessa il 9 ottobre, la bandiera yemenita è stata issata a Hanish al-Kebir, ponendo così fine a un conflitto – relativo all'arcipelago "Zuqur Hanish" formato dalle isole di Zuqur, di Hanish al-Kebir, di Hanish al-Saghir e da alcuni isolotti – sorto tra due popoli che, tradizionalmente, mantenevano rapporti amichevoli. L'Eritrea basava le sue rivendicazioni su una catena di titoli risalente a più di un secolo e sul principio dell'occupazione effettiva. Circa i titoli, l'Eritrea riteneva che le fossero stati devoluti nel 1993, al momento della sua adesione all'indipendenza, avendo l'Etiopia – a sua volta – acquisito detti titoli dall'Italia (nonostante il periodo di occupazione militare britannica durante la seconda guerra mondiale). L'Eritrea evidenziava, in particolare: gli accordi conclusi tra l'Italia e i capi indigeni, l'operato di questi ultimi a partire dal 1915, l'applicazione dei trattati di Sèvres e Losanna, l'occupazione effettiva dell'Italia senza proteste da parte dello Yemen, l'accordo anglo-italiano di 1938 di conferma dello *status quo*, la Costituzione dell'Etiopia che includeva le isole nel territorio nazionale e il fatto che si trovassero all'interno il mare territoriale dell'Etiopia, infine, il controllo effettivo dell'Etiopia sull'area, dal 1953 al 1991. Per l'Eritrea, l'Etiopia aveva fatto valere la propria sovranità attraverso la sorveglianza aerea e marittima, controllando i passaporti dei lavoratori stranieri sulle isole, esercitandovi la giurisdizione penale, la regolamentazione in materia di attività d'esplorazione petrolifera e di pesca... L'Eritrea affermava che i pescatori eritrei dipendevano dall'attività svolta intorno nelle isole della zona per preservare il loro stile di vita. Inoltre, a suo dire, lo Yemen non aveva mantenuto alcuna presenza ufficiale su dette isole, e solo nel 1995, con lo scoppio delle ostilità, le motovedette eritree avevano individuato un piccolo contingente civile e militare yemenita impegnato a costruire un *resort* turistico ad Hanish el-Kebir. Le forze eritree, in reazione, avevano quindi occupato l'isola, mentre le forze yemenite si spostavano a Zuqur.

Ecco invece la posizione dello Yemen sulla quesitone: il paese rivendicava un titolo *originale*, storico e tradizionale, basandosi su prove cartografiche, dichiarazioni di imam e atteggiamenti di stati terzi. Precisava che la sua sovranità risaliva al VI sec. a.C. e che non è stato privato del suo titolo con l'incorporazione, tra il 1538 e il 1635, nell'impero ottomano, e di nuovo, dal 1872 al 1918. Aggiungeva che il suo *vilayet* era riconosciuto all'interno dell'impero ottomano come una distinta unità amministrativa e territoriale, che comprendeva le isole (ora disputate), come testimoniato dalle opere cartografiche dei secoli XVII, XVIII e XIX. Lo Yemen insisteva poi sul principio dell'unità naturale o geografica, sostenendo che tale dottrina era un corollario del concetto di titolo tradizionale o storico, confermato da atti di sovranità e dall'esistenza di legami economico-sociali tra il continente e le isole.

Il tribunale incaricato, dal canto suo, stimava che le stesse disposizioni della convenzione arbitrale richiedevano, nella prima fase, una decisione relativa alla sovranità: "*The result furthermore is to be an award 'on' territorial sovereignty not an award of territorial sovereignty*" (752). Pur dichiarandosi non disponibile ad accettare l'idea che il diritto in materia di territorio terrestre e quello sulla delimitazione marittima fossero differenti e non pertinenti uno rispetto all'altro, il tribunale arbitrale aggiungeva che: "*There can be no question of even "prefiguring", much less drawing, any maritime boundary line, whether median or indeed a line based on equitable principles, in this first stage of the arbitration*" (753). Circa le rivendicazioni fondate su titoli storici, in particolare da parte dello Yemen (volto a far valere il trattato di Losanna del 1923 con il quale l'impero ottomano rinunciava alle isole oggetto di disputa), il tribunale dichiarava di aver esaminato attentamente tali affermazioni, ma di non esserne convinto. Pertanto, precisava: "*Yemen certainly existed before the region came to be under the domination of the Ottomans. But there must be some question whether the Imam, who at that period dwelt in and governed a mountain fortress, had had sway over 'the islands'. Further, there is the problem of the sheer anachronism of attempting to attribute to such a tribal, mountain and Muslim medieval society the modern Western concept of a sovereignty title, particularly with respect to uninhabited and barren islands used only occasionally by local, traditional fishermen*" (754).

Il tribunale arbitrale, nel dirimere il litigio, ha fatto riferimento ai casi della Groenlandia orientale (755) del 1933, dell'isola di Palmas (756) del 1928, nonché a quello di Minquiers e Ecréhous (757) del 1953, sorto tra Francia e

Regno Unito (all'epoca si era deciso che l'uso e il possesso dovessero riflettersi in una storia relativamente recente). Secondo il tribunale, né lo Yemen né l'Etiopia avevano, prima della partenza degli inglesi nel 1967, molte opportunità per far valere le proprie ambizioni sulle isole contese, mentre la potenza coloniale aveva tentato di di perpetuare le incertezze del trattato di Losanna riguardo allo status giuridico dell'area.

### 5.1.3, I concetti di prossimità e di unità naturale

Tra i fattori atti a far luce sulle incertezze pendenti, il tribunale arbitrale è stato indotto a considerare la collocazione geografica dell'arcipelago "Zuqur Hanish", situato in un mare relativamente stretto tra coste opposte. In generale, si suppone che un'isola vicino a una costa appartenga allo stato costiero, a meno che l'altro stato non possa chiaramente dimostrare un titolo migliore. Nella fattispecie, il tribunale arbitrale ha dovuto esaminare ciò che lo Yemen chiamava "principio di unità naturale o geofisica", concetto da interpretare nei seguenti termini, a detta del tribunale stesso: "*Thus, the authorities speak of entity or natural unity in terms of a presumption or of probability and moreover couple it with proximity, contiguity, continuity, and such notions, well known in international law as not in themselves creative of title, but rather of a possibility or presumption for extending to the area in question an existing title already established in another, but proximate or contiguous, part of the same unity*" (758).

Tuttavia, e nonostante le teorie relative all'unità naturale, per quanto riguarda il compito primario di decidere sulla sovranità, il tribunale ha preferito analizzare, in sequenza, cinque sottogruppi, poiché il peso della prova e le argomentazioni delle parti portavano a risultati diversi a seconda dei sottogruppi menzionati. Così il tribunale arbitrale ha, dapprima, considerato Mohabbakah, Haycock e Zuqur-Hanish, poi altri due sottogruppi situati più a nord, Jabal al-Tayr e Zubayr.

### 5.1.4, I sottogruppi da distinguere

Per quanto riguarda i primi due sottogruppi, il tribunale arbitrale, dopo aver esaminato i fattori storici e giuridici, è giunto alla conclusione che essi rientravano nella sovranità dell'Eritrea. Nel caso del terzo sottogruppo, quello degli Zuqur-Hanish, ha ritenuto che lo Yemen avesse dato una dimostrazione più convincente della sua presenza e della sua autorità, in particolare con la spedizione Ardoukoba realizzata sotto la sua egida, con la costruzione nel 1993 di una pista di atterraggio per offrire attività ricreative ai dipendenti della compagnia petrolifera Total, nonché col rilascio – nel 1995 – a una società yemenita di un permesso per lo sviluppo turistico di Hanish al-Kebir per le immersioni subacquee. Ha quindi affermato che la sua decisione era supportata dal fatto che le isole erano sotto la giurisdizione yemenita durante l'impero ottomano, come avvalorato anche da documenti di epoca successiva del Ministero degli Esteri.

In merito agli ultimi due sottogruppi, più a nord, distanti tra loro e dalle coste (sebbene più prossimi allo Yemen), il tribunale arbitrale ha notato che gli atti di autorità che li riguardavano erano più rari. Ha comunque attribuito l'area allo Yemen per due motivi: quest'ultimo, invitato a Londra in occasione di una conferenza tenutasi nel 1989 sulle isole dotate di fari, aveva accettato le responsabilità relative a tali fari, senza però rivendicarne formalmente la sovranità. Data la grande importanza di questi fari nel XIX secolo e nel XX secolo, si poteva affermare che la disponibilità a preservarli, da parte dello Yemen, costituisse un elemento di fiducia e di presumibile presenza continua. Insomma: "Repute is also an important ingredient for the consolidation of title" (759).

### 5.1.5, Gli accordi petroliferi

L'altra questione analizzata in sede arbitrale riguardava due accordi petroliferi, conclusi dallo Yemen con la Shell nel 1973 e con la Hunt nel 1985 (mai contestati dall'Etiopia). Circa le attività petrolifere nell'intera regione, il tribunale arbitrale ha constatato che l'Etiopia e l'Eritrea avevano concluso patti con alcune compagnie ma, a differenza dello Yemen che giudicava questo tipo di attività importante per stabilire la propria sovranità, i primi due paesi ritenevano detti accordi di scarsa rilevanza. Per il tribunale, tali contratti, nonostante la mancata scoperta di quantità significative di idrocarburi, erano meritevoli di considerazione in quanto rivelavano certe effettività. Per cui ha dichiarato: "*The offshore petroleum contracts entered into by Yemen, and by Ethiopia and Eritrea, fail to establish or significantly strengthen the claims of either party to sovereignty over the disputed islands. Those contracts however lend a measure of support to a median line between the opposite coasts of Eritrea and Yemen, drawn without regard to the islands, dividing the respective jurisdiction of the parties*" (760).

### 5.1.6, La decisione sulla sovranità territoriale

Nel rendere la sua decisione sulla sovranità territoriale, il tribunale arbitrale non ha perso di vista il fatto che nella regione esista un regime di pesca tradizionale e che la sentenza andava emessa in conformità con i desideri espressi dalle parti nel loro comunicato stampa congiunto del 21 maggio 1996, al fine di ristabilire e sviluppare una cooperazione bilaterale duratura basata sulla fiducia. Il tribunale ha ricordato la peculiarità delle tradizioni giuridiche nella regione, estranee alle concezioni occidentali: "*In making this award on sovereignty, the Tribunal has been aware that Western ideas of territorial sovereignty are strange to peoples brought up in the Islamic tradition and familiar with notions of territory very different from those recognized in contemporary international law*" (761). All'unanimità, il tribunale ha concluso che la sovranità territoriale apparteneva all'Eritrea su isole, isolotti, rocce e rilievi di Mohabbakah, su Haycock e su South West Rocks;

mentre spettava allo Yemen la sovranità su Zuqur-Hanish, su Jabal al-Tayr e su Zubayr. Pochi giorni dopo la prima sentenza, Eritrea e Yemen hanno siglato un accordo per istituire un comitato congiunto di cooperazione bilaterale (762).

### 5.1.7, Il regime tradizionale di pesca

Nel corso della seconda fase del giudizio, riguardante la delimitazione (763), il tribunale arbitrale ha notato che gli era stato domandato, in base all'accordo già disponibile, di decidere tenendo conto della convenzione delle Nazioni Unite sul diritto del mare e di ogni altro fattore pertinente (ivi compresa la sua stessa opinione in materia di sovranità territoriale). Il tribunale ha ricordato inoltre che sia l'Eritrea sia lo Yemen proponevano linee basate sulla mediana, ma queste linee, lungi dal coincidere, divergevano molto, specie nel settore settentrionale, mentre erano vicine nel settore meridionale (dove il mare è meno largo). L'Eritrea proponeva una mediana equidistante dalle due coste senza tenere conto delle isole e, in alternativa, un'altra linea, detta mediana storica, che teneva conto delle isole dell'Eritrea ma non di quelle dello Yemen (che si trovano in mezzo al mare). Invece, la linea proposta dallo Yemen era equidistante tra la costa continentale dell'Eritrea (compresi alcuni punti sulle isole Dahlak) e le coste delle isole yemenite. Prima di esaminare le modalità di delimitazione da applicare, il tribunale ha analizzato le rivendicazioni delle parti riguardo al valore delle carte geografiche, nonché l'importanza economica della pesca quale circostanza rilevante per la delimitazione.

### 5.1.8, Il dossier cartografico

Come in molti altri casi sottoposti a giudizio, le due parti hanno prodotto un importante dossier cartografico, intraprendendo una vera e propria guerra sull'interpretazione delle mappe e accusandosi a vicenda di aver effettuato campagne sistematiche per indicare le isole come appartenenti a loro. Dal canto suo, il tribunale arbitrale ha ritenuto che le mappe andavano considerate, essendo rilevanti nella fattispecie, ma il loro uso esigeva circospezione: "*Although the Tribunal must be wary of this evidence in the sense that it cannot be used as indicative of legal title, it is nonetheless "important evidence of general opinion or repute" in the sense advanced by Yemen. (...) The evidence is, as in all cases of maps, to be handle with great delicacy*" (764).

### 5.1.9, Il settore economico della pesca

Come nel caso delle prove cartografiche, il tribunale arbitrale ha constatato una confusione (se non una contraddizione) nelle prove relative al settore della pesca. Gli arbitri hanno sottolineato come le tesi delle parti mirassero a stabilire che la delimitazione doveva rispettare le abitudini storiche, evitando di provocare un effetto catastrofico sull'economia locale o sulla salute della gente. Il tribunale ha, a quel punto, dichiarato di non avere né la possibilità, né la necessità di giungere a provare che lo Yemen o l'Eritrea avessero una dipendenza cruciale da una specifica demarcazione. E ha concluso: "For the above reasons, the evidence and arguments advanced by the Parties in the matter of fishing and fisheries could have no significant effect on the Tribunal's determination of the delimitation that would be appropriate under international law in order to produce an equitable solution between the Parties" (765). Circa la pesca tradizionale, il tribunale ha dato alcuni chiarimenti per la sua applicazione, non senza ricordare che l'islam consacra un diritto intrinseco al fabbisogno nutrizionale assicurato dalla pesca da una costa all'altra (con libero accesso), e che questo diritto all'uguaglianza tra i pescatori si applica anche agli stati nelle loro reciproche relazioni. Da rilevare poi, che regime tradizionale prevede la raccolta di perle e conchiglie, cioè le attività artigianali dei pescatori che utilizzano le isole come rifugio temporaneo e per essiccare i prodotti, da vendere, senza discriminazioni, nei porti dell'uno o dell'altro paese. Ovvio, un regime del genere non avvantaggia i paesi terzi.

### 5.1.10, Il metodo appropriato di delimitazione

Relativamente alla delimitazione marittima, il tribunale arbitrale ha ribadito che il metodo dell'equidistanza è, a priori, più appropriato e porta a risultati equi quando viene tracciato tra coste opposte. Decide quindi di mantenere il riferimento la mediana tra le coste continentali dei due stati in litigio, tanto più che i contratti petroliferi favoriscono questa soluzione, come già constatato durante la prima fase. Il tribunale ha infine descritto con precisione il tracciato, distinguendo, da nord a sud, i diversi settori.

### 5.1.11, La delimitazione nel settore nord

Nel settore nord, il tribunale ha individuato tre principali problemi: la presenza delle isole Dahlak sul versante eritreo; l'esistenza dell'isola isolata di Jabal al-Tayr in mezzo al mare; infine, la moltitudine di isole e scogli lungo le coste dello Yemen. Per quanto riguarda le Dahlak, constata che questo tappeto di isole (per riprendere l'espressione dell'Eritrea) è assai popolato e forma parte integrante della configurazione costiera, al punto che le acque dell'arcipelago sono "acque interne" e la linea di base del mare territoriale si trova al margine esterno del sistema insulare (766). Il tribunale rileva che lo Yemen sembra concordare sul fatto che le Dahlak costituiscono una formazione adeguata per stabilire linee di base e decide che le linee di base saranno sulla linea di bassa marea di alcune di queste isole, sul lato verso il mare. Per quanto riguarda le isole di Jabal al-Tayr e Zubayr, il tribunale ha rilevato come non debbano essere prese in considerazione, lontane dalle coste dello Yemen e inospitali come sono. Dato che queste formazioni non sono utilizzabili per tracciare la mediana, bisogna allora chiedersi quali punti mantenere sulla costa dello Yemen. Il tribunale arbitrale nota, per altro, la presenza di numerose isolette vicine alle coste e di scogliere, nonché dell'isola relativamente grande e abitata di Kamaran, che forma una baia. Senza dubbio, spiega, si tratta di formazioni che fanno parte integrante della costa e che devono quindi incidere sull'andamento della mediana. Le isole a nord di Kamaran, compresa quella di Tiqfash, sembrano poi costituire una catena lungo la costa, che rientra nelle disposizioni della convenzione delle Nazioni Unite sul diritto del mare, e quindi hanno, anch'esse, hanno un effetto sulla mediana.

### 5.1.12, La delimitazione nel settore intermedio

Il tribunale arbitrale ha esaminato la situazione nel settore intermedio partendo dalla ristretta area compresa tra la punta sud-occidentale delle isole Hanish sotto sovranità yemenita e le isole eritree (Mohabbakahs, High Island, Haycocks e South West Rocks), dove si pone il problema della sovrapposizione dei mari territoriali. Respingendo la proposta yemenita d'includere le isole eritree situate a più di 12 miglia nautiche dalle sue coste continentali, ha rilevato le difficoltà pratiche di un tale metodo in prossimità di un'importante rotta di navigazione marittima internazionale. In merito, ha sviluppato anche considerazioni economiche e strategiche, citando un passaggio del lodo arbitrale emesso nel caso "Guinea / Guinea-Bissau" del 1985: "*As stated in the award, our principal concern has been to avoid, by one means or another, one of the Parties finding itself faced with the exercise of rights, opposite to and in the immediate vicinity of its coast, which might interfere with its right to development or put its security at risk*" (767).

Il tribunale ha insomma mantenuto il metodo dell'equidistanza rigida, come previsto dall'art. 15 della convenzione del 1982 sulla delimitazione dei mari territoriali, fatto salvo il caso del titolo storico o le circostanze speciali. Tuttavia, ha aggiunto, non solo non esiste nulla che giustifichi un aggiustamento, ma anche il metodo scelto porta a un risultato giusto. Ai fini del collegamento tra la linea delimitante i mari territoriali e la prima che era stata tracciata tra gli altipiani e le zone economiche esclusive, il tribunale ha scelto di segnare la frontiera lungo due segmenti di linee geodetiche, per evitare di amputare il mare territoriale generato dal gruppo Zuqar-Hanish; ciò per produrre un tracciato vicino al limite esterno del mare territoriale delle isole interessate.

### 5.1.13, La delimitazione nel settore meridionale

Per quanto riguarda il settore meridionale, dove i mari territoriali cessano di sovrapporsi, il tribunale ha tracciato una rigorosa mediana tra le due coste continentali, tranne per quanto riguarda la baia di Assab, dove è stata utilizzata la linea di base retta, poiché si è in presenza di acque interne. Il punto terminale meridionale di questo confine, così come il punto settentrionale, sono prossimi ai punti tripli con i rispettivi stati terzi, ovvero Gibuti e Arabia Saudita (quest'ultima ha delimitato la sua frontiera con lo Yemen, sei mesi dopo l'assegnazione, mediante accordo bilaterale).

Il tribunale arbitrale ha esaminato infine il principio di proporzionalità, richiamando alcuni passaggi della giurisprudenza, in particolare nelle cause "Mare del Nord" del 1969 e nelle cause della piattaforma continentale franco-britannica del 1977. Nel calcolo dei rapporti tra la lunghezza delle coste rispettivamente misurate secondo la loro direzione generale e le zone marittime devolute, il tribunale ha stimato che tale lunghezza comprenda il contorno esterno dell'arcipelago delle Dahlak. Secondo i calcoli degli esperti consultati, il rapporto tra le coste dello Yemen e dell'Eritrea sarebbe 1: 1,31; quello delle zone marittime, 1:1,09. Il tribunale ha quindi concluso che il confine tracciato non comporta alcuna sproporzione.

## 5.2, Sudan e Arabia Saudita

In seguito alla scoperta, negli anni 1960, di pozzi ricchi di noduli polimetallici, il Sudan e l'Arabia Saudita hanno stilato, il 16 marzo 1974, un accordo del tutto eccezionale (768), se non unico, in quanto fungente esclusivamente da zona di confine, definita secondo il criterio della batimetria. I due paesi hanno scelto di stabilire una zona di sfruttamento congiunta, marcata dalla linea dei 1.000 metri di profondità.

Eppure, le promesse di uno sfruttamento commerciale redditizio sono rimaste remote (769); inoltre, le coordinate dell'area non sono state specificate e che l'accordo non è mai stato realmente attuato (770). Altra difficoltà: i limiti laterali dell'area risultano definiti con precisione solo tenendo conto della delimitazione dei confini marittimi tra il Sudan e i suoi due vicini, Egitto ed Eritrea. Tuttavia, i limiti nord-occidentali della zona sono destinati a restare complicati, finché persisterà la disputa sul confine terrestre sudanese-egiziano. Va ricordato qui che un accordo anglo-egiziano, nel 1899, aveva fissato il confine lungo il 22° parallelo N ma, nel 1902, un ordine del consiglio ha stabilito un confine amministrativo sui cui lati l'Egitto poteva esercitare la sua sovranità rispetto alle tribù presenti a sud di questo parallelo, mentre il Sudan controllava le tribù costiere a nord del parallelo stesso. Da notare che i punti finali delle due linee sulla costa si trovano a più di 100 miglia nautiche di distanza, oltre al fatto che non è stato risolto il problema della sovranità su alcune isole costiere della regione contesa.

## 5.3, Egitto e Arabia Saudita

Un accordo è stato concluso l'8 aprile 2016 (771), i capi di stato di Egitto e Arabia Saudita che "desiderano consolidare gli eccezionali legami fraterni tra i due paesi fratelli e desiderano realizzare e perpetuare i loro interessi comuni al fine di rafforzare le relazioni di buon vicinato tra loro" (come menzionato nel preambolo) (772). Entrato in vigore il 2 luglio 2017, l'accordo descrive la linea di confine come composta da coordinate geografiche di 61 punti, con inizio nel golfo di Aqaba alla convergenza dei confini marittimi saudita, egiziana e giordana, un punto destinato ad essere "oggetto successivamente di una convenzione tra questi tre paesi" (art. 1). L'accordo non specifica se si tratti o meno di una frontiera che delimita sia la zona economica esclusiva, sia la piattaforma continentale. Il confine segue generalmente una linea equidistante e si estende dal fondo del golfo di Aqaba sino al mar Rosso al 22° parallelo, delimitante il confine terrestre con il Sudan, a sud del Triangolo di Halayeb (773). In una lettera inviata alle Nazioni Unite nel 2017, il Sudan mostra di avere obiezioni rispetto all'accordo tra Egitto e Arabia saudita, in particolare rispetto alla frontiera costituita dai punti che vanno da 55 a 61, cioè al largo di un triangolo di cui il Sudan stesso rivendica la sovranità (774). A qualche giorno dell'entrata in vigore dell'accordo, due isole – Sanafir e Tiran – vengono restituite all'Arabia Saudita in rapporto a una decisione presa nel 2016 dal governo egiziano. Queste isole strategiche, situate all'ingresso del golfo di Aqaba, erano state occupate da Israele durante la guerra del 1956 e poi restituite all'Egitto secondo i termini di un successivo trattato di pace. Da notare che l'accordo del 2016 subisce una temporanea battuta d'arresto quando il tribunale amministrativo del Cairo dichiara che le due isole sono egiziane; infine, nel giugno 2017, l'accordo viene ripreso ed approvato dal parlamento (775).

## 5.4, Conclusione

Nel mar Rosso, i confini marittimi sono relativamente pochi, considerando che due stati – l'Egitto e l'Arabia Saudita – occupano, da soli, la maggior parte della costa. Il primo confine delimitato da un tribunale arbitrale è stato quello tra Eritrea e Yemen. Inizialmente, il tribunale ha deciso sulla sovranità relativa alle isole contese tra questi paesi, poi ha tracciato il confine tenendo conto non solo di tale sovranità ma anche degli effetti che dovevano essere riconosciuti alle isole stesse per tracciare una rigorosa linea di equidistanza. La decisione di delimitazione marittima tra Eritrea e Yemen è considerata tra i casi più importanti dell'intera storia giurisdizionale internazionale di delimitazione in materia (776), soprattutto perché conferma l'applicazione del metodo mediano tra stati le cui coste sono opposte e risolve una doppia controversia, relativa sia alla sovranità territoriale insulare che alla delimitazione marittima. È vero, infatti, che il tribunale arbitrale ha mantenuto tale metodo di delimitazione attraverso una mediana, come deciso nell'unico altro caso africano che coinvolgeva coste opposte, quello tra Libia e Malta. Qui, però, il tribunale non si è trovato di fronte all'applicazione di un criterio di proporzionalità con difficoltà analoghe al litigio precedente, dove la sproporzione era notevole (si trattava, allora, di statuire se gli arcipelaghi andavano meno considerati parte integrante delle coste interessate).

Nella contesa tra Libia e Tunisia, invece, il tribunale arbitrale si è chiesto quale fosse l'effetto appropriato da attribuire alle isole sulla linea mediana, tenendo conto della loro estensione, della loro vicinanza alla costa e, ove applicabile, della dimensione della loro popolazione. Per quanto concerne le circostanze, diverse da quelle geografiche, rilevanti per la delimitazione, il tribunale ha optato per una mediana, che, a suo dire, rispettava la ripartizione dei contratti petroliferi (ciò ricorda la vicenda tra Libia e Tunisia). I fattori economici, e più specificatamente le accuse di forte dipendenza economica dalle risorse, non sono stati accolti dal tribunale, che si è attenuto ad una giurisprudenza consolidata. L'organo di giustizia ha invece accolto la richiesta delle parti di ratificare il regime di pesca tradizionale.

A differenza del confine tra Eritrea e Yemen, che esigeva l'intervento di un tribunale per risolvere in prima istanza una controversia sulla sovranità sulle isole, il lungo confine tra Egitto e Arabia Saudita è stato tracciato in base a un accordo bilaterale, giunto a conclusione grazie a lunghi negoziati, riguardanti in particolare, come nel caso tra Eritrea e Yemen, una controversia sulla sovranità territoriale di varie isole (si trattava di una disputa grave per gli stati della regione in quanto tali formazioni si trovano all'ingresso del Golfo di Aqaba, il quale apre la via a Israele e alla Giordania verso il mar Rosso).

Ad eccezione di queste due frontiere nel mar Rosso, e prescindendo dall'accordo tra Sudan e Arabia Saudita che non costituisce, in senso stretto, una delimitazione marittima, le altre frontiere marittime restano virtuali. Si pensi a: Sudan ed Egitto (i due paesi in competizione per la sovranità territoriale sul triangolo Halayeb); Sudan ed Eritrea (al largo delle cui coste l'esistenza d'isole in prossimità di una linea di equidistanza costituisce un intralcio agli accordi già siglati); Eritrea e Arabia Saudita, (i due paesi potranno delimitare il confine marittimo solo attraverso il miglioramento delle relazioni diplomatiche).

Infine, i confini di Gibuti rispettivamente con Eritrea, Yemen e Somalia toccano un'area altamente strategica, il che aggrava le difficoltà. E questo senza contare il tracciato ancora incompiuto tra Eritrea e Yemen, poiché il suo punto terminale settentrionale e quello del limite tra Yemen e Arabia Saudita, lungi dal coincidere, lasciano aperto uno spazio marittimo da definire.

# CONCLUSIONE GENERALE

Se gli stati costieri africani, desiderosi di trarre vantaggio dalle risorse marine, sono stati attivi nell'ambito dei negoziati in seno alla III conferenza delle Nazioni Unite sul diritto del mare – che ha portato alla firma della convenzione del 1982 (UNCLOS) –, si sono al contrario mostrati relativamente riluttanti a concludere accordi di delimitazione. Va anche detto che la situazione, col tempo, è cambiata (ad esempio, nel golfo di Guinea, dove prima del 1999 non era stata stabilita alcuna frontiera marittima, nei tre anni successivi sono state definite quattro frontiere), Inoltre, l'Africa continua ad affrontare molte difficoltà nello sfruttamento delle risorse del mare, in particolare per la presenza di navi straniere e della pesca illegale. Eppure l'Africa detiene diversi primati in termini di confini marittimi: nel 1982, rispetto al caso "Libia / Tunisia", un tribunale internazionale, per la prima volta, si è pronunciato chiedendo sia la delimitazione del mare territoriale sia quella della piattaforma continentale; nel 1985, nei riguardi del caso "Repubblica di Guinea / Guinea-Bissau", una decisione ha interessato sia il mare territoriale, sia la zona economica esclusiva, sia la piattaforma continentale. Inoltre, in Africa, la percentuale di confini delimitati è attualmente la più alta (modalità bilaterali e giurisdizionali combinate). Infine, è nel continente africano che la percentuale di frontiere delimitate dalla giurisdizione è maggiore. La legge di delimitazione si basa principalmente su una giurisprudenza che è stata sovente oggetto di critiche, formulate da giudici attraverso opinioni dissenzienti e da numerosi autori.

## Il diritto internazionale per la delimitazione è un diritto ampiamente giurisprudenziale

In Africa, come altrove, le decisioni giudiziarie o arbitrali nelle relazioni internazionali corrispondono a fonti ausiliarie, come menzionato nello statuto della Corte Internazionale di Giustizia (art. 38). Se è vero che la missione di un tribunale è quella di enunciare la legge, non di crearla, resta il fatto che non può essere negata l'importanza del lavoro dei tribunali nell'elaborazione del diritto internazionale sulla delimitazione marittima; per altro, il contributo delle convenzioni internazionali nel settore è molto modesto, in particolare quello della CNUDM (Convenzione delle Nazioni Unite sul Diritto del Mare), la quale fa riferimento alle fonti del diritto internazionale, ma insiste sull'importanza di raggiungere un accordo sulla delimitazione della ZEE e della piattaforma continentale "al fine di raggiungere una soluzione equa" (articoli 74 e 83).

L'ampia generalità della regola del trattato è il risultato, come sappiamo, del dibattito tra i sostenitori dell'equidistanza e i sostenitori dell'equità nel contesto della III conferenza delle Nazioni Unite sul diritto del mare. Questo silenzio sul metodo di delimitazione, con l'eccezione dell'equidistanza per il mare territoriale, spiega in gran parte perché gli stati abbiano finora scelto di delimitare i loro spazi marittimi con un accordo bilaterale ben più spesso che con il ricorso a un organo giudiziario. Tuttavia, basta consultare l'elenco dei casi portati negli ultimi anni, in particolare in Africa, davanti ai vari tribunali – la CIG, il TIDM, i tribunali arbitrali – per rendersi conto del peso attribuito a parti terze per la risoluzione delle controversie sui confini marittimi. L'esame delle decisioni recentemente emesse dai diversi organi rivela che il diritto sulla delimitazione marittima evolve notevolmente grazie a soluzioni originali che consistono nell'adozione di metodi di definizione delle frontiere adeguati alle circostanze rilevanti e che spesso attingono non solo a precedenti (ancora pochi), ma anche a una ricca prassi degli stati nel settore (777). Riassumendo, varie sono le soluzioni aperte rispetto alle controversie sui confini marittimi, come previsto dall'articolo 33 della Carta delle Nazioni Unite (negoziazione, mediazione, conciliazione, inchiesta, arbitrato, rimedi giudiziari ecc.), così come dalla CPI all'articolo 287 (procedura davanti ai vari tribunali). Il negoziato è menzionato *in primis* nell'elenco dei metodi di risoluzione pacifica e la sua importanza rimane cruciale, dato che il ricorso giudiziario "è solo un sostituto della risoluzione diretta e amichevole" tra le parti, come ha ricordato la Corte permanente di giustizia internazionale in una sentenza (778). Tuttavia, sono le buone relazioni politiche ed economiche che promuovono i negoziati per risolvere le controversie nel campo della delimitazione come in qualsiasi altra materia.

## Le critiche alla delimitazione marittima per via giudiziaria

La legge di delimitazione marittima è una legge giurisprudenziale e, per quanto eminente possa essere questo metodo di stabilimento dei confini, non è immune da critiche, che spesso iniziano, nei casi africani come altrove, da autorevoli opinioni dissenzienti rispetto a decisioni giudiziarie o arbitrali, oltre che dalle opere e dagli articoli di dottrina dedicati alla questione.

Nel caso "Libia / Tunisia" del 1982, che riunì 14 giudici, 4 dei quali dissenzienti, il giudice Gros ritenne che la Corte avesse rifatto la geografia, in particolare per avere cancellato la costa tunisina: "Non è sufficiente dire che il metodo dell'equidistanza non avrebbe portato alla delimitazione più equa, quando le condizioni per la sua esclusione non erano soddisfatte, o anche adeguatamente considerate e quando la Corte ha omesso di analizzare i risultati straordinari, anomali e irragionevoli della propria procedura (...). Tutti gli elementi geografici della situazione sono stati ignorati non solo in termini di rilevanza per la delimitazione, ma anche per il controllo dell'equità che si sosteneva fosse raggiunto con altre tecniche (...). È un perfetto esempio di messa in discussione della geografia" (779).

Nel caso "Libia / Malta" del 1985 (3 opinioni dissenzienti su un totale di 17), il giudice Mosler ha ricordato che "la regola dell'equità richiede la parità di trattamento delle parti" e che "nelle controversie sui confini territoriali, compresi quelli sottomarini, tale parità di trattamento non significa necessariamente l'assegnazione di quote uguali. Una delimitazione è conforme alla regola di equità solo se tutti i criteri e le circostanze pertinenti giustificano tale risultato" (780).

Il giudice Bedjaoui, l'unico dissenziente dei tre coinvolti nel caso "Guinea-Bissau / Senegal" del 1989, ha valutato la questione dell'*uti possidetis* e ha ritenuto che non dovesse applicarsi ai confini marittimi, poiché le differenze di ambiente erano evidenti e irriducibili, così che la nozione di sovranità e le sue derivazioni, in particolare l'inviolabilità territoriale, "non hanno, o non hanno ancora, il loro posto negli spazi marittimi". Lo Stato costiero non è legittimato a impedire indistintamente, nelle aree sotto sua giurisdizione esclusiva, qualsiasi attività legittima. Il giudice richiama qui un criterio di buon senso secondo cui le regole vengono create per proteggere un'eredità solo se questa eredità esiste. Eppure, i padri fondatori delle istituzioni politiche africane: "non potevano legiferare sul tema dell'intangibilità delle frontiere in quanto queste non esistevano realmente. Non vi era un'eredità coloniale da preservare in materia di confini marittimi!" (781).

Nel caso "Camerun v. Nigeria" del 2002, 2 dei 16 giudici si sono uniti nel loro dissenso; tra loro, il giudice Koroma, il quale ha affermato che "le controversie territoriali e di confine tra stati vicini, nella misura in cui è probabile che si intensifichino con conseguenze tragiche per i paesi interessati, sono il maggiore imperativo a una soluzione pacifica" (par. 1). Il giudice ha aggiunto che il tribunale, rispetto al trattato del 1884 tra la Gran Bretagna, i re e i capi di Vieux-Calabar, per quanto riguarda la penisola di Bakassi, "si è scelto di riconoscere la realtà politica piuttosto che applicare lo strumento giuridico e i principi pertinenti" (par. 3) (782).

Con un'unica eccezione, il voto contrario del giudice J.A. Robinson – in parte d'accordo e in parte dissenziente –, la CIG ha emesso la sua sentenza all'unanimità (14 giudici) nel caso "Somalia v. Kenya" del 2021. Robinson ha rilevato che la CIG "non era in grado di delimitare" oltre le 200 miglia nautiche perché “il regime relativo al diritto di uno stato costiero a una piattaforma continentale entro 200 miglia nautiche è distinto da quello che disciplina il suo diritto a una piattaforma continentale oltre tale limite, ed è questa distinzione che rende discutibile” la conclusione cui si era giunti (783). In totale, e ad eccezione del caso “Gabon / Guinea Equatoriale” ancora pendente nel dicembre 2023, non si è registrato alcun dissenso in 4 dei 9 casi africani: “ Guinea / Guinea-Bissau” (3 giudici presenti), “Ghana / Costa d’Avorio” (5), “Mauritius /Maldive” (5) ed “Eritrea / Yemen” (5). Naturalmente, ci sono parecchie critiche rispetto alle decisioni giudiziarie formulate dallla letteratura giuridica. Ad esempio quella di Weckel riguardo alla sentenza della CIG nel caso “Camerun contro Nigeria”. In effetti, l’autore, che pure riconosce l’importanza di tale giudizio, afferma che c’è “una parte della realtà delle società tradizionali africane da cui la CIG è rimasta distante. [Ma] questa dimensione umana è responsabilità delle nazioni africane” (784). L’autore invita quindi la commissione mista a tenere conto di detta realtà nel processo di cooperazione avviato dal segretario generale dell’ONU dopo la pronuncia della sentenza. Forteau e Thouvenin, da parte loro, menzionano criticamente il caso “Barbados v. Trinidad e Tobago” e considerano che, in quello “Tunisia / Libia”, “la CIG ha mantenuto lo stato di confusione creato dalla sua sentenza del 1969, chiudendosi nel circolo vizioso ‘principi equi / soluzione equa’. Tale affermazione, non operativa, è stata reiterata (…) nel caso ‘Libia / Malta’…” (785).

Pancracio, più misurato, non accoglie invece il principio di una soluzione equa di cui la CIG affermerebbe il carattere giuridico: “L’equità può soddisfare l’idea di giustizia, ma può anche generare ambiguità nel modo di giudicare. Evoca inevitabilmente l’idea di condivisione, eppure ciò non significa uguaglianza. Quando si delimita, non si condivide!”. E più avanti, l’autore riconosce, a proposito dei litigi portati davanti alla CIG e ai tribunali internazionali, che “tali controversie hanno tutte più o meno contribuito, come mattoni, alla costruzione del diritto delle delimitazioni. Ma alcune hanno dato luogo a decisioni più significative, perché il giudice o l'arbitro hanno proposto soluzioni giuridiche e pratiche che costituiscono progressi nel campo, consentendo di chiarire aspetti sino ad allora rimasti incerti in un sistema convenzionale e consuetudinario poco chiaro (786).

## Confronti tra gli spazi marittimi dell'Africa

Nel Mediterraneo, dei 17 confini marittimi (compresi i confini interregionali con gli stati dell'Europa e del Vicino Oriente), 7 sono stati delimitati, 2 dei quali per via giudiziaria dalla CPI (787). Nell'Atlantico, dei 29 confini, 10 sono stati delimitati, 4 dei quali per giurisdizione, di cui 2 attraverso un tribunale arbitrale (788), 1 dalla CIG (789) e 1 dal TIDM (790). Ciò senza contare il caso "Gabon / Guinea Equatoriale", sottoposto alla CIG nel 2021 e ancora pendente nel dicembre 2023. Nell'oceano Indiano, dei 14 confini, 11 sono delimitati, 2 dei quali sono per giurisdizione, di cui 1 dalla CIG (791) e 1 dal TIDM (792). Infine, nel mar Rosso, degli 11 confini (compresi i confini interregionali con gli stati asiatici), 2 sono delimitati, di cui 1 da un tribunale arbitrale (793).

Rispetto ai suoi 71 confini marittimi, l'Africa ne ha 30 delimitati (42%), 9 dei quali per via giudiziaria (30%); se includessimo il confine tra Gabon e Guinea Equatoriale come definito, arriveremmo al 32%. Di queste 30 frontiere, 20 sono multifunzionali, 8 uni-funzionali e 2 onni-funzionali; 10 sono tra coste adiacenti, 18 tra coste opposte e 2 in situazioni miste; 14 confini sono tracciati secondo una retta di equidistanza rigorosa, 5 in base a un'equidistanza modificata, 4 coincidono con una linea astronomica (azimut o parallelo di latitudine) e 7 comprendono metodi compositi; infine, 5 delle 30 linee hanno una zona di esplorazione e sfruttamento congiunto, come quella istituita nel 1993 tra la Guinea-Bissau e il Senegal dopo la delimitazione rispettiva del 1989. Al contrario, alcune zone sono state istituite in assenza di accordi, come quella fissata nel 1974 tra Sudan e Arabia Saudita o, nel 2001, tra la Nigeria e São Tomé e Príncipe. Va aggiunto poi che parecchie frontiere attuali sono incomplete per vari motivi: tripunti da stabilire con paesi terzi; modifiche delle funzioni di alcuni confini che originariamente erano limitati alla piattaforma continentale e che vanno stabiliti in aggiunta alla delimitazione della zona economica esclusiva, compresi i confini delimitati prima dell'adozione della Convenzione sul diritto del mare del 1982, da estendere oltre il limite delle 200 miglia nautiche alla luce delle raccomandazioni della Commissione sui limiti della piattaforma continentale. Da rilevare che, alcuni accordi, ad es. quello tra Egitto e Grecia, riguardano solo la delimitazione e prevedono un ulteriore negoziato in merito alle risorse transfrontaliere. Nel caso "Ghana / Costa d'Avorio", il tribunale ha deciso solo la linea di delimitazione, ma le parti, dopo il lodo, hanno raggiunto un accordo sullo sfruttamento congiunto delle risorse. Va infine sottolineato che diversi paesi africani, in assenza di patti di delimitazione marittima, hanno siglato accordi di sfruttamento congiunto.

## Confronti tra l'Africa e gli altri continenti

Ci sono circa 475 confini marittimi in tutto il mondo, di cui 195 sono stati finora parzialmente o totalmente delimitati (il 41% del totale) – questo senza contare quelli ancora pendenti in tribunale a dicembre 2023, e altri su cui sono in corso negoziati. In totale, abbiamo detto, l'Africa, rispetto ai suoi 71 confini marittimi, ne ha 30 già delimitati (42%), 9 dei quali per via giudiziaria (30%). L'America ha delimitato 55 delle sue 102 frontiere marittime (54), di cui 9 per via giudiziaria (16%) (794), oltre al caso "Guatemala / Belize" (795), avviato nel 2019 e ancora pendente nel dicembre 2023.

L'Europa, che ha circa 69 confini marittimi, ha concluso 57 delimitazioni (83%), di cui 7 per via giudiziaria796 (12%), ma questa percentuale scende al 9% se si sottraggono i confini "Germania / Paesi Bassi" e "Germania / Danimarca", entrambi fissati nel 1971 a seguito di sentenze del 1969 emesse dalla CIG, che non ha tracciato i confini *stricto sensu* ma solo indicato alle parti, conformemente ai loro desideri, i principi da applicare per giungere ad un'equa delimitazione.

L'Asia, che ha circa 68 confini marittimi, ne ha delimitati 41 (60%) di cui 4 giudiziari (10%) (797).

Infine, in Oceania, dove ci sono circa 38 confini, 15 sono stati demarcati (39%), nessuno dei quali da un tribunale (0%).

Alle 475 frontiere marittime sparse per il mondo, si potrebbero aggiungere due regioni – che sollevano problemi specifici per il diritto del mare – le quali, peraltro, non sono presentate come tali dalle principali fonti di documentazione, come ad es. le Nazioni Unite (798): l'Antartide, dove le frontiere marittime potrebbero prolungare, dopo la sospensione della moratoria nel 2048, i confini territoriali tracciati tra gli stati che hanno avanzato rivendicazioni (Norvegia, Nuova Zelanda, Australia, Francia, Regno Unito, Argentina e Cile – questi ultimi tre anche in disaccordo tra le aree di sovrapposizione) e il mar Caspio (ma è un mare o un lago?), i cui stati costieri avanzano rivendicazioni (Russia, Azerbaigian, Iran, Turkmenistan e Kazakistan).

## Fermo e abbordaggio delle navi straniere nelle acque africane

L'Africa, più di tutti gli altri continenti messi insieme, è stata costretta a difendersi davanti al TIDM per quanto riguarda le richieste di rilascio immediato del fermo e dell'abbordaggio di navi straniere, di ogni tipo (pescherecci, navi da guerra, petroliere). Nella prima di tali cause, "St. Vincent e Granadine c. Guinea", lo stato richiedente ha fondato la sua domanda sull'art. 292 della CNUDM (799) e ha sostenuto che la Saiga, una sua petroliera, era stata abbordata il 28 ottobre 1997 da motovedette doganali guineane e trattenuta a Conakry. Con sentenza del 4 dicembre, il tribunale "ha ordinato alla Guinea di procedere al rilascio immediato della Saiga dalla detenzione e alla liberazione del suo equipaggio (…). La revoca e la liberazione [sono condizionati però] a una cauzione o a una ragionevole garanzia" (par. 86). Similmente, nella controversia "Seychelles v. Francia", si è chiesto il rilascio del peschereccio Monte Confurco e del suo comandante. Il tribunale, con sentenza del 18 dicembre 2000, ha stabilito che la Francia aveva l'obbligo di procedere alla revoca senza indugio del fermo del peschereccio e al rilascio del comandante "non appena sarebbe stata concessa una cauzione o un'altra garanzia determinata dal tribunale" (par. 96, par. 5).

Nel caso "Saint Vincent e Grenadine v. Guinea-Bissau", il tribunale ha deciso, con sentenza del 18 dicembre 2004, che l'equipaggio della Juno Trader doveva essere libero di lasciare la Guinea-Bissau senza alcuna condizione (par. 104, par. 4).

Nella controversia "Argentina v. Ghana", in merito alla detenzione della nave da guerra argentina ARA Libertad, il tribunale ha affermato, con ordinanza del 15 dicembre 2012, che il Ghana doveva garantire che la fregata, il suo comandante e l'equipaggio "potessero lasciare il porto di Tema e le aree marittime sotto giurisdizione ghanese; assicurandosi che la fregata... fosse rifornita di carburante a tale scopo" (par. 198.1). Nel lodo arbitrale del 5 settembre 2016, il tribunale – che analizzava la causa "Malta contro São Tomé e Príncipe." – ha ritenuto che quest'ultimo avesse violato le condizioni relative all'esercizio della sovranità sulle acque dell'arcipelago ai sensi dell'articolo 49, par. 3, della convenzione, e che era dunque tenuto al risarcimento dei danni per il fermo della nave Duzgit Integrity e del suo equipaggio (par. 342 *c* + *d*).

Nel caso "Svizzera / Nigeria", il TIDM, il 29 dicembre 2021, ha predisposto la rimozione dopo che la nave San Padre Pio aveva lasciato la ZEE nigeriana per entrare in quella del Benin.

Infine, nel caso del novembre 2022, "Isole Marshall / Guinea Equatoriale", riguardante la nave Heroic Idun, il ricorrente ha sostenuto che "esisteva un rischio reale e imminente che l'imputato ponesse con la forza o illegalmente, o trasferisse in altro modo, la nave e il suo equipaggio sotto la custodia e il controllo delle autorità nigeriane" (par. I.6), e che vi era un "elevato rischio di pirateria nell'area" (II.14). Tuttavia, il ricorrente ha poi desistito e il tribunale ha ordinato la radiazione del caso dopo otto giorni dalla registrazione. Ma non è tutto: il 18 aprile 2023, le parti hanno concordato di trasferire l'istanza arbitrale a una camera speciale del Tribunale.

## I buoni rapporti politici ed economici favoriscono la delimitazione

Oltre all'Unione Africana – che ha lanciato l'Area continentale di libero scambio nel luglio 2019 – sono state create molte organizzazioni volte a favorire la prosperità, la pace, la solidarietà e il dinamismo internazionale. Tra queste, segnaliamo la Comunità economica degli stati dell'Africa occidentale (nata nel 1975) che si compone di 15 membri; la Comunità economica degli stati dell'Africa centrale (nata nel 1983), che si compone di 11 membri; la Commissione per l'oceano Indiano (nata nel 1984), che si compone di 5 membri; l'Unione del Maghreb arabo (nata nel 1989), che si compone di 5 membri; la Comunità per lo sviluppo dell'Africa australe (nata nel 1992), che si compone di 16 membri; il Mercato comune dell'Africa orientale e australe (nato nel 1994), che si compone di 21 membri; la Comunità degli stati del sahelo-sahariani (nata nel 1998), che si compone di 25 membri.

Molti paesi africani si sono uniti per portare in tribunale questioni che li riguardavano, comprese quelle concernenti le risorse ittiche e il cambiamento climatico. Ad es., a seguito di una richiesta del 2013 della Commissione sub-regionale per la pesca (CSRP) – comprendente Capo Verde, Gambia, Guinea, Guinea-Bissau, Mauritania, Senegal e Sierra Leone –, il TIDM ha emesso un parere consultivo (2015), affermando che lo stato di bandiera "ha l'obbligo di adottare le misure necessarie, comprese quelle esecutive, per garantire che le navi battenti la sua bandiera rispettino le leggi e i regolamenti adottati dai membri della CSRP" (par. 219.1). Il TIDM ha aggiunto che gli stati membri "hanno l'obbligo di garantire la gestione sostenibile delle scorte condivise, quando tali scorte sono situate nelle rispettive zone economiche esclusive" (par. 219.6) (800).

A partire dal 2022, un'ennesima richiesta di parere consultivo è stata presentata al TIDM, riguardante piccoli paesi insulari e i cambiamenti climatici e proveniva da aree costiere dell'Africa (Mozambico, Maurizio, Egitto, Sierra Leone, Gibuti) oltre che dall'Unione Africana. Il TIDM dovrebbe decidere sugli obblighi specifici degli stati-parte della CNUDM circa il "prevenire, ridurre e controllare l'inquinamento dell'ambiente marino per quanto riguarda gli effetti negativi connessi al cambiamento climatico, specie rispetto al riscaldamento degli oceani, all'innalzamento del livello del mare e all'acidificazione degli oceani, causati dalle emissioni antropogeniche di gas serra nell'atmosfera" (801).

Certo, le buone relazioni non garantiscono la conclusione di accordi di delimitazione, né incoraggiano gli stati vicini a rivolgersi per un compromesso ai tribunali internazionali. Il Canada e gli Stati Uniti ne sono un esempio, avendo delimitato solo uno dei loro quattro confini marittimi, anche se hanno ottime relazioni politiche e condividono la frontiera indifesa più lunga del mondo. Al contrario, gli stati del golfo Persico hanno da tempo demarcato quasi tutti i loro confini marittimi, sebbene le loro relazioni politiche siano tese. Il petrolio ha costituito, qui, un fattore primario e, in futuro, potrebbe avere un ruolo analogo pure in Africa, che dispone di riserve di greggio (oltre ad importanti ricchezze ittiche). In breve, migliori relazioni diplomatiche, una solidarietà messa alla prova e significative risorse marine dovrebbero incoraggiare l'Africa a perseguire la sua delimitazione marittima attraverso accordi bilaterali o attraverso i tribunali. Le frontiere terrestri e marittime, concordate tra gli stati, facilitano l'esercizio dei rispettivi diritti sovrani e delle giurisdizioni esclusive, oltre a contribuire, in Africa come altrove, al mantenimento (o al ripristino) della pace, della stabilità e della sicurezza in un mondo in profonda trasformazione.

# CRONOLOGIA (1885-2023)

1885
26 febbraio, è firmato, da parte dei principali Stati d'Europa, degli Stati Uniti d'America e dell'Impero Ottomano, l'Atto Generale della Conferenza di Berlino.
1886
12 maggio, viene approvato il trattato franco-portoghese sulla delimitazione dei possedimenti in Africa occidentale.
1890
1° luglio, viene firmato un trattato anglo-tedesco sulle sfere di influenza in alcune regioni dell'Africa, in particolare nell'Africa sud-occidentale.
1893
15 novembre, viene stipulato il trattato franco-tedesco sul confine tra Yola e il lago Ciad.
1894
15 marzo, è approvato il trattato franco-tedesco sulla delimitazione delle colonie del Congo francese e del Camerun e delle sfere di influenza nella regione del Lago Ciad.
1898
14 giugno, entra in vigore un trattato franco-britannico riguardante le sfere di influenza verso l'Egitto e la Valle del Nilo.
1899
21 marzo, entra in vigore un trattato franco-britannico sulle sfere di influenza, in particolare nella regione del Tibesti.
1900
27 giugno, viene firmato un trattato franco-spagnolo sui possedimenti dell'Africa occidentale.
1902
1° novembre, entra in vigore lo scambio di lettere franco-italiano relativo ai limiti della Tripolitania.
1906
29 maggio, trattato di delimitazione franco-britannico sui possedimenti ad est del Niger;
19 marzo, un trattato franco-tedesco integra il trattato del 1893 riguardante il confine da Yola al lago Ciad.
1910
19 febbraio, entra in vigore il protocollo franco-britannico sui possedimenti ad est del Niger.

1913
11 marzo, viene firmato un trattato tedesco-britannico riguardante il confine tra Nigeria e Camerun.
1919
25 gennaio, risoluzione della sessione plenaria della Conferenza di pace che prevede l'incorporazione del Patto della Società delle Nazioni nei trattati di pace;
28 aprile, adozione del Patto;
28 giugno, rinuncia, ai sensi del trattato di Versailles, da parte della Germania a tutti i suoi diritti relativi ai suoi possedimenti in Africa;
10 luglio, dichiarazione franco-britannica relativa ai limiti dei territori sotto mandato.
1920
10 gennaio, viene costituita la Società delle Nazioni;
17 dicembre, il Consiglio della Società delle Nazioni conferma il mandato dell'Unione Sudafricana sul territorio dell'Africa del Sud-Ovest.
1922
31 dicembre, decreto francese sulla riorganizzazione della regione di Tombouctou.
1927
31 agosto, decreto francese sui limiti delle colonie del Niger e del Volta superiore.
1929
29 dicembre, la dichiarazione franco-britannica chiarisce quella del 10 luglio 1919.
1931
9 gennaio, scambio di note franco-britanniche riguardanti la dichiarazione del 29 dicembre 1929.
1932
5 settembre, un nuovo decreto francese abroga il decreto del 1° marzo 1919 che aveva creato la colonia dell'Alto Volta.
1935
19 febbraio, lettera del Governatore Generale dell'AOF sul confine tra il Sudan francese e Niger.
1945
26 giugno, viene firmata a San Francisco la Carta delle Nazioni Unite.
1946
13 dicembre, l'ONU approva l'accordo di amministrazione fiduciaria per il territorio del Camerun sotto l'amministrazione britannica.

1947
4 settembre, entra in vigore la legge francese sul ristabilimento del territorio dell'Alto Volta.
1949
6 dicembre, risoluzione dell'ONU che richiede alla CIG un parere consultivo nel caso riguardante lo status internazionale dell'Africa del Sud-Ovest.
1956
1° giugno, la CIG riceve un parere consultivo nel caso riguardante la ricevibilità dell'audizione dei firmatari da parte della commissione per l'Africa del Sud-Ovest.
1959
13 marzo, entra in vigore la risoluzione 1350 (XIII) dell'ONU relativa ai plebisciti nei due Camerun.
1960
26 aprile, la prima frontiera marittima in Africa, tra il Senegal e la Guinea-Bissau, viene delimitata mediante un accordo bilaterale tra Francia e Portogallo; il 4 novembre, le domande di ricorso dinanzi alla CIG da parte dell'Etiopia e della Liberia contro il Sudafrica nel caso dell'Africa del Sud-Ovest;
14 dicembre, la risoluzione 1514 (XV) delle Nazioni Unite relativa alla Dichiarazione sulla concessione dell'indipendenza ai paesi e ai popoli coloniali.
1961
30 maggio, il Camerun presenta richiesta introduttiva d'istanza alla CIG nei confronti del Regno Unito nel caso del 'Camerun settentrionale'.
1962
21 dicembre, la CIG respinge le obiezioni preliminari del Sudafrica nel caso dell'Africa del Sud-Ovest.
1963
25 maggio, viene adottata ad Addis Abeba la Carta dell'Organizzazione dell'Unità Africana;
2 dicembre, sentenza della CIG che accoglie le obiezioni preliminari del Regno Unito nella causa relativa al Camerun settentrionale.
1964
22 maggio, viene firmato un trattato tra Camerun, Ciad, Niger e Nigeria riguardante la Commissione per il bacino del Lago Ciad;
21 luglio, l'OUA ha adottato la risoluzione sul rispetto delle frontiere esistenti al momento dell'indipendenza.

1966
18 luglio, è pronunciata la sentenza di merito della CIG nel caso dell'Africa del Sud-Ovest;
27 ottobre, la risoluzione 2145 (XXI) dell'ONU sulla fine del mandato del Sudafrica nell'Africa del Sud-Ovest;
16 dicembre, adozione da parte delle Nazioni Unite del Patto internazionale sui diritti civili e politici;
20 dicembre, risoluzione 2229 (XXI) dell'ONU concernente Ifni (Sahara spagnolo).
1967
19 maggio, l'ONU adotta la risoluzione che istituisce il Consiglio delle Nazioni Unite per l'Africa del Sud-Ovest.
1969
23 maggio, viene adottata la Convenzione di Vienna sul diritto dei trattati.
1970
30 gennaio, la risoluzione 276 del Consiglio di sicurezza sull'illegalità della presenza del Sudafrica in Namibia;
24 ottobre, risoluzione 2625 (XXV) in merito alla Dichiarazione sui principi del diritto internazionale concernenti le relazioni amichevoli e la cooperazione tra gli stati in conformità alla Carta delle Nazioni Unite.
1971
21 giugno, la Corte Penale Internazionale emette un parere consultivo nel caso riguardante le conseguenze giuridiche per gli stati della continua presenza del Sudafrica in Namibia (Africa del Sud-Ovest) nonostante la risoluzione 276 (1970) del Consiglio di Sicurezza;
20 agosto, accordo sulla delimitazione marittima tra Tunisia e Italia.
1973
12 dicembre, l'assemblea generale delle Nazioni Unite riconosce la SWAPO come autentico rappresentante del popolo namibiano, con lo status di osservatore.
1974
16 maggio, entra in vigore l'accordo di sfruttamento congiunto tra Sudan e Arabia Saudita;
27 settembre, decreto del Consiglio delle Nazioni Unite per l'Africa del Sud-Ovest sulle risorse naturali della Namibia;
13 dicembre, con la risoluzione 3292 (XXIX) si chiede alla CIG un parere consultivo in merito al caso del Sahara occidentale.
1975
1° giugno, viene stipulato l'accordo sulla delimitazione del mare territoriale tra Nigeria e Camerun;

16 ottobre, parere consultivo della CIG nel caso del Sahara occidentale;
4 giugno, conclusione dell'accordo di delimitazione marittima tra il Gambia e il Senegal;
14 novembre, accordo tra Marocco, Spagna e Mauritania sulla decolonizzazione del Sahara occidentale.
1976
27 febbraio, proclamazione dell'indipendenza della Repubblica Democratica Araba Saharawi;
14 aprile, conclusione dell'accordo di delimitazione marittima tra Marocco e Mauritania;
9 luglio, accordo di delimitazione marittima tra Kenya e Tanzania.
1978
27 luglio, il Consiglio di Sicurezza adotta la risoluzione 432 sulla reintegrazione dell'*enclave* di Walvis Bay nella Namibia;
25 settembre, il Consiglio di Sicurezza adotta la risoluzione 435 che approva la relazione del segretario generale sul piano di pace preparato dai Cinque.
1980
2 aprile, accordo di delimitazione marittima tra Mauritius e Francia.
1981 I
14 aprile, una sentenza della CIG respinge l'istanza di intervento di Malta nella causa relativa alla piattaforma continentale (Tunisia / Repubblica Araba Libica).
1982
24 febbraio, sentenza della CIG nel caso della piattaforma continentale (Tunisia / Repubblica Araba di Libia);
10 dicembre, firma della Convenzione delle Nazioni Unite sul diritto del mare.
1983
14 ottobre, il Mali e il Burkina Faso deferiscono alla CIG la realizzazione di un accordo di compromesso sul loro litigio frontaliero.
1984
21 marzo, sentenza della CIG che respinge l'istanza d'intervento dell'Italia nel caso relativo alla piattaforma continentale (Repubblica Araba di Libia / Malta);
27 luglio, la Tunisia presenta una domanda di revocazione della sentenza relativa alla causa del 1982.
1985
14 febbraio, viene emesso un lodo arbitrale nella causa relativa alla delimitazione del confine marittimo tra la Guinea e la Guinea-Bissau;

12 marzo, un tribunale d'arbitrato è incaricato di trovare un compromesso tra Senegal e Guinea-Bissau per delimitare la frontiera marittima tra loro;
3 giugno, sentenza della CIG sulla piattaforma continentale contesa tra Repubblica Araba di Libia e Malta;
10 dicembre, sentenza della CIG sulla richiesta di revisione e d'interpretazione del giudizio emesso il 24-2-1982;
1986
10 gennaio, la CIG emette un'ordinanza per misure conservative nel caso relativo alla controversia di confine tra Burkina Faso e Mali;
21 luglio l'OUA adotta una risoluzione per il regolamento negoziato delle controversie di confine;
22 dicembre, la CIG emette il suo giudizio nel caso riguardante il confine tra Burkina Faso e Mali.
1988
20 luglio, l'Angola, Cuba e il Sudafrica approvano i principi per una soluzione pacifica al conflitto nell'Africa del Sud-Ovest;
29 settembre, lodo arbitrale relativo alla controversia su certi pilastri di confine tra la Repubblica Araba d'Egitto e Israele;
22 dicembre, viene concluso un accordo tra l'Angola, Cuba e il Sudafrica sulle condizioni di adesione della Namibia all'indipendenza; lo stesso giorno è concluso un accordo tra Cuba e l'Angola sul ritiro delle forze cubane dall'Angola;
28 dicembre, accordo di delimitazione marittima tra Tanzania e Mozambico.
1989
9 aprile, viene concluso l'accordo di Mount Edjo sul ritiro delle forze della SWAPO dalla Namibia;
31 luglio, lodo arbitrale nella causa relativa alla delimitazione del confine marittimo tra Guinea-Bissau e Senegal.
1990
2 marzo, una sentenza della CIG respinge la richiesta di misure cautelari della Guinea-Bissau nel caso relativo al lodo arbitrale del 31 luglio 1989 (Guinea-Bissau c. Senegal);
21 marzo la Namibia proclama la sua indipendenza;
23 aprile la Namibia entra a far parte delle Nazioni Unite;
3 settembre, il Ciad presenta un ricorso dinanzi alla CIG rispetto alla sua controversia territoriale con la Repubblica Araba di Libia.
1991
3 giugno, viene adottato il trattato che istituisce la Comunità Economica Africana;

6 settembre, primo cessate-il-fuoco nel Sahara occidentale;
12 novembre, sentenza della CIG nella causa relativa al lodo arbitrale del 31 luglio 1989 (Guinea-Bissau c. Senegal).
1993
17 febbraio, viene concluso l'accordo di delimitazione marittima tra Capo Verde e Senegal;
14 ottobre, accordo congiunto di sfruttamento marittimo tra Guinea-Bissau e Senegal.
1994
28 febbraio, viene concluso un accordo tra la Namibia e il Sudafrica sulla reintegrazione di Walvis Bay nella Namibia;
29 marzo, domanda di ricorso dinanzi alla CIG da parte del Camerun sul suo confine terrestre e marittimo con la Nigeria;
3 febbraio, sentenza della CIG nel caso relativo alla disputa territoriale tra Repubblica Araba di Libia e Ciad;
16 novembre, entra in vigore la Convenzione delle Nazioni Unite sul diritto del mare.
1996
29 maggio, deferimento alla CIG per un accordo di compromesso tra Botswana e Namibia rispetto al caso dell'isola di Kasikili/Sedudu.
1997
4 dicembre, il TIDM giudica il caso della nave Saiga (n. 2) (Saint Vincent e Grenadine c. Guinea).
1998
11 giugno, la CIG respinge le obiezioni preliminari della Nigeria nella disputa sulla sua frontiera terrestre e marittima col Camerun;
9 ottobre, lodo arbitrale relativo alla sovranità territoriale su alcune isole contese tra Eritrea e Yemen (prima fase).
1999
23 giugno, la Repubblica Democratica del Congo presenta un ricorso per avviare un procedimento dinanzi alla CIG contro l'Uganda, il Burundi e il Ruanda circa le attività armate sul suo territorio;
26 giugno, accordo di delimitazione marittima tra la Guinea Equatoriale e São Tomé e Príncipe;
1° luglio, ordinanza relativa a misure provvisorie da parte della CIG sulle attività armate nella RDC;
21 ottobre, un'ordinanza della CIG autorizza l'intervento della Guinea Equatoriale nel caso sul confine terrestre e marittimo tra Camerun e Nigeria;
13 dicembre, sentenza della CPI nel caso riguardante l'isola di Kasikili/Sedudu (Botswana/Namibia);

17 dicembre, lodo arbitrale avente ad oggetto la delimitazione marittima tra Eritrea e Yemen (seconda fase).
2000
11 luglio, adozione dell'atto costitutivo dell'Unione Africana;
23 settembre, accordo di delimitazione marittima tra Nigeria e Guinea Equatoriale;
18 dicembre, sentenza del TIDM nel caso "Monte Confurco" (Seychelles c. Francia).
2001
1° febbraio, le denunce di attività armate nel suo territorio da parte di Burundi e Ruanda sono cancellati dall'elenco su richiesta della RDC stessa;
19 febbraio, accordo di delimitazione marittima tra Seychelles e Francia;
21 febbraio, accordo di sfruttamento marittimo congiunto tra São Tomé e Príncipe e Nigeria;
26 aprile, accordo di delimitazione marittima tra Gabon e Guinea Equatoriale.
2002
23 gennaio, accordo di delimitazione marittima tra Seychelles e Tanzania;
11 febbraio, è stato concluso l'accordo di delimitazione marittima tra Tunisia e Algeria;
3 aprile, accordo di sfruttamento congiunto tra Guinea Equatoriale e Nigeria;
3 maggio, Benin e Niger deferiscono la loro disputa di confine alla CIG per un accordo di compromesso;
13 aprile, lodo arbitrale avente ad oggetto la delimitazione e la demarcazione del confine tra Eritrea ed Etiopia;
28 maggio, una nuova richiesta alla CIG da parte della RDC contro il Ruanda per attività armate sul suo territorio;
4 giugno, accordo di delimitazione marittima tra Angola e Namibia;
10 ottobre, sentenza della CIG nel caso riguardante il confine terrestre e marittimo tra Camerun e Nigeria;
27 novembre, un'ordinanza della CIG autorizza l'istituzione di una camera ppeciale nel caso Benin/Niger.
2003
17 febbraio, viene concluso l'accordo di delimitazione marittima tra Egitto e Cipro;
31 luglio il Consiglio di Sicurezza dell'ONU adotta il piano Baker per l'autodeterminazione del popolo del Sahara occidentale;

ottobre, l'ONU nomina l'avvocato Yves Fortier di Montreal come mediatore nella disputa tra Gabon e Guinea Equatoriale sulla sovranità territoriale su alcune isole e sul confine marittimo;
19 settembre, conclusione dell'accordo di delimitazione marittima tra Capo Verde e Mauritania;
7 novembre il Fronte del Polisario libera un gruppo di 300 militari marocchini detenuti.
2004
30 gennaio, risoluzione del Consiglio di Sicurezza che estende il mandato della MINURSO nel Sahara occidentale;
13 luglio, il presidente della camera della CIG nel caso 'Benin / Niger' fissa al 17-12-2004 il deposito delle repliche;
il 18 dicembre, sentenza del TIDM nel caso Juno Trader (Saint Vincent e Grenadine c. Guinea-Bissau).
2005
14 aprile, entra in vigore l'accordo di delimitazione marittima tra Madagascar e Francia;
29 aprile, la CIG delibera sul caso riguardante le attività armate nel territorio del Congo (Repubblica Democratica del Congo contro Uganda);
8 luglio, la CIG avvia le deliberazioni nel caso relativo alle attività armate ruandesi nel territorio del Congo (Repubblica Democratica del Congo) (nuova domanda: 2002)
12 luglio, la CIG emette la sua sentenza nella causa relativa alla controversia sulle frontiere tra Benin e Niger.
2007
7 giugno, prima dichiarazione sul programma 'Frontiere' dell'Unione Africana.
2008
29 luglio, entra in vigore l'accordo di delimitazione marittima tra Mauritius e Seychelles;
1 dicembre, osservazioni congiunte di Mauritius e Seychelles alla CLPC (Commissione sui Limiti della Piattaforma Continentale).
2009
28 aprile il Ghana presenta una richiesta alla CLPC;
5 maggio, presentazione del Sudafrica di una richiesta alla CLPC;
6 maggio, osservazioni congiunte del Sudafrica e della Francia alla CLPC; 6 maggio, osservazioni di Kenya e Mauritius alla CLCS;
7 maggio, osservazioni delle Seychelles e della Nigeria alla CLPC;
8 maggio, osservazioni della Costa d'Avorio e della Francia (a nome della Réunion) presentate alla CLPC;

12 maggio, la Namibia sottopone il suo caso alla CLPC.
2010
7 luglio, il Mozambico sottopone il suo caso alla CLPC;
26 luglio, le Maldive sottopongono il loro caso alla CLPC.
2011
30 marzo, la CLPC formula le sue raccomandazioni per le sottomissioni congiunte di Mauritius e Seychelles;
29 aprile, il Madagascar sottopone il suo caso alla CLPC;
5 dicembre, accordo di delimitazione marittima tra Comore e Mozambico.
2012
18 gennaio, la Tanzania sottopone il suo caso alla CLPC;
17 febbraio, accordo di delimitazione marittima tra Comore e Seychelles;
10 aprile, il Gabon sottopone il suo caso alla CLPC;
20 novembre, ordinanza del TIDM nel caso della 'Ara Libertad' (Argentina c. Ghana), provvedimenti provvisori.
2013
16 aprile, la CIG si pronuncia sul caso relativo alla controversia di confine tra Burkina Faso e Niger;
6 dicembre, l'Angola sottopone il suo caso alla CLPC.
2014
14 aprile, sentenza del TIDM nel caso della nave 'Virginia G' (Panama/Guinea-Bissau);
5 maggio, la CLPC formula le sue raccomandazioni alla presentazione del Ghana;
27 giugno, adozione della convenzione dell'Unione Africana sulla cooperazione transfrontaliera (convenzione di Niamey);
21 luglio, la Somalia sottopone il suo caso alla CLPC;
25 settembre, comunicazioni congiunte di Capo Verde, Gambia, Guinea, Guinea-Bissau, Mauritania, Senegal e Sierra Leone presentate alla CLPC.
2015
18 marzo, lodo arbitrale nel caso tra Mauritius e Regno Unito relativo all'Area Marina Protetta delle Chagos;
27 novembre, è depositato dinanzi alla CIG l'esposto scritto della Somalia in merito alla richiesta di parere consultivo presentata dalla Commissione sub-regionale per la pesca (CSRP) il 2 aprile.
2016
8 aprile, entra in vigore l'accordo di delimitazione marittima tra Egitto e Arabia Saudita;

15 ottobre, adozione della Carta africana per la sicurezza marittima e lo sviluppo in Africa (Carta di Lomé);
15 novembre, compromesso del Gabon e della Guinea Equatoriale nel caso per la delimitazione terrestre e marittima e per la sovranità sulle isole (Gabon/Guinea Equatoriale).
2017
17 marzo, la CLPC formula le sue raccomandazioni nel caso presentato dal Sudafrica;
23 settembre, il TIDM giudica nel caso relativo alla controversia per la delimitazione del confine marittimo tra Ghana e Costa d'Avorio nell'oceano Atlantico (Ghana/Costa d'Avorio).
2018
27 agosto, la CLPC formula le sue raccomandazioni sul caso presentato delle Seychelles;
21 settembre, osservazioni congiunte di Benin e Togo alla CLPC;
23 ottobre, la Liberia sottopone il suo caso alla CLPC.
2019
25 febbraio, parere consultivo della CIG sugli effetti giuridici della separazione dell'arcipelago delle Chagos da Mauritius avvenuta nel 1965;
26 marzo, sottomissione da parte di Mauritius del suo caso alla CLPC;
6 luglio, ordinanza del TIDM sul caso della nave 'San Padre Pio' (Svizzera c. Nigeria);
27 novembre, conclusione dell'accordo di delimitazione marittima tra Libia e Turchia.
2020
5 febbraio la CLCS formula le sue raccomandazioni per la presentazione della Costa d'Avorio; il 4 marzo, la CLPC formula le sue raccomandazioni rispetto al caso presentato dalla Francia (nome della Réunion);
6 agosto, accordo di delimitazione marittima tra Egitto e Grecia.
2021
5 marzo, notifica alla CIG del compromesso tra Gabon e Guinea Equatoriale nel caso relativo alla delimitazione e alla sovranità terrestre e marittima sulle loro isole;
16 marzo, deferimento alla CIG per compromesso del caso tra Gabon e Guinea Equatoriale concernente sia la loro delimitazione terrestre e marittima, sia la loro sovranità sulle isole dell'area;
12 ottobre, sentenza di merito della CIG nella causa tra Somalia e Kenya, relativa alla delimitazione marittima dei rispettivi confini nell'oceano Indiano.

2022
12 aprile, sottomissione da parte di Mauritius del suo caso alla CLPC;
6 maggio, un'ordinanza della CIG fissa la scadenza dei termini per la risposta della Guinea Equatoriale al 5-10-2023 e per la controreplica del Gabon al 6-3-2024, nella causa relativa sia alla rispettiva delimitazione terrestre e marittima, sia alla rispettiva sovranità sulle isole dell'area.
2023
7 marzo la CLPC formula le sue raccomandazioni per le domande presentate da Sudafrica e Francia, nonché dal Kenya;
27 aprile, ordinanza del TIDM relativa al caso della nave 'Heroic Idun' (n. 2) (Isole Marshall/Guinea Equatoriale);
28 aprile, sentenza del TIDM sulla controversia per la delimitazione del confine marittimo tra Mauritius e Maldive nell'oceano Indiano;
19 giugno, adozione dell'accordo ai sensi della Convenzione delle Nazioni Unite sul diritto del mare per la conservazione e l'uso sostenibile della diversità biologica marina nelle zone al di fuori della giurisdizione nazionale;
11 agosto, la CLPC formula le sue raccomandazioni sul caso presentato dalla Nigeria;
15 dicembre, in merito alla procedura consultiva sugli obblighi degli stati rispetto ai cambiamenti climatici, la CIG concede – tramite ordinanza – una proroga dei termini in precedenza fissati, a seguito delle richieste presentate, tra gli altri, dall'Organizzazione degli Stati dell'Africa, dei Caraibi e del Pacifico.

# NOTE

* Nota della traduttrice: per evitare eccessive ripetizioni o possibili fraintendimenti, nel volume, il termine «stato / *état* (in francese)» è talvolta tradotto con il termine «paese». Si precisa inoltre che il segno «°» è utilizzato per indicare il termine «grado / gradi».

1 Atto generale della conferenza di Berlino per regolamentare la liberta di commercio nei bacini del Congo e del Niger, come pure le nuove occupazioni di territori sulla costa occidentale dell'Africa.

2 *Statut international du Sud-Ouest africain*, C.I.J. Recueil 1950, p. 143-144. Le sentenze, i pareri consultivi e le ordinanze della C.I.J. sono disponibili sul sito: https://www.icjcij. org/fr/affaires.

3 *Conséquences juridiques pour les États de la présence continue de l'Afrique du Sud en Namibie (Sud-Ouest africain) nonobstant la résolution 276 (1970) du Conseil de sécurité*, C.I.J. Recueil 1971, p. 58, par. 133.

4 C.I.J. Recueil 1975, p. 39, par. 81.

5 Sentenza, C.I.J. Recueil 1986, p. 566-567, par. 25.

6 Foucher, Michel (2014) *Frontières d'Afrique. Pour en finir avec un mythe*, p. 10.

7 Idem, p. 45.

8 Escludiamo qui i casi che avevano per solo oggetto la delimitazione del mare territoriale: In materia di un arbitrato sotto l'accordo di arbitrato tra il governo della Croazia e il governo della Slovenia (2009-2017); il caso della disputa tra l'Argentina e il Cile relativo al canale di Beagle (1971-1977); la delimitazione delle acque territoriali tra l'isola di Castellorizo e le coste dell'Anatolia, Italia / Turchia (1931-1933); caso di Grisbadarna sulla delimitazione di una parte della frontiera marittima tra la Norvegia e la Svezia (1908-1909).

9 *Convention sur le droit de la mer*, art. 15.

10 *Pêcheries*, sentenza, C.I.J. Recueil 1951, par. 2.

11 *Plateau continental de la mer du Nord*, arrêts, C.I.J. Recueil 1969, par. 39.

12 *Délimitation de la frontière maritime dans la région du golfe du Maine*, sentenza C.I.J. Recueil 1984, par. 112.

13 Labrecque, Georges (1984) *Conditions d'existence et reconnaissance internationale d'un nouvel État : le cas de la République arabe sahraouie démocratique.*

14 Smith, Jeffrey (2019*) International Law and Western Sahara's Maritime Area*, ODIL, vol. 50, issues 2-3, p. 117-140.

15 La striscia di Gaza, sottoposta a blocco marittimo, ha diritto, secondo Israele, soltanto a una zona di pesca da 6 a 15 miglia marittime dall'aprile 2019. Si veda: Pironet, Olivier (2019), "À Gaza, un peuple en cage", *Le Monde diplomatique*, settembre, p. 1 e 20-21.

16 International Mapping (2023) *Sovereign Limits. Atlas of International Maritime Boundaries*: https://sovereignlimits.com/boundaries/algeria-morocco-land.

17 Idem: https://sovereignlimits.com/boundaries/egypt-sudan-land.

18 *Effets juridiques de la séparation de l'archipel des Chagos de Maurice en 1965*, parere consultivo, C.I.J. Recueil 2019.

19 *Différend relatif à la délimitation de la frontière maritime entre Maurice et les Maldives dans l'océan Indien*, sentenza, T.I.D.M. Recueil 2023, affaire n. 28.

20 *Award of the Arbitral Tribunal in the first stage of the proceedings between*

*Eritrea and Yemen (Territorial Sovereignty and Scope of the Dispute)*, decisione del 9 ottobre 1998, R.S.A., vol. 22; *Award of the Arbitral Tribunal in the Second Stage (Maritime Delimitation)*, sentenza del17 dicembre 1999, R.S.A., vol. 22.
21 *Frontière terrestre et maritime entre le Cameroun et le Nigéria (Guinée équatoriale intervenant)*, sentenza, C.I.J. Recueil 2002.
22 *Délimitation terrestre et maritime et souveraineté sur des îles.*
23 Thierry, Hubert et al. (1986) *Droit international public*, V ediz., p. 249.
24 Duguit, citato da C. Rousseau in: *Droit international public*, 1967, p. 139.
25 Idem, p. 140.
26 *International Mapping* (2023) op. cit.: https://sovereignlimits.com/boundaries/eritreaethiopia-land.
27 *Détroit de Corfou*, fondale, sentenza, C.I.J. Recueil 1949, p. 22.
28 Crawford, James (2007) *The Creation of States in International Law*, II ediz.; Jennings, R.Y. (1963) *The Acquisition of Territory in International Law.*
29 Forteau, Mathias, Miron, Alina e Pellet, Alain (2022) *Droit international public*, IX ediz.; Shaw, Malcolm N. (2021) *International Law,* IX ediz.; Crawford, James (2019) *Brownlie's Principles of Public International Law*, IX ediz.; Brownlie, Ian (2008) *Principles of Public International Law*, VII ediz., p. 105-114.
30 Statuto della Corte Internazionale di Giustizia, art. 38.
31 Carta delle nazioi Unite, art. 94, par. 2.
32 Nel 1493, papa Alessandro VI promulga una bolla pontificale in cui il mondo viene diviso in due parti, il Portogallo assume così la priorità sulle scoperte ad est, mentre la Spagna su quelle ad ovest di una certa linea. L'anno seguente, con il Trattato di Tordesillas, le due potenze mirano a spostare di 370 leghe ad ovest la linea che passava prima a 100 leghe da Capo Verde. Il matrimonio è stato invece occasione per trasferimenti di territorio nel Medioevo e nel Rinascimento tra le famiglie regnanti (ad esempio relativamente a Tangeri, città data nel 1662 dalla regina Caterina del Portogallo a Carlo II). Altro esempio: la devoluzione di un territorio per successione o per testamento: il caso più straordinario è forse quello del lascito del Congo intero al Belgio da parte di re Leopoldo II, che lo deteneva a titolo personale.
33 Rousseau, Charles (1977) *Droit international public*, vol. III (Les compétences), p. 163.
34 *Sahara occidental*, parere consultivo, C.I.J. Recueil 1975, par. 81.
35 Distefano, G. (2002) *L'ordre international entre légalité et effectivité. Le titre juridique dans le contentieux territorial.* Si veda anche: Kohen, M.-G. (2004) *La relation titres/effectivités dans le contentieux territorial à la lumière de la jurisprudence récente*, RGDIP, vol. 108, no 4, p. 561-593.
36 *Différend frontalier*, sentenza, C.I.J. Recueil 1986, par. 63.
37 *Île de Kasikili/Sedudu*, sentenza, C.I.J. Recueil 1999, par. 94 e 99.
38 *Case concerning the location of boundary markers in Taba between Egypt and Israel*, sentenza del 29 settembre 1988, R.S.A., vol. 20, p. 1-118.
39 Code civil du Québec, art. 2917-2920.
40 *Island of Palmas Case*, sentenza del 4 aprile 1928, R.S.A., vol. 2, p. 867.
41 Il Codice civile del Quebec prevede che la vendita di cose altrui possa essere tacciata di nullità (art. 1713-1715).
42 *Délimitation de la frontière maritime Guinée-Bissau/Sénégal*, sentenza del 31 luglio 1989, R.S.A., vol. 20, par. 51, 49, 69-76.

43 *Différend territorial*, sentenza, C.I.J. Recueil 1994, par. 36.
44 Convenzione di Vienna sul diritto dei trattati, art. 53.
45 Dichiarazione relativa ai principi di diritto internazionale riguardante i rapporti amichevoli e la cooperazione tra stati.
46 Conclusioni del Camerun durante la procedura orale. Citato in: *Frontière terrestre et maritime entre le Cameroun et le Nigéria*, sentenza, C.I.J. Recueil 2002, par. 27.
47 *Activités armées sur le territoire du Congo*, sentenza, C.I.J. Recueil 2005, dispositivo, par. 345, alinéa 1.
48 *Questions d'interprétation et d'application de la convention de Montréal de 1971 résultant de l'incident aérien de Lockerbie*, ordinanza del 14 aprile 1992, C.I.J. Recueil 2003, par. 7.
49 *Activités armées sur le territoire du Congo*, rinuncia, C.I.J. Recueil 2001.
50 Dichiarazione relativa ai principi del diritto internazionale riguardante i rapporti amichevoli e la cooperazione tra stati.
51 *Award of the Arbitral Tribunal in the first stage of the proceedings between Eritrea and Yemen (Territorial Sovereignty and Scope of the Dispute)*, decisione del 9 ottobre 1998, R.S.A., vol. 22, par. 462.
52 *Sahara occidental*, parere consultativo, C.I.J. Recueil 1975, par. 162.
53 Risoluzione 2229 (XXI) con la quale s'invita la Spagna "a smettere il prima possibile, in conformità con le aspirazioni della popolazione indigena (...) e in consultazione con i governi marocchino e mauritano e qualsiasi altra parte interessata, le modalità di organizzazione di un referendum che si terrà sotto gli auspici delle Nazioni Unite". Risoluzione 3162 (XXVIII) del 1973 con cui l'assemblea generale dichiara di deplorare che la missione dell'ONU non abbia ancora potuto visitare il territorio, mentre il Marocco e la Mauritania hanno acconsentito allo svolgimento di un referendum sotto il controllo dell'ONU, pur sostenendo, nelle risoluzioni adottate dal 1966 al 1973, che il Sahara occidentale faceva parte del loro territorio e che, inoltre, la Spagna non aveva rispettato le raccomandazioni dell'assemblea generale. La Risoluzione 3292 introduce una modifica significativa invitando la potenza amministratrice "a rinviare il referendum" che intende organizzare nel Sahara.
54 *Sahara occidental*, parere consultivo, C.I.J. Recueil 1975, par. 71.
55 Patto internazionale sui diritti economici, sociali e culturali. Patto internazionale sui diritti civili e politici.
56 *Conséquences juridiques pour les États de la présence continue de l'Afrique du Sud en Namibie (Sud-Ouest africain) nonobstant la résolution 276 (1970) du Conseil de sécurité*, parere consultivo del 21 giugno 1971, C.I.J. Recueil 1971, par. 52-53.
57 Parere consultivo del 16 ottobre 1975, C.I.J. Recueil 1975, par. 162.
58 Convenzione del 1886 relativa alla delimitazione dei possedimenti francesi e portoghesi in Africa occidentale
59 Opinione dissidente del giudice Bedjaoui, par. 28.
60 *Sentence arbitrale du 31 juillet 1989*, sentenza, C.I.J. Recueil 1991.
61 Rousseau, Charles (1967) op. cit., 140-144.
62 Rousseau, Charles (1977) op. cit., p. 199.
63 Idem, p. 200.
64 Cass. Civ., 7 dicembre 1949, D., 1950.V.173.

65 *Frontière terrestre et maritime entre le Cameroun et le Nigéria*, sentenza, C.I.J. Recueil 2002.
66 Codice civile del Quebec, art. 2130-2185.
67 Alla questione sottomessale, la CIJ risponde negativamente. Solo il consiglio della SDI era competente in materia. Ecco la domanda: "L'Unione sudafricana ha la competenza di modificare lo statuto internazionale del Territorio del Sud-Ovest Africano oppure, in caso di risposta negativa, a chi spetta la competenza per determinare e modificare lo statuto internazionale di un territorio?" (*Statut international du Sud-Ouest africain*, parere consultivo, C.I.J. Recueil 1950, p. 129).
68 *Sud-Ouest africain - Procédure de vote, avis consultatif du 7 juin 195.; Admissibilité de l'audition de pétitionnaires par le Comité du Sud-Ouest africain (1955-1956)*, parere consultivo del primo giugno 1956.
69 *Sud-Ouest africain*, sentenza, C.I.J. Recueil 1966.
70 *Conséquences juridiques pour les États de la présence continue de l'Afrique du Sud en Namibie (Sud-Ouest africain) nonobstant la résolution 276 (1970) du Conseil de sécurité*, parere consultivo, C.I.J. Recueil 1971, par. 133.
71 *Cameroun septentrional*, sentenza, C.I.J. Recueil 1963.
72 Rousseau, Charles (1977) op. cit., p. 22.
73 Codice civile del Quebec, art. 1012-1109.
74 Aust, Anthony (2010) *Handbook of International Law*, II ediz., p. 40.
75 *Effets juridiques de la séparation de l'archipel des Chagos de Maurice en 1965*, parere consultivo, C.I.J. Recueil 2019, par. 183.
76 Paglia, Morgan (2020) *Les bases de la puissance. Enjeux géopolitiques et stratégiques des bases militaires avancées*, Focus stratégique, n. 97, IFRI.
77 Rousseau, Charles (1977) op. cit., p. 414.
78 Atto generale della conferenza di Berlino del 26 febbraio 1985.
79 Codice civile del Quebec, art. 1177-1194.
80 Definizione di Helen Reid, menzionata da C. Rousseau, 1967, op. cit., p. 45.
81 Rousseau, Charles (1967) op. cit., p. 143.
82 trattato del 20 ottobre 1818.
83 *The North Atlantic Coast Fisheries Case*, sentenza del 7 settembre 1910, R.S.A., vol. 11.
84 Convenzione sul diritto del mare, art. 69 et 125.
85 Kittichaisaree, Kriangsak (2021) *The International Tribunal for the Law of the Sea*, OUP, Oxford, 240 p.
86 *Affaire du navire «San Pedro Pio»*, misure conservative, sentenza del 6 luglio 2019, affaire n. 27.
87 *Affaire de l'«ARA Libertad»*, misure conservative, ordinanza del 15 dicembre 2012, affaire n. 20.
88 *Affaire du navire «Virginia G»*, sentenza del 14 aprile 2014, affaire n. 19.
89 *Affaire du «Juno Trader»*, sentenza del 18 dicembre 2004, affaire n. 13.
90 *Affaire du Navire «Saiga»*, sentenza del primo luglio 1999, affaire n. 2.
91 *Affaire du «Monte Confurco»*, sentenza del 18 dicembre 2000, affaire n. 6.
92 *Affaire du navire «Heroic Idun»*, ordinanza del 27 aprile 2023, affaire n. 32.
93 Le zone di sovrapposizione esistono quasi sempre tra coste adiacenti, mentre tra coste opposte si ha una sovrapposizione di mari territoriali tra coste distanti meno di 24 miglia marine, una sovrapposizione di aree contigue tra coste distanti meno di 48 miglia, un'altra sovrapposizione di ZEE e piattaforme continentali tra

le coste entro 400 miglia marine. Nel caso di piattaforme continentali estese, possiamo trovare aree di sovrapposizione anche tra coste a più di 400 miglia di distanza.
94 ONU (2001), *Manuel sur la délimitation des frontières maritimes*, p. 8.
95 Il concetto di mare semichiuso è definito nella Convenzione sul diritto del mare (art. 122) e si prevede che gli stati rivieraschi di questi mari "cooperino tra loro" (art. 123).
96 Convenzione sul diritto del mare, art. 5. Le norme relative alle linee di base contenute in detta Convenzione ricalcano sostanzialmente quelle già contenute nella Convenzione sul mare territoriale e sulle zone contigue. Molto prima, nel 1839, la Convenzione anglo-francese sulla pesca ha corrisposto al primo trattato che menzionava l'uso di linee di base, seppure esclusivamente "normali", cioè connesse alla linea di bassa marea.
97 Il sistema delle linee rette di base, anche quando viene correttamente usato, produce l'effetto di circoscrivere come acque interne superfici importanti di spazio marittimo. Si fa spesso valere che deve applicarsi "in limited geographical circumstances": USDS (1992) *United States Responses to Excessive National Maritime Claims*, n° 112, LS, p. 22.
98 Le linee di base sono ampiamente utilizzate nella pratica dai paesi, ma talune sono contestate. Si veda: Scovazzi, T. et al., eds. (1989) *Atlas of the Straight Baselines*. Sohn, Louis B. (1993) *Baseline Considerations*, p. 153-161 in Charney, J.I. et al., eds., *International Maritime Boundaries*, vol. 1.
99 Notiamo che, in certi casi, il diritto di passaggio inoffensivo è garantito ai termini dell'art. 8 par. 2.
100 negli Stati Uniti, la Corte Suprema ha deciso che la scelta di stabilire le linee rette di base, in virtù della "Convenzione sul mare territoriale e sulle zone contigue" (1958) spetta al governo centrale: *United States v. California*, 381 U.S. 139, 167-169 (1965). *Louisiana Boundary Case*, 394 U.S. 11, 36-38 (1969). *Alabama and Mississippi Boundary Case*, 470 U.S. 93, 99 (1985.).
101 Prescott, Victor and Schofield, Clive (2005) *The Maritime Political Boundaries of the World*, II ediz., p. 143-144.
102 Nazioni Unite (2001) op. cit., p. 3.
103 Criteri di ordine geografico sono stati proprosti nei seguenti testi: Roach, J. Ashley, Smith, Robert W. (2000) *Straight Baselines: The Need for a Universally Applied Norm*, ODIL, vol. 31, issue 1, p. 47 ; USDS (1987) *Developing Standard Guidelines for Evaluating Straight Baselines*, LS, n° 106, 34 p.
Convenzione sul diritto del mare, art. 7, par. 5.
105 nazioni Unite (1989) op. cit., p. 25.
106 Convenzione sul diritto del mare, art. 7, par. 1.
107 Guillaume, Gilbert (2019) *Îles, rochers et hauts-fonds découvrants en droit de la mer*, AFDI, vol. 65, p. 513-526.
108 Si veda: Westerman, G.S. (1987) *The Juridical Bay*.
109 Tale distanza corrisponde al doppio della larghezza del mare territoriale.
110 Sebbene l'utilizzo di una linea non sia esplicitamente previsto, la norma potrebbe essere desunta dalle disposizioni dell'art. 50 sulle linee di chiusura.
111 Si veda al proposito: Dipla, H. (1984) *Le régime juridique des îles dans le droit international de la mer*; Jayewardene, H.W. (1990) *The Regime of Islands in International Law*.

112 Una disposizione eccezionale prevede che il 3% possa avere una lunghezza massima di 125 miglia (art. 47, par. 2).
113 Più esattamente: 3 miglia per la Giordania, 6 miglia per la Grecia e la Turchia nel mar Egeo. Se si esaminano nel dettaglio le diverse situazioni, si osserva che alcuni stati adottano il limite delle 12 miglia per l'intero litorale, prevedendo eccezioni in alcuni settori (in particolare stretti o isole) dove è stato conservato il limite tradizionale. Si tratta di diverse isole sotto la sovranità del Regno Unito, dell'Australia o della Papua Nuova Guinea, nonché di alcuni stretti del Giappone.
114 Si tratta di: 30 miglia fino al Togo; 200 miglia per El Salvador, Perù, Benin, Somalia, Liberia (12 dal 2013) ed Ecuador (12 dal 2012).
115 Convenzione sul diritto del mare, art. 13, par. 2.
116 Si deva: Espaliu Berdud, Carlos (2006) *Le passage inoffensif des navires de guerre étrangers dans la mer territoriale*.
117 Nazioni Unite (1995) *Le droit de la mer. Évolution récente de la pratique des États*.
118 I 25 stati senza ZEE comprendevano i 6 paesi che avevano istituito un mare territoriale di 200 miglia nautiche.
119 Belgio, Croazia, Danimarca, Finlandia, Irlanda, Libia, Norvegia, Spagna, Tunisia, Regno Unito, Tanzania.
120 Questi 20 stati includevano i 6 stati che avevano istituito un mare territoriale di 200 miglia nautiche.
121 Belgio, Estonia, Germania, Libano, Paesi Bassi.
122 Finlandia, Georgia, Iran, Lettonia, Lituania, Libia, Polonia, Svezia, Tunisia.
123 Algeria, 32 e 52 miglia; Malta, 25.
124 Croazia, Finlandia, Spagna, Libia.
125 Kunoy, Bjorn (2022) *The Delimitation of Outer Continental Shelf Areas : A Critical Analysis of Courts' and Tribunals' Heterogeneous Approaches*, ACDI, vol. 59, p. 200-232. Macnab, Ron (2008) *Submarine Elevations and Ridges: Wild Cards in the Poker Game of UNCLOS Article 76*, ODIL, vol. 39, n. 2, p. 223-23.; Macnab, Ron (2004) *The Case for Transparency in the Delimitation of the Outer Continental Shelf in Accordance with UNCLOS Article 76*, ODIL, vol. 35, n. 1, p. 1-17.
126 Kunoy, Bjorn (2010) *Disputed Areas and the 10-Year Time Frame: A Legal Lacuna?,* ODIL, vol. 41, issue 1, p. 112-130.
127 Il tasso di contribuzione, stabilito, per il sesto anno, a 1% del valore o del volume della produzione, aumenta poi di un punto percentuale ogni anno sino al dodicesimo anno (Convenzione sul diritto del mare, art. 82, par. 2).
128 Regolamento interno della Commissione sui limiti della piattaforma continentale, allegato I, par. 5a.
129 Bangladesh, Nicaragua, Siria.
130 Cambogia, Ecuador, Madagascar, Perù.
131 Algeria, Belgio, Bulgaria, Croazia, Lituania, Georgia, Iran, Slovenia.
132 Estonia, Kuwait.
133 Danimarca, Finlandia, Germania, Grecia, Cipro, Italia, Malta, Marocco, Olanda, Sudan, Svezia, Venezuela.
134 Https://www.un.org/Depts/los/clcs_new/commission_submissions.htm.
135 *Différend relatif à la délimitation de la frontière maritime entre le Ghana et la Côte d'Ivoire dans l'océan Atlantique*, sentenza, T.I.D.M. Recueil 2017, affaire n. 23.

136 *Délimitation maritime dans l'océan Indien*, sentenza, C.I.J. Recueil 2021.
137 *Différend relatif à la délimitation de la frontière maritime entre Maurice et les Maldives dans l'océan Indien*, sentenza, T.I.D.M. Recueil 2023, affaire n. 28.
138 Emre Acikgonul, Yunus e Lucas, Edward R. (2020) *Developments in Maritime Delimitation Law over the Last Decade: Emerging Principles in Modern Case Law*, ACDI, vol. 57, p. 156-222.Si veda anche: Yee, Sienho (2023) *Between the 'Standard Methodology' in Delimitation Dispute Settlement and the UNCLOS: Some 40th Anniversary Reflections*, CJIL, vol. 22, issue 1, p.1-9.
139 *Plateau continental de la mer du Nord*, sentenze, C.I.J. Recueil 1969, p. 3.
140 Si veda: Nazioni Unite (2023) *Maritime Space : Maritime Zones and Maritime Delimitation.*
141 *Chronique des faits internationaux*, RGDIP, 2010, v. 114, n. 1, p. 161-162.
142 *Revendication territoriale, insulaire et maritime du Guatemala.*
143 La distinzione tra la giurisprudenza e la dottrina non era in tale contesto molto importante in quanto i giudici erano nominati tra professionisti del diritti e tra universitari eminenti (Thirlway, Hugh, 2006, *The Sources of International Law*, p. 129 In Evans, Malcolm D., ed., International Law, II ediz.).
144 *Agreement between the Great Socialist People's Lybian Arab Jamahariya and the Republic of Malta implementing Article III of the Special Agreement and the Judgment of the International Court of Justice.*
145 nazioni Unite (1966) RTNU, vol. 516.
146 Idem, vol. 499.
147 Disponibile sul sito delle Nazioni Unite : https://www.un.org/depts/los/convention_agreements/texts/unclos/unclos_e.pdf.
148 *Délimitation du plateau continental entre le Royaume-Uni de Grande-Bretagne et d'Irlande du Nord et la République française*, decisione del 30 giugno 1977, R.S.A., vol. 18, p. 3- 413.
149 *Plateau continental (Libye/Malte)*, sentenza, C.I.J. Recueil 1985, par. 44.
150 Lucchini, Laurent e Voelckel, Michel (1996) op. cit., p. 175-176.
151 Elferink, Alex G. Oude e Rothwell, Donald R. (2001) op. cit., p. 345, In Elferink, Alex G. Oude e Rothwell, Donald R., eds., op. cit.
152 *Plateau continental de la mer du Nord*, sentenze, C.I.J. Recueil 1969, par. 43.
153 *Plateau continental (Libye/Tunisie)*, sentenza, C.I.J. Recueil 1982, par. 44.
154 Rousseau, Charles (1967) *Droit international public*, p. 89.
155 Per uno studio dottrinale del concetto di equità in materia di delimitazione marittima, si vedano: Meledje, Djedjro (1996) *L'équité dans les délimitations marines*, ERM, no 10, p. 162-189; Miyoshi, Masahiro (2002) *Considerations of Equity in Maritime Boundary Cases Before the International Court of Justice*, p. 1087-1101, in Ando, Nisuke et al., eds., *Liber Amicorum Judge Shigeru Oda*, vol. 2; Schachter, Oscar (2002) *Linking Equity and Law in Maritime Delimitation*, p. 1163-1168, vol. 2, in Ando, Nisuke et al., op. cit.
156 *Différend frontalier*, sentenza, C.I.J. Recueil 1986, par. 29.
157 *Plateau continental (Libye/Tunisie)*, sentenza, C.I.J. Recueil 1982, par. 71.
158 *Award of the Tribunal in the Second Phase of the Arbitration between Newfoundland and Labrador and Nova Scotia*, 2002, I.L.R., vol. 128, p. 425.
159 Lucchini, Laurent (2006) op. cit., p. 8. Si veda inoltre: Meese, Richard (1998) *Délimitations maritimes: règlement juridictionnel et conciliation internationale*, ADM, vol. 3.

160 Carta delle Nazioni Unite, art. 33.
161 *Trafic ferroviaire entre la Lituanie et la Pologne*, C.P.J.I., parere consultivo del 15 ottobre 1931, serie A/B n. 42, p. 116. Le sentenze e le ordinanze della C.P.J.I. sono disponibili sul sito: https://www.icj-cij.org/fr/cpji.
162 Lucchini, Laurent (2006) op .cit., p. 8 p. 10-11.
163 Combacau, Jean, Sur, Serge (2004) *Droit international public*, VI ediz., p. 421.
164 Lucchini, Laurent (2006) op. cit., p. 1.
165 Churchill, R.R. (2004) *The Role of the International Court of Justice in Maritime Boundary Delimitation*, p. 125-142, in Elferink, Alex G. Oude e Rothwell, Donald R., eds., *Oceans Management in the 21st Century: Institutional Frameworks and Responses*.
166 "1. Ogni membro delle Nazioni Unite s'impegna a rispettare la decisione della Corte Internazionale di Giustizia in ogni controversia di cui sia parte. 2. Se una parte in controversia non adempie agli obblighi che le derivano da una sentenza emessa dalla Corte, l'altra parte può ricorrere al Consiglio di Sicurezza e quest'ultimo, se lo ritiene necessario, può formulare raccomandazioni o decidere le misure da adottare per l'esecuzione della sentenza" (art. 94).
167 Phan, Hao Duy (2019) *International Courts and State Compliance: An Investigation of the Law of the Sea Cases*, ODIL, vol. 50, n. 1, p. 70-90 ; Paulson, Colter (2004) *Compliance with Final Judgments of the International Court of Justice since 1987*, AJIL, vol. 98, no 3, p. 434-461.
168 Stoica, Victor (2021) *Remedies before the International Court of Justice: A Systemic Analysis*.
169 Si veda la sez. 4.10.
170 Lucchini, Laurent (2006) *La Délimitation des Frontières maritimes dans la Jurisprudence Internationale: Vue d'Ensemble*, p. 1-18, in Lagoni, Rainer e Vignes, Daniel, éds., Maritime Delimitation, p. 8.
171 *Délimitation de la frontière maritime dans la région du golfe du Maine*, sentenza, C.I.J. Recueil 1984, par. 112.
172 nazioni Uniti (2001) op. cit., p. 24.
173 Tale genere di fattori è pure invocato dalla giurisprudenza interna nei casi "Mississippi c. Louisiana", dove le parti hanno fatto valere argomentazioni geomorfologiche ed economiche. *Consultant's Report on the Mississippi/Louisiana CEIP Delimitation Line*. Citato da Charney, J.I. (1989) *The Delimitation of Ocean Boundaries,* p. 41 e nota 135, in Dallmeyer, D.G. e De Vorsey, L., eds., *Rights to Oceanic Resources: Deciding and Drawing Maritime Boundaries*.
174 Lucchini, Laurent e Voelckel, Michel (1996) *Droit de la Mer*, t. 2, vol. 1: *La délimitation*, p. 158-160.
175 *Plateau continental (Libye/Malte)*, sentenza, C.I.J. Recueil 1985, par. 48 *in fine*.
176 Evans, Malcolm D. (1991) *Maritime Delimitation and expanding categories of relevant circumstances*, ICLQ, vol. 40, n 1, p. 1-33.
177 Si vedano: Forteau, Mathias e Thouvenin, Jean-Marc, dir. (2017) *Traité de droit international de la mer*, p. 581-582; Rosenne, Shabtai (1996) *Geography in International Maritime Boundary-Making*, PG, vol. 15, n. 3-4, p. 389-396; Thamsborg, M. (1995) *In Search of an Objective Approach to the Identification of Certain Geographical Parameters (Jan Mayen Case)*, NJIL, vol. 64, p. 647-681; Weil, Prosper (1993) *Geographic Considerations in Maritime Delimitation*,

p. 115-130, in Charney, J.I. et al., eds., op. cit., vol. 1; Smith, Robert W. (1989) *Geographic Considerations in Maritime Boundary Delimitations*, in Dallmeyer, D.G. e De Vorsey, L., eds., op. cit.; Evans, Malcolm (1989) *Relevant Circumstances and Maritime Delimitation*; Smith, Robert W. (1982) *A Geographical Primer to Maritime Boundary-Making*, ODIL, vol. 12, n. 1, p. 1-22.
178 Labrecque, Georges (2009) *Le droit ne doit pas refaire la géographie*, p. 269-281, in Patrick Forest, dir., *Géographie du droit.*
179 Ida, Ryuichi (2002) *The Role of Proportionality in Maritime Delimitation Revisited: The Origin and Meaning of the Principle from the Early Decisions of the Court*, p. 1037-1053, in Ando, Nisuke et al., eds., *Liber Amicorum Judge Shigeru Oda*, vol. 2.
180 *Délimitation de la frontière maritime entre la Guinée et la Guinée-Bissau*, sentenza del 14 febbraio 1985, R.S.A., vol. 19, par. 93.
181 *Plateau continental (Libye/Tunisie)*, sentenza, C.I.J. Recueil 1982, par. 72.
182 Statuto della Corte Internazionale di Giustizia, art. 62; Regolamento della Corte Internazionale di Giustizia, art. 81.
183 *Frontière terrestre et maritime entre le Cameroun et le Nigéria*, ordinanza del 21 ottobre 1999.
184 Weil, Prosper (1993) *Geographic Considerations in Maritime Delimitation*, p. 129-130, in Charney, J.I. et al., eds. op. cit., vol. 1.
185 *Plateau continental (Libye/Tunisie)*, sentenza, C.I.J. Recueil 1982, par. 15.
186 Si veda. Ishii, Yurika (2020) *Relevant Coasts and Relevant Area in the Maritime Delimitation of the EEZ and Continental Shelf*, ODIL, vol. 51, issue 4, p. 307-329.
187 Si vedano: Rothwell, Donald R. (2022) *Islands and International Law*; Guillaume, Gilbert (2019) *Iles, rochers et hauts-fonds découvrants en droit de la mer*, AFDI, vol. 65, p. 513-526; Anderson, David (2017) *Some Aspects of the Regime of Islands in the Law of the Sea*, IJMCL, vol. 32, issue 2, p. 316-331.
188 Si veda la sotto-sez. 1.2.6 dedicata alla piattaforma continentale.
189 nazioniUnite (2001) op. cit., p. 36.
190 Antunes, Nuno M. (2003) *Towards the Conceptualization of Maritime Delimitation. Legal and Technical Aspects of a Political Process*, p. 319-321.
191 Evans, Malcolm D. (1989) op. cit., p. 183.
192 Kwiatkowska, Barbara (1993) op. cit., p. 99, in Charney, J.I. et al., eds. (1993-2002) op. cit., vol. 1.
193 *Délimitation de la frontière maritime entre la Guinée et la Guinée-Bissau*, sentenza del 14 febbraio 1985, R.S.A., vol. 19, par. 111 (a). Si veda la sez. 1. Sui metodi di delimitazione.
194 *Eritrea-Yemen Arbitration. Award of the Arbitral Tribunal in the Second Stage (Maritime Delimitation)*, sentenza del 17dicembre 1999, R.S.A., vol. 22, par. 128.
195 Idem, par. 107.
196 *Ile de Kasikili/Sedudu*, sentenza, C.I.J. Recueil 1999.
197 Convenzione sul diritto del mare, art. 15.
198 Convenzione sul diritto del mare territoriale e sulla zona contingua, art. 6.
199 Convenzione sul diritto del mare, art. 74 et 83.
200 Si è insistito sulla distinzione fra titoli storici e diritti storici. I primi non possono essere oggetto di una delimitazione poiché non vi è sovrapposizione

di titoli: Antunes, Nuno M. (2003) op. cit., p. 321.
201 *Plateau continental (Libye/Tunisie)*, sentenza, C.I.J. Recueil 1982, par. 93.
202 Idem, par. 95.
203 Idem, par. 96.
204 Idem, par. 90.
205 *Eritrea-Yemen Arbitration. Award of the Arbitral Tribunal in the First Stage (Territorial Sovereignty and Scope of the Dispute)*, sentenza del 9 ottobre 1998, R.S.A., vol. 22, par. 449.
206 Idem, par. 526.
207 La CIG cita qui la Convenzione sui diritti dei trattati , art. 31, par. 3, al. b). *Ile de Kasikili/Sedudu*, sentenza, C.I.J. Recueil 1999, par. 75.
208 Convenzione sulla delimitazione dei possedimenti francesi e portoghesi in Africa occidentale.
209 *Délimitation de la frontière maritime entre la Guinée et la Guinée-Bissau*, sentenza del 14 febbraio 1985, R.S.A., vol. 19, par. 85.
210 Scambio di note tra Portogallo e Francia sulla frontiera marittima tra Senegal e Guinea portoghese dell'epoca.
211 *Délimitation maritime entre la Guinée-Bissau et le Sénégal*, sentenza, C.I.J. Recueil 1991.
212 Nazioni Unite (2001) op. cit., p. 34-38.
213 *Plateau continental (Libye/Tunisie)*, sentenza, C.I.J. Recueil 1982, par. 107.
214 *Plateau continental (Libye/Malte)*, sentenza, C.I.J. Recueil 1985, par. 50.
215 *Frontière terrestre et maritime entre le Cameroun et le Nigéria*, sentenza, C.I.J. Recueil 2002, par. 304.
216 Idem, Dichiarazione del presidente della CIG, par. 9.
217 *Délimitation de la frontière maritime entre la Guinée et la Guinée-Bissau*, sentenza del 14 febbraio 1985, R.S.A., vol. 19, par. 124.
214 *Plateau continental (Libye/Malte*), sentenza, C.I.J. Recueil 1985, par. 50.
*215 Frontière terrestre et maritime entre le Cameroun et le Nigéria*, sentenza, C.I.J. Recueil 2002, par. 304.
216 Idem, dichiarazione del presidente della CIG, par. 9.
217 *Délimitation de la frontière maritime entre la Guinée et la Guinée-Bissau*, sentenza del 14 febbraio 1985, R.S.A., vol. 19, par. 124.
218 *Plateau continental (Libye/Malte)*, sentenza, C.I.J. Recueil 1985, par. 51.
219 *Frontières maritimes : Gambie/Sénégal.*
220 Prescott, J.R.V. (1985) *The Maritime Political Boundaries of the World*, p. 324.
221 Convenzione sul diritto del mare, art. 15 : http://www.un.org/french/law/los/unclos/closindx.htm.
222 Prescott, Victor and Schofield, Clive (2005) op. cit., II ediz.; Nazioni Unite (2001) *Manuel sur la délimitation des frontières maritimes*; Legault, L. e Hankey, B. (1993) *Method, Oppositeness and Adjacency, and Proportionality*, p. 206-214, in Charney, J.I. et al. eds. (1993) op. cit., vol. 1.
223 Le circostanze pertinenti della delimitazione.
224 Un preliminare alla delimitazione: la sovranità territoriale.
225 Si veda: Anderson, David (1993) *The Legal Regime of Maritime Boundary Agreements*, p. 63-67, in Charney, J.I. et al., eds. (1993) op. cit., vol. 1.
226 Convenzione sulla piattaforma continentale, art. 6.
227 Su raccomandazione della Commisisone di diritto internazionale.

228 *Plateau continental (Libye/Malte),* sentenza, C.I.J. Recueil 1985, par. 43.
229 Idem, par. 61.
230 *Frontière terrestre et maritime entre le Cameroun et le Nigéria*, sentenza, C.I.J. Recueil 2002, par. 304.
231 *Délimitation de la frontière maritime entre la Guinée et la Guinée-Bissau*, sentenza del 14 febbraio1985, R.S.A., vol. 20, p. 119-213.
232 Accordo del 23 giugno 2009 tra la Repubblica unita di Tanzania c la Repubblica del Kenya sulla delimitazione del confine marittimo della zona economica esclusiva e della piattaforma continentale.
233 *Délimitation maritime dans l'océan Indien (Somalie c. Kenya).*
234 *Frontières maritimes : Gambie/Sénégal.*
235 Convenzione sulla delimitazione della frontiera di Stato istituita tra la Repubblica islamica di Mauritania e il Regno del Marocco. L'esistenza stessa di tale confine può essere contestata nella misura in cui si può dire che questi due paesi sono separati dalla Repubblica Democratica Araba Saharawi.
236 Scambio di note tra la Francia e il Portogallo sulla frontiera marittima tra il Senegal e la Guinea portoghese; Accordo di gestione e cooperazione siglato tra il governo della Repubblica del Senegal e il governo della Repubblica di Guinea-Bissau.
237 *Délimitation de la frontière maritime entre la Guinée et la Guinée-Bissau*, sentenza del 14 febbraio 1985, R.S.A., vol. 20, p. 119-213.
238 *Sentence arbitrale du 31 juillet 1989*, sentenza, C.I.J. Recueil 1991.
239 *Plateau continental*, sentenza, C.I.J. Recueil 1982.
240 Accordo tra il governo della Repubblica tunisina e il governo della repubblica italiana per delimitare la piattaforma continentale tra i due paesi.
241 *Plateau continental (Libye/Tunisie)*, sentenza, C.I.J. Recueil 1982, par. 120.
242 *Frontière terrestre et maritime entre le Cameroun et le Nigéria*, sentenza, C.I.J. Recueil 2002, par. 268.
243 *Délimitation de la frontière maritime entre la Guinée et la Guinée-Bissau*, sentenza del 14 febbraio 1985, R.S.A., vol. 19, par. 129.
244 *Treaty between the Federal Republic of Nigeria and the Democratic Republic of Sao Tome and Principe on the Joint Development of Petroleum and other Resources, in respect of Areas of the Exclusive Economic Zone of the Two States.*
245 *Protocol to the Agreement of 14 October 1993, concerning the organization and operation of the Management and Cooperation Agency.*
246 *Award of the Arbitral Tribunal in the first stage of the proceedings between Eritrea and Yemen (Territorial Sovereignty and Scope of the Dispute)*, decisione del 9 ottobre 1998, R.S.A., vol. 22, p. 209-332; *Award of the Arbitral Tribunal in the Second Stage (Maritime Delimitation)*, decisione del 17 dicembre 1999, R.S.A., vol. 22.
247 *Agreement between Sudan and Saudi Arabia relating to the Joint Exploitation of the Natural Resources of the Sea-Bed and Sub-Soil of the Red Sea in the Common Zone.*
248 Scambio di dati per l'accordo tra la Repubblica del Kenya e la Repubblica Unita della Tanzania relativo alla delimitazione delle acque territoriali.
249 Carta delle Nazioni Unite.
250 Egede, Edwin (2009) *African States and Participation in Deep Seabed Mining : Problems and Prospects*, IJMCL, vol. 24, n. 4, p. 683-712.

251 *Délimitation de la frontière maritime dans la région du golfe du Maine*, sentenza, C.I.J. Recueil 1984.
252 Accordo tra il governo della Danimarca e quello del Canada relativo alla delimitazione della piattaforma continentale tra Groenlandia e Canada.
253 *Offshore Boundary Agreement between Iran and Dubai.*
254 *Différend relatif à la délimitation de la frontière maritime entre le Ghana et la Côte d'Ivoire dans l'océan Atlantique*, sentenza del 23 settembre 2017, caso n 23.
255 Collins, E. and Rogoff, M. (1982) *The International Law of Maritime Boundary Delimitation*, MLR, vol. 34, p. 61-62.
256 *Sentence arbitrale relative au différend entre Maurice et le Royaume-Uni de Grande- Bretagne et d'Irlande du Nord concernant l'aire marine protégée des Chagos*, sentenza del 18 marzo 2015, R.S.A., vol. 31, p. 359-606.
257 L'accordo si riferisce alla Convenzione delle Nazioni Unite sul diritto del mare, rispetto alla conservazione e all'uso sostenibile della diversità biologica marina nelle zone extra-giurisdizione nazionale.
258 Si veda: Ros, Nathalie (2021) *Le droit international de la mer à l'épreuve en Méditerranée orientale*, ADMO, t. 39, Université de Nantes. Inoltre: Marghélis, Aris (2021) *Les délimitations maritimes Turquie – Gouvernement d'entente nationale Libyen et Grèce – Égypte dans leur contexte régional*, ADMO, to.e 39, Université de Nantes.
259 Accordo tra il governo della Tunisia e quello dell'Italia relativo alla delimitazione della piattaforma continentale.
260 International Mapping (2023) op. cit.: https://sovereignlimits.com/ boundaries/italy-tunisia-maritime.
261 Djaziri, Scheyma (2018) *La délimitation des fonds marins entre la Tunisie et l'Italie: point de vue tunisien*, ADM, t. 23, p. 93-116.
262 Prescott, J.R.V. (1985) op. cit., p. 175.
263 *Agreement between Italy and Yugoslavia concerning the Delimitation of the Continental Shelf between the two Countries in the Adriatic Sea.*
264 *Agreement concerning the sovereignty over the islands of Al-Arabiyah and Farsi and the delimitation of the boundary line separating submarine areas between the Kingdom of Saudi Arabia and Iran.*
265 *Agreement between Qatar and Abu Dhabi on the settlement of maritime boundaries and ownership of islands.*
266 Achour, Y.B. (1983) *L'affaire du plateau continental tuniso-libyen*, JDI, vol. 110, p. 247.
267 *Plateau continental de la mer du Nord (République fédérale d'Allemagne / Danemark. République fédérale d'Allemagne / Pays-Bas),* sentenze, C.I.J. Recueil 1969, p. 3.
268 *Plateau continental (Lybie/Tunisie),* sentenza, C.I.J. Recueil 1982. Art. 1 del compromesso riprodotto a p. 21, par. 2. sentenza del 1982.
269 Sentenza del 14 aprile 1981. *Requête de Malte à fin d'intervention*, C.I.J. Recueil 1981, p. 19, par. 33.
270 Idem, p. 20, par. 34.
271 Le conclusioni della contro-memoria della Tunisia sono riprodotte a p. 28 della sentenza del 1982, par. 15.
272 Ibidem.
273 Idem, p. 56, par. 64.

274 Idem, p. 41; p. 55-56, par. 32, 63 e 64.
275 Le conclusioni della contro-memoria della Tunisia sono riprodotte a p. 28 della sentenza del 1982, par. 15.
276 Idem, p. 28, par. 15.
277 Si veda la figura 9.10 del *memorandum* della Tunisia, p. 194.
278 Ibidem.
279 L'asserzione riproduce le argomentazione tunisine relative alla morfologia.
280 Conclusioni della contro-memoria della Libia, riprodotte a p. 29-32 della sentenza del 1982, par. 15.
281 Idem, p. 52, par. 57.
282 Idem, p. 54, par. 62.
283 Idem, p. 57, par. 66.
284 Idem, p. 58, par. 68.
285 Idem, p. 57, par. 66.
286 Idem, p. 68-69, par. 91-92.
287 Sentenza C.I.J. Recueil 1951, p. 132. Citaz., p. 67, par. 87, sentenza del 1982.
288 Sentenza del 1982, p. 69, par. 92.
289 Idem, p. 67, par. 88.
290 Idem, p. 73, par. 100.
291 C.I.J. Recueil 1951, p. 126. Citato a p. 77, par. 105 della sentenza del 1982.
292 Sentenza del 1982, p. 65, par. 81.
293 Idem, p. 77-78, par. 107.
294 Idem, p. 256, par. 159.
295 sentenza del 1969, p. 17-18, par. 8.
296 La Corte ha preso atto del concetto di "unità di deposito" e ha messo in guardia le parti contro gli svantaggi della delimitazione che divide un deposito senza misure comuni di esplorazione e sfruttamento.
297 Sentenza del 1969, p. 54, par. 101.
298 Sentenza del 1982, p. 60, par. 71.
299 C.I.J. Recueil 1969, p. 46, par. 8 ; p. 53, par. 101. Menzionato a p. 78-79, par. 109, della sentenza del 1982.
300 Sentenza del 1982, p. 79, par. 109.
301 Idem, p. 84, par. 119. Menzionato a p. 88, par. 126 della sentenza del 1982.
302 C.I.J. Recueil 1969, p. 36-37, par. 57. Menzionato a p. 88, par. 126 della sentenza del 1982.
303 sentenza 1982, p. 83-84, par. 117.
304 Idem, p. 70, 71 et 83, par. 93, 96 et 117.
305 Idem, p. 71, par. 96.
306 Idem, p. 88-89, par. 128.
307 Idem, p. 89, par. 129.
308 Idem, p. 91, par. 131.
309 International Mapping (2023) op. cit : https://sovereignlimits.com/ boundaries/libya-tunisia-maritime.
310 Sentenza del 1982, p. 94, par. 133, *in fine*.
311 *Demande en révision et en interprétation de l'Arrêt du 24 février 1982 en l'affaire du Plateau continental (Tunisie/Lybie) (Tunisie c. Lybie)*, sentenza, C.I.J. Recueil 1985, p. 230, par. 69 C.
312 *Agreement between the Libyan Arab Socialist People's Jamahiriya and the*

*Republic of Tunisia to Implement the Judgment of the International Court of Justice in the Tunisia/Libya Continental Shelf Case.*
313 Sentenza del 1982, opinione dissenziente del giudice Oda, par.159.
314 Idem, opinione dissenziente del giudice Evensen, p. 278, par. 1.
315 Idem, Conclusioni, p. 320-323.
316 International Mapping (2023) op. cit.: https://sovereignlimits.com/boundaries/libya-malta-maritime.
317 *Plateau continental (Jamahiriya arabe libyenne/Malte)*, sentenza, C.I.J. Recueil 1985. Citato da: sentenza del 1985. Art. 1 sul compromesso (riprodotto al par. 2).
318 Richiesta dell'Italia d'intervento della CIG. Recueil 1984, p. 25, par. 41.
319 Sentenza del 1969, p. 50, par. 93. Citaz., par. 48 della sentenza de 1985.
320 Sentenza del 1982, p. 84, par. 117-118. Citaz., par. 24 della sentenza del 1985.
321 Sentenza del 1985, p. 28-29, par. 24.
322 Idem, p. 28, par. 24.
323 Idem, p. 29, par. 25.
324 Conclusioni della memoria presentata dalla Libia e riprodotte al par. 11, p. 18 della sentenza del 1985.
325 Idem, p. 19.
326 Idem, p. 46, par. 61.
327 Idem, p. 36, par. 40.
328 Idem, p. 36-37, par. 41.
329 Idem, p. 41, par. 49.
330 Idem, p. 50, par. 70.
331 Sentenze del 1969, p. 30, par. 41, citate a p. 37, par. 42 della sentenza del 1985.
332 Sentenza del 1985, p. 38, par. 44.
333 Idem, p. 41, par. 50.
334 Sentenze del 1969, p. 54, par. 101 D 2, citate a p. 41, par. 50 della sentenza del 1985.
335 Sentenza del 1985, p. 41, par. 50.
336 Idem, p. 42, par. 51.
337 Idem, p. 42, par. 52.
338 Idem, p. 42, par. 53.
339 Idem, p. 43, par. 54.
340 Ibidem.
341 Idem, p. 45, par. 58.
342 Idem, p. 43, par. 55.
343 Sentenze de 1969, p. 54, par. 101
344 Citaz., p. 44-45, par. 57, delal sentenza del 1985.
345 Sentenza del 1985, p. 47, par. 62.
346 McDorman, Ted L. (1986) *The Libya-Malta Case: Opposite States Confront the Court*, ACDI, vol. 24, p. 361.
347 Sentenze del 1969, p. 36, par. 57, citate a p. 47, par. 62 della sentenza del 1985.
348 Sentenza del 1985, p. 52, par. 73.
349 Idem, dispositivo, p. 57, par. 79.
350 Idem, p. 52, par. 73. La Corte non ha fornito spiegazioni per giustificare tale proporzione.
351 McDorman, Ted L. (1986) op. cit., p. 361.

352 Sentenza del 1985, p. 55, par. 75.
353 *Agreement between the Republic of Malta and the Great Socialist People's Libyan Arab Jamahiriya Implementing Article III of the Special Agreement and the Judgment of the International Court of Justice.*
354 Johnston, Douglas, M. (1988) *The Theory and History of Ocean Boundary Making*, p. 210.
355 Opinione dissenziente del giudice Schwebel, p. 172, par. non numerato.
356 Idem, p. 183.
357 Idem, p. 187.
358 Accordo su aggiustamenti provvisori relativi alla delimitazione della frontiera marittima tra Tunisia e Algeria.
359 Lathrop, Coalter G., ed. (2020) "Report 8-16 Algeria-Tunisia", in *International Maritime Boundaries Online.*
360 *Agreement between the Republic of Cyprus and the Arab Republic of Egypt on the Delimitation of the Exclusive Economic Zone.*
361 International Mapping (2023) op. cit.: https://sovereignlimits.com/ boundaries/cyprus-egypt-maritime.
362 Lathrop, Coalter G., ed. (2017), "Report Number 8-15(2) Cyprus-Egypt", in op. cit.
363 nazioni Unite (2004) LSB, number 54, p. 130.
364 Accordo tra il governo dell'Egitto e il governo della Grecia sulla delimitazione della zona economica esclusiva tra i due paesi.
365 International Mapping (2023) op. cit.: https://sovereignlimits.com/ boundaries/egypt-greece-maritime.
366 Lathrop, Coalter G., ed. (2021) "Report Number 8-25 Egypt-Greece", in op. cit.
367 Nazioni Unite (2020) A/74/997-S/2020/826.
368 Memorandum di accordo tra il governo della Turchia e il governo della Libia sulla delimitazione delle zone di giurisdizione marittima nel Mediterraneo.
369 International Mapping (2023) op. cit.: https://sovereignlimits.com/ boundaries/libya-turkey-maritime.
370 Lathrop, Coalter G., ed. (2020) "Report 8-24 Libya-Turkey", in op. cit.
371 Nazioni Unite (2023) A/77/865.
372 Convenzione sul tracciato della frontiera di stato fra il Marocco e l'Algeria.
373 Https://www.un.org/depts/los/clcs_new/submissions_files/submission_wa7_75_2014.htm.
374 Smith, Jeffrey (2019) *International Law and Western Sahara's Maritime Area*, ODIL, vol. 50, issues 2-3, p. 117-140.
375 *Treaty between the Federal Republic of Nigeria and the Democratic Republic of Sao Tome and Principe on the Joint Development of Petroleum and other Resources, in respect of Areas of the Exclusive Economic Zone of the Two States.*
376 Jia, Wang (2023) *Nigeria-Sao Tome and Principe Joint Development of Petroleum and Other Resources*, CJIL, vol. 22, issue 1, p. 133-140.
377 *Treaty between the Government of the Republic of South Africa and the Government of the Republic of Namibia with respect to Walvis Bay and the off-shore Islands.*
378 I confini erano stati precedentemente delimitati tra i seguenti stati: Regno Unito (Trinidad e Tobago) e Venezuela, nel 1942; Cile e Perù, nel 1952; Ecuador e Perù, nel 1952; Norvegia e URSS, nel 1957; Bahrein e Arabia Saudita, nel 1958.

379 *Tribunal arbitral pour la Délimitation de la frontière maritime Guinée-Bissau/Sénégal.* Sentenza del 31 luglio 1989, R.S.A., vol. 20, p. 119. Poi, citato come: Sentenza del 1989.
380 *Sentence arbitrale du 31 juillet 1989*, sentenza, C.I.J. Recueil 1991. . Poi, citato come: Sentenza del 1991.
381 Si veda in merito: Owona Mfegue, Koura Félicité (2019) *Le différend frontalier Cameroun-Nigeria. Apport de la décision de la Cour internationale de Justice à l'exécution de ses décisions.*
382 Tian, Shichen (2023) *The Joint Development Agreement between Senegal and Guinea- Bissau: A Summary and Brief Analysis*, CJIL, vol. 22, issue 1, p. 141–148.
383 Okafor-Yarwood, Ifesinachi (2015) *The Guinea-Bissau-Senegal maritime boundary dispute*, MP, vol. 61, November, p. 284-290. Inoltre: USDS (1976) *Territorial Sea and Continental Shelf Boundary*: LS, n° 68.
384 Scambio di note tra Francia e Portogallo sulla frontiera marittima riguardante il Senegal e la Guinea-Bissau..
385 Si veda in merito: USDS (1974) *IBS: Guinea-Bissau-Senegal Boundary*, n. 141, p. 1-12.
386 Prescott, J.R.V. (1985) op. cit., p. 324.
387 Underwood, Peter C. (1988) *Ocean Boundaries and Resources Development in West Africa*, in Johnston, Douglas M. and Saunders, Phillip M., eds., *Ocean Boundary Making: Regional Issues and Developments*, p. 247.
388 (1990) *Chronique des faits internationaux*, RGDIP, vol. 94, n. 1, p. 136.
389 Sentenza del 1989, par. 18-25.
390 Art. 2 del compromesso citato al par. 1 della sentenza del 1989.
391 Conclusioni della procedura orale della Guinea-Bissau riprodotto al par. 16 della sentenza del 1989.
392 Argomentazione presentata dalla Guinea-Bissau e citata al par. 46 della sentenza del 1989.
393 Sentenza del 1989, par. 51.
394 Ibidem.
395 Idem, par. 59.
396 Convenzione del 1886 relativa alla delimitazione dei possedimenti francesi e portoghesi in Africa occidentale.
397 Sentenza del 1989, par. 64.
398 Idem, par. 67-68.
399 Idem, par. 69-76.
400 Replica della Guinea-Bissau citata al par. 86 della sentenza del 1989.
401 Ibidem.
402 Conclusioni della contro-memoria del Senegal, citate al par. 15 della sentenza del 1989.
403 Sentenza del 1989, par. 85.
404 Convenzione sul diritto del mare, art. 76.
405 Sentenza del 1989, par. 83.
406 Idem, par. 85.
407 Convenzione di Vienna sulla successione degli stati in materia di trattati, art. 16.
408 Opinione dissidente del giudice Bedjaoui, p. 160, par. 14.
409 Idem, p. 162, par. 20.

410 Idem, p. 167, par. 32.
411 *Affaire du plateau continental de la mer Égée (Grèce c. Turquie), Compétence de la Cour*, C.I.J. Recueil 1978, p. 3. Citato nel parere dissidente espresso dal giudice Bedjaoui, p. 172, par. 46.
412 Idem, p. 168, par. 36-37.
413 Par. 63 della sentenza del 1989, citato nell'opinione dissenziente del giudice Bedjaoui, p. 168, par. 36.
414 Idem, p. 173-174, par. 48-50.
415 *Affaire du canal de Beagle*, ILR, vol. 52, p. 97.
416 *Différend frontalier terrestre, maritime et insulaire (El Salvador/ Honduras; Nicaragua - intervenant)*, C.I.J. Recueil 1992, p. 351.
417 Sentenza del 1989, p. 175, par. 52.
418 Opinione dissidente del giudice Bedjaoui, p. 192, par. 99.
419 Idem, p. 192-193, par. 99-100.
420 *Plateau continental de la mer du Nord*, sentenze, C.I.J. Recueil 1969, p. 162. Brano citato dal giudice Bedjaoui, p. 195, par. 104, nota 19.
421 Idem, p. 196, par. 108.
422 Idem, p. 197, par. 111.
423 Idem, p. 197, par. 114.
424 Idem, p. 206-207, par. 144.
425 Il giudice non menziona il passaggio pertinente della sentenza.
426 C.I.J. *Recueil* 1982, par. 128.
427 C.I.J. *Recueil* 1985, par. 73.
428 Opinione dissidente del giudice Bedjaoui, p. 211, par. 156.
429 (1990) *Chronique des faits internationaux*, RGDIP, vol. 94, n° 1, p. 136.
430 Sentenza del 1991, p. 53.
431 Conclusioni della Guinea-Bissau, citate nella sentenza del 1991, p. 56-57, par. 10.
432 Compromesso arbitrale riprodotto in parte nella sentenza del 1991, p. 58-59, par. 14.
433 Sentenza del 1989, par. 87, citata in quella del 1991, p. 60, par. 17.
434 Idem, citazione presente nella sentenza del 1991, p. 60, par. 19.
431 Conclusioni della Guinea-Bissau, citate nella sentenza del 1991, p. 56-57, par. 10.
432 Compromesso arbitrale riprodotto parzialmente nella sentenza del 1991, p. 58-59, par. 14.
433 Sentenza del 1989, par. 87, citata nella sentenza del 1991, p. 60, par. 17.
434 Idem, citazione inserita nella sentenza del 1991, p. 60, par. 19.
435 Dichiarazione del presidente del tribunale citata nella sentenza del 1991, p. 60-61, par. 20.
436 Opinione dissidente del giudice Bedjaoui, par. 161, citata nella sentenza del 1991, p. 61, par. 20.
437 Sentenza del 1991, p. 73, par. 60.
438 Sentenza del 1989, par. 80, 85, 86 e 88, citata nella sentenza del 1991, p. 73 et 74, par. 62.
439 Idem, p. 74, par. 63.
440 Idem, p. 74, par. 64.
441 Idem, p. 75-76, par. 69.

445 Idem, p. 128, par. 22.
446 Opinione dissidente del giudice Thierry, p. 183, par. non numerato.
447 *Frontières maritimes: Gambie/Sénégal.*
448 Underwood, Peter C. (1988) op. cit., in Douglas M. Johnston and Philip M. Saunders, eds, op. cit., p. 250.
449 Bardonnet, D. (1989) *Frontières terrestres et frontières maritimes*, AFDI, vol. 35, p. 38.
450 Prescott, J.R.V. (1985) op. cit. p. 324. L'autore nota come la linea meridionale si trovi a 2' 24" a sud del punto terminale della frontiera terrestre.
451 *Convention concerning the State frontier line established between the Islamic Republic of Mauritania and the Kingdom of Morocco.*
452 Facciamo qui astrazione di quelle frontiere he sono state delimitate da spazi terrestri e da acque interne o dal mare territoriale.
453 Labrecque, Georges (1984) op. cit.
454 *Sahara occidental*, parere consultivo del 16 ottobre 1975, C.I.J. *Recueil* 1975.
455 Accordo disponibile su: *Annuaire de l'Afrique du Nord 1975*, p. 997.
456 Https://www.un.org/depts/los/clcs_new/submissions_files/preliminary/Mor 2015_preliminaryinfo.pdf.
457 Https://www.un.org/depts/los/clcs_new/submissions_files/submission_wa7 _75_2014.htm.
458 Un anno prima, la sentenza della CIG, nella causa "Canada / Stati Uniti", detta "causa del golfo del Maine", ha rappresentato un precedente internazionale in quanto, per la prima volta, una delimitazione marittima copriva sia la zona di pesca che la piattaforma continentale.
459 *Délimitation de la frontière maritime entre la Guinée et la Guinée-Bissau*, sentenza del 14 febbraio 1985, R.S.A., vol. 19. In seguito citata come sentenza del 1985.
460 Convenzione sulla delimitazione dei possedimenti francesi e portoghesi in Africa occidentale.
461 Art. 1, in fine.
462 Art. 2. Riprodotto al par. 1 della sentenza del 1985.
463 Sulla frontiera terrestre, si veda: USDS (1974) *IBS: Guinea-Guinea- Bissau Boundary*, n. 142, p. 1-10.
464 Le conclusioni rispettive dell'arringa e della contro-arringa della Guinea e della Guinea-Bissau sono citate al par. 16 della sentenza del 1985.
465 Sentenza del 1985, par. 47.
466 Detta frontiera, stabilita unilateralmente dalla Guinea, non sembra essere stata riconosciuta dalla Sierra Leone.
467 *Dictionnaire général de la langue française du commencement du XVIIe siècle jusqu'à nos jours*, di Hatzfeld e Darmester, citato al par. 49 della sentenza del 1985.
468 Sentenza del 1985, par. 50.
469 Idem, par. 56.
470 Idem, par. 63.
471 Idem, par.51.
472 Idem, par. 81.
473 Idem, par. 85.
474 Idem, par. 90.

475 Idem, par. 114.
476 Idem, par. 92.
476 Idem, par. 93.
478 *Délimitation d'une certaine partie de la frontière maritime entre la Norvège et la Suède*, sentenza, R.S.A., vol. 11.
479 Labrecque, Georges (2004) op. cit., p. 246-248.
480 *Délimitation de la frontière maritime dans la région du golfe du Maine*, C.I.J. Recueil 1984, p. 246.
481 *Memorial*, p. 149.
482 *Contre-mémoire du Canada*, p. 278-286.
483 Sentenza del 1984, p. 320, par. 175.
484 Idem, p. 320, par. 376.
485 Opinione dissenziente del giudice Gros, p. 379-380.
486 Sentenza del 1985, par. 122.
487 Idem, par. 123.
488 Idem, par. 79.
489 Https://www.un.org/Depts/los/clcs_new/submissions_files/submission_wa7_75_2014.htm.
490 Sentenza del 1989. Passaggio citato: par. 80 della sentenza.
491 Prescott, J.R.V. (1985) op. cit., p. 324.
492 "La frontiera marittima laterale e la frontiera della piattaforma continentale (…) sono definite da una linea di equidistanza, determinata dai metodi fondati sulle coste adiacenti". Trattato sul Rio de la Plata e la frontiera marittima afferente, par. 70.
493 USDS (1975) *LS*, n. 64, p. 15.
494 Scambio di note tra Uruguay e Brasile sulla demarcazione della foce del fiume Chui e della frontiera marittima laterale.
495 per una visione d'insieme, consultare: Lathrop, Coalter G., ed. (2023) *International Maritime Boundaries*: https://referenceworks.brillonline.com/browse/international-maritime-boundaries.
496 *Agreement between the Republic of Estonia and the Republic of Latvia on the Maritime Delimitation in the Gulf of Riga, the Strait of Irbe and the Baltic Sea.*
497 *Traité sur la délimitation de la frontière maritime entre la République du Cap-Vert et la République du Sénégal.*
498 USDS (2014) *LS: Cabo Verde: Archipelagic and other Maritime Claims and Boundaries*, n. 129, p. 1-16.
499 Https://www.un.org/Depts/los/clcs_new/submissions_files/ submission_wa7_75_2014.htm.
500 *Treaty on the Delimitation of the Maritime Frontier between the Islamic Republic of Mauritania and the Republic of Cape Verde.*
501 "Quando firma, ratifica o aderisce alla convenzione, o in qualsiasi momento successivo, uno stato è libero di scegliere, con dichiarazione scritta, uno o più dei seguenti mezzi per la soluzione delle controversie relative all'interpretazione o all'applicazione della convenzione..." (TIDM, CIG, organo arbitrale costituito conformemente all'allegato VII, tribunale arbitrale speciale).
502 *Treaty Regarding the Delimitation of the Maritime Boundary between the Republic of Equatorial Guinea and the Democratic Republic of Sao Tome and Principe.*

503 Dzurek, Daniel J. (1999) *Gulf of Guinea Boundary Disputes, IBRU Boundary and Security Bulletin,* Spring, p. 101.
504 Idem, p. 100.
505 Https://www.un.org/depts/los/clcs_new/submissions_files/preliminary/gnq2009preliminaryinformation.pdf.
506 *Treaty between the Federal Republic of Nigeria and the Republic of Equatorial Guinea concerning their maritime boundary ; Protocol on implementation of article 6.2 of the Treaty between the Federal Republic of Nigeria and the Republic of Equatorial Guinea concerning their maritime boundary.*
507 Dzurek, Daniel J. (1999) op. cit., p. 100.
508 *Treaty between Equatorial Guinea and Nigeria on joint exploration of crude oil, especially at the Zafiro-Ekanga Oil Field located at the maritime boundary of both countries.*
509 Https://www.un.org/depts/los/clcs_new/submissions_files/submission_nga_38_2009.htm.
510 *Agreement on the Delimitation of the Maritime Border between the Gabonese Republic and the Democratic Republic of Sao Tome and Principe.*
511 Ndjambou, Léandre Edgard et al. (2019) *Gestion des espaces maritimes et enjeux halieutiques en Afrique centrale: le cas du Gabon, L'Espace politique*, vol. 39, n. 3.
512 *Frontière terrestre et maritime entre le Cameroun et le Nigéria*, sentenza, C.I.J. Recueil 2002. Citato dalla sentenza del 2002.
513 Il ricorso descrive la controversia principalmente sulla sovranità territoriale relativa a Bakassi.
514 La seconda richiesta amplia questa controversia includendo la delimitazione dal lago Ciad fino al mare compreso.
515 Idem, par. 3.
516 Consultare in particolare: Bekong Njinkeng Julius (1997) *International Dispute Settlement: Land and Maritime Boundary between Cameroon and Nigeria. Origin of the Dispute and Provisional Measures*, AfrJIL, vol. 9, p. 287-310; Merrils, J.G. (1997) *The Land and Maritime Boundary Case, Order of 15 March 1996 Cameroon v. Nigeria*, ICLQ, vol. 46, p. 676; Garcia, Thierry (1996) *Les mesures conservatoires rendues par la C.I.J. le 15 mars 1996 dans l'affaire du différend frontalier entre le Cameroun et le Nigeria*, AFDI, vol. 42, p. 409; Sall, Alioune (1997) *Actualité des conflits frontaliers en Afrique : l'ordonnance du 15 mars 1996 rendue par la Cour internationale de Justice dans le différend frontalier entre le Cameroun et le Nigeria*, AfrJIL, vol. 9, p. 183.
517 Ordonnance, par. 49.
518 Eccezioni preliminari, sentenza, C.I.J. Recueil 1998.
519 Si vedano in merito: Bekker, Peter H.F. (1998) *Land and Maritime Boundary between Cameroon and Nigeria 11.06.1998*, AJIL, vol. 92, p. 751; Elias, Olufemi and Lim, Chin (1999) *Casenote: The Right of Passage Doctrine Revisited: An Opportunity Missed 11.06.1998 (Cameroon / Nigeria)*, LJIL, vol. 12, p. 231; Merrils, J. G. (1999) *The Land and Maritime Boundary Case 11.06.1998 (Cameroon/Nigeria)*, ICLQ, vol. 48, p. 651.
520 Sentenza del 2002, par. 19.
521 Ibidem.
522 Idem, par. 56.

523 Idem, par. 19.
524 Idem, par. 69.
525 Idem, par. 67.
526 Idem, par. 79.
527 *Différend territorial (Jamahiriya arabe libyenne/Tchad).* Citato nella sentenza del 2002 al par. 80.
528 sentenza del 2002, par. 19.
529 Ibidem.
530 Idem, par. 104.
531 Ibidem.
532 Sul giudizio del 11-06-1998, si veda: Kwiatkowska, Barbara (1999) *Cameroon v. Nigeria and Maritime Boundary (preliminary objections): Judgment of 11 June 1998*, Hague YBIL, p. 15-41.
533 Per un'analisi, si veda: Weckel, Philippe (2000) *Ordonnance du 21 octobre 1999*, RGDIP, vol. 104, p. 248-250 ; Merrills, J.G. (2000) *The International Court of Justice and the Adjudication of Territorial and Boundary Disputes*, LJIL, vol. 13, p. 873-881.
534 Si vedano: Merrills, J.G. (2000) *The Land and Maritime Boundary Case - The Intervention by Equatorial Guinea 21.10.1999 (Cameroon/Nigeria)*, ICLQ, vol. 49, p. 720; Barati, H. (1999) *Frontière terrestre et maritime (Cameroun c. Nigeria). Exceptions préliminaires, interprétation, intervention*, AFDI, vol. 45, p. 371-412.
535 Sentenza del 2002, par. 28.
536 Idem, par. 29.
537 Weckel, Philippe (2000) *Chronique de jurisprudence internationale. Ordonnance du 21 octobre 1999 sur la requête de la Guinée équatoriale à fin d'intervention*, RGDIP, vol. 104, p. 248-249.
538 Sentenza del 2002, par. 30.
539 Idem, par. 31-38.
540 Idem, par. 35.
541 Ibidem.
542 *Sahara occidental, avis consultatif*, C.I.J. Recueil 1975, p. 39, par. 80. Citato nella sentenza del 2002, par. 205.
543 Sentenza del 2002, par. 205.
544 Idem, par. 209.
545 Idem, par. 212.
546 Idem, par. 214.
547 Idem, par. 215.
548 Ibidem.
549 Idem, par. 223.
550 Ibidem.
551 In proposito: Antunes, Nuno (2000) *The Pending Maritime Delimitation in the Cameroon v Nigeria Case: A Piece in the Jigsaw Puzzle of the Gulf of Guinea*, IJMCl, vol. 15, p. 163-192.
552 Sotto-paragrafi del punto c) delle conclusioni del Camerun citati nella sentenza del 2002, par. 27.
553 Punti a), b), e) et f) del par. 4 delle conclusioni della Nigeria citati nella sentenza del 2002, par. 27.
554 Idem, par. 226.

555 Idem, par. 238.
556 Idem, par. 245.
557 Citato nella sentenza del 2002, par. 265.
558 Idem, par. 268.
559 Ibidem.
560 *Délimitation du plateau continental*, sentenza, R.S.A., vol. 18, p. 130. Citato nella sentenza del 2002, par. 274.
561 Sentenza del 2002, par. 272.
562 *Délimitation de la frontière maritime entre la Guinée et la Guinée-Bissau*, sentenza, R.S.A., vol. 19, p. 149.
563 Sentenza del 2002, par. 276, 277 et 280.
564 Idem, par. 282.
565 Ibidem.
566 Idem, par. 284.
567 *Délimitation maritime dans la région située entre le Groenland et Jan Mayen (Danemark c. Norvège),* sentenza, C.I.J. Recueil 1993, p. 61, par. 51. Citata nella sentenza del 2002, par. 289.
568 *Délimitation maritime et questions territoriales entre Qatar et Bahreïn*, sentenza, C.I.J. Recueil 2001, par. 177. Citata nella sentenza del 2002, ibidem.
569 Sentenza del 2002, par. 294.
570 *Plateau continental de la mer du Nord*, sentenze, C.I.J. Recueil 1969, p. 49-50, par. 91. Citate nella sentenza del 2002, par. 295.
571 Sentenza, R.S.A., vol. 19, p. 187, par. 104.
572 Sentenza del 2002, par. 297.
574 Idem, par. 27.
575 Citazioni nella sentenza del 2002, par. 27.
576 Sentenza del 2002, par. 310.
577 Idem, par. 311.
578 Idem, par. 312.
579 Sentenza, C.I.J. Recueil 1962, p. 37. Citata nella sentenza del 2002, par. 313.
580 Sentenza del 2002, par. 316.
581 Ibidem.
582 Idem, par. 317.
583 Idem, par. 318.
584 Idem, par. 319.
585 Idem, par. 325.
586 Si tratta dei par.. 91, 96, 102, 114, 119, 124, 129, 134, 139, 146, 152, 155, 160, 168, 179, 184 e 189.
587 Sentenza del 2002, par. 325.
588 Ibidem.
589 Ibidem.
590 Ibidem.
591 Opinione personale del giudice Mbaye, par. 14.
592 Idem, par. 15.
593 Opinione personale de giudice Mbaye, par. 15.
594 Idem, par. 91.
595 Idem, par. 22.
596 Idem, par. 67.

597 Idem, par. 74.
598 Idem, par. 71.
599 Idem, par. 89.
600 Dichiarazione del giudice Rezek, par. non numerato.
601 Idem, par. non numerato.
602 Idem, par. non numerato. Allusione ad Arnold McNair (1961) *The Law of Treaties*, p. 53.
603 Opinione personale del giudice Ranjeva, par. 3.
604 Idem, par. 5.
605 Idem, par. 2.
606 C.I.J. *Recueil* 1975, p. 12. Menzionato nell'opinione del giudice Ranjeva, par. 2.
607 Opinione del giudice Al-Khasawneh, par. 22.
608 Opinione dissidente del giudice Ajibola, par. 4.
609 Idem, par. 10.
610 *The Function of Law in International Community*, p. 119-120. Citato al par. 49 dell'opinione dissidente del giudice Ajibola.
611 *Title to Territory in Africa: International Legal Issues*, p. 45. Citato al par. 108 dell'opinione dissidente del giudice Ajibola.
612 Idem, par. 206.
613 Idem, par. 211.
614 Opinione dissidente del giudice Koroma, par. 7.
615 Argent, Pierre d'(2002) *Des frontières et des peuples: l'affaire de la frontière terrestre et maritime entre le Cameroun et le Nigeria (arrêt sur le fond)*, AFDI, vol. 48, p. 320.
616 Idem, p. 321.
617 Weckel, Philippe (2003) *Chronique de jurisprudence internationale. Cour internationale de Justice. Arrêt du 10 octobre 2002 (Fond). Frontière terrestre et maritime (Cameroun c. Nigeria)*, RGDIP, vol. 107, n. 1, p. 161-175.
618 Idem, p. 165.
619 Idem, p. 161.
620 Idem, p. 162.
621 Disponibile su : www.icj-cij.org, (rubrica "comunicati stampa" della CIG).
622 Argent, Pierre d' (2002) op. cit., p. 281.
623 Kwiatkoska, Barbara (2001 et 2002) *The Law of the Sea Related Cases in the International Court of Justice during the Presidency of Judge Stephen M. Schwebel (1997-2000)*, IJMCL, vol. 16, p. 1-40.
624 Becker-Weinberg, Vasco (2021) *Two Key Ocean Governance Challenges for Sao Tome and Principe*, AfrJIL, vol. 29, issue 3, p. 400-417.
625 Weckel, Philippe (2000) *Chronique de jurisprudence internationale. Ordonnance du 21 octobre 1999 sur la requête de la Guinée équatoriale à fin d'intervention*, RGDIP, vol. 104, p. 248-249.
626 Paulson, Colter (1984) *Compliance with Final Judgments of the International Court of Justice since 1987*, AJIL, vol. 98, issue 3, p. 451, note 216.
627 *Accord on the delimitation of the maritime border between Angola and Namibia.*
628 International Mapping (2023) op. cit.: https://sovereignlimits.com/ boundaries/angola- namibia-maritime.

629 Https://www.un.org/depts/los/clcs_new/submissions_files/submission_nam _50_2009.htm.
630 Https://www.un.org/Depts/los/clcs_new/submissions_files/submission_ago _69_2013.htm.
631 Https://www.un.org/Depts/los/clcs_new/submissions_files/ago69_2013/gab _re_ago_2014_05_30.pdf.
632 Https://www.un.org/Depts/los/clcs_new/submissions_files/ago69_2013cod _re_ago_oct_2015f.pdf.
633 Kim, Hyun Jung (2017) *Différend relatif à la délimitation de la frontière maritime entre le Ghana et la Côte d'Ivoire dans l'Océan atlantique – Arrêt de la chambre spéciale du TIDM du 23 septembre 2017*, AFDI, vol. 63, p. 217-235.
634 Https://www.un.org/depts/los/clcs_new/commission_submissions.htm.
635 Https://www.un.org/depts/los/clcs_new/submissions_files/gha26_09/nga_re _gha.2009pdf.pdf.
636 Lathrop, Coalter G., ed. (2018) *Report Number 4-18 Ghana-Ivory Coast*, in op. cit.
637 Benneh Mensah, George (2023) *Maritime Law: International Treaties, UNCLOS Principles, and Ghanaian-Ivorian Petroleum Dispute*, IJFMR, vol. 5, issue 6.
638 Metou, Miranda (2014) *Faute d'accord, le Ghana et la Côte d'Ivoire décident de confier la délimitation de leurs frontières maritimes à un tribunal arbitral*, Sentinelle, Bulletin 406, 12 aprile.
639 Weckel, Philippe (2015) *Frontière maritime entre le Ghana et la Côte d'Ivoire*, Ordinanza del 25 aprile 2015, Sentinelle, 3 maggio.
640 *Différend relatif à la délimitation de la frontière maritime entre le Ghana et la Côte d'Ivoire dans l'océan Atlantique (Ghana/Côte d'Ivoire), demande en prescription de mesures conservatoires*. Le sentenze, i pareri e le ordinanze del TIDM sono disponibili sul sito:https://www.itlos.org/ fr/main/dernieres-nouvelles/.
641 Si veda: McCreath, Millicent and Scanlon, Zoe (2019) *The Dispute Concerning the Delimitation of the Maritime Boundary Between Ghana and Côte d'Ivoire: Implications for the Law of the Sea*, ODIL, v. 50, n. 1, p. 1-22.
642 Https://www.un.org/Depts/los/clcs_new/submissions_files/submission_civ_ 42_2009.htm.
643 Per un'analisi critica: Peiris, Nuwan (2018) *Ghana v. Ivory Coast*, AJIL, vol. 112, issue 1, p. 88-93.
644 *Strategic Partnership Agreement (SPA) for cooperation*.
645 IBRU (2019) *Côte d'Ivoire and Ghana sign maps to define maritime boundary*, Boundary News, 30 september.
646 *Convention délimitant les frontières terrestres et maritimes de la Guinée équatoriale et du Gabon*.
647 Nations Unies (2004) *RTNU*, vol. 2251, p. 387-390.
648 Djomeni, Michel (2016) *Le Gabon et la Guinée équatoriale conviennent de soumettre à la CIJ leur différend relatif à la souveraineté sur l'île de Mbanié et les îlots voisins*, Sentinelle, 20 novembre.
649 Https://www.icj-cij.org/sites/default/files/case-related/179/179-2021 0305-SPE-01-00- FR.pdf.
650 *Convention spéciale sur la délimitation des possessions françaises et espa-*

*gnoles dans l'Afrique Occidentale, sur la Côte du Sahara et sur la Côte du Golfe de Guinée.*
651 *Convention délimitant les frontières terrestres et maritimes de la Guinée Équatoriale et du Gabon.*
652 Si veda: International Mapping (2023) op. cit., Equatorial Guinea / Gabon: https://sovereignlimits.com/boundaries/equatorial-guinea-gabon-land.
653 Ortolland, Didier e Pirat, Jean-Pierre (2010) *Atlas géopolitique des espaces maritimes*, II ed., p. 59.
654 Idem, p. 57.
655 *Management and cooperation agreement between the Government of the Republic of Senegal and the Government of the Republic of Guinea-Bissau.*
656 David, Éric (1985) *La sentence arbitrale du 14 février 1985 sur la délimitation de la frontière maritime Guinée-Guinée-Bissau*, AFDI, vol. 31, p. 386.
657 Legault, L. e Hankey, B. (1993) *Method, Oppositeness and Adjacency, and Proportionality in Maritime Boundary Delimitation,* in J.I. Charney and L.M. Alexander, eds., *International Maritime Boundaries*, vol. 1, p. 213-214.
658 Si ritiene che tale metodo "sia adatto alle coste africane che non presentano complicazioni geografiche serie". Yacouba, Cissé (2001) *Droit des espaces maritimes et enjeux africains*, p. 283.
659 *Les sources du droit relatif à la délimitation du plateau continental*, p. 180, in AA.VV. (1991) *Mélanges Michel Virally. Le droit international au service de la paix, de la justice et du développement.*
660 Johnston, D. M. (1988) op. cit, p. 200.
661 Kwiatkowska, B. (1997) *Equitable Maritime Boundaries Delimitation*, ODIL, vol. 91, n. 2, p. 93.
662 Yacouba, Cissé (2001) op. cit., p. 243.
663 Dirdeiry, Ahmed (2019) *Between Intangibility and Uti Possidetis: The Debate on Title to Territory in Africa*, AAfrDI, vol. 24, issue 1, p. 173-217.
664 Antonopoulos, C. (1996) *The Principle of Uti Possidetis Juris in Contemporary International Law*; Kohen, M.G. (1997) *Possession contestée et souveraineté territoriale.*
665 Yacouba, Cissé (2001) op. cit., p. 230.
666 Lalonde, Suzanne (2002) *Determining Boundaries in a Conflicted World. The Role of Uti possidetis*, p. 134.
667 Labrecque, G. (2019) *Le recours à la force contre les États*, p. 151-170.
668 Scambio di dati per un accorso tra Kenya e Tanzania relativo alla delimitaizone delle acque territoriali.
669 Lathrop, Coalter G., ed. (2014*), Report Number 4-5(2) Kenya – Tanzania*, in op. cit.
670 Prescott, J.R.V. (1985) op. cit., p. 169.
671 Accordo tra Tanzania e Kenya del 23 giugno 2009 sulla delimitazione della frontiera marittima nella ZEE e sulla piattaforma continentale.
672 Https://www.un.org/depts/los/clcs_new/submissions_files/ken35_09/ken 2009_executivesumm ary.pdf.
673 Convenzione sulla delimitazione delle zone economiche francese e di Maurice tra l'isola della Réunion e l'isola Maurice.
674 Prescott, J.R.V. (1985) op. cit., p. 169.
675 USDS (2014) *LS: Mauritius: Archipelagic and other Maritime Claims and*

*Boundaries*, n. 140, p. 1-27.
676 Jagota, S.P. (1985) *Maritime Boundary*, p. 98; Prescott, J.R.V. (1985) op. cit., p. 167.
677 USDS (1982 et 1990) *LS: Maritime Boundary: France (Reunion)-Mauritius*, n. 95 e *Maritime Boundaries of the World*, n. 108.
678 International Mapping (2023) op. cit.: https://sovereignlimits.com/ boundaries/france- reunion-mauritius-maritime.
679 USDS (1982) *LS*, op. cit., n. 95, p. 3.
680 Prescott, J.R.V. (1985) op. cit., p. 175.
681 *Agreement between the Government of the United Republic of Tanzania and the Government of the People's Republic of Mozambique Regarding the Tanzania/Mozambique Boundary.*
682 Https://www.un.org/depts/los/LEGISLATIONANDTREATIES/STATEFILES/MOZ.htm.
683 Https://www.un.org/depts/los/clcs_new/submissions_files/submission_tza59_2012.htm.
684 Https://www.un.org/depts/los/clcs_new/commission_submissions.htm.
685 *Convention entre le Gouvernement de la République française et le Gouvernement de la République des Seychelles relative à la délimitation de la frontière maritime de la zone économique exclusive et du plateau continental de la France et des Seychelles.*
686 International Mapping (2023) op. cit.: https://sovereignlimits.com/ boundaries/france-glorioso-seychelles-maritime.
687 USDS (2014) *LS: Seychelles' Maritime Claims and Boundaries*, n. 132, p. 1-29.
688 *Agreement between the Government of the United Republic of Tanzania and the Government of the Republic of Seychelles on the Delimitation of the Maritime Boundary of the Exclusive Economic Zone and Continental Shelf.*
689 *Agreement between the Government of the French Republic and the Government of the Republic of Madagascar on the Delimitation of Maritime Areas situated between La Réunion and Madagascar.*
690 International Mapping (2023) op. cit.: https://sovereignlimits.com/boundaries/france- reunion-madagascar-maritime.
691 Robin, Denys-Sacha (2019*) La zone maritime disputée entre la France et Maurice autour du récif de Tromelin*, AFDI, vol. 65, p. 579-600.
692 Accordo tra il governo di Mauritius e quello delle Seychelles surlla delimitazione della ZEE tra i due paesi.
693 Lathrop, Coalter G., ed. (2021) *Report Number 6-22(2) Mauritius-Seychelles*, in op. cit.
694 International Mapping (2023) op. cit.: https://sovereignlimits.com/ boundaries/mauritius- seychelles-maritime.
695 USDS (2014) *LS, issue 132*: https://www.state.gov/wp-content/uploads/2020/02/LIS-132.pdf.
696 Http://www.un.org/Depts/los/clcs_new/submissions_files/submission_musc.htm.
697 Trattato sull'esercizio congiunto dei diritti sovrani sulla piattaforma continentale della regione dell'altopiano delle Mascareignes tra i governi di Mauritius e delle Seychelles.
698 Idem.

699 Oduntan, Gbenga (2015) *International Law and Boundary Disputes in Africa*, p. 104, nota 7.
700 Lathrop, Coalter G., ed. (2013), *Report N. 6 - 28 Comoros - Seychelles*, in op. cit.
701 USDS (2014) LS, issue 132, p. 8-9.
702 (2012) *Maritime boundary delimitations: Seychelles signs historic accord with Comoros and Tanzania, Seychelles Weekly, 20 February.*
703 International Mapping (2023) op. cit.: https://sovereignlimits.com/ boundaries/comoros- seychelles-maritime.
704 Lathrop, Coalter G., ed. (2013), *Report Number 6 - 26 Comoros - Mozambique*, in op. cit. 705 USDS (2014) *LS: Comoros: Archipelagic and other Maritime Claims and Boundaries*, n. 134, p. 1-14.
706 *Agreement on the Delimitation of the Maritime Boundary between the Republic of Mozambique and the Union of the Comoros.*
707 Https://www.un.org/depts/los/clcs_new/commission_preliminary.htm.
708 Https://www.un.org/depts/los/clcs_new/submissions_files/submission_moz_52_2010.htm.
709 Lathrop, Coalter G., ed. (2015), *Report Number 4-17 Kenya-Somalia*, in op. cit.
710 Bonafé, Béatrice I. (2017) *Maritime Delimitation in the Indian Ocean*, AJIL, vol. 111, issue 3, p. 725-731.
711 *Délimitation maritime dans l'océan Indien (Somalie c. Kenya)*, fondo, sentenza.
712 Http://www.un.org/depts/los/clcs_new/submissions_files/ken35_09/ken 2009_executivesummary.pdf; http://www.un.org/depts/los/clcs_new/submissions_files/tza59_12/Executive%20Summary_%20URT-DOC-001_18-01-2012.pdf.
713 Https://www.un.org/Depts/los/clcs_new/submissions_files/ submission_som_74_2014.htm.
714 Http://www.icj-cij.org/docket/files/161/18363.pdf.
715 Http://www.un.org/Depts/los/clcs_new/submissions_files/submission_ ken_35_2009.htm.
716 Memorandum di accordo tra il governo del Kenya e quello di transizione della Somalia per assicurarsi reciprocamente dell'assenza di obiezioni alle richieste sulle frontiere esterne della piattaforma continentale al di là di 200 miglia nautiche cottoposte alla CLPC.
717 IBRU (2021*) ICJ Rules on Kenya / Somalia Maritime Dispute*, 15 ottobre, Durham University.
718 Moya Carrera, Pamela (2020) *Différend entre le Kenya et la Somalie : des frontières maritimes toujours problématiques.*
719 *Plateau continental (Jamahiriya arabe libyenne/Tunisie)*, sentenza, C.I.J. Recueil 1982.
720 *Plateau continental (Jamahiriya arabe libyenne/Malte)*, sentenza, C.I.J. Recueil 1985.
721 *Délimitation de la frontière maritime dans l'océan Atlantique*, sentenza, T.I.D.M. Recueil 2017, p. 73, par. 221-222, e p. 78, par. 243.
722 Sentenza, T.I.D.M. Recueil 2017, p. 71, par. 215. Citato al par. 87.
723 *Délimitation de la frontière maritime entre la Guinée et la Guinée-Bissau*, sentenza del 14 febbraio 1985, R.S.A., vol. XIX, p. 189, par. 108. Citato al par 167.
724 Sentenza, T.I.D.M. Recueil 2017, p. 120, par. 425. Mentionato al par. 170.

725 *Plateau continental*, sentenza, C.I.J. Recueil 1985, p. 39-40, par. 46. Citato al par. 172.
726 Si veda la sotto-sez. "Kenya e Tanzanie".
727 Sentenza dell'11 aprile 2006, R.S.A., vol. XXVII, p. 238, par. 346.
728 *Différend territorial et maritime entre le Nicaragua et le Honduras dans la mer des Caraïbes*, sentenza, C.I.J. Recueil 2007 (II), p. 759, par. 319.
729 *Délimitation de la frontière maritime dans le golfe du Bengale*, sentenza, T.I.D.M. Recueil 2012, p. 100, par. 379.
730 Gao, Jianjun (2023) *Delimitation of the Extended Continental Shelf in Somalia v. Kenya in the ICJ: A Critique*, CJIL, vol. 22, issue 1, p. 77-101.
731 *Sentence arbitrale relative au différend entre Maurice et le Royaume- Uni de Grande- Bretagne et d'Irlande du Nord concernant l'aire marine protégée des Chagos*, sentenza, R.I.A.A., 2015, vol. 31, par. 547 B(2).
732 Labrecque, Georges (2019) op. cit., p. 151-170.
733 Jamal, Sarah (2019) *L'analyse de la décolonisation de Maurice sous l'angle du droit à l'autodétermination: entre apports et insuffisances (Cour Internationale de Justice, Effets juridiques de la séparation de l'archipel des Chagos de Maurice en 1965, avis consultatif, 25 février 2019)*, AFDI, vol. 65, p. 137-158.
734 *Effets juridiques de la séparation de l'archipel des Chagos de Maurice en 1965*, parere consultivo, par. 183, C.I.J. Recueil 2019.
735 Https://www.un.org/Depts/los/clcs_new/submissions_files/submission_mus1_82_2019.html.
736 USDS (2005) *LS: Maldives Maritime Claims and Boundaries*, n. 126, p. 1-15.
737 *Différend relatif à la délimitation de la frontière maritime entre Maurice et les Maldives dans l'océan Indien.*
738 *Délimitation de la frontière maritime entre Maurice et les Maldives dans l'Océan Indien (Maurice/Maldives), exceptions préliminaires*, sentenza, T.I.D.M. Recueil 2020-2221, dispositif 354, p. 17.
739 Qi, Xu (2023) *Reviving the Monetary Gold Principle? A Case Note on the Judgment of Preliminary Objections in the Mauritius/Maldives Case*, ODIL, vol. 54, issue 1, p. 1-25.
740 Https://www.itlos.org/fileadmin/itlos/documents/cases/28/Merits_Pleadings/A28_Maurice_Replique.pdf.
741 Https://www.un.org/depts/los/clcs_new/submissions_files/ submission_mdv_53_2010.htm.
742 Https://www.itlos.org/fileadmin/itlos/documents/cases/28/ Merits_ Pleadings/A28_Maldives_Duplique.pdf.
743 *Arbitrage concernant la frontière maritime dans le golfe du Bengale (Bangladesh c. Inde),* sentenza, 7 luglio 2014, R.S.A., vol. XXXII, p. 105, par. 339; *Délimitation de la frontière maritime dans l'océan Atlantique (Ghana/Côte d'Ivoire),* arrêt, T.I.D.M. Recueil 2017, p. 86, par. 281; *Délimitation maritime dans l'océan Indien (Somalie c. Kenya)*, sentenza, C.I.J Recueil 2021, p. 251-252, par. 128.
744 Ishii, Yurika (2020) *Relevant Coasts and Relevant Area in the Maritime Delimitation in the EEZ and Continental Shelf*, ODIL, v. 51, n. 4, p. 283-306.
745 *Délimitation maritime en mer Noire (Roumanie c. Ukraine)*, sentenza, C.I.J. Recueil 2009, p. 101-103, par. 115-122; *Délimitation de la frontière maritime dans le golfe du Bengale (Bangladesh/ Myanmar),* sentenza, T.I.D.M. Recueil

2012, p. 67-68, par. 240.
746 Gao, Jianjun (2020) *The Delimitation Method for the Continental Shelf Beyond 200 Nautical Miles: A Reflection on the Judicial and Arbitral Decisions*, ODIL, vol. 51, issue 2, p. 116-142.
747 *Différend relatif à la délimitation de la frontière maritime entre le Bangladesh et le Myanmar dans le golfe du Bengale*, sentenza, T.I.D.M., affaire n. 16, par. 443.
748 *Dispositif*, par. 466.
749 International Mapping (2023) op. cit.: https://sovereignlimits.com/boundaries/egypt-saudi-arabia-maritime.
750 *Agreement on Principles*.
751 *Eritrea-Yemen Arbitration. Award of the Arbitral Tribunal in the First Stage (Territorial Sovereignty and Scope of the Dispute)*, award, R.S.A., vol. 22, p. 211. Citato come sentenza del 1998. Per unìanalisi della decisione connessa alla prima fase: Distefano, Giovanni (2000) *La sentence arbitrale du 9 octobre 1998 dans l'affaire du différend insulaire entre le Yémen et l'Érythrée*, AFDI, vol. 46, p. 851-889.
752 Sentenza del 1998, par. 102.
753 Idem, par. 113.
754 Idem, par. 446.
755 *Statut juridique du Groenland oriental*, sentenza, C.P.J.I., serie A/B, n. 53.
756 *Island of Palmas case, award*, R.S.A., vol. 2.
757 *Minquiers et Ecréhous*, sentenza, C.I.J. Recueil 1953.
758 Sentenza del 1998, par. 462.
759 Idem, par. 516.
760 Idem, par. 436-437.
761 Idem, par. 526.
762 *Treaty Establishing the Joint Yemeni-Eritrean Committee for Bilateral Cooperation between the Government of the Republic of Yemen and the Government of the State of Eritrea*.
763 *Eritrea-Yemen Arbitration. Award. Phase II: Maritime Delimitation*, award, R.S.A., vol. 22. Sentenza del 1999. Per un'analisi: Yoshifumi, Tanaka (2001) *Reflections on the Eritrea/Yemen Arbitration of 17 December 1999 (Second Phase: Maritime Delimitation)*, NILR, vol. 47, n. 2, p. 197-225.
764 Sentenza del 1999, par. 388.
765 Idem, par. 74.
766 Idem, par. 139.
766 Idem, par. 157.
767 Accordo tra i governi di Sudan e Arabia Saudita sullo sfruttamento di risorse naturali nei fondali del mar Rosso all'interno della zona comune.
769 Prescott, J.R.V. (1985) op. cit., p. 173-174.
770 Ortolland, Didier e Pirat, Jean-Pierre (2010) op. cit., p. 130.
771 Accordo di delimitazione marittima tra Arabia Saudita ed Egitto.
772 Lathrop, Coalter G., ed. (2018), *Report Number 6-32 Egypt-Saudi Arabia*, in op. cit.
773 International Mapping (2023) op. cit.: https://sovereignlimits.com/ boundaries/egypt-saudi- arabia-maritime.
774 Https://www.un.org/depts/los/LEGISLATIONANDTREATIES/PDF FILES/

SDN_15_12_2017_en.pdf.
775 Chaumette, Patrick (2017) “Tiran et Sanafir, îles entre Sinaï et péninsule Arabique”, *Hypothèses,* 4 luglio 2017: https://humansea.hypotheses.org/828.
776 Kwiatkowska, Barbara (2000) *Landmark Progress in the Acquisition of Territorial Sovereignty and Equitable Maritime Boundary Delimitation*, BSB, vol. 8, n. 1, p. 66.
777 In un saggio pubblicato alla fine del 2004 e dedicato a una classificazione delle frontiere marittime, abbiamo rilevato che delle 171 frontiere marittime internazionali formalmente delimitate, 156 lo sono state tramite un accordo bilaterale e solo 15 per via giudiziaria: Labrecque, Georges (2004) *Les frontières maritimes internationales*, seconda ediz., p. 460.
778 *Trafic ferroviaire entre la Lituanie et la Pologne*, C.P.J.I., parere consultivo del 15 ottobre 1931, série A/B no 42, p. 116.
779 (1978-1982) *Plateau continental (Libye/Tunisie)*, opinione dissidente del giudice Gros, par. 15.
780 (1982-1985) *Plateau continental (Libye/ Malte)*, opinione dissidente del giudice Mosler, p. 119, par. non numerato.
781 (1985-1989) *Affaire de la délimitation de la frontière maritime entre la Guinée-Bissau et le Sénégal*, opinione dissidente del giudice Bedjaoui, par. 29.
782 (1994-2002) *Frontière terrestre et maritime entre le Cameroun et le Nigeria*, opinione dissidente del giudice Koroma, par. 1 e 3.
783 (2014-2021) *Délimitation maritime dans l'océan Indien (Somalie c. Kenya),* opinione del giudice Robinson, par. 3 e 4.
784 Weckel, Philippe (2003) “Chronique de jurisprudence internationale. Cour internationale de Justice. Sentenza del 10 ottobre 2002” (Fondo). *Frontière terrestre et maritime (Cameroun c. Nigeria)*, RGDIP, vol. 107, n. 1, p. 173.
785 Forteau, Mathias et Thouvenin, Jean-Marc, dir. (2017) *Traité de droit international de la mer,* p. 595.
786 Pancracio, Jean-Paul (2010) *Droit de la mer,* p. 262 e 272.
787 (1982-1985) *Plateau continental (Libye/Malte); (1978-1982) Plateau continental (Libye/Tunisie).*
788 (1985-1989) *Affaire de la délimitation de la frontière maritime entre la Guinée-Bissau et le Sénégal* ; (1983-1985) *Délimitation de la frontière maritime entre la Guinée et la Guinée- Bissau.*
789 (1994-2002) *Frontière terrestre et maritime entre le Cameroun et le Nigeria.*
790 (2014-2017) *Différend relatif à la délimitation de la frontière maritime entre le Ghana et la Côte d'Ivoire dans l'océan Atlantique.*
791 (2014-2021) *Délimitation maritime dans l'océan Indien (Somalie c. Kenya).*
792 (2019-2023) *Différend relatif à la délimitation de la frontière maritime entre Maurice et les Maldives.*
793 (1996-1999) *Eritrea/Yemen - Sovereignty and Maritime Delimitation in the Red Sea.*
794 *Costa Rica c. Nicaragua*, sentenza della CIG del 2018; *Pérou c. Chili*, sentenza della CIG del 2014; *Nicaragua c. Colombie*, sentenza della CIG del 2012; *Nicaragua c. Honduras* sentenza della CIG del 2007; *Guyana/Suriname*, sentenza arbitrale del 2007 ; *Barbade c. Trinité et Tobago*, sentenza del 2006; *Canada/France*, sentenza del1992; *Canada/États-Unis*, sentenza della CIG del 1984; *Argentine/Chili*, sentenza del 1977.

795 *Revendication territoriale, insulaire et maritime du Guatemala.*
796 *Croatie/Slovénie*, sentenza arbitrale del 2017; *Roumanie c. Ukraine*, sentenza della CIG del 2009; *Danemark c. Norvège* sentenza della CIG del 1993; *Libye/ Malte*, sentenza della CIG del 1985; *Royaume-Uni/France*, sentenza del 1978.
797 *Bangladesh/Inde*, sentenza arbitrale del 2014 ; *Bangladesh/Myanmar*, sentenza del 2012.
798 (2023) MSMZMD, https://www.un.org/depts/los/LEGISLATIONAND-TREATIES/index.htm.
799 Quando le autorità di uno stato contraente trattengono la nave battente bandiera di un altro e si ritiene che lo stato che ha trattenuto la nave non ha rispettato le disposizioni della convenzione sul rilascio immediato della nave o del suo equipaggio seguito all'invio di una ragionevole cauzione o di altra garanzia finanziaria, la questione della revoca o della rimessa in libertà può essere portata davanti a una corte o a un tribunale.
800 (2013-2015) *Demande d'avis consultatif soumise par la Commission sous-régionale des pêches (CSRP)*, opinione consultiva, caso n. 21.
801 (2022-) *Demande d'avis consultatif soumise par la Commission des petits États insulaires sur le changement climatique et le droit international*, caso n. 31.

# BIBLIOGRAFIA

*Siti internet*

CLPC: https://www.un.org/Depts/los/clcs_new/commission_submissions.htm. Convention sur le droit de la mer: https://www.un.org/Depts/los/convention_agreements/texts/unclos/unclos_f.pdf. Cour internationale de Justice: www.icj-cij.org.
Cour permanente d'arbitrage: www.pca-cpa.org.
Cour permanente de Justice internationale: https://www.icj-cij.org/fr/cpji.
IBRU: https://www.durham.ac.uk/research/institutes-and-centres/ibru-borders-research/. International Legal Materials:
https://www.asil.org/resources/international-legal materials. International Maritime Boundaries:
https://referenceworks.brillonline.com/browse/international-maritime-boundaries. Permanent Court of Arbitration: www.pca-cpa.org
Reports of International Arbitral Awards: https://legal.un.org/riaa/tables.shtml.
RIAA: https://legal.un.org/riaa/states/#m.
RSA: https://legal.un.org/riaa/cases/vol_XXX/491-542.pdf.
USDS (1970-2014) Limits in the Seas: https://www.state.gov/limits-in-the-seas/.
Marine Regions: https://www.marineregions.org/eezsearch.php.
Maritime Space: Maritime Zones and Maritime Delimitation: https://www.un.org/depts/los/LEGISLATIONANDTREATIES/index.htm. Organisation des Nations Unies: www.un.org.
Sovereign Limits: https://sovereignlimits.com/boundaries.
Tribunal international du droit de la mer: https://www.itlos.org/fr/main/affaires/.

*Raccolte e documenti*

AMERICAN SOCIETY OF INTERNATIONAL LAW (1962-) *International Legal Materials*, Washington.
ABASS, Ademola (2014) *International Law: Text, Cases and Materials*, 2nd edition, OUP, Oxford, 776 p.
BROWNLIE, Ian (2002) *Basic Documents in International Law*, 5th edition, Oxford, OUP, 341 p.
BROWNLIE, Ian (1971) *Basic Documents on African Affairs*, Oxford, Clarendon Press.
C.P.J.I. (1923-1931) *Série A: Recueil des arrêts*, Leiden, A.W. Sijthoff.
C.P.J.I. (1922-1931) *Série B: Recueil des avis consultatifs,* Leiden, A.W. Sijthoff.
C.P.J.I. (1931-1939) *Série A/B: Recueil des arrêts, ordonnances et avis consultatifs*, Leiden, A.W. Sijthoff.
De LAPRADELLE, A. et POLITIS, N. (1905-1954) *Recueil des arbitrages internationaux*, 3 vol., Paris, Pedone et Éditions internationales.
DIXON, Martin and McCORQUODALE, Robert (2011) *Cases and Materials on International Law*, 55th edition, Oxford, OUP.
DUPUY, P.M. et KERBRAT, Y. (2022) *Les Grands textes de droit international public*, 11e édition, Paris, Dalloz, 1200 p.
ESPALIU BERDUD, Carlos (2006) *Le passage inoffensif des navires de guerre*

*étrangers dans la mer territoriale,* Bruxelles, Bruylant, 162 p.
EVANS, Malcolm (2021) *Blackstone's International Law Documents*, 155th edition, Oxford, OUP, 608 p.
GREENWOOD, Christopher and LEE, Karen, eds. (2023) *International Law Report,* Cambridge, CUP, 804 p.
HARRIS, David and SIVAKUMARAN, Sandesh (2020) *Cases and Materials on International Law*, 95th edition, London, Sweet & Maxwell, 944 p.
HERTSLET, E. (1967) *The Map of Africa by Treaty*, 35th edition, 3 vol. INTERNATIONAL SEABED AUTHORITY (2017) *The Law of the Sea: Compendium of Basic Documents,* 566 p.
NATIONS UNIES (2023) *Maritime Space: Maritime Zones and Maritime Delimitation. State Practice on the Internet. Delimitation Treaties Infobase*, New York.
NATIONS UNIES (1995) *Le droit de la mer. Évolution récente de la pratique des États*, n° 4, Division des affaires maritimes et du droit de la mer, New York.
NATIONS UNIES (1993) *Le droit de la mer. Évolution récente de la pratique des États*, n° 3, Division des affaires maritimes et du droit de la mer, New York.
NATIONS UNIES (1992) *Le droit de la mer. Les accords de délimitation des frontières maritimes (1942-1969),* Division des affaires maritimes et du droit de la mer, New York, 98 p.
NATIONS UNIES (1992) *Le droit de la mer. Les accords de délimitation des frontières maritimes (1985-1991)*, New York, 109 p.
NATIONS UNIES (1989) *Le droit de la mer. Législations nationales concernant le plateau continental*, New York, 314 p.
NATIONS UNIES (1989) *Le droit de la mer. Les accords de délimitation des frontières maritimes (1970-1984)*, New York, 299 p.
NATIONS UNIES (1985-) *The Law of the Sea: a select bibliography*, Office for Ocean Affairs and the Law of the Sea, New York.
NATIONS UNIES (1948-) *Recueil des sentences arbitrales*, New York.
NATIONS UNIES (1947-) *Recueil des arrêts, avis consultatifs et ordonnances*, Cour internationale de Justice, New York.
NATIONS UNIES (1946-) *Recueil des traités*, New York.
PATARAIA, David (2021) *International Law: Text, Cases and Materials*, Routledge, 1128 p.
UNITED NATIONS (2023) *CLCS.*
UNITED NATIONS (1983-) *Law of the Sea Bulletins*, Division for Ocean Affairs and the Law of the Sea, New York.

*Dizionari ed enciclopedie*

BERNHARDT, R., dir. (1992-) *Encyclopedia of Public International Law*, 5 vol. (dans l'édition consolidée), sous les auspices du MPEPIL, Heidelberg.
FOX, James R. (2003) *Dictionary of International and Comparative Law*, 35rd dition, Dobbs Ferry, N.Y., Oceana Publications, 369 p.
FRANCALANCI, G. and SCOVAZZI, Tullio, eds. (1994) *Lines in the Sea*, The Hague, Kluwer Law International, 288 p.
KDIR, M. (1997) *Dictionnaire juridique de la Cour internationale de Justice*, Bruxelles, Bruylant, 235 p.
PARRY, Clive, GRANT, John P. and CRAIG BARKER, J. (2009) *Parry & Grant*

*Encyclopaedic Dictionary of International Law*, Oxford, OUP, 691 p.
QUINDIMIL LOPEZ, Jorge Antonio (2017) *Maritime Delimitation, Oxford Bibliographies*, Oxford, OUP.
SALMON, J. dir. (2001) *Dictionnaire de droit international public*, Bruxelles, Bruylant, 1200 p.

*Atlanti e mappe*

AGENCE FRANÇAISE DE DÉVELOPPEMENT (2020) *Atlas de l'Afrique*, Paris,
Armand Colin, 128 p.
DUBRESSON, Alain, MAGRIN, Géraud et NINOT, Olivier (2022) *Atlas de l'Afrique: un continent émergent ?*, coll.: Atlas Monde, Paris, Autrement, 100 p.
COUPER, A.D. (1983) *Le grand atlas de la mer*, Paris, Ed. Albin Michel, 328 p.
FAUVELLE, François-Xavier et SURUN, Isabelle (2019) *Atlas historique de l'Afrique*, coll.: Atlas/Mémoires, Paris, Éditions Autrement, 95 p.
INTERNATIONAL MAPPING (2023) *Sovereign Limits. Atlas of International Maritime Boundaries*, Ellicott City (MD).
LE MONDE (2023) *L'atlas des Afriques*, Hors-série, 178 p.
LUGAN, Bernard (2001) *Atlas historique de l'Afrique des origines à nos jours*, Monaco, Éditions du Rocher, 268 p.
ORTOLLAND, Didier et PIRAT, Jean-Pierre (2010) *Atlas géopolitique des espaces maritimes*, 2e édition, Paris, Technip, 333 p.
PITTE, Jean-Robert et al. (2016) *Atlas de l'Afrique*, coll.: Atlas, Paris, Dujaguar.
SCOVAZZI, Tullio (1989) *Atlas of the Straight Baselines*, A. Giuffrè, 233 p.
UNITED NATIONS (1989) *The Law of the Sea. Baselines: National Legislation with Illustrative Maps*, Office for Ocean Affairs and the Law of the Sea, New York, 390 p.
USDS (1970-2022) *International Boundary Study Series A,* numbers 1-150, Office of the Geographer, Bureau of Intelligence and Research (Bureau of Oceans and International Environmental and Scientific Affairs), Washington.
USDS (2017) *International Boundary Study*, numbers 151-165, Office of the Geographer, Bureau of Intelligence and Research, Washington.

*Opere e articoli generali*

ACIKGONUL, Yunus Emre and LUCAS, Edward R. (2020) Developments in Maritime Delimitation Law over the Last Decade: Emerging Principles in Modern Case Law, *ACDI*, vol. 57, p. 156-222.
ALLAND, Denis (2023) *Manuel de droit international public*, 10e éd., coll.: Droit fondamental, Paris, PUF, 372 p
ANDERSON, David (2017) Some Aspects of the Regime of Islands in the Law of the Sea, *IJMCL*, vol. 32, issue 2, p. 316-331.
ANDO, Nisuke *et al.*, eds. (2002) *Liber Amicorum Judge Shigeru Oda*, Springer, vol. 2, 1675 p.
ANTUNES, Nuno (2003) *Towards the Conceptualization of Maritime Delimitation. Legal and Technical Aspects of Political Process*, coll.: Publications on Ocean Development, nº 42, Leiden and Boston, Martinus Nijhoff, 684 p.

ATTARD, David, FITZMAURICE, Malgosia and MARTINEZ, Norman, eds. (2014) *The IMLI Manual on International Maritime Law. The Law of the Sea,* OUP, Oxford, 752 p.
AUST, Anthony (2010) *Handbook of International Law*, 25nd edition, Cambridge, CUP, 592 p.
BARDONNET, Daniel (1989) Frontières terrestres et frontières maritimes, *AFDI*, vol. 35, p. 1-64.
BECKER-WEINBERG, Vasco (2020) Maritime Boundary-making and Improving Ocean Governance in Timor-Leste, *Ocean Yearbook*, vol. 34, issue 1, p. 113- 135.
BLAKE, Gerald H., ed. (1994) *Maritime Boundaries*, London, Routledge, 177 p.
BONAFÉ Béatrice I. (2017) Maritime Delimitation in the Indian Ocean, *AJIL*, vol. 111, issue 3, p. 725-731.
BORÉ EVENO, Valérie (2020) Les impacts de l'élévation du niveau de la mer sur les limites maritimes: du flou juridique aux éclairages de la pratique, *ADM*, tome 24, p. 57-90.
BRISCHOUX, Maxence (2023) *Géopolitique des mers*, coll.: Géopolitiques, Paris, PUF, 168 p.
BROWNLIE, Ian (2008) *Principles of Public International Law*, 7th edition, Oxford, OUP, 794 p.
CAMINOS, Hugo, ed. (2001) *Law of the Sea*, Ashgate, Dartmouth, 570 p.
CARREAU, Dominique, HAMANN, Andrea et MARRELLA, Fabrizio (2022) *Droit international*, 13e édition, Paris, Pedone, 812 p.
CASSESE, Antonio (2005) *International Law*, 2nd edition, Oxford, OUP, 558 p.
CASTELLINO, Joshua and ALLEN, Steve (2003) *Title to territory. A Temporal Analysis*, Aldershot, Ashgate, 254 p.
CHARNEY, J.I., ALEXANDER, L.M. and SMITH, R.W., eds. (1993-2002) *International Maritime Boundaries*, 4 vol., Dordrecht, Boston and London, Martinus Nijhoff.
CHAUMETTE, Patrick (2017) Tiran et Sanafir, îles entre Sina et péninsule Arabique, *Hypothèses*, 4 juillet 2017: https://humansea.hypo theses.org/828.
CHURCHILL, Robin, LOWE, Vaughan and SANDER, Amy (2022) *The law of the sea*, 45th ed., Manchester University Press, Manchester, 968 p.
COLLECTIF (1991) *Mélanges Michel Virally. Le droit international au service de la paix, de la justice et du développement*, Paris, Pedone, 511 p.
COLLIER, J. et LOWE, A.V. (2000) *The Settlement of Disputes in International Law – Institutions and Procedures*, Oxford, OUP, 424 p.
COMBACAU, Jean et SUR, Serge (2004) *Droit international public*, 6e édition, Paris, Montchrestien, 809 p. (13e édition en 2019).
CRAWFORD, James (202019) *The Brownlie's Principles of Public International Law*, 95th edition, Oxford, OUP, 888 p.
CRAWFORD, James (2007) *The Creation of States in International Law,* 2nd edition, Oxford, OUP, 870 p.
DALLMEYER, D.G. and DE VORSEY, L., eds (1989) *Rights to Oceanic Resources. Deciding and Drawing Maritime Boundaries*, coll.: POD, vol. 13, Dordrecht, Martinus Nijhoff Publishers, 207 p.
DE HERDT, Sandrine W. (2020) Relationship Between the Delimitation of the Continental Shelf Beyond 200 nm and the Delineation of Its Outer Limits, *ODIL*,

vol. 51, issue 3, p. 263-282.
DIPLA, H. (1984) *Le régime juridique des îles dans le droit international de la mer,* Paris, PUF, 248 p.
DISTEFANO, G. (2002) *L'ordre international entre légalité et effectivité. Le titre juridique dans le contentieux territorial*, Paris, Pedone, 590 p.
DISTEFANO, Giovanni (2000) La sentence arbitrale du 9 octobre 1998 dans l'affaire du différend insulaire entre le Yémen et l'Érythrée, *AFDI,* vol. 46, p. 851-889.
DUPUIS, J.R. et VIGNES, D. (1985) *Traité du nouveau droit de la mer*, Paris et Bruxelles, Economica et Bruylant, 1447 p.
DUPUY, Pierre-Marie (1998) *Droit international public*, 4e édition, Paris, Dalloz, 684 p.
EDWARDS, T.M. (2000) Corporate Nations: A New Sovereignty Emerges, *in* PRATT, Martin et ALLISON-BROWN, Janet, eds., *Borderlands Under Stress*, coll.: International Boundary Studies, vol. 4, The Hague, Kluwer Law International, 480 p.
EISEMANN, Pierre Michel (2020) Qu'est-ce qu'un rocher au sens de la Convention de Montego Bay de 1982? Observations sur la sentence arbitrale du 12 juillet 2016 relative à la mer de Chine méridionale, *RGDIP*, vol. 124, n° 3-4, p. 7-38.
EVANS, Malcolm D. (1989) *Relevant Circumstances and Maritime Delimitation.* Oxford, OUP., 253 p.
EVANS, Malcolm D. (2003) The Law of the Sea, *in* EVANS, Malcolm D., ed., *International Law*, Oxford, OUP, 894 p.
EVANS, M.D., ed. (2006) *International Law*, 25nd edition, Oxford, OUP, 898 p.
FOREST, Patrick, dir. (2009) *Géographie du droit*, collection: Dikè, Québec, Presses de l'Université Laval, 286 p.
FORTEAU, Mathias et THOUVENIN, Jean-Marc, dir. (2017) *Traité de droit international de la mer*, Paris, Pedone, 1321 p.
FORTEAU, Mathias, MIRON, Alina et PELLET, Alain (2022) *Droit international public*, 9e édition, Paris, LGDJ, 2048 p.
FOUCHER, Michel (1991) *Fronts et frontières. Un tour du monde géopolitique*, Paris, Fayard, 691 p.
FRANCKX, E. et GAUTIER, P. (2003) *La zone économique exclusive et la convention des Nations Unies sur le droit de la mer. Un premier bilan de la pratique des États*, Bruxelles, Bruylant, 250 p.
FRANCKX, Eric (2023) A single maritime boundary: From UNCLOS III to present-day developments, *MP*, vol. 148, February.
GAO, Jianjun (2020) The Delimitation Method for the Continental Shelf Beyond 200 Nautical Miles: A Reflection on the Judicial and Arbitral Decisions, *ODIL*, vol 51, issue 2, p. 116-142.
GOODMAN, Camille (2022) *Coastal State Jurisdiction over Living Resources in the Exclusive Economic Zone*, OUP, Oxford, 432 p.
GUILFOYLE, Douglas (2023) Litigation as Statecraft: Small States and the Law of the Sea, *BYIL:* https://doi.org/10.1093/bybil/brad009.
GUILLAUME, Gilbert (2019) Îles, rochers et hauts-fonds découvrants en droit de la mer, *AFDI*, vol. 65, p. 513-526.
HAMZEH TARCHICHI, Mariam (2021) *Le droit international de la délimitation des frontières*, coll.: Logiques Juridiques, Paris, L'Harmattan, 506 p.

IDA, Ryuichi (2002) The Role of Proportionality in Maritime Delimitation Revisited: The Origin and Meaning of the Principle from the Early Decisions of the Court, p. 1037-1053, *In* ANDO, Nisuke *et al.*, eds., *op. cit.*
IOANNIDES, Nicholas A. (2020) The "Predominant Interest" Concept in Maritime Boundary Delimitation, *ODIL,* vol. 51, issue 32, p. 217-240.
ISHII, Yurika (2020) Relevant Coasts and Relevant Area in the Maritime Delimitation of the EEZ and Continental Shelf, *ODIL*, vol. 51, issue 4, p. 307-329.
JAGOTA, S.P. (1985) *Maritime Boundary,* Dordrecht, Martinus Nijhoff, 388 p.
JAYEWARDENE, Hiran W. (1990) *The Regime of Islands in International Law*, Dordrecht, Boston and London, Martinus Nijhoff, 572 p.
JENNINGS, R.Y. (1963) *The Acquisition of Territory in International Law,* Manchester University Press,130 p.
JOHNSTON, D.M. (1988) *The Theory and History of Ocean Boundary-Making*, Montréal et Kingston, McGill-Queen's University Press, 445 p.
JOHNSTON, D.M. and SAUNDERS, P.M., eds. (1988) *Ocean Boundary Making: Regional Issues and Developments*, London and New York, Croom Helm, 356 p.
KITTICHAISAREE, Kriangsak (2021) *The International Tribunal for the Law of the Sea*, OUP, Oxford, 240 p.
KLABBERS, Jan (2021) *International Law*, 35rd edition, Cambridge, CUP, 412 p.
KLEIN, Nathalie, ed. (2022) *Unconventional Lawmaking in the Law of the Sea*, OUP, Oxford, 464 p.
KOHEN, M.G. (2004) La relation titres/effectivités dans le contentieux territorial à la lumière de la jurisprudence récente, *RGDIP*, vol. 108, n° 4, p. 561-593.
KOLB, Robert (2022) *Théorie du droit international*, 3e édition, coll.: Collection de droit international, Bruylant, Bruxelles, 728 p.
KOLB, Robert (2003) *Jurisprudence sur les délimitations maritimes selon l'équité*, La Haye, Kluwer Law International, 1184 p.
KUNOY, Bjorn (2022) The Delimitation of Outer Continental Shelf Areas: A Critical Analysis of Courts' and Tribunals' Heterogeneous Approaches, *ACDI*, vol. 59, p. 200-232.
KUNOY, Bjorn (2010) Disputed Areas and the 10-Year Time Frame: A Legal Lacuna?, *ODIL*, vol. 41, issue 1, p. 112-130.
KWIATKOWSKA, B. (1997) Equitable Maritime Boundaries Delimitation, *ODIL*, vol. 91, issue 2.
KWIATKOWSKA, B. (2000) Landmark Progress in the Acquisition of Territorial Sovereignty and Equitable Maritime Boundary Delimitation, *BSB*, vol. 8, issue 1, p. 66.
KWIATKOWSKA, B. (2001) The Law of the Sea Related Cases in the International Court of Justice During the Presidency of Judge Stephen M. Schwebel (1997- 2000) and Beyond, *IJMCL*, vol. 16, issue 1, p. 1-40.
KWIATKOWSKA, B. (2002) *Decisions of the World Court Relevant to the UN Convention on the Law of the Sea. A Reference Guide*, The Hague, Kluwer Law International, 288 p.
LABRECQUE, Georges (2004) *Les frontières maritimes internationales. Géopolitique de la délimitation en mer*, 2e édition, coll.: Raoul-Dandurand, Paris, L'Harmattan, 532 p.
LABRECQUE, Georges (2009) Le droit ne doit pas refaire la géographie, p. 269-

281, *In* Patrick Forest, *Géographie du droit*, coll.: Dikè, Québec, Presses de l'Université Laval, 286 p.
LABRECQUE, Georges (2012) *À qui l'Arctique ? Droit international des frontières maritimes*, Montréal, Éditions Yvon Blais, 680 p.
LABRECQUE, Georges (2015) *International Law of the Sea,* Toronto, Carswell, 595 p.
LABRECQUE, Georges (2018) *Géopolitique. Comprendre les enjeux territoriaux interétatiques*, coll.: Administration et aménagement du territoire, Paris, L'Harmattan, 441 p.
LABRECQUE, Georges (2019) *Le recours à la force contre les États. Jurisprudence récente de la Cour internationale de Justice*, Montréal, Éditions Yvon Blais, 304 p.
LABRECQUE, Georges (2019) *Les cours d'eau internationaux. Étude jurisprudentielle*, coll.: Le droit aujourd'hui, Paris, L'Harmattan, 327 p.
LAGONI, Rainer et VIGNES, Daniel, éd. (2006) *Maritime Delimitation*, coll.: POD, vol. 53, Leiden, Brill, 241 p.
LALONDE, Suzanne (2002) *Determining Boundaries in a Conflicted World. The Role of* Uti possidetis, Montreal and Kingston, McGill-Queen's University Press, 347 p.
LANDO, Massimo (2019) *Maritime Delimitation as a Judicial Process*, Cambridge, CUP.
LATHROP, Coalter, ed. (2023) *International Maritime Boundaries Online*, Leiden, Brill.
LATHROP, Coalter G., ed. (2021) Report Number 8-25 Egypt-Greece, in *International Maritime Boundaries Online*, Leiden, Brill.
LATHROP, Coalter G., ed. (2018), Report Number 6-32 Egypt-Saudi Arabia, in *International Maritime Boundaries Online*, Leiden, Brill.
LATHROP, Coalter G., ed. (2017), Report Number 8-15(2) Cyprus-Egypt, in *International Maritime Boundaries Online*, Leiden, Brill.
LATHROP, Coalter, ed. (2016-2020) *International Maritime Boundaries*, vol. 7 and 8, Leiden, Brill/Nijhoff.
LAUTERPACHT, Hersch (2011) *The Function of Law in International Community,* Oxford, OUP, 512 p.
LEGAULT, L. and HANKEY, B. (1993) Method, Oppositeness and Adjacency, and Proportionality in Maritime Boundary Delimitation, p. 213-214, *in* J. I. Charney et L.M. Alexander, eds., *International Maritime Boundaries*, vol. 1.
LUCCHINI, Laurent (2006) La Délimitation des Frontières maritimes dans la Jurisprudence Internationale: Vue d'ensemble, p. 1-18, *In* Lagoni, Rainer et Vignes, Daniel, éd., *Maritime Delimitation.*
LUCCHINI, Laurent et VOELCKEL, Michel (1996) *Droit de la Mer,* tome 2, vol. 1: Délimitation, navigation et pêche, Paris, Pedone, 717 p.
MACNAB, Ron (2008) Submarine Elevations and Ridges: Wild Cards in the Poker Game of UNCLOS Article 76, *ODIL*, vol. 39, issue 2, p. 223-234.
MACNAB, Ron (2004) The Case for Transparency in the Delimitation of the Outer Continental Shelf in Accordance with UNCLOS Article 76, *ODIL*, vol. 35, issue 1, p. 1-17.
MARFFY, A. de (2005) Les espaces marins au-delà des juridictions nationales: entre droit applicable et modernité, *ADM*, vol. 10.

McLAUGHLIN, Mitchell and OWSIAK, Andrew P. (2021) Judicialization of the Sea: Bargaining in the Shadow of UNCLOS, *AJIL*, vol. 115, issue 4, p. 579-621.
MCNAIR, Arnold (1961) *The Law of Treaties*, Clarendon Press, 789 p.
McRAE, D.M. (1998) La délimitation des espaces maritimes, *ADMO*, v. 15, p. 266.
MEIER, Daniel (2023) *Les frontières au-delà des cartes*, Paris, Le cavalier bleu.
MELEDJE, Djedjro (1996) L'équité dans les délimitations marines, *ERM*, n° 10, p. 162-189.
MERRILLS, J.G. (2003) The Means of Dispute Settlement, *in* EVANS, Malcolm D., ed., *International Law*, Oxford, OUP, 894 p.
MERRILLS, J.G. (2000) The International Court of Justice and the Adjudication of Territorial and Boundary Disputes, *LJIL*, vol. 13, p. 873-881.
MIYOSHI, Masahiro (2002) Considerations of Equity in Maritime Boundary Cases Before the International Court of Justice, p. 1087-1101, *In* ANDO, Nisuke *et al.*, eds., *Liber Amicorum Judge Shigeru Oda*, vol. 2.
MOLLER, L.E. (2003) The Outstanding Namibian Maritime Boundaries with Angola and South Africa, *IJMCL*, vol. 18, issue 2, p. 241-260.
MUHLENDAHL, Paul Von (2016) *L'équidistance dans la délimitation des frontières maritimes. Étude de la jurisprudence internationale*, coll.: Publications de la RGDIP, Paris, Pedone, 440 p.
NANDAN, Satya N. (2007) The International Seabed Authority and Its Promotion of Marine Scientific Research, p. 63-91, *In* Nordquist, Myron H. *et al.*, eds., *Law, Science & Ocean Management.*
NATIONS UNIES (2001) *Manuel sur la délimitation des frontières maritimes,* Bureau des affaires juridiques, New York, 187 pages.
NGUYEN, Lan Ngoc (2023) *The Development of the Law of the Sea by UNCLOS Dispute Settlement Bodies*, Cambridge, CUP, 328 p.
NORDQUIST, Myron H. *et al.*, eds. (2007) *Law, Science & Ocean Management*, Series: Center for Oceans Law and Policy, Leiden, Brill, 868 p.
OSTHAGEN, Andreas (2022) *Ocean Geopolitics. Marine Resources, Maritime Boundary Disputes and the Law of the Sea*, Edward Elgar, Cheltenham, 160 p.
OSTHAGEN, Andreas (2020) Maritime boundary disputes: What are they and why do they matter? *MP*, vol. 120: https://doi.org/10.1016/j.marpol.
PAGLIA, Morgan (2020) *Les bases de la puissance. Enjeux géopolitiques et stratégiques des bases militaires avancées*, Focus stratégique, n° 97, *IFRI*, 40 p.
PANCRACIO, Jean-Paul (2010) *Droit de la mer*, coll.: Précis Dalloz, Paris, Dalloz, 520 p.
PAULSON, Colter (1984) Compliance with Final Judgments of the International Court of Justice since 1987, *AJIL*, vol. 98, issue 3, p. 434-461.
PETIT-PRÉVOST-WEYGAND, Éloïse (2020) Les îles en voie de submersion: le cas des petits États insulaires en développement, *ADM*, tome 24, p. 37-56.
PHARAND, Donat (1989) *Droit international de la mer*, Ottawa, Presses de l'Université d'Ottawa.
PHARAND, D. (1988) *Canada's Arctic Waters in International Law*, Cambridge, CUP, 288 p.
PRADEAU, Christian (1996) *Jeux et enjeux des frontières*, Bordeaux, Presses universitaires de Bordeaux, 362 p.
PRATOMO, Eddy and KWIK, Jonathan (2020) Good agreements make good neighbours: Settlements on maritime boundary disputes in South East Asia, *MP*, vol. 120.

PRATT, Martin (1999) Boundaries and the Internet: A Surfer's Guide, *BSB*, vol. 7, n° 2, p. 94-101.
PRATT, Martin and ALLISON-BROWN, Janet, eds. (2000) *Borderlands Under Stress*, coll.: International Boundary Studies, vol. 4, The Hague, Kluwer Law International, 480 p.
PRESCOTT, J.R.V. (1975) *Political Geography of the Oceans*, London, David & Charles Newton Abbot, 247 p.
PRESCOTT, J.R.V. (1985) *The Maritime Political Boundaries of the World*, London and New York, Methuen, 377 p.
PURCELL, Kate (2020) *Geographical Change and the Law of the Sea*, OUP, Oxford, 336 p.
QI, Xu (2023) Reviving the *Monetary Gold* Principle? A Case Note on the Judgment of Preliminary Objections in the *Mauritius/Maldives* Case, *ODIL,* vol. 54, issue 1, p. 1-25.
RATNER, Steven R. (1996) Drawing a Better Line: *Uti Possidetis* and the Borders of New States, *AJIL*, vol. 90, p. 590.
RENARD, Jean-Pierre, dir. (1997) *Le géographe et les frontières*, L'Harmattan, Paris et Montréal, 299 p.
RÉVEILLARD, Christophe et GRANDPIERRON, Matthieu, dir. (2023) *La frontière. Espace et limite*, Paris, L'Harmattan, 454 p.
RICARD, Pascale (2019) *La conservation de la biodiversité dans les espaces maritimes internationaux. Un défi pour le droit international*, coll.: Institut du Droit Économique de la Mer, Paris, Pedone, 658 p.
RIDINGS, Penelope Jane (2023) The Influence of Scholarship on the Shaping and Making of the Law of the Sea, *IJMCL*, vol. 38, p. 11-38.
RIVIER, Raphaele (2023) *Droit international public*, 4e édition, coll.: Thémis, Paris, PUF, 980 p.
ROACH, J. Ashley and SMITH, Robert W. (2000) Straight Baselines: The Need for a Universally Applied Norm, *ODIL*, vol. 31, issue 1, p. 47-80.
ROCHE, Jean-Jacques (2023) *Relations internationales*, 10e édition, coll.: Manuels, Paris, LGDJ, 408 p.
ROS, Nathalie (2021) Le droit international de la mer à l'épreuve en Méditerranée orientale, *ADMO*, tome 39, Université de Nantes.
ROSENNE, Shabtai (1996) Geography in International Maritime Boundary-Making, *PG*, vol. 15, issues 3-4, p. 389-396.
ROTHWELL, Donald R. and STEPHENS, Tim (2023) *The International Law of the Sea*, 3rd edition, New York, Bloomsbury Publishing, 656 p.
ROTHWELL, Donald R. (2022) *Islands and International Law*, New York, Bloomsbury Publishing, 328 p.
ROTHWELL, Donald R., ELFERINK Alex G. Oude, SCOTT, Karen N. and STEPHENS, Tim, eds. (2017) *The Oxford Handbook of the Law of the Sea*, OUP, Oxford, 1072 p.
ROUSSEAU, Charles (1970-1983) *Droit international public*, 5 vol., Paris, Sirey.
ROUSSEAU, Charles (1967) *Droit international public,* coll.: Précis Dalloz, Paris, Dalloz, 411 p.
RUSHWORTH, Dennis (1997-98) Mapping in Support of Frontier Arbitration: Maps as Evidence, *IBRU BSB*, Winter, p. 51-55.
SANCHES RODRIGUEZ (1997) L'*uti possidetis* et les effectivités dans les

contentieux territoriaux et frontaliers, *RCADI*, vol. 263, p. 153-381.
SCHACHTER, Oscar (2002) Linking Equity and Law in Maritime Delimitation, p. 1163-1168, vol. 2, *In* ANDO, Nisuke *et al.*, eds., *op. cit.*
SCOVAZZI, T. (2000) The Evolution of International Law of the Sea: New Issues, New Challenges, *RCADI*, p. 39-243.
SHAW, Malcolm (1996) The Heritage of States: The Principle of "Uti Possidetis Juris" Today, *BYIL*, vol. 67, p. 75.
SHAW, Malcolm (1997) Peoples, Territorialism and Boundaries, *EJIL*, vol. 8, issue 53, p. 478-507.
SHAW, Malcolm N. (2021) *International Law*, 95th edition, Cambridge, CUP, 1308 p.
SLAGTER, Tracy H. and VAN DOORN, John D. (2023) *Fundamental Perspectives on International Law*, 75th edition, Cambridge, CUP, 722 p.
SMITH, Robert W. (1982) A geographical Primer to Maritime Boundary-Making, *ODIL*, vol. 12, issues 1-2, p. 1-22.
SMITH, Robert W. (1989) Geographic Considerations in Maritime Boundary Delimitations, *In* Dallmeyer, D.G. and De Vorsey, L., eds., *op. cit.*
SMITH, Robert W. and THOMAS, Bradford L. (1998) Island Disputes and the Law of the Sea: An Examination of Sovereignty and Delimitation Disputes, *Maritime Briefing*, vol. 2, n° 4, IBRU, Durham, University of Durham, 27 p.
SOHN, Louis *et al.* (2010) *The Law of the Sea in a Nutshell,* 25nd ed., West Academic Publishing, 613 p.
SOHN, Louis B. (1993) Baseline Considerations, p. 153-161, *In* Charney, J.I. *et al.*, eds., *International Maritime Boundaries*, vol. 1.
STOICA, Victor (2021) *Remedies before the International Court of Justice: A Systemic Analysis*, Cambridge, CUP, 288 p.
SUEDI, Yusra (2023) Self-*determination in territorial disputes before the International Court of Justice: From rhetoric to reality? LJIL*, vol. 36, issue 1, p. 161-177.
THAMSBORG, M. (1995) In Search of an Objective Approach to the Identification of Certain Geographical Parameters (Jan Mayen Case), *NJIL*, vol. 64, p. 647-681.
THIERRY, Hubert et *al.* (1986) *Droit international public,* 5e édition, coll.: Précis Domat, Paris, Montchrestien, 789 p.
THIRLWAY, Hugh (2006) The Sources of International Law, p. 129, *In* Evans, Malcolm D., ed., *International Law*, 25nd edition.
TSHIYEMBE, Mwayila (2022) *Droit international public. Théorie générale et étude de cas jurisprudentiels*, coll.: Géopolitique mondiale, Paris, L'Harmattan, 192 p.
USDS (2005) *LS: Maldives Maritime Claims and Boundaries*, n° 126, p. 1-15.
VAGTS, Detlev F. (2001) *Hegemonic International Law*, *AJIL*, vol. 95, issue 4, p. 843.
VASCIANNIE, Stephen C. (1990) *Land-Locked and Geographical Disadvantaged States in the International Law of the Sea*, Oxford, OUP, 244 p.
VERZIJL, J.H.W. (1968-1992*) International Law in Historical Perspective*, 11 vol., Leiden and Dordrecht, Sijhtoff and Nijhoff.
VIDAS, Davor and FREESTONE, David (2022) Legal Certainty and Stability in the Face of Sea Level Rise: Trends in the Development of State Practice and

International Law Scholarship on Maritime Limits and Boundaries, *IJMCL*, vol. 37, issue 1, p. 1-53.
VINCENT, Philippe (2020) *Droit de la mer*, coll.: Droit international, Bruxelles, Bruylant, 414 p.
VUKAS, Budislav (2004) *The Law of the Sea*, coll.: Publications on Ocean Development, n° 45, Leiden and Boston, Martinus Nijhoff, 350 p.
WEIL, Prosper (1993) Geographic Considerations in Maritime Delimitation, p. 115- 130, *In* Charney, J.I. *et al.*, eds., *International Maritime Boundaries*, vol. 1.
WEIL, Prosper (1988) *Perspectives du droit de la délimitation maritime*, Paris, Pedone, 319 p.
WESTERMAN, G.S. (1987) *The Juridical Bay,* New York, OUP, 290 p.
WRIGHT, Glen, CREMERS, Klaudija and ROCHETTE, Julien (2023) Commentary - A High Seas Treaty on the Horizon: Progress and Prospects for the Intergovernmental Conference, *Ocean Yearbook*, vol. 37, issue 1, p. 30-36.
YEE, Sienho (2023) Between the "Standard Methodology" in Delimitation Dispute Settlement and the UNCLOS: Some 40th Anniversary Reflections, *CJIL*, vol. 22, issue 1, p.1-9.
YOSHIFUMI, Tanaka (2023) *The International Law of the Sea*, 45th ed., Cambridge, CUP, 650 p.

*Opere e articoli specifici sull'Africa*

ACHOUR, Y.B. (1983) L'affaire du plateau continental tuniso-libyen, *JDI*, vol. 110, p. 247.
AJIBOLA, B.A. (2000) Africa and the International Court of Justice, *in Liber Amicorum "In Memoriam" of Judge José María Ruda*, The Hague, Kluwer Law International, 672 p.
AKINJIDE, Richard and ELIAS, T.O. (1988) *Africa and the Development of International Law*, Leiden and Boston, Martinus Nijhoff, 316 p.
AKINTOBA, Tayo O. (1996) *African States and Contemporary International Law. A Case Study of the 1982 Law of the Sea Convention and the Exclusive Economic Zone*, The Hague, Kluwer Law International, 181 p.
ALLOTT, A. (1969) Boundaries and the Law in Africa, *in* WIDSTRAND, C.G., ed., *African Boundary Problems*, Uppsala, Almqvist.
ALLOTT, A. (1975) Boundaries in Africa: A Legal and Historical Survey, *in* MENSAH-BROWN, A.K., ed., *African International Legal History*, New York, UN Institute, p. 69-86.
ANTUNES, Nuno (2000) The Pending Maritime Delimitation in the Cameroon v Nigeria Case: A Piece in the Jigsaw Puzzle of the Gulf of Guinea, *IJMCL*, vol. 15, issue 2, p. 163-192.
ARGENT, Pierre d'(2002) Des frontières et des peuples: l'affaire de la frontière terrestre et maritime entre le Cameroun et le Nigeria (arrêt sur le fond), *AFDI*, vol. 48, p. 281-321.
ARYEETEY-ATTOH, Samuel, ed. (2003) *Geography of Sub-Saharan Africa*, 25nd edition, Upper Saddle River, Pearson Education, 460 p.
AQUARONE, M.C. (1995) The 1985 Guinea-Guinea-Bissau Maritime Boundary Case and its Implications, *ODIL*, vol. 26, issue 4, p. 413-431.
BARATI, H. (1999) Frontière terrestre et maritime (Cameroun c. Nigeria).

Exceptions préliminaires, interprétation, intervention, *AFDI*, vol. 45, p. 371-412.
ASIWAJU, A.I. (1998) The Bakassi Peninsula Crisis: An Alternative to War and Litigation, *in* BLAKE, Gerald *et al.*, eds., *Boundaries and Energy: Problems and Prospects*, The Hague, Kluwer Law International, 592 p.
ASIWAJU, A.I. (2000) Fragmentation or Integration: What Future for African Boundaries ?, *in* PRATT, Martin and ALLISON-BROWN, Janet, eds., *Borderlands Under Stress*, coll.: International Boundary Studies, vol. 4, The Haguc, Kluwer Law International, 480 p.
BECKER-WEINBERG, Vasco (2021) Two Key Ocean Governance Challenges for Sao Tome and Principe, *AfrJIL*, vol. 29, issue 3, p. 400-417.
BEDJAOUI, M. (1972) Le règlement pacifique des différends africains, *AFDI*, vol. 48, p. 85-89.
BEKKER, Peter H.F. (1998) Land and Maritime Boundary between Cameroon and Nigeria 11.06.1998, *AJIL*, vol. 92, issue 4, p. 751-755.
BEKKER, Peter H.F. (2003) Land and Maritime Boundary between Cameroon and Nigeria (Cameroon v. Nigeria: Equatorial Guinea Intervening), *AJIL*, vol. 97, issue 2, p. 387-397.
BEKONG, Njinkeng Julius (1997) International Dispute Settlement: Land and Maritime Boundary between Cameroon and Nigeria - Origin of the Dispute and Provisional Measures, *AfrJIL*, vol. 9, p. 287-310.
BENNEH MENSAH, George (2023) Maritime Law: International Treaties, UNCLOS Principles, and Ghanaian-Ivorian Petroleum Dispute, *IJFMR*, vol. 5, issue 6.
BERMEJO, R. (1988) Les principes équitables et les délimitations des zones maritimes: Analyse des Affaires Tunisie/Jamahiriya Arabe libyenne et du golfe du Maine, *ALHDI,* vol. 1, p. 59.
BOLLECKER, Brigitte (1971) L'avis consultatif du 21 juin 1971 dans l'affaire de la Namibie (Sud-Ouest africain), *AFDI*, vol. 17, p. 281-333.
BROWN, E.D. (1983) The Tunisia-Libya Case: A Missed Opportunity, *MP*, vol. 7, issue 3, p. 142-162.
BROWNLIE, Ian (1979) *African Boundaries. A Legal and Diplomatic Encyclopaedia*, London and Los Angeles, C. Hurst & Company et University of California Press.
CHIRCOP, A. and GAULT, I.T. (1985-86) Boundary Making in a Semi-Enclosed Sea: The Libya-Malta Continental Shelf Case, *OGLTR*, vol. 10, p. 225.
CHRISTIE, D.R. (1983) From the Shore of Ras Kaboudia to the Shores of Tripoli: The Tunisia-Libya Continental Shelf Boundary Delimitation, *GJICL*, vol. 13, p. 1.
COMMISSION DE L'UNION AFRICAINE (2013) *Délimitation et Démarcation des Frontières en Afrique. Considérations Générales et Études de Cas*, Addis-Abeba, 318 p.
CORMIER-SALEM, Marie-Christine et DAHOU, Tarik (2009) La politique des espaces maritimes en Afrique. Louvoyer entre local et global, *Politique africaine*, vol. 116, n° 4, p. 5-22.
DJIENA WEMBOU, Micbel-Cyr (1993) L'Afrique et le droit international de la mer, *AAfrDI*, vol. 1, issue 1, p. 147-149.
DANIEL, T. (2000) African Boundaries: New Order, Historic Tensions, *in* PRATT, Martin and ALLISON-BROWN, Janet, eds., *Borderlands Under Stress*,

coll.: International Boundary Studies, vol. 4, The Hague, Kluwer Law International, 480 p.
DAVID, Éric (1985) La sentence arbitrale du 14 février 1985 sur la délimitation de la frontière maritime Guinée-Guinée-Bissau, *AFDI*, vol. 31, p. 350-389.
DECAUX, E. (1986) L'arrêt de la Chambre de la Cour Internationale de Justice dans l'affaire du différend frontalier (Burkina Faso/République du Mali) (arrêt du 22 décembre 1986), *AFDI*, vol. 32, p. 215-238.
DENG, F.M. and ZARTMAN, I.W. (1991) *Conflict Resolution in Africa*, Washington, The Brookings Institute.
DIAITÉ, Ibon (1995) Le règlement du contentieux entre la Guinée-Bissau et le Sénégal relatif à la délimitation de leur frontière maritime, *AFDI*, v. 41, p. 700- 710.
DJAZIRI, Scheyma (2018) La délimitation des fonds marins entre la Tunisie et l'Italie: point de vue tunisien, *ADM*, tome 23, p. 93-116.
DIRDEIRY, Ahmed (2019) Between Intangibility and *Uti Possidetis:* The Debate on Title to Territory in Africa, *AAfrDI*, vol. 24, issue 1, p. 173-217.
DZUREK, Daniel J. (1999) Gulf of Guinea Boundary Disputes, *BSB*, vol. 7, n° 1, p. 98-104.
EGEDE, Edwin (2023) UNCLOS 82: Africa's contributions to the development of modern law of the sea 40 years later, *MP*, vol. 148.
EGEDE, Edwin (2009) African States and Participation in Deep Seabed Mining: Problems and Prospects, *IJMCL*, vol. 24, issue 4, p. 683-712.
ELIAS, Olufemi, and LIM, Chin (1999) Casenote: The Right of Passage Doctrine Revisited: An Opportunity Missed 11.06.1998 (Cameroon / Nigeria), *LJIL*, vol. 12, p. 231-245.
ELIAS, T.O. (1989) The Role of the International Court of Justice in Africa, *RADIC*, vol. 1, p. 1-12.
EVANS, M.D. (1995) Case Concerning the Territorial Dispute (Libyan Arab Jamahiriya/Chad), *ICLQ*, vol. 44, p. 683-690.
FELDMAN, M.B. (1983) The Tunisia-Libya Continental Shelf Case: Geographic Justice or Judicial Compromise?, *AJIL*, vol. 77, p. 219-238.
FISH, J. (1988) Africa as Terra Nullius: The Berlin Conference and International Law, *in* FORSTER, S. *et al.*, eds., *Bismark, Europe, and Africa*, Oxford, OUP, p. 347-375.
FLORY, Maurice (1975) L'avis de la Cour internationale de justice sur le Sahara occidental (16 octobre 1975), *AFDI*, vol. 21, p. 253.
FOUCHER, Michel (2021) L'Afrique et ses frontières, *Diplomatie*, numéro 109, p. 58-61.
FOUCHER, Michel (2014) *Frontières d'Afrique. Pour en finir avec un mythe*, Paris, Éditions CNRS, 64 p.
FRANCK, T.M. (1976) The Stealing of the Sahara, *AJIL*, v. 70, n. 4, p. 694- 721.
GALLEY, Kossi (1998) *Les règlements juridictionnels des différends territoriaux en Afrique*, thèse de doctorat déposée à l'Université Toulouse I.
GANN, L.H. and DUIGNAN, P., eds. (1978) *Colonialism in Africa 1870-1960*, Cambridge, CUP.
GAO, Jianjun (2023) Delimitation of the Extended Continental Shelf in *Somalia v. Kenya* in the ICJ: A Critique, *CJIL*, vol. 22, issue 1, p. 77-101.
GARCIA, Thierry (1996) Les mesures conservatoires rendues par la C.I.J. le 15 mars 1996 dans l'affaire du différend frontalier entre le Cameroun et le Nigeria,

*AFDI*, vol. 42, p. 409-427.

GAVER, Craig D. (2021) Dispute Concerning Delimitation of the Maritime Boundary Between Mauritius and Maldives in the Indian Ocean (Mauritius/Maldives) *AJIL*, vol. 115, issue 3, p. 519-526.

GAYIM, E. (1995) The Eritrean Question: Self-determination and State Interests, *GYIL*, vol. 38, p. 439.

GESLIN, Jean-Dominique (2003) L'île de toutes les convoitises, *Jeune Afrique/L'Intelligent*, n° 2222-2223, p. 98-99.

GHERARI, H. (1984) Un problème d'actualité: la délimitation du plateau continental tuniso-libyen, *Le Mois en Afrique*, p. 39-58.

GHERARI, H. (1985) Les frontières maritimes des États africains, *Le Mois en Afrique*, p. 32.

GLASSNER, Martin and FAHRER, Chuck (2004) *Political Geography*, 35rd edition, Hoboken, NJ, Wiley, 619 p.

GOY, Raymond (1991) L'indépendance de la Namibie, *AFDI*, vol. 37, p. 387-405. GRIFFITHS, Ieuan (1986) The Scramble for Africa: Inherited Political Boundaries, *GJ*, vol. 152, n° 2, p. 204-216.

GRIGGS, R.A. (2000) Designing Boundaries for a Continent: the Geopolitics of an African Renaissance, *in* PRATT, Martin and ALLISON-BROWN, Janet, eds., *Borderlands Under Stress*, coll.: International Boundary Studies, vol. 4, The Hague, Kluwer Law International, 480 p.

GROVOGUI, S. (1996) *Sovereigns, Quasi-Sovereigns and Africans: Race and Self- determination in International Law*, Minneapolis, University of Minnesota Press, 282 p.

GUILHAUDIS, J.F. (1979) Remarques à propos des récents conflits territoriaux entre États africains, *AFDI*, vol. 57, p. 223-243.

HERMAN, L.L. (1984) The Court Giventh and the Court Taketh Away: An Analysis of the Tunisia-Libya Continental Shelf Case, *ICLQ*, vol. 33, issue 4, p. 825-858.

HODGSON, D.C. (1984) The Tuniso-Libyan Continental Shelf Case, *CWRJIL*, vol. 16, issue 1, p. 1-37.

IBRU (2021) *ICJ Rules on Kenya Somalia Maritime Dispute*, 15 October, Durham University: https://www.dur.ac.uk/research/institutes-and-centres/ibru-borders-research/news-and-events/boundary-news/kenya-somalia-maritime-dispute-icj- decision/.

JAMAL, Sarah (2019) L'analyse de la décolonisation de Maurice sous l'angle du droit à l'autodétermination: entre apports et insuffisances (*Cour internationale de Justice, Effets juridiques de la séparation de l'archipel des Chagos de Maurice en 1965, avis consultatif, 25 février 2019*), *AFDI*, vol. 65, p. 137-158.

JIA, Wang (2023) Nigeria-Sao Tome and Principe Joint Development of Petroleum and Other Resources, *CJIL*, vol. 22, issue 1, p. 133-140.

JOHNSON, Constance (2000) Current Legal Development: International Court of Justice. Case Concerning Kasikili / Sedudu Island (Botswana/Namibia), *IJMCL*, vol. 15, issue 4, p. 581-599.

KABRE, Rimdolmsom Jonathan (2022) La défense des intérêts étatiques africains dans le cadre de la procédure de prompte mainlevée, *ADMO*, tome 40, Université de Nantes.

KACZYNSKI, Vlad M. and FLUHARTY, David L. (2002) European policies in

West Africa: who benefits from fisheries agreements?, *MP*, v. 26, n. 2, p. 75-93.
KAMGA, Maurice K. (2006) *Délimitation maritime sur la côte atlantique africaine*, coll.: Droit international, Bruxelles, Bruylant, 317 p.
KAMTO, Maurice (1990) L'accession de la Namibie à l'indépendance, *RGDIP*, vol. 94, n° 3, p. 577-634.
KAMTO, Maurice (1997) Le contentieux de la frontière maritime entre la Guinée- Bissau et le Sénégal, *RGDIP*, vol. 101, n° 3 p. 695-735.
KIM, Hyun Jung (2017) *Différend relatif à la délimitation de la frontière maritime entre le Ghana et la Côte d'Ivoire dans l'Océan atlantique* – Arrêt de la chambre spéciale du TIDM du 23 septembre 2017, *AFDI*, vol. 63, p. 217-235.
KINGUE, N. (1987) La sentence du 14 février 1985 du tribunal d'arbitrage dans l'affaire de la délimitation de la frontière maritime entre la Guinée et la Guinée-Bissau, *RGDIP*, vol. 91, p. 45.
KOHEN, M.G. (1995) Le règlement des différends territoriaux à la lumière de l'arrêt de la C.I.J. dans l'affaire Libye/Tchad, *RGDIP*, vol. 99, n° 2, p. 301-333.
KOHEN, M.G. (2000) *Uti possidetis*, prescription et pratique subséquente à un traité dans l'affaire de l'Île de Kasikili/Sedudu devant la Cour internationale de Justice, *GYIL*, vol. 43, p. 253-275
KONARÉ, Alpha Oumar (2004) La sécurité: priorité de l'Union africaine, *GA/AG*, n° 13, hiver 2004.
KORINMAN, Michel (1986) Le congrès de Berlin, exercices de géopolitique, *Hérodote*, n° 41, p. 76-90.
KOROMA, Abdul G. (2002) Provisional Measures in Disputes Between African States Before the International Court of Justice, *in* BOISSON DE CHAZOURNES, Laurence de, and GOWLLAND-DEBBAS, Vera, eds., *The International Legal System in Quest of Equity and Universality*, Kluwer, 864 p.
KOSKENNIEMI, M. (1994) L'affaire du différend territorial Tchad/Libye (arrêt de la Cour internationale de Justice du 3 février 1994), *AFDI*, vol. 40, p. 442-464.
KOUROUMA, Oumar et YAOSSEH AMEHOMEGNA, Parfait (2022) L'état de droit comme norme de civilité internationale: formulation historique et déploiement en Afrique, *RQDI*, vol. 35, numéro 1, p. 91-108.
KWIATKOWSKA, B. (1995) A Regional Approach Towards the Management of Marine Activities: Some Reflections on the African Perspectives, *ZA*, vol. 55, issue 2, p. 479-513.
KWIATKOWSKA, B. (1999) Cameroon v. Nigeria and Maritime Boundary (preliminary objections): Judgment of 11 June 1998, *HYBIL*, p. 15-41.
LABRECQUE, Georges (1984) *Conditions d'existence et reconnaissance internationale d'un nouvel État: le cas de la République arabe sahraouie démocratique*, mémoire de baccalauréat déposé au Département de géographie de l'Université Laval, Québec, 99 p. (non publié).
LABRECQUE, Georges (2005) *Les différends territoriaux en Afrique. Règlement juridictionnel*, coll.: Logiques juridiques, Paris, L'Harmattan, 482 p.
LACOSTE, Yves (2003) Géopolitique des tragédies africaines, *Hérodote*, n° 111, p. 3-9.
LATHROP, Coalter G., ed. (2021) Report Number 6-22(2) Mauritius-Seychelles, in *International Maritime Boundaries Online*, Leiden, Brill.
LATHROP, Coalter G., ed. (2020) Report Number 8-16 Algeria-Tunisia, in *International Maritime Boundaries Online*, Leiden, Brill.

LATHROP, Coalter G., ed. (2020) Report Number 8-24 Libya-Turkey, in *International Maritime Boundaries Online*, Leiden, Brill. LATHROP, Coalter G., ed. (2018) Report Number 4-18 Ghana-Ivory Coast, in *International Maritime Boundaries Online*, Leiden, Brill.
LATHROP, Coalter G., ed. (2015), Report Number 4-17 Kenya-Somalia, in *International Maritime Boundaries Online*, Leiden, Brill.
LATHROP, Coalter G., ed. (2015), Report Number 4-18 Ghana-Ivory Coast, in *International Maritime Boundaries Online*, Leiden, Brill.
LATHROP, Coalter G., ed. (2014), Report Number 4-5(2) Kenya-Tanzania, in *International Maritime Boundaries Online*, Leiden, Brill.
LATHROP, Coalter G., ed. (2013), Report Numbers 6-26 and 27 Comoros-Mozambique, in *International Maritime Boundaries Online*, Leiden, Brill.
LATHROP, Coalter G., ed. (2013), Report Numbers 6-28 and 29 Comoros-Seychelles, in *International Maritime Boundaries Online*, Leiden, Brill.
LATHROP, Coalter G., ed. (2013), Report Number 6-30 Comoros-Tanzania, in *International Maritime Boundaries Online*, Leiden, Brill.
LE GOURIELLEC, Sonia (2022) *Géopolitique de l'Afrique*, coll.: Que sais-je ?, Paris, PUF, 128 p.
MALUWA, Tiyanjana (1989) The Peaceful Settlement of Disputes among African States, 1963-1983: Some Conceptual Issues and Practical Trends, *ICLQ*, vol. 38, p. 299-321.
MALUWA, Tiyanjana (1999) *International Law in Post-Colonial Africa*, Leiden and Boston, Martinus Nijhoff, 352 p.
MARGHÉLIS, Aris (2021) Les délimitations maritimes Turquie – Gouvernement d'entente nationale Libyen et Grèce-Égypte dans leur contexte régional, *ADMO,* tome 39, Université de Nantes.
MCCREATH, Millicent and SCANLON, Zoe (2019) The Dispute Concerning the Delimitation of the Maritime Boundary Between Ghana and Côte d'Ivoire: Implications for the Law of the Sea, *ODIL*, vol. 50, issue 1, p. 1-22.
McDORMAN, Ted L. (1987) The Libya-Malta Case: Opposite States Confront the Court, *CYIL*, vol. 24, p. 335-367.
McGINLEY, G.P. (1985) Intervention in the International Court: The Libya-Malta Continental Shelf Case, *ICLQ*, vol. 43, p. 671.
McLLARKY, K.A. (1987) Guinea-Guinea-Bissau: Dispute Concerning Delimitation of the Maritime Boundary, *MDJILT*, vol. 11, p. 93.
MERRILLS, J.G. (1997) The Land and Maritime Boundary Case, Order of 15 March 1996 Cameroon v. Nigeria*, ICLQ*, vol. 46, issue 3, p. 676-681.
MERRILLS, J.G. and EVANS, Malcolm D. (2000) The Land and Maritime Boundary Case - The Intervention by Equatorial Guinea 21.10.1999 (Cameroon/Nigeria*), ICLQ*, vol. 49, issue 3, p. 720-723.
MERRILLS, J.G. and EVANS, Malcolm D. (1999) The Land and Maritime Boundary Case 11.06.1998 (Cameroon/Nigeria), *ICLQ*, vol. 48, issue 3, p. 651-658.
MESSIGA, Kokougan (2022) Quelle gouvernance pour une exploitation durable des ressources marines en Afrique?, *ADMO*, tome 40.
METOU, Miranda (2014) Faute d'accord, le Ghana et la Côte d'Ivoire décident de confier la délimitation de leurs frontières maritimes à un tribunal arbitral, *Sentinelle*, bulletin 406, 12 avril.
MORIN, Michel (2022) La gestion de la pêche en Afrique de l'Ouest: l'exemple

des sardinelles, *ADMO,* tome 40.
MOUNDOUNGA MOUITY, Patrice, Étatisation, conflits frontaliers et délimitations des frontières maritimes: l'Afrique centrale comme espace de perturbation géopolitique, *Cahiers de science politique,* numéro 35, Université de Liège.
MOYA CARRERA, Pamela (2020) *Différend entre le Kenya et la Somalie: des frontières maritimes toujours problématiques*, Université de Sherbrooke, Sherbrooke.
MREMA, E. (1990) *Africa and its Maritime Boundaries: A Study of Maritime Boundary Delimitation Problems in Africa*, mémoire de maîtrise, Dalhousie University, Halifax.
MUBIALA, M. (1994) La contribution des États africains à la renaissance de la Cour internationale de justice, *AAfrDI*, vol. 2, p. 93.
MUBIALA, M. (1995*) L'évolution du droit des cours d'eau internationaux à la lumière de l'expérience africaine, notamment dans le bassin du Congo/Zaïre*, Paris, PUF, 176 p.
MUYAMBI DHENA (2021) *Relations internationales africaines à l'aune du droit international*, coll.: Géopolitique mondiale, Paris, L'Harmattan, 210 p.
NALDI, Gino J. (1987) The Case Concerning the Frontier Dispute (Burkina Faso/Republic of Mali): *Uti Possidetis* in an African Perspective, *ICLQ*, vol. 36, p. 893-903.
NALDI, Gino J. (1995) Case concerning the Territorial Dispute Libyan Arab Jamahiriya / Chad, *ICLQ*, vol. 44, issue 3, p. 683-690.
NDJAMBOU, Léandre Edgard *et als* (2019) Gestion des espaces maritimes et enjeux halieutiques en Afrique centrale: le cas du Gabon, *L'Espace politique*, vol. 39, numéro 3: https://doi.org/10.4000/espacepolitique.7668.
N'GOUAH-BEAUD Paul (2000) Les accords de délimitation des espaces maritimes africains, leur partage et leurs typologies: vers une reconnaissance internationale, *Présence africaine*, numéros 161-162, p. 104-142.
NOUDJENOUME, Philippe, dir. (2004) *Les frontières maritimes du Bénin*, Paris, L'Harmattan, 152 p.
NUGENT, P. and ASIWAJU, A.I., eds. (1996) *African Boundaries: Barriers, Conduits and Opportunities*, London, Pinter.
ODUNTAN, Gbenga (2015) *International Law and Boundary Disputes in Africa*, Routledge, London, 428 p.
OKAFOR-YARWOOD, Ifesinachi (2015) The Guinea-Bissau-Senegal maritime boundary dispute, *MP,* vol. 61, November, p. 284-290.
OKONKWO, Theodore (2017) Maritime Boundaries Delimitation and Dispute Resolution in Africa, *Beijing Law Review*, vol. 8, issue 1, p. 55-78.
OWONA MFEGUE, Koura Félicité (2019) *Le différend forntalier Camerun-Nigeria. Apport de la décision de la Cour internationale de Justice à l'exécution de ses décisions,* coll.: Justice internationale, Paris, L'Harmattan, 534 p.
PALCHETTI, Paolo (2003) La protection des intérêts d'États tiers par la Cour internationale de justice: l'affaire de la Délimitation de la frontière terrestre et maritime entre le Cameroun et le Nigéria, *RGDIP*, vol. 107, n° 4, p. 865-884.
PEIRIS, Nuwan (2018) Ghana v. Ivory Coast, *AJIL*, vol. 112, issue 1, p. 88-93.
POURTIER, Roland (1986) Les géographes et le partage de l'Afrique, *Hérodote*, n° 41, p. 91-108.
POURTIER, Roland *et al.* (2022) *Géopolitique de l'Afrique et du Moyen-Orient*, Paris, Nathan, 479 p.

QUÉNEUDEC, J.P. (1970) Remarques sur le règlement des conflits frontaliers en Afrique, *RGDIP*, vol. 74, n° 1, p. 69-77.
QUÉNEUDEC, J.P. (1982) Note sur l'arrêt de la Cour internationale de Justice relatif à la délimitation du plateau continental entre la Tunisie et la Libye, *AFDI*, vol. 28, p. 202.
QUÉNEUDEC, J.P. (1989) L'arbitrage relatif à la détermination de la frontière maritime entre la Guinée-Bissau et le Sénégal, *AFDI*, vol. 35, p. 325-338.
RAMUTSINDELA, Maano (1999) African boundaries and their interpreters, *Geopolitics*, vol. 4, n° 2, p. 180-198.
RANJEVA, Raymond (2002) Nouveaux aspects du droit des frontières en Afrique à la lumière de la jurisprudence de la Cour internationale de Justice, *in* BOISSON DE CHAZOURNES, Laurence de, et GOWLLAND-DEBBAS, Vera, éds., *The International Legal System in Quest of Equity and Universality*, Kluwer, 864 p.
REMBE, N.S. (1980) *Africa and the International Law of the Sea. A Study of the Contribution of the African States to the Third United Nations Conference on the Law of the Sea*, Series: POD, vol. 6, Brill, 251 p.
ROBIN, Denys-Sacha (2019) La zone maritime disputée entre la France et Maurice autour du récif de Tromelin, *AFDI*, vol. 65, p. 579-600.
SALL, Alioune (1997) Actualité des conflits frontaliers en Afrique: l'ordonnance du 15 mars 1996 rendue par la Cour internationale de Justice dans le différend frontalier entre le Cameroun et le Nigéria, *AfrJIL,* vol. 9, p. 183.
SHAW, M. (1978) The *Western Sahara* Case, *BYIL*, vol. 49, p. 119. SHAW, M. (1983) Dispute Settlement in Africa, *YWA*, p. 149.
SHAW, M. (1986) *Title to territory in Africa: International legal issues*, Oxford, Clarendon Press, 428 p.
SHAW, M. (2000) Case Concerning Kasikili/Sedudu Island (Botswana/Namibia), *ICLQ*, vol. 49, issue 4, p. 964.
SHAW, M. (2016) Self-determination, *Uti Possidetis* and Boundary Disputes in Africa, p. 99-126, in CHENG, Chia-Jui, ed., *A New International Legal Order,* Series: Collected Courses of the Xiamen Academy of International Law, vol. 8, Leiden, Brill.
SHOLANKE, O.O. (1993) Delimiting the Territorial Sea Between Nigeria and Cameroon; A Rational Approach, *ICLQ*, vol. 42, p. 398.
SMITH, Jeffrey (2019) International Law and Western Sahara's Maritime Area, *ODIL*, vol. 50, issues 2-3, p. 117-140.
SOUDAN, F. et GHARBI, S. (2004) ONU: le gâchis saharien, *Jeune Afrique/L'Intelligent*, n° 2249, p. 75-77.
STOCK, Robert (2004) *Africa South of the Sahara: A Geographical Interpretation*, second ed., New York, Guilford Press, 490 p.
SURBUN, Vishal (2021) *Le concept de zone maritime exclusive combinée de l'Afrique*, Institut d'études de sécurité, Dakar, 20 p.
TANJA, G.J. (1991) The Contribution of West African States to the Legal Development of Maritime Delimitation Law, *LJIL*, vol. 4, issue 1, p. 21-46.
THOMAS, L. (1986) Law of the Sea: Delimitation of the Libya-Malta Continental Shelf, *HILJ*, vol. 27, p. 304.
TIAN, Shichen (2023) The Joint Development Agreement between Senegal and Guinea-Bissau: A Summary and Brief Analysis, *CJIL*, vol. 22, issue 1, p. 141- 148.

UERPMANN-WITTZACK, Robert (2023) *Armed Activities on the Territory of the Congo Cases*, MPEPIL, Heidelberg.
UNDERWOOD, Peter C. (1988) Ocean Boundaries and Resources Development in West Africa, p. 229-267 *in* JOHNSTON, Douglas M. and SAUNDERS, Phillip M., eds., *Ocean Boundary-Making: Regional Issues and Developments*, London and New York, Croom Helm, 356 p.
UNION AFRICAINE (2016) *Résolution des conflits frontaliers en Afrique. Guide de l'utilisateur*, Commission de l'Union africaine, Addis-Abeba, 87 p.
UNION AFRICAINE (2012) *Stratégie Africaine intégrée pour les mers et les océans – Horizon 2050 (Stratégie AIM 2050).*
USDS (1961) *IBS: Morocco-Western Sahara (Spanish Sahara) Boundary,* n° 9, p. 1-4.
USDS (1972) *IBS: Tunisia-Libya Boundary*, n° 121, p. 1-6. USDS (1973) *IBS: Benin-Niger Boundary*, n° 140, p. 1-2.
USCS (1974) *IBS: Guinea-Bissau-Senegal Boundary*, n° 141, p. 1-12. USDS (1974) *IBS: Guinea-Guinea-Bissau Boundary,* n° 142, p. 1-10. USDS (1974) *IBS: Nigeria-Cameroon Boundary*, n° 92 (revised), p. 1-22.
USDS (1976) *LS: Territorial Sea and Continental Shelf Boundary: Guinea-Bissau- Senegal*, n° 68, p. 1-6.
USDS (1978) *IBS: Chad-Libya Boundary*, n° 3 (revised), p. 1-6.
USDS (1983) *LS: Sao Tome and Principe Archipelagic Straight Baselines,* n° 98, p. 1-9.
USDS (2014) *LS: Seychelles' Maritime Claims and Boundarie,* n° 132, p. 1-29.
USDS (2014) *LS: Cabo Verde: Archipelagic and other Maritime Claims and Boundaries*, n° 129, p. 1-16.
USDS (2014) *LS: Comoros: Archipelagic and other Maritime Claims and Boundaries*, n° 134, p. 1-14.
USDS (2014) *LS: Mauritius: Archipelagic and other Maritime Claims and Boundaries*, n° 140, p. 1-27.
WECKEL, Philippe (2003) Chronique de jurisprudence internationale. Cour internationale de justice. Arrêt du 10 octobre 2002 (Fond). Frontière terrestre et maritime (Cameroun c. Nigeria), *RGDIP*, vol. 107, n° 1, p. 161-175.
WECKEL, Philippe, dir. (2000) Chronique de jurisprudence internationale. Cour permanente d'arbitrage. Sentence du 17 décembre 1999, *RGDIP*, vol. 104, n° 2, p. 511-514.
WECKEL, Philippe, dir. (2002-03) Chronique de jurisprudence internationale. Cour permanente d'arbitrage. Commission du tracé de la frontière Érythrée-Éthiopie.
Décision du 13 avril 2002 relative à la délimitation de la frontière, *RGDIP*, vol. 106, n° 3, p. 695-707.
WEMBOU, D. (1993) L'Afrique et le droit international de la mer, *AAfrDI*, vol. 1, p. 147-179.
YACOUBA, Cissé (2001) *Droit des espaces maritimes et enjeux africains*, Montréal, Wilson & Lafleur, 310 p.
YOSHIFUMI, Tanaka (2001) Reflections on the Eritrea/Yemen Arbitration of 17 December 1999 (Second Phase: Maritime Delimitation), *NILR*, vol. 47, issue 2, p. 197-225.

*Accordi*

Abu Dhabi/Qatar (20 mars 1969) Agreement between Qatar and Abu Dhabi on the settlement of maritime boundaries and ownership of islands. MSMZMD.
Algérie/Tunisie (11 février 2002) Accord portant arrangements provisoires relatifs à la délimitation de la frontière maritime entre la République tunisienne et la République algérienne démocratique et populaire. *RTNU*, vol. 2238.
Allemagne/Grande-Bretagne (11 mars 1913) Accord entre la Grande-Bretagne et l'Allemagne concernant la frontière entre le Nigeria et le Cameroun, de Yola à la mer. *Frontière terrestre et maritime entre le Cameroun et le Nigeria,* arrêt, C.I.J. Recueil 2002, p. 330-334.
Allemagne/Grande-Bretagne (12 avril 1913) Accord entre la Grande-Bretagne et l'Allemagne relatif à la démarcation de la frontière, entre Yola et la rivière Cross. *Idem.*
Allemagne/Grande-Bretagne (15 novembre 1893) Accord concernant la frontière entre la Grande-Bretagne et l'Allemagne. *Idem.*
Angola/Namibie (4 juin 2002) Accord on the delimitation of the maritime border between Angola and Namibia. MSMZMD.
Arabie Saoudite/Égypte (8 avril 2016) Accord de délimitation maritime entre le Royaume d'Arabie Saoudite et la République arabe égyptienne. *RTNU,* No. 54577.
Arabie Saoudite/Iran (24 octobre 1968) Agreement between Sudan and Saudi Arabia relating to the Joint Exploitation of the Natural Resources of the Sea-Bed and Sub-Soil of the Red Sea in the Common Zone. MSMZMD.
Arabie Saoudite/Iran (24 octobre 1968) Agreement concerning the sovereignty over the islands of Al-Arabiyah and Farsi and the delimitation of the boundary line separating submarine areas between the Kingdom of Saudi Arabia and Iran. *Idem.*
Arabie Saoudite/Soudan (16 mars 1974) Accord entre le gouvernement de la République démocratique du Soudan et le gouvernement du Royaume d'Arabie Saoudite relatif à l'exploitation conjointe de ressources naturelles du fond et du sous-sol de la mer Rouge dans la zone commune. *RTNU*, vol. 952,1.
Cameroun/Nigeria (premier juin 1975) Déclaration de Maroua. *Frontière terrestre et maritime entre le Cameroun et le Nigeria,* arrêt, C.I.J. Recueil 2002, p. 330-334, par. 31-38.
Canada/Danemark (17 décembre 1973) Accord entre le Gouvernement du Royaume du Danemark et le Gouvernement du Canada relatif à la délimitation du plateau continental entre le Groenland et le Canada, Nations Unies (1989) *Le droit de la mer. Les accords de délimitation des frontières maritimes (1970-1984).*
Chypre/Égypte (17 février 2003) Agreement between the Republic of Cyprus and the Arab Republic of Egypt on the Delimitation of the Exclusive Economic Zone. MSMZMD.
Comores/Mozambique (5 décembre 2011) Agreement on the Delimitation of the Maritime Boundary between the Republic of Mozambique and the Union of the Comoros. USDS (1970-2014) *LS,* issue 134, p. 4-6.
Danemark/Norvège (18 décembre 1995) Agreement between the Kingdom of Denmark and the Kingdom of Norway concerning the delimitation of the conti-

nental shelf in the area between Jan Mayen and Greenland and concerning the boundary between the fishery zones in the area. *LSB,* n° 31, p. 59-61.
Danemark/Norvège (20 février 2006) Agreement between the Government of the Kingdom of Norway on the one hand, and the Government of the Kingdom of Denmark together with the Home Rule Government of Greenland on the other hand concerning the delimitation of the continental shelf and the fisheries zones in the area between Greenland and Svalbard. *UNTS,* vol. 2378. Dubai/Iran (31 août 1974) Offshore Boundary Agreement between Iran and Dubai. *LS*, issue 63, p. 1-4.
Égypte/Grèce (6 août 2020) Accord entre le Gouvernement de la République arabe d'Égypte et le Gouvernement de la République hellénique sur la délimitation de la zone économique exclusive entre les deux pays. Nations Unies (2022) *Droit de la mer*, bulletin numéro 105, p. 32-34.
Érythrée/Yémen (21 mai 1996) Agreement on Principles. https://pca-cpa.org/fr/cases/81/.
Estonie/Lettonie (12 juillet 1996) Agreement between the Republic of Estonia and the Republic of Latvia on the Maritime Delimitation in the Gulf of Riga, the Strait of Irbe and the Baltic Sea. (1997) *IJMCL*, vol. 12, issue 3, p. 372-374.
France/Grande-Bretagne (13 décembre 1946) Accords de tutelle des Nations Unies pour le Cameroun britannique et le Cameroun sous administration française. Université de Perpignan: https://mjp.univ-perp.fr/ constit/cm1946.htm.
France/Madagascar (14 avril 2005) Agreement between the Government of the French Republic and the Government of the Republic of Madagascar on the Delimitation of Maritime Areas situated between La Réunion and Madagascar. MSMZMD.
France/Seychelles (17 février 2001) Agreement between the Government of the French Republic and the Government of the Republic of Seychelles concerning the Delimitation of the Maritime Boundary of the Exclusive Economic Zone and Continental Shelf of France and of Seychelles. United Nations. *Idem.*
Gabon/Sao Tomé et Principe (26 avril 2001) Agreement on the Delimitation of the Maritime Border between the Gabonese Republic and the Democratic Republic of Sao Tome and Principe. *Idem.*
Gambie/Sénégal (4 juin 1975) Frontières maritimes: Gambie/Sénégal. Nations Unies (1992) *Les accords de délimitation des frontières maritimes (1970-1984),* p. 102-104.
Guinée-Bissau/Sénégal (14 octobre 1993) Management and cooperation agreement between the Government of the Republic of Senegal and the Government of the Republic of Guinea-Bissau. MSMZMD.
Italie/Tunisie (20 août 1971) Accord entre le Gouvernement de la République tunisienne et le Gouvernement de la République italienne relatif à la délimitation du plateau continental entre les deux pays. Nations Unies (1989) *Les accords de délimitation des frontières maritimes (1970-1984)*, p. 177-183.
Italie/Yougoslavie (8 janvier 1968) Agreement between Italy and Yugoslavia concerning the Delimitation of the Continental Shelf between the two Countries in the Adriatic Sea. MSMZMD.
Kenya/Tanzanie (23 juin 2009) Accord entre la République-Unie de Tanzanie et la République du Kenya sur la délimitation de la frontière maritime de la zone économique exclusive et du plateau continental. Nations Unies (2010) *Droit de la mer*, bulletin numéro 70, p. 53-57.

Libye/Malte (10 novembre 1986) Agreement between the Great Socialist People's Libyan Arab Jamahariya and the Republic of Malta implementing Article III of the Special Agreement and the Judgment of the International Court of Justice. MSMZMD.
Libye/Tunisie (8 août 1988) Agreement between the Libyan Arab Socialist People's Jamahiriya and the Republic of Tunisia to Implement the Judgment of the International Court of Justice in the Tunisia/Libya Continental Shelf Case. *Idem.*
Maurice/Seychelles (29 juillet 2008) Accord entre le Gouvernement de la République de Maurice et le Gouvernement de la République des Seychelles sur la délimitation de la zone économique exclusive entre les deux États. Nations Unies (2010) *Droit de la mer*, bulletin n° 69, p. 91-94.
Mozambique/Tanzanie (28 décembre 1988) Agreement between the Government of the United Republic of Tanzania and the Government of the People's Republic of Mozambique Regarding the Tanzania/Mozambique Boundary. Charney, J.I. and Alexander, L.M., eds. (1993) *op. cit.*, vol. 1, p. 898-902.
Seychelles/Tanzanie (23 janvier 2002) Agreement between the Government of the United Republic of Tanzania and the Government of the Republic of Seychelles on the Delimitation of the Maritime Boundary of the Exclusive Economic Zone and Continental Shelf. MSMZMD.

*Convenzioni*

Algérie/Maroc (15 juin 1972) Convention relative au tracé de la frontière d'État établie entre le Royaume du Maroc et la République algérienne démocratique et populaire. *RTNU*, vol. 2189.
Allemagne/France (18 avril 1908) Convention entre la France et l'Allemagne aux fins de confirmer le protocole du 9 avril 1908 définissant les frontières entre le Congo français et le Cameroun. *Cameroun c. Nigeria,* arrêt, C.I.J. Recueil 2002, p. 330-334, par. 31-38.
Allemagne/France (15 mars 1894) Convention concernant la délimitation des colonies du Congo français et du Cameroun et des sphères d'influence française et allemande dans la région du lac Tchad. *Ibidem.*
Allemagne/France (22 mai 1964) Convention portant création de la Commission du bassin du lac Tchad. *Idem.*
Espagne/France (27 juin 1900) Convention spéciale sur la délimitation des possessions françaises et espagnoles dans l'Afrique Occidentale, sur la Côte du Sahara et sur la Côte du Golfe de Guinée. *Gabon/Guinée Équatoriale*, C.I.J.: https://www.icj-cij.org/fr/affaire/179.
France/Grande-Bretagne (14 juin 1898) Convention concernant la délimitation de la frontière entre les possessions françaises et les britanniques à l'est du Niger. *Gabon/Guinée Équatoriale,* C.I.J.: https://www.icj-cij.org/fr/affaire/179.
France/Maurice (2 avril 1980) Convention sur la délimitation des zones économiques française et mauricienne entre l'île de la Réunion et l'île Maurice. *RTNU*, vol. 1257.
France/Portugal (12 mai 1886) Convention relative à la délimitation des possessions françaises et portugaises dans l'Afrique occidentale. R.S.A., vol. 19, p. 45.
France/Seychelles (19 février 2001) Convention entre le Gouvernement de la République française et le Gouvernement de la République des Seychelles rela-

tive à la délimitation de la frontière maritime de la zone économique exclusive et du plateau continental de la France et des Seychelles. *RTNU*, vol. 2162.
Gabon/Guinée Équatoriale (12 septembre 1974) Convention délimitant les frontières terrestres et maritimes de la Guinée équatoriale et du Gabon. *RTNU*, vol. 2248.
Maroc/Mauritanie (14 avril 1976) Convention relative au tracé de la frontière d'État établie entre la République islamique de Mauritanie et le Royaume du Maroc. *RTNU*, vol. 1035.

*Dichiarazioni*

Cameroun/Nigeria (14 août 1970) Déclaration de la Commission mixte sur les frontières (déclaration de Yaoundé I). *Frontière terrestre et maritime entre le Cameroun et le Nigeria,* arrêt, C.I.J. Recueil 2002, p. 330-334, par. 31-38.
Cameroun/Nigeria (4 avril 1971) Déclaration de Yaoundé II. *Idem.*
France-Grande-Bretagne (10 juillet 1919) Déclaration concernant les limites séparant les territoires sous mandats (Déclaration Milner-Simon). *Idem.*
France/Grande-Bretagne (31 janvier 1930) Déclaration Thompson-Marchand. *Idem.*

*Scambi di dati e di note*

Brésil/Uruguay (21 juillet 1972) Échange de notes constituant un accord entre l'Uruguay et le Brésil relatif à la démarcation définitive de l'embouchure de la rivière Chui et de la frontière maritime latérale. *RTNU*, vol. 1120.
France/Grande-Bretagne (9 janvier 1931) Échange de notes Henderson-Fleuriau. *Frontière terrestre et maritime entre le Cameroun et le Nigéria,* arrêt, C.I.J. Recueil 2002, p. 330-334, par. 31-38.
France/Portugal (26 avril 1960) Échange de notes entre la France et le Portugal concernant la frontière maritime entre le Sénégal et la Guinée portugaise. *Délimitation de la frontière maritime entre la Guinée-Bissau et le Sénégal*, sentence du 31 juillet 1989, R.S.A., vol. 20, p. 129, par. 20.
Kenya/Tanzanie (9 juillet 1976) Échange de données constituant un accord entre la République du Kenya et la République-Unie de Tanzanie relatif à la délimitation des eaux territoriales. *RTNU,* vol. 1039.

*Memorandum*

Kenya/Somalie (7 avril 2009) Mémorandum d'accord entre le Gouvernement de la République du Kenya et le Gouvernement fédéral de transition de la République de Somalie visant à s'assurer mutuellement de l'absence d'objection au sujet des demandes concernant les limites extérieures du plateau continental au-delà de 200 milles marins soumises à la Commission des limites du plateau continental. Nations Unies (2010) *Droit de la mer*, bulletin numéro 70, p. 54-55.
Libye/Turquie (27 novembre 2019) Mémorandum d'accord entre le Gouvernement de la République turque et le Gouvernement d'entente nationale de Libye sur la délimitation des zones de juridiction maritime en Méditerranée. Nations Unies (2022) *Droit de la mer*, bulletin numéro 104, p. 17-20.

*Protocolli*

Guinée Équatoriale/Nigeria (2 avril 2002) Protocol on implementation of article 6.2 of the Treaty between the Federal Republic of Nigeria and the Republic of Equatorial Guinea concerning their maritime boundary. MSMZMD.
Guinée-Bissau/Sénégal (1993) Protocol to the Agreement of 14 October 1993, concerning the organization and operation of the Management and Cooperation Agency. *Idem.*

*Trattati*

Afrique du Sud/Namibie (28 février 1994) Treaty between the Government of the Republic of South Africa and the Government of the Republic of Namibia with respect to Walvis Bay and the off-shore Islands. MSMZMD.
Arabie Saoudite/Yemen (12 juin 2000) International Border Treaty between the Republic of Yemen and the Kingdom of Saudi Arabia. *Idem.*
Argentine/Uruguay (19 novembre 1973) Traité concernant le Rio de la Plata et la frontière maritime y afférente. Nations Unies (1992) *Les accords de délimitation des frontières maritimes (1970-1984)*, p. 108-127.
Cap-Vert/Mauritanie (19 septembre 2003) Treaty on the Delimitation of the Maritime Frontier between the Islamic Republic of Mauritania and the Republic of Cape Verde. United Nations (2004), *Law of the Sea*, bulletin no. 55, p. 32-35.
Cap-Vert/Sénégal (17 février 1993) Traité sur la délimitation de la frontière maritime entre la République du Cap-Vert et la République du Sénégal. Nations Unies (1995) *Évolution récente de la pratique des États*, n° IV, p. 179-183.
Érythrée/Yemen (16 Octobre 1998) Treaty Establishing the Joint Yemeni-Eritrean Committee for Bilateral Cooperation between the Government of the Republic of Yemen and the Government of the State of Eritrea. MSMZMD.
Guinée équatoriale/Nigeria (23 septembre 2000) Treaty between Equatorial Guinea and Nigeria on joint exploration of crude oil, especially at the Zafiro-Ekanga Oil Field located at the maritime boundary of both countries. *Idem.*
Guinée équatoriale/Sao Tomé et Principe (26 juin 1999) Treaty Regarding the Delimitation of the Maritime Boundary between the Republic of Equatorial Guinea and the Democratic Republic of Sao Tome and Principe. IBRU (1999) *BSB*, Summer, p. 63-64.
Maroc/France (30 mars 1912) Traité *pour l'organisation du protectorat français dans l'Empire chérifien* (Traité de Fez). Université de Perpignan: https://mjp.univ-perp.fr/constit/ma1912.htm.
Maurice/Seychelles (13 mars 2012) Traité relatif à l'exercice conjoint des droits souverains sur le plateau continental de la région du plateau des Mascareignes entre le Gouvernement de la République de Maurice et le Gouvernement de la République des Seychelles. Nations Unies (2013) *Droit de la mer*, bulletin numéro 79, p. 28-41.
Maurice/Seychelles (13 mars 2012) Traité relatif à la gestion conjointe du plateau continental dans la région du plateau des Mascareignes entre le Gouvernement de la République de Maurice et le Gouvernement de la République des Seychelles. Nations Unies (2013) *Idem.*
Nigeria/Sao Tomé et Principe (21 février 2001) Treaty between the Federal

Republic of Nigeria and the Democratic Republic of Sao Tome and Principe on the Joint Development of Petroleum and other Resources, in respect of Areas of the Exclusive Economic Zone of the Two States. MSMZMD.

*Testi internazionali multilaterali*

*Atti*

(26 février 1885) Acte général de la conférence de Berlin pour régler la liberté du commerce dans les bassins du Congo et du Niger ainsi que les occupations nouvelles de territoires sur la côte occidentale d'Afrique. *Jus Mundi.*

*Carte*

(26 juin 1945) Charte des Nations Unies. C.I.J. (2021) *Actes et documents n. 7*, p. 2.

*Patti*

(28 juin 1919) Pacte de la Société des Nations. Nations Unies: https://www.ungeneva.org/fr/about/league-of-nations/covenant.
(16 décembre 1966) Pacte international relatif aux droits civils et politiques. *RTNU*, vol. 999.
(16 décembre 1966) Pacte international relatif aux droits économiques, sociaux et culturels. *RTNU*, vol. 993.

*Risoluzioni dell'Assemblea Generale delle Nazioni Unite*

(13 mars 1959) Résolution 1350 (XIII). *Avenir du Territoire sous tutelle du Cameroun sous administration du Royaume-Uni.*
(14 décembre 1960) Résolution 1514 (XV). *Déclaration sur l'octroi de l'indépendance aux pays et aux peuples coloniaux.*
(21 avril 1961) Résolution 1608 (XV). *Avenir du Territoire sous tutelle du Cameroun sous administration du Royaume-Uni.*
(20 décembre 1966) Résolution 2229 (XXI). *Question d'Ifni et du Sahara espagnol.*
(24 octobre 1970) Résolution 2625 (XXV). *Déclaration relative aux principes du droit international touchant les relations amicales et la coopération entre les États.*
(14 décembre 1973) Résolution 3162 (XXVIII). *Question du Sahara espagnol.*
(13 décembre 1974) Résolution 3292 (XXIX). *Idem.*

*Statuto e Regolamento della Corte Internazionale di Giustizia (CIG)*

(24 octobre 1945) Statut de la Cour internationale de Justice. C.I.J. (2021) *Actes et documents no 7*, p. 58.
(14 avril 1978) Règlement de la Cour internationale de Justice. C.I.J. (2021) *Idem*, p. 8.

*Testi dell'Organizzaizone dell'Unione Africana (OUA) e dell'Unione Africana (UA)*

(25 mai 1963) Charte de l'Organisation de l'Unité africaine. *RTNU*, vol. 479.
(17-21 juillet 1964) Litiges entre États africains au sujet des frontières. OUA, AHG/Rés.6 (I).
(21-26 juillet 1986) Résolution sur la paix et la sécurité en Afrique à travers le règlement négocié des conflits frontaliers en Afrique. OUA, CM/Res. 1069 (CXLIV).
(3 juin 1991) Traité instituant la Communauté économique africaine. OUA.
(11 juillet 2000) Acte constitutif de l'Union africaine. Union africaine.
(7 juin 2007, 25 mars 2010 et 17 mai 2012) Déclarations sur le Programme frontière de l'Union africaine. *Idem.*
(27 juin 2014) Convention de l'Union africaine sur la coopération transfrontalière (Convention de Niamey). *Idem.*
(15 octobre 2016) Charte africaine sur la sûreté et la sécurité maritimes et le développement en Afrique (Charte de Lomé). *Idem.*

*Trattati e Convenzioni*

(28 juin 1919) Traité de Versailles. https://www.herodote.net/Textes/ tVersailles1919.pdf.
(29 avril 1958) Convention sur la mer territoriale et la zone contiguë. *RTNU*, vol. 516.
(29 avril 1958) Convention sur le plateau continental. *RTNU*, vol. 499.
(23 mai 1969) Convention de Vienne sur le droit des traités. *RTNU*, vol. 1155.
(23 août 1978) Convention de Vienne sur la succession d'États en matière de traités. *RTNU,* vol. 1946.
(10 décembre 1982) Convention sur le droit de la mer. *RTNU*, vol. 1834.
(19 juin 2023) Accord se rapportant à la Convention des Nations Unies sur le droit de la mer et portant sur la conservation et l'utilisation durable de la diversité biologique marine des zones ne relevant pas de la juridiction nationale. *A/CONF.232/2023/4.*

*Giusprudenza internazionale*

*Corte Internazionale di Giustizia (CIG)*

(2023) Instance introduite par l'Afrique du Sud contre l'État d'Israël le 29 décembre 2023 (Afrique du Sud c. Israël).
(2023-) Incident aérien du 8 janvier 2020 (Canada, Royaume-Uni, Suède et Ukraine c. Iran).
(2023-) Violations alléguées des immunités de l'État (Iran c. Canada).
(2023-) Application de la convention contre la torture et autres peines ou traitements cruels, inhumains ou dégradants (Canada et Pays-Bas c. Syrie).
(2023-) Obligations des États en matière de changement climatique, demande d'avis consultatif.
(2023-) Conséquences juridiques découlant des politiques et pratiques d'Israël dans le Territoire palestinien occupé, y compris Jérusalem-Est, demande d'avis consultatif.

(2022-) Questions relatives aux immunités juridictionnelles de l'État et aux mesures de contrainte contre des biens appartenant à l'État (Allemagne c. Italie).
(2022-) Demande concernant la restitution de biens confisqués dans le cadre de procédures pénales (Guinée équatoriale c. France).
(2022-) Souveraineté sur les cayes de Sapodilla (Belize c. Honduras).
(2022-) Allégations de génocide au titre de la convention pour la prévention et la répression du crime de génocide (Ukraine c. Fédération de Russie).
(2021-) Application de la convention internationale sur l'élimination de toutes les formes de discrimination raciale (Arménie c. Azerbaïdjan).
(2021-) Délimitation terrestre et maritime et souveraineté sur des îles (Gabon/Guinée équatoriale).
(2019-) Revendication territoriale, insulaire et maritime du Guatemala (Guatemala/Belize).
(2019-) Application de la convention pour la prévention et la répression du crime de génocide (Gambie c. Myanmar).
(2018-) Sentence arbitrale du 3 octobre 1899 (Guyana c. Venezuela).
(2018-) Violations alléguées du traité d'amitié, de commerce et de droits consulaires de 1955 (Iran c. États-Unis).
(2018-) Transfert de l'ambassade des États-Unis à Jérusalem (Palestine c. USA).
(2017-) Application de la convention internationale pour la répression du financement du terrorisme et de la convention internationale sur l'élimination de toutes les formes de discrimination raciale (Ukraine c. États-Unis).
(2016-) Certains actifs iraniens (Iran c. États-Unis).
(1993-) Projet Gabþíkovo-Nagymaros (Hongrie c. Slovaquie).
(2013-2023) Question de la délimitation du plateau continental entre le Nicaragua et la Colombie au-delà de 200 milles marins de la côte nicaraguayenne, arrêt.
(2016-2222) Différend concernant le statut et l'utilisation des eaux du Silala (Chili c. Bolivie).
(1999-2022) Activités armées sur le territoire du Congo, (République démocratique du Congo c. Ouganda), arrêt.
(2019-2021) Application de la convention internationale sur l'élimination de toutes les formes de discrimination raciale (Qatar c. Émirats arabes unis), arrêt.
(2014-2021) Délimitation maritime dans l'océan Indien (Somalie c. Kenya), arrêt.
(2018-2020) Appel concernant la compétence du Conseil de l'OACI en vertu de l'article II, section 2, de l'accord de 1944 relatif au transit des services aériens internationaux (Bahreïn, Égypte et Émirats arabes unis c. Qatar), arrêt.
(2018-2020) Appel concernant la compétence du Conseil de l'OACI en vertu de l'article 84 de la convention relative à l'aviation civile internationale (Arabie Saoudite, Bahreïn, Égypte et Émirats arabes unis c. Qatar), arrêt.
(2016-2020) Immunités et procédures pénales (Guinée équatoriale c. France), arrêt. (2017-2019) Effets juridiques de la séparation de l'archipel des Chagos de Maurice en 1965, avis consultatif.
(2017-2019) Jadhav (Inde c. Pakistan), arrêt.
(2017-2018) Demande en revision de l'arrêt du 23 mai 2008 en l'affaire relative à la Souveraineté sur Pedra Branca/Pulau Batu Puteh, Middle Rocks et South Ledge (Malaisie c. Singapour), désistement.
(2017-2018) Frontière terrestre dans la partie septentrionale d'Isla Portillos (Costa Rica c. Nicaragua), arrêt.

(2014-2018) Délimitation maritime dans la mer des Caraïbes et l'océan Pacifique (Costa Rica c. Nicaragua), arrêt.
(2013-2018) Obligation de négocier un accès à l'océan Pacifique (Bolivie c. Chili), arrêt.
(2010-2018) Certaines activités menées par le Nicaragua dans la région frontalière (Costa Rica c. Nicaragua), arrêt.
(2014-2016) Obligations relatives à des négociations concernant la cessation de la course aux armes nucléaires et le désarmement nucléaire (Îles Marshall c. Pakistan, Royaume-Uni et Inde), arrêts.
(2013-2015) Questions concernant la saisie et la détention de certains documents et données (Timor-Leste c. Australie), désistement.
(2010-2015) Construction d'une route au Costa Rica le long du fleuve San Juan (Nicaragua c. Costa Rica), arrêt.
(2010-2012) Jugement n° 2867 du Tribunal administratif de l'Organisation internationale du Travail sur requête contre le Fonds international de développement agricole, avis consultatif.
(1999-2015) Application de la convention pour la prévention et la répression du crime de génocide (Croatie c. Serbie), arrêt.
(2010-2014) Chasse à la baleine dans l'Antarctique (Australie c. Japon), arrêt.
(2008-2014 Différend maritime (Pérou c. Chili), arrêt.
(2010-2013) Différend Frontalier (Burkina Faso/Niger), arrêt.
(2011-2013) Demande en interprétation de l'arrêt du 15 juin 1962 en l'affaire du Temple de Préah Vihéar (Cambodge c. Thaïlande), arrêt.
(2008-2013) Épandages aériens d'herbicides (Équateur c. Colombie), désistement. (2009-2012) Questions concernant l'obligation de poursuivre ou d'extrader (Belgique c. Sénégal), arrêt.
(2001-2012) Différend territorial et maritime (Nicaragua c. Colombie), arrêt.
(1998-2012) Ahmadou Sadio Diallo (Guinée c. République démocratique du Congo), arrêt.
(2009-2011) Compétence judiciaire et exécution des décisions en matière civile et commerciale (Belgique c. Suisse), désistement.
(2008-2011) Application de l'Accord Intérimaire du 13 septembre 1995 (ex-République yougoslave de Macédoine c. Grèce), arrêt.
(2008-2011) Application de la convention internationale sur l'élimination de toutes les formes de discrimination raciale (Géorgie c. Fédération de Russie), arrêt. (2009-2010) Certaines questions en matière de relations diplomatiques (Honduras c. Brésil), désistement.
(2008-2010) Conformité au droit international de la déclaration unilatérale d'indépendance relative au Kosovo, avis consultatif.
(2006-2010) Usines de pâte à papier sur le fleuve Uruguay (Argentine c. Uruguay), arrêt.
(2002-2010) Certaines procédures pénales engagées en France (Congo c. France), désistement.
(2008-2009) Demande en interprétation de l'arrêt du 31 mars 2004 en l'affaire Avena et autres ressortissants mexicains (Mexique c. Etats-Unis), arrêt.
(2005-2009) Différend relatif à des droits de navigation et des droits connexes (Costa Rica c. Nicaragua), arrêt.
(2004-2009) Délimitation maritime en mer Noire (Roumanie c. Ukraine), arrêt.

(2006-2008) Certaines questions concernant l'entraide judiciaire en matière pénale (Djibouti c. France), arrêt.
(2003-2008) Souveraineté sur Pedra Branca/Pulau Batu Puteh, Middle Rocks et South Ledge (Malaisie/Singapour), arrêt.
(1999-2007) Différend territorial et maritime entre le Nicaragua et le Honduras dans la mer des Caraïbes (Nicaragua c. Honduras), arrêt.
(1993-2007) Application de la convention pour la prévention et la répression du crime de génocide (Bosnie-Herzégovine c. Serbie-et-Monténégro), arrêt.
(2006) Statut vis-à-vis de l'État hôte d'un envoyé diplomatique auprès de l'Organisation des Nations Unies (Dominique c. Suisse), désistement.
(2002-2006) Activités armées sur le territoire du Congo (nouvelle requête: 2002) (République démocratique du Congo c. Rwanda), arrêt.
(2002-2005) Différend frontalier (Bénin/Niger), arrêt.
(2002-2005) Certains biens (Liechtenstein c. Allemagne), arrêt.
(2003-2004) Avena et autres ressortissants mexicains (Mexique c. États-Unis), arrêt. (2003-2004) Conséquences juridiques de l'édification d'un mur dans le Territoire palestinien occupé, avis consultatif.
(1999-2004) Licéité de l'emploi de la force (Serbie-et-Monténégro c. Belgique, Portugal, Allemagne, France, Italie, Royaume-Uni, Pays-Bas et Canada), arrêts.
(2002-2003) Demande en revision de l'arrêt du 11 septembre 1992 en l'affaire du Différend frontalier terrestre, insulaire et maritime (El Salvador c. Honduras), arrêt.
(1992-2003) Questions d'interprétation et d'application de la convention de Montréal de 1971 résultant de l'incident aérien de Lockerbie (Libye c. Royaume-Uni et États-Unis), désistements.
(2002-2003) Affaire de la Demande en révision de l'arrêt du 11 septembre 1992 en l'affaire du Différend frontalier terrestre, insulaire et maritime (El Salvador c. Honduras), arrêt.
(2001-2003) Demande en revision de l'arrêt du 11 juillet 1996 en l'affaire relative à l'Application de la convention pour la prévention et la répression du crime de génocide (Yougoslavie c. Bosnie-Herzégovine), arrêt.
(1992-2003) Plates-formes pétrolières (Iran c. États-Unis), arrêt.
(2000-2002) Mandat d'arrêt du 11 avril 2000 (République démocratique du Congo c. Belgique), arrêt.
(1998-2002) Souveraineté sur Pulau Ligitan et Pulau Sipadan (Indonésie/Malaisie), arrêt.
(1994-2002) Frontière terrestre et maritime entre le Cameroun et le Nigeria, arrêt.
(1999-2001) Activités armées sur le territoire du Congo (République démocratique du Congo c. Burundi et Rwanda), désistements. (1999-2001) LaGrand (Allemagne c. États-Unis), arrêt.
(1991-2001) Délimitation maritime et questions territoriales entre Qatar et Bahreïn, arrêt.
(1999-2000) Incident du 10 août 1999 (Pakistan c. Inde), arrêt.
(1998-1999) Différent relatif à l'immunité de juridiction d'un rapporteur spécial de la Commission des droits de l'homme, avis consultatif.
(1998-1999) Demande en interprétation de l'arrêt du 11 juin 1998 en l'affaire de la Frontière terrestre et maritime entre le Cameroun et le Nigéria, arrêt. (1996-1999) Île de Kasikili/Sedudu (Botswana/Namibie), arrêt.
(1998) Convention de Vienne sur les relations consulaires (Paraguay c. États-

Unis, désistement).
(1995-1998) Compétence en matière de pêcheries (Espagne c. Canada), arrêt.
(1995-1996) Licéité de l'utilisation des armes nucléaires par un État dans un conflit armé, avis consultatif.
(1993-1996) Licéité de la menace ou de l'emploi d'armes nucléaires, avis consultatif.
(1989-1996) Incident aérien du 3 juillet 1988 (Iran c. États-Unis), désistement.
(1995) Timor oriental (Portugal c. Australie), arrêt.
(1991-1995) Délimitation maritime entre la Guinée-Bissau et le Sénégal, désistement.
(1990-1994) Différend territorial (Libye c. Tchad), arrêt.
(1989-1993) Certaines terres à phosphates à Nauru (Nauru c. Australie), désistement.
(1988-1993) Délimitation maritime dans la région située entre le Groenland et Jan Mayen (Danemark c. Norvège), arrêt.
(1991-1992) Passage par le Grand-Belt (Finlande c. Danemark), désistement.
(1986-1992) Actions armées frontalières et transfrontalières (Nicaragua c. Honduras), désistements.
(1986-1992) Différend frontalier terrestre, maritime et insulaire (El Salvador/ Honduras), arrêt.
(1989-1991) Sentence arbitrale du 31 juillet 1989 (Guinée-Bissau c. Sénégal), arrêt. (1984-1991) Activités militaires et paramilitaires au Nicaragua et contre celui-ci (Nicaragua c. États-Unis), désistement.
(1989) Applicabilité de la section 22 de l'article VI de la convention sur les privilèges et immunités des Nations Unies, avis consultatif.
(1987-1989) Elettronica Sicula S.p.A. (ELSI) (États-Unis c. Italie), arrêt.
(1988) Applicabilité de l'obligation d'arbitrage en vertu de la section 21 de l'accord du 26 juin 1947 relatif au siège de l'Organisation des Nations Unies, avis consultatif.
(1987) Demande de réformation du jugement no 333 du Tribunal administratif des Nations Unies, avis consultatif.
(1983-1986) Différend frontalier (Burkina Faso/Mali), arrêt.
(1984-1985) Demande en révision et en interprétation de l'arrêt du 24 février 1982 en l'affaire du Plateau continental (Tunisie c. Libye), arrêt.
(1982-1985) Plateau continental (Libye/ Malte), arrêt.
(1981-1984) Délimitation de la frontière maritime dans la région du golfe du Maine (Canada/États-Unis), arrêt.
(1981-1982) Demande de réformation du jugement n° 273 du Tribunal administratif des Nations Unies, avis consultatif.
(1978-1982) Plateau continental (Libye/Tunisie), arrêt.
(1979-1981) Personnel diplomatique et consulaire des Etats-Unis à Téhéran (États- Unis c. Iran), désistement.
(1980) Interprétation de l'accord du 25 mars 1951 entre l'OMS e l'Égypte, avis consultatif.
(1976-1978) Plateau continental de la mer Égée (Grèce c. Turquie), arrêt. (1974-1975) Sahara occidental, avis consultatif.
(1973-1974) Essais nucléaires (Nouvelle-Zélande et Australie c. France), arrêts.
(1972-1974) Compétence en matière de pêcheries (Allemagne et Royaume-Uni c. Islande, arrêts.
(1973) Procès de prisonniers de guerre pakistanais (Pakistan c. Inde), désistement. (1972-1973) Demande de réformation du jugement no 158 du Tribunal

administratif des Nations Unies, avis consultatif.
(1971-1972) Appel concernant la compétence du Conseil de l'OACI (Inde c. Pakistan), arrêt.
(1970-1971) Conséquences juridiques pour les États de la présence continue de l'Afrique du Sud en Namibie (Sud-Ouest africain) nonobstant la résolution 276 (1970) du Conseil de sécurité, avis consultatif.
(1962-1970) Barcelona Traction, Light and Power Company, Limited (Belgique c. Espagne), arrêt.
(1967-1969) Plateau continental de la mer du Nord (Allemagne et Pays-Bas/Danemark), arrêts.
(1960-1966) Sud-Ouest africain (Éthiopie et Liberia c. Afrique du Sud), arrêts.
(1961-1963) Cameroun septentrional (Cameroun c. Royaume-Uni), arrêt.
(1961-1962) Certaines dépenses des Nations Unies (Article 17, paragraphe 2, de la Charte), avis consultatif.
(1959-1962) Temple de Préah Vihéar (Cambodge c. Thailande), arrêt.
(1959-1960) Compagnie du port, des quais et des entrepôts de Beyrouth et Société Radio-Orient (France c. Liban), désistement.
(1959-1960) Composition du Comité de la sécurité maritime de l'Organisation intergouvernementale consultative de la navigation maritime, avis consultatif.
(1958-1960) Sentence arbitrale rendue par le roi d'Espagne le 23 décembre 1906 (Honduras c. Nicaragua), arrêt.
(1957-1960) Incident aérien du 27 juillet 1955 (États-Unis c. Bulgarie), désistement. (1955-1960) Droit de passage sur territoire indien (Portugal c. Inde), arrêt.
(1959) Incident aérien du 7 novembre 1954 (États-Unis c. URSS), radiation du rôle.
(1957-1959) Souveraineté sur certaines parcelles frontalières (Belgique/Pays-Bas), arrêt.
(1957-1959) Incident aérien du 27 juillet 1955 (Israël c. Bulgarie), arrêt.
(1957- 1959) Incident aérien du 27 juillet 1955 (Royaume-Uni c. Bulgarie), arrêt.
(1957-1959) Interhandel (Suisse c. États-Unis), arrêt.
(1958) Incident aérien du 4 septembre 1954, radiation du rôle.
(1957-1958) Application de la convention de 1902 pour régler la tutelle des mineurs (Pays-Bas c. Suède), arrêt.
(1955-1957) Certains emprunts norvégiens (France c. Norvège), arrêt.
(1955-1956) Incident aérien du 7 octobre 1952 (USA c. URSS), radiation du rôle.
(1955-1956) Antarctique (Royaume-Uni c. Chili et Argentine), radiations du rôle.
(1955-1956) Incident aérien du 10 mars 1953 (États-Unis c. Tchécoslovaquie), radiation du rôle.
(1955-1956) Admissibilité de l'audition de pétitionnaires par le comité Sud-Ouest Africain, avic consultatif.
(1955-1956) Jugements du Tribunal administratif de l'OIT sur requêtes contre l'UNESCO, avis consultatif.
(1954-1955) Procédure de vote applicable aux questions touchant les rapports et pétitions relatifs au territoire du Sud-Ouest africain, avis consultatif.
(1951-1955) Nottebohm (Liechtenstein c. Guatemala), arrêt.
(1953-1954 Traitement en Hongrie d'un avion des Etats-Unis d'Amérique et de son équipage (États-Unis c. U.R.S.S. et Hongrie), radiations du rôle.
(1953-1954) Or monétaire pris à Rome en 1943 (Italie c. France, Royaume-Uni et USA), arrêt.

(1953-1954) Effet de jugements du Tribunal administratif des Nations Unies accordant indemnité, avis consultatif.
(1953-1954) Société Électricité de Beyrouth (France c. Liban), désistement.
(1951-1953) Ambatielos (Grèce c. Royaume-Uni), arrêt.
(1951-1953) Minquiers et Ecréhous (France/Royaume-Uni), arrêt. (1951-1952) Anglo-Iranian Oil Co. (Royaume-Uni c. Iran), arrêt.
(1950-1952) Droits des ressortissants des États-Unis d'Amérique au Maroc (France c. États-Unis), arrêt.
(1950-1951) Haya de la Torre (Colombie c. Pérou), arrêt.
(1950-1951) Réserves à la convention pour la prévention et la répression du crime de génocide, avis consultatif.
(1949-1951) Pêcheries (Royaume-Uni c. Norvège), arrêt.
(1950) Demande d'interprétation de l'arrêt du 20 novembre 1950 en l'affaire du droit d'asile (Colombie c. Pérou), arrêt.
(1949-1950) Protection des ressortissants et protégés français en Égypte (France c. Égypte), désistement.
(1949-1950) Droit d'asile (Colombie/Pérou), arrêt.
(1949-1950) Compétence de l'Assemblée générale pour l'admission d'un État aux Nations Unies, avis consultatif.
(1949-1950) Statut international du Sud-Ouest africain, avis consultatif.
(1949-1950) Interprétation des traités de paix conclus avec la Bulgarie, la Hongrie et la Roumanie, avis consultatif.
(1948-1949) Réparation des dommages subis au service des Nations Unies, avis consultatif.
(1947-1949) Détroit de Corfou (Royaume-Uni c. Albanie), arrêts.
(1947-1948) Conditions de l'admission d'un État comme Membre des Nations Unies (article 4 de la Charte), avis consultatif.

*Corte Permanente di Giustizia Internazionale (CPGI)*

(1936-1938) Phosphates du Maroc (Italie c. France), arrêt.
(1931-1933) Délimitation des eaux territoriales entre l'île de Castellorizo et les Côtes d'Anatolie (Italie/Turquie), radiation du rôle.
1931-1933) Statut juridique du Groenland oriental (Danemark c. Norvège), arrêt.
(1928-1932) Zones franches de Haute-Savoie et du Pays de Gex (France / Suisse), arrêt.
(1932) Interprétation du statut du territoire de Memel (Royaume-Uni, France, Italie et Japon/Lituanie), arrêt.
(1931) Trafic ferroviaire entre la Lituanie et la Pologne, C.P.J.I., avis consultatif.
(1928-1929) Juridiction territoriale de la Commission internationale de l'Oder (Empire allemand et al./Pologne), arrêt. (1927) Lotus (France/Turquie), arrêt.
(1925) Article 3, paragraphe 2, du traité de Lausanne (Frontière entre la Turquie et l'Irak), avis consultatif.
(1924) Monastère de Saint Naoum (Frontière albanaise), avis consultatif. (1924) Concessions Mavrommatis en Palestine (Grèce c. Royaume-Uni), arrêt. (1923) Vapeur Wimbledon (Royaume-Uni et al. c. Empire allemand), arrêt. (1923) Jaworzina (Frontière polono-tchécoslovaque), avis consultatif.

(1922-1923) Décrets de nationalité promulgués en Tunisie et au Maroc, avis consultatif.
(1909-1910) The North Atlantic Coast Fisheries Case, sentence.

*I tribunal internazionali di arbitraggio:*
*Corte Permanente di Arbitrato (CPA) et alter*

(2019-) Dispute Concerning the Detention of Ukrainian Naval Vessels and Servicemen (Ukraine v. the Russian Federation), P.C.A.
(2016-) Indus Waters Treaty Arbitration (Pakistan v. India), P.C.A.
(2016-) Dispute Concerning Coastal State Rights in the Black Sea, Sea of Azov, and Kerch Strait (Ukraine v. the Russian Federation), P.C.A.
(2013-2019) The Duzgit Integrity Arbitration (Malta v. São Tomé and Príncipe), award, PCA.
(2013-2016) The South China Sea Arbitration (The Republic of Philippines v. The People's Republic of China), award, PCA.
(2012-2013) The ARA Libertad Arbitration (Argentina v. Ghana), award, PCA.
(2010-2015) Chagos Marine Protected Area Arbitration (Mauritius v. United Kingdom), award, PCA.
(2009-2017) In the matter of an arbitration under the arbitration agreement between the Government of the Republic of Croatia and the Government of the Republic of Slovenia, award, PCA.
(2009-2014) Bay of Bengal Maritime Boundary Arbitration between Bangladesh and India, award, PCA.
(2010-2013) Indus Waters Kishenganga Arbitration (Pakistan v. India), award, PCA.
(2004-2007) Guyana/Suriname, award, PCA.
(2004-2006) Barbados v. Trinidad and Tobago, award, PCA.
(2003-2005) Land Reclamation by Singapore in and around the Straits of Johor (Malaysia v. Singapore), award, PCA.
(2000-2009) Decision Regarding Delimitation of the Border between the State of Eritrea and the Federal Democratic Republic of Ethiopia, Eritrea-Ethiopia Boundary Commission award.
(1996-1999) Eritrea/Yemen - Sovereignty and Maritime Delimitation in the Red Sea, awards, PCA.
(1991-1994) Laguna del desierto (Argentina/Chile), award, R.S.A., vol. 22, p. 3- 152.
(1989-1992) Délimitation des espaces maritimes entre le Canada et la République française, sentence, R.S.A., vol. 21, p. 265-341.
(1985-1989) Affaire de la délimitation de la frontière maritime entre la Guinée-Bissau et le Sénégal, sentence, R.S.A., vol. 20, p. 4-96.
(1986-1988) Arbitral Award in the Dispute concerning certain Boundary Pillars between the Arab Republic of Egypt and the State of Israel, award, I.L.R., vol. 80, p. 224-364.
(1983-1985) Délimitation de la frontière maritime entre la Guinée et la Guinée-Bissau, Sentence du 14 février 1985, sentence, R.S.A., vol. 19, p. 149-196.
(1975-1978) Délimitation du plateau continental entre le Royaume-Uni de Grande-Bretagne et d'Irlande du Nord et la République française, sentence, R.S.A., vol. 18, p. 3-413 (y compris la décision du 14 mars 1978).
(1971-1977) Affaire concernant un litige entre la République argentine et la

République du Chili relatif au canal de Beagle, sentence, R.S.A., vol. 21, p. 53- 264.
(1968) Case Concerning the Indo-Pakistan Western Boundary (Rann of Kutch) Between India and Pakistan, award, R.S.A., vol. 17, p. 1-576.
(1965-1966) Rio Palena. Argentina/Chile Frontier Case, award, R.S.A, vol. 16, p. 109-182.
(1931) Affaire de l'île de Clipperton (Mexique c. France), sentence, R.S.A., vol. 2, p. 1105-1111.
(1925-1928) Island of Palmas case (Netherlands/USA), award, R.S.A., vol. 2, p. 829-871.
(1913-1914) Boundaries in the Island of Timor (The Netherlands v. Portugal), P.C.A., award.
(1908-1909) Affaire des Grisbadarna. Délimitation d'une certaine partie de la frontière maritime entre la Norvège et la Suède, sentence, R.S.A., vol. 11, p. 147-166.

*Tribunale Internazionale per il Diritto del Mare (TIDM)*

(2023-) Affaire du navire « Heroic Idun » (No. 2) (Îles Marshall/Guinée équatoriale), ordonnances, affaire n. 32.
(2022-) Demande d'avis consultatif soumise par la Commission des petits États insulaires sur le changement climatique et le droit international, ordonnances, affaire n. 31.
(2019-2023) Différend relatif à la délimitation de la frontière maritime entre Maurice et les Maldives dans l'océan Indien, arrêt, affaire no 28.
(2022) Affaire du navire « Heroic Idun » (Îles Marshall c. Guinée équatoriale), prompte mainlevée, rayée du rôle, affaire n. 30.
(2019-2021) Affaire du navire « San Padre Pio » (n. 2) (Suisse/Nigéria), rayée du rôle, affaire no 29.
(2019) Affaire du navire « San Padre Pio » (Suisse c. Nigéria), mesures conservatoires, affaire n. 27.
(2014-2017) Différend relatif à la délimitation de la frontière maritime entre le Ghana et la Côte d'Ivoire dans l'océan Atlantique, arrêt, affaire n. 23.
(2013-2015) Demande d'avis consultatif soumise par la Commission sous-régionale des pêches (CSRP), avis consultatif, affaire n. 21.
(2012) Affaire de l'« ARA Libertad » (Argentine c. Ghana), mesures conservatoires, affaire n. 20.
(2011-2014) Affaire du navire « Virginia G » (Panama/Guinée-Bissau), arrêt, affaire n. 19.
(2009-2012) Différend relatif à la délimitation de la frontière maritime entre le Bangladesh et le Myanmar dans le golfe du Bengale, arrêt, affaire n. 16.
(2004) Affaire du « Juno Trader » (Saint-Vincent-et-les Grenadines c. Guinée-Bissau), prompte mainlevée, arrêt, affaire n. 13.
(2000) Affaire du « Monte Confurco » (Seychelles c. France), prompte mainlevée, arrêt, affaire n. 6.
(1997) Affaire du navire « SAIGA » (No. 2) (Saint-Vincent-et-les Grenadines c. Guinée), arrêt, affaire n. 2.

## Structures éditoriales du groupe L'Harmattan

**L'Harmattan Italie**
Via degli Artisti, 15
10124 Torino
harmattan.italia@gmail.com

**L'Harmattan Hongrie**
Kossuth l. u. 14-16.
1053 Budapest
harmattan@harmattan.hu

---

**L'Harmattan Sénégal**
10 VDN SICAP AMITIE 3
BP 45034 Dakar-Fann
direction@senharmattan.com

**L'Harmattan Cameroun**
Tsinga/Derrière polyclinique FECAFOOT
BP 11486 Yaoundé
Jacques.koukam@harmattan.fr

**L'Harmattan Burkina Faso**
Villa 281, secteur 23 623, rue 14.32
Ouagadougou
zagbie@outlook.fr

**L'Harmattan Guinée**
Almamya, rue KA 028 OKB Agency
BP 3470 Conakry
harmattanguinee@yahoo.fr

**L'Harmattan RDC**
185, avenue Nyangwe
Commune de Lingwala - Kinshasa
matangilamusadila@yahoo.fr

**L'Harmattan Congo**
219, avenue Nelson Mandela
BP 2874 Brazzaville
deunovmikhael@gmail.com

**L'Harmattan Mali**
Immeuble Mgr Jean Marie Cissé
Aci Hamadallaye
BP 145 Bamako
syllaka@yahoo.fr

**L'Harmattan Togo**
Djidjole – Maison Amela
face EPP BATOME
02 BP 20680 Lomé
didieramela11@gmail.com

**L'Harmattan Côte d'Ivoire**
Résidence Karl – Cité des Arts
Abidjan-Cocody
03 BP 1588 Abidjan
harmattan.ivoire@gmail.com

**L'Harmattan Bénin**
Rue 604, (Immeuble à l'entrée
de la rue UCAO- Cite de Saint-Jean)
Cotonou
stepcorpus@gmail.com

---

## Nos librairies en France

**Librairie internationale**
16, rue des Écoles
75005 Paris
librairie.internationale@harmattan.fr
01 40 46 79 11
www.librairieharmattan.com

**Librairie des savoirs**
21, rue des Écoles
75005 Paris
librairie.sh@harmattan.fr
01 46 34 13 71
www.librairieharmattansh.com

www.ingramcontent.com/pod-product-compliance
Lightning Source LLC
LaVergne TN
LVHW011151061026
849535LV00003B/696